Das große Buch vom Fisch

DAS GROSSE BUCH VOM

Fisch

Das Buch der guten Fischküche
Mit dem großen farbigen Bildlexikon

Idee und Konzept: Christian Teubner

Nahrungsmittel Fisch: Prof. Dr. Kurt Lillelund

Fisch-Lexikon: Dr. Michael Türkay

Fisch-Küchenpraxis und Rezepte: Ralph Bürgin, Hannelore Blohm

Teubner Edition

Fisch ist heutzutage das kulinarische Thema Nummer eins, ganz unbestritten. In der feinen, neuen Küche erlebt er weltweit geradezu einen Boom, dessen Ende noch nicht abzusehen ist. Selten waren sich Feinschmecker, Ernährungswissenschaftler und ernährungsbewußte Köche so einig: Fisch ist eines der wertvollsten Nahrungsmittel überhaupt. Und eines der letzten wirklich unverfälschten Naturprodukte – zumindest, was den »wilden« Fisch aus dem Meer, den Seen und den Flüssen betrifft. In seiner ungeheuren Vielfalt ist Fisch zudem ein ideales Produkt für den kreativen Koch. Er bietet schier unbegrenzte Möglichkeiten der Zubereitung, und das in allen Preisklassen. Denn es sind nicht nur die hochbezahlten Edelfische wie Turbot oder Seezunge, für die sich engagiertes Kochen lohnt. Es sind vor allem auch die preiswerten Fische, die richtig zubereitet werden wollen, und zukünftig wohl auch die weitgehend unbekannten Arten, die heute bestenfalls zu Fischmehl verarbeitet werden.
Das leicht verderbliche Produkt »Fisch« hat sich mit den immer besser werdenden Transportbedingungen und Kühlmöglichkeiten zum Qualitätsprodukt »Frischfisch« entwickelt und sich dadurch einen festen Platz in der Küche erobert. Dank eines ausgeklügelten Liefersystems gelangt er heute von den europäischen Häfen – auf Eis begettet – in längstens zwei Tagen zum Verbraucher. So schafft es beispielsweise ein Truck mit Frischfisch aus dem Golf von Mexiko in nur 20 Stunden bis zum New Yorker Fulton Market.
Frische bereitet also keine Schwierigkeiten mehr. Vorausgesetzt natürlich, sie wird gepflegt – von allen, die an der Kette vom Fischer bis zum Verbraucher beteiligt sind. Da ist permanente Aufklärung notwendig, zu der, so hoffen wir, auch dieses Buch beitragen wird. Einerseits mit seinem illustrierten Lexikon – als Orientierungshilfe beim Einkauf und beim Bestimmen unbekannter Fischarten. Zum anderen mit seinem ausführlichen, gründlichen küchenpraktischen Teil. So gibt das Kapitel »Küchenpraxis« mit vielen farbigen Bildfolgen genauestens Auskunft darüber, wie ganze Fische ausgenommen, zerteilt und filetiert werden. Die nachfolgenden Kapitel enthalten Grundrezepte aller wichtigen Gar- und Zubereitungsmethoden, die dem kreativen Koch erlauben, seine eigenen, ganz persönlichen Rezepte zu entwickeln. Wobei das Qualitätsprodukt »Frischfisch« immer im Vordergrund steht.
Wir sind heutzutage in der glücklichen Lage, wählen zu können – zwischen dem »wilden« Fisch aus Meer und Süßwasser sowie dem Zuchtfisch, der zunehmende Bedeutung erlangt. Sein Vorteil sind die garantierte Frische, seine fast beliebige Abrufbarkeit und die annährend gleichbleibende Qualität. Anders als beim »wilden« Fisch, der mit allen Unwägbarkeiten eines typischen Naturproduktes behaftet ist. Weder ständig verfügbar noch von einheitlicher Qualität – dafür aber mit dem Reiz des Besonderen. Womit jedoch keineswegs gemeint ist, daß es beispielsweise ein teurer St. Pierre sein muß. Es ist die ganz natürliche Frische, die zum Beispiel eine einfache, aber zur rechten Zeit gefangene, frisch zubereitete Scholle so hinreißend gut schmecken läßt.
Die günstigen Gelegenheiten, das Marktangebot nutzen – das ist das ganze Geheimnis. Für den kochenden Feinschmecker kein Thema, für den Profi sicher manchmal eine wirtschaftliche Entscheidung, die aber ehrlich zugunsten von Frische und Qualität fallen sollte. Transparenz auf der Speisekarte ist nötig, will man dem Frischfisch Gutes tun. Im Zweifelsfall sollte man sich lieber des Tiefkühlfischs erinnern, dem nicht zuletzt die steigende Popularität von Fisch zu verdanken ist und durch den er seinen »anrüchigen« Ruf losgworden ist.
Bleibt noch zu sagen, daß – sofern nicht anders angegeben – alle Rezepte in diesem Buch für 4 Portionen berechnet sind.

Christian Teubner

Nahrungsmittel Fisch

Frischfisch wurde seit Urzeiten verzehrt. Obwohl weder Felszeichnungen noch Werkzeuge aus der Altsteinzeit darauf hinweisen, dürfen wir annehmen, daß – mit der notwendigen Nähe zu Quellen, Bächen, Flüssen und Seen – Fische mit Sicherheit schon den Menschen der Frühzeit als Nahrung dienten. Die Bewohner der Küstengebiete hatten eine zusätzliche Quelle für frischen Fisch: das Meer. Damit gehört der Fischfang zu den ältesten Erwerbszweigen der Menschheit.

In Mesopotamien und dem alten Ägypten wurde rege Fischfang betrieben. Dabei handelte es sich nach allen Überlieferungen um Binnenfischerei. Schon aus dem alten Reich Ägyptens (3300–2270 v. Chr.) kennt man Darstellungen vom Fang mit Speeren, Angeln, Netzen und Reusen. Auch im Alten Testament wird auf den Fischreichtum Ägyptens Bezug genommen, indem die ausgewanderten (um 1250 v. Chr.) Israeliten klagen: »Wir denken an die Fische, die wir in Ägypten umsonst zu essen bekamen, an die Gurken und Melonen, an den Lauch, an die Zwiebeln und den Knoblauch.« (Buch Numeri 11,5).

Im klassischen Altertum war der Fischfang eine wichtige Kunst, und auf großen Festen durften Fische nicht fehlen. Im Gegensatz zu den alten Kulturen stand nun die Meeresfischerei im Vordergrund, wie dies bei den überaus maritim beeinflußten Griechen und Römern nicht anders zu erwarten war. Viele Autoren haben über den Fischfang berichtet. Besonders detailliert und sachkundig tat dies der griechische Dichter Oppian (etwa 149 v. Chr.). Er hat ein in Hexametern geschriebenes Gedicht (Halieutica) hinterlassen, das vom Fischfang handelt und alle damals üblichen Techniken beschreibt. Aus seinen Ausführungen ist auch zu entnehmen, daß sich die kulinarische Wertschätzung der meisten Mittelmeerfische nicht verändert hat.

Marcus Terentius Barro (auch Varro geschrieben, 116–27 v.Chr.) berichtet in seiner »De re rustica« über Fischteiche und weist auf die enormen Schwierigkeiten einer Marikultur hin: »Es gibt Fischteiche mit süßem Wasser und andere mit salzigem. Die letzteren sind recht schön anzusehen, machen aber den Geldbeutel ihres Herrn eher leer als voll; denn ihre Anlage kostet viel, die Anschaffung und Ernährung der Fische ebenfalls« (zitiert nach H. O. Lenz. Zoologie der Griechen und Römer, 1856).

Bis in die Neuzeit jedoch blieb die Meeresfischerei ausschließlich denen vorbehalten, die in unmittelbarer Nähe des Meeres lebten. Erst sehr viel später hat man gelernt, frischen Fisch länger haltbar zu machen – durch Salzen oder Trocknen, um die »fischlosen« Zeiten zu überbrücken. Und es dauerte bis in die jüngste Zeit, daß man auch Entfernungen überbrücken konnte. Erst mit der Technik des Industriezeitalters wurde frischer Fisch zu fast jeder Zeit an fast jedem Ort verfügbar.

Von Aquakulturen abgesehen, wachsen Fische sozusagen »wild« heran. Sie sind also ein echtes Naturprodukt – mit allen Vor- und Nachteilen. Unbestritten beim Fisch ist, daß die Vorteile überwiegen, schon allein seines ernährungsphysiologischen Wertes wegen. Darum ist es kein Wunder, daß die Fischerträge in der Vergangenheit durch vermehrte Fischerei und immer weiter verbesserte Fangmethoden überall in der Welt von Jahr zu Jahr größer wurden – ob aus Nord- und Ostsee, dem Nordatlantik, dem Nordpazifik oder aus den großen Fischgründen vor der südamerikanischen Westküste. Der Weltfischereiertrag, der 1950 noch bei 20 Millionen Tonnen lag, stieg bis 1994 auf 109 Millionen Tonnen. Durch hochentwickelte Technik wurde es möglich, frischen Fisch bis ins tiefste Binnenland zu bringen.

Eine Steigerung der Erträge aus natürlichen Gewässern ist kaum mehr möglich. Das Nahrungsmittel Fisch wird intensiv genutzt. Zumindest, was die »wilden« Fische aus natürlichen Gewässern betrifft. Vor allem aus dem Meer. Eine technisch hochentwickelte Fischereiflotte sorgt dafür.

Die obere Grenze ist erreicht!

Doch der Glaube, der fischereiliche Reichtum des Meeres sei unerschöpflich, erwies sich zunehmend als ein folgenschwerer Irrtum. Im Gegensatz zum Gesamtertrag wachsen die Erträge aus den natürlichen Fischbeständen der Weltmeere seit Mitte der 80er Jahre nur noch unbedeutend. Der Anstieg der Weltfischereierträge seit dieser Zeit resultiert weitgehend aus der weltweiten Entwicklung der Aquakultur

Der Zuchtfisch hat Zukunft. Die norwegischen Lachszüchter haben auf dem Gebiet der Aquakultur bereits beispielhaftes geleistet. Und die weltweiten Versuche mit anderen Fischarten beweisen, daß dieser Fischereizweig an Bedeutung zunimmt.

und der verstärkten Befischung kleiner regionaler Bestände. Die wichtigsten Konsumfischarten der Weltfischerei sind heute bereits so stark überfischt, daß drastische Beschränkungen der Fangmengen und ihre strenge Überwachung erforderlich geworden sind. Für einige Fischarten, etwa den Hering in den europäischen atlantischen Gewässern, war es sogar notwendig, zeitweilig ein totales Fangverbot zu erlassen.
Bemühungen, das Naturprodukt Fisch zur Schonung der Bestände und zur optimalen Bewirtschaftung unter internationale Kontrolle zu stellen, gibt es zwar schon seit langer Zeit. Doch wenn es trotz der Arbeit vieler Kommissionen und trotz zahlreicher Schonmaßnahmen, festgelegt in internationalen Fischereikonventionen, nicht gelang, die fortschreitende Überfischung der Bestände zu verhindern, so lag das vor allem an der fehlenden Möglichkeit, die Einhaltung der abgesprochenen Vorschriften zu überwachen. Nachdem nun aber in einem neuen Seerecht den Küstenländern in einer 200 Seemeilen breiten Zone die Fischerei-Hoheit und die Verantwortung für die Bewirtschaftung der Fischbestände übertragen wurden, zeichnet sich in vielen Meeresgebieten eine Verbesserung ab.
Zusätzliche Initiativen kommen zudem jetzt von der UNO. Nach zahlreichen Konferenzen über die Befischung »gebietsübergreifender Fischbestände« wurden mit Wirkung vom Dezember 1995 international verbindliche Regelungen zum Schutz der Bestände und die Einführung von Kontrollsystemen beschlossen. Die Landwirtschafts- und Ernährungsorganisation der UNO (FAO) arbeitet an einem »Verhaltenskodex für verantwortliche Fischerei«. Durch eine »UNO-Resolution zum Schutz der lebenden marinen Umwelt« wurde ein weltweites Verbot der Fischerei mit langen Treibnetzen erreicht.
Von einer optimalen Ausnutzung der Bestände zur Deckung des menschlichen Bedarfs ist man aber dennoch weit entfernt. Dabei ist besonders an die Unmengen von hochwertigem Fisch zu denken, die entweder als unerwünschter Beifang über Bord geworfen (Discard) oder zu Fischmehl verarbeitet werden. Wahrscheinlich gibt es auch nur noch wenige, bisher nicht genutzte marine Fischarten, die sich für die menschliche Ernährung eignen und ökonomisch befischbar sind.
Erst wenn alle jetzt zur Rede stehenden Maßnahmen zum Schutz der Meeresfische, zur optimalen Verwertung der Fänge und vor allem für eine biologisch angepaßte Befischung der Bestände realisiert sind, ist mit einer weiteren deutlichen Zunahme der Weltfischereierträge aus natürlichen Fischbeständen zu rechnen. Erhebliche Steigerungen der Weltfischereierträge sind darüber hinaus durch die Aquakultur, das heißt durch die künstliche Zucht von Wasserorganismen (Fische, Krebse, Muscheln, Pflanzen), zu erwarten.
Damit wird aber auch ein anderes weltweites Problem angesprochen, nämlich die Tatsache, daß es nur wenige Fischarten sind, die entscheidend zur menschlichen Ernährung beitragen. Viele Arten haben nur regionale Bedeutung. Die Märkte und die Konsumgewohnheiten sind auf diese Fische eingestellt. Da viele Menschen heute in puncto Gesundheit viel bewußter leben als früher, ist das Interesse gerade in den Industriestaaten zunehmend auf die vielfältigen natürlichen Nahrungsquellen gelenkt worden. Eine neue Generation von Köchen trägt dieser Entwicklung Rechnung und setzt sich geradezu leidenschaftlich und mit viel Experimentierfreudigkeit für das Naturprodukt Fisch ein, und zwar nicht nur für die herkömmlichen Arten, sondern vor allem auch für neue Nutzfische und Arten, die bisher keinen Platz in der menschlichen Ernährung fanden.
Schließlich wäre eine solche Entwicklung nichts Neues, denn der Geschmack hat sich im Laufe der Zeit immer wieder gewandelt. Wie sehr, ist zum Beispiel im »Fischbuch« von Conrad Gessner aus dem Jahre 1670 nachzulesen. Darin stellt er dem heutzutage sehr begehrten Seeteufel kein gutes Zeugnis aus, wenn er schreibt: »Das fleisch dieser Thiere sol nicht in die Speiß kommen, denn es ist von schlechtem Geschmack und eines heßlichen Geruchs. Doch sol der bauch von ihm das beste seyn.« Auch der Schwertfisch schneidet bei ihm nicht viel besser ab: »Diese fische sollen ein böß schädlich fleisch haben, von harter Verdauung, eines heßlichen Geruchs und gantz fett wie ein Schwein.« Nur mit »frischen Gewächsen« wie Zwiebeln, Knoblauch und Senf, so meint er, könne man ihn verbessern.
Nun, heute ist man da ganz anderer Meinung. Der Schwertfisch gehört inzwischen mit seinem fast an Kalbfleisch erinnernden Fleisch vor allem im Mittelmeerraum zu den begehrtesten Fischen – sicher auch deshalb, weil er relativ selten geworden ist.

Von den Grundlagen der Nahrungsquelle Fisch

Fische sind Endglieder der Nahrungsketten. Fische gibt es daher nur dort, wo sich Nahrungsketten im Gewässer aufbauen können. Das erste Glied der Nahrungskette besteht aus einfachen, meist einzelligen Algen. Sie brauchen zu ihrer Entwicklung Nährstoffe. Gebiete mit großem Angebot an Nährstoffen sind daher auch fischreich, wie die Flußmündungen und die Flachwasserzonen vor den Küsten, das sogenannte Schelfmeer, mit Tiefen bis zu 200 m. Während hier der Eintrag an Nährstoffen vom Land her erfolgt, gibt es auch Meeresgebiete, wo die Nährstoffzufuhr durch aufquellendes Tiefenwasser bewirkt wird. Das ist der Fall in den »Auftriebsgebieten« und in den »Divergenzzonen«. Auftriebsgebiete finden sich besonders an den Westküsten der Kontinente, wo von Land kommender Wind zu einer Querzirkulation der Strömung vor der Küste führt. Divergenzzonen entstehen in den Ozeanen, wenn Meeresströmungen sich aufspalten.
Nährstoffreich sind auch die »hydrographischen Mischgebiete« mit sich verwirbelnden Meeresströmungen unterschiedlichen Salzgehaltes oder unterschiedlicher Temperatur. Unter solchen Bedingungen sterben viele Organismen ab, die an die chemischen und physikalischen Veränderungen nicht angepaßt sind. Auch durch solche Vorgänge werden Nährstoffe frei und bilden die Basis für marine Nahrungsketten.
Beispiele für besonders fischreiche Gebiete sind die Ost- und die Nordsee mit ihren zahlreichen Fischarten, die Barentssee und die hydrographischen Mischgebiete um Neufundland mit dem reichen Vorkommen vor allem an Kabeljau sowie das große Auftriebsgebiet vor den Küsten von Peru mit seinen riesigen Sardellen- und Sardinenschwärmen. Die großen Ozeane sind, verglichen mit den Vegetationszonen auf dem Lande, die Wüsten der Meere. Nur wenige Arten, wie zum Beispiel die wandernden Thunfische, kommen dort in einigen

Gebieten zeitweise in größerer Anzahl vor. Am Kontinentalabhang der Ozeane werden den Fang lohnende Fischmengen meist nur in Tiefen bis 800 m angetroffen.

Die Fische ernähren sich von den Organismen aller Glieder der Nahrungsketten. Die im Oberflächenwasser des Meeres (Pelagial) schwebenden Algen und Kleinkrebse – das pflanzliche und tierische Plankton – werden vor allem von kleineren Fischen zahlreicher Arten gefressen. Sie treten im Oberflächenwasser oft in riesigen Schwärmen auf. Zu diesen sogenannten »Schwarmfischen des freien Wassers« gehören wichtige Nutzfischarten, wie zum Beispiel Hering, Sardine, Sardelle und Makrele.

Die größeren Fische des Meeres sind meist Raubfische, die sich von anderen Fischen ernähren. Für viele Fischarten bilden Muscheln, Krebse und Würmer am Meeresboden die Nahrung. Beispiele hierfür sind die Plattfische wie Scholle, Flunder und Seezunge.

Der Seelachs gehört zu den Kabeljauartigen Fischen, wie auch Schellfisch, Dorsch und vor allem Pollack. Alle zusammen sind eine wichtige Säule der Fischwirtschaft.

Die Fischereierträge der Welt und wie sie sich zusammensetzen

Der Weltfischereiertrag von 109,1 Millionen Tonnen im Jahre 1994 besteht zu etwa 85 % aus Fischen. Er setzte sich zusammen aus:

73,1 Mio. t	Meeresfische
16,3 Mio. t	Süßwasserfische
3,5 Mio. t	Wanderfische zwischen Meer und Süßwasser
10,3 Mio. t	Muscheln, Schnecken und Tintenfische
5,9 Mio. t	Krebse

Zu diesen Weltfischereiertrag kommen noch 7,8 Millionen Tonnen Wasserpflanzen, hauptsächlich aus China, Japan und Korea.

Da Muscheln, Schnecken, Tintenfische, Krebse einen relativ hohen Verkaufswert erzielen, machen sie, obwohl sie nur zu knapp 15 % an den Anlandungen beteiligt sind, etwa 1/3 des Wertes des gesamten Weltfischereiertrages aus.

Der Gesamtfang an Meeresfischen in der Welt besteht etwa zur Hälfte aus nur zwei biologischen Gruppen. Es sind dies die Heringsartigen und die Kabeljauartigen Fische. Auch innerhalb der Gruppe der Heringsartigen sind es nur wenige Fischarten, die die Höhe des Gesamtertrages der Gruppe bestimmen. Von herausragender Bedeutung sind dabei die peruanische Sardelle – mit 11,9 Millionen Tonnen 1994 auf Platz 1 in der Gesamtstatistik der Weltfischerei – und der chilenische Stöcker mit 4,3 Millionen Tonnen. Beide Fischarten zusammen machen mehr als 20 % des Fanges an Meeresfischen in der Welt aus. Während diese beiden Fischarten ausschließlich zu Fischmehl verarbeitet werden, sind die ebenfalls zu den pelagischen Schwarmfischen gehörenden Heringe und Sardinen wichtige Konsumfische.

Zu den Kabeljauartigen gehört der Alaska-Pollack, der den nördlichsten Teil des Pazifischen Ozeans bewohnt und eine der bedeutendsten Konsumfischarten der Welt ist. 1994 wurden allein von dieser Fischart 4,3 Millionen Tonnen angelandet. Im Nordatlantik sind Kabeljau, Schellfisch und Seelachs die wichtigsten Fischarten dieser Gruppe.

Bemerkenswert ist, daß zunehmend Süßwasserfische aus den Aquakulturen zu den ertragsstärksten Fischarten der Weltfischerei geworden sind. So tragen allein Silberkarpfen und Graskarpfen mit zusammen 4 Millionen Tonnen zum Weltfischertrag bei.

Während die Süßwasserfische fast ausschließlich direkt für den menschlichen Konsum verwendet werden, bestand 1994 der Gesamtfang an Meeresfischen zu etwa 1/3 aus sogenannten Industriefischen, die entweder direkt in marinen Aquakulturen verfüttert, größtenteils aber zu Fischmehl verarbeitet werden. Für die Produktion von 1 Tonne Fischmehl sind etwa 5 Tonnen Fisch erforderlich. Ein geringer Teil des Fischmehls besteht aus Kleinkrebsen, zum Beispiel dem Krill. Die wichtigsten Erzeugerländer für Fischmehl und Fischöl sind Peru und Chile. Von der Weltproduktion an Fischmehl von 5,5 Millionen Tonnen 1994 entfielen über 70 % allein auf diese beiden Länder.

Hummer und Austern treiben die Preise hoch. Tatsächlich erbringen die im Vergleich zum Fisch geringen Mengen an Schal- und Krustentieren einen höheren Verkaufserlös als alle Fischanlandungen zusammen. Und das trotz der weltweit relativ hohen Frischfisch-Preise. Schuld daran ist der niedrige Erlös der Riesenmengen an geringwertigem Fisch (zum Beispiel Menhaden), der zu Fischmehl verarbeitet wird – als proteinhaltiges Futter für die Viehzucht. Zu den wichtigsten Fischen, die direkt der menschlichen Ernährung zugeführt werden, gehören die »Heringsartigen« wie die Sardinen, die hier (linkes Bild) im spanischen La Coruña entladen werden.

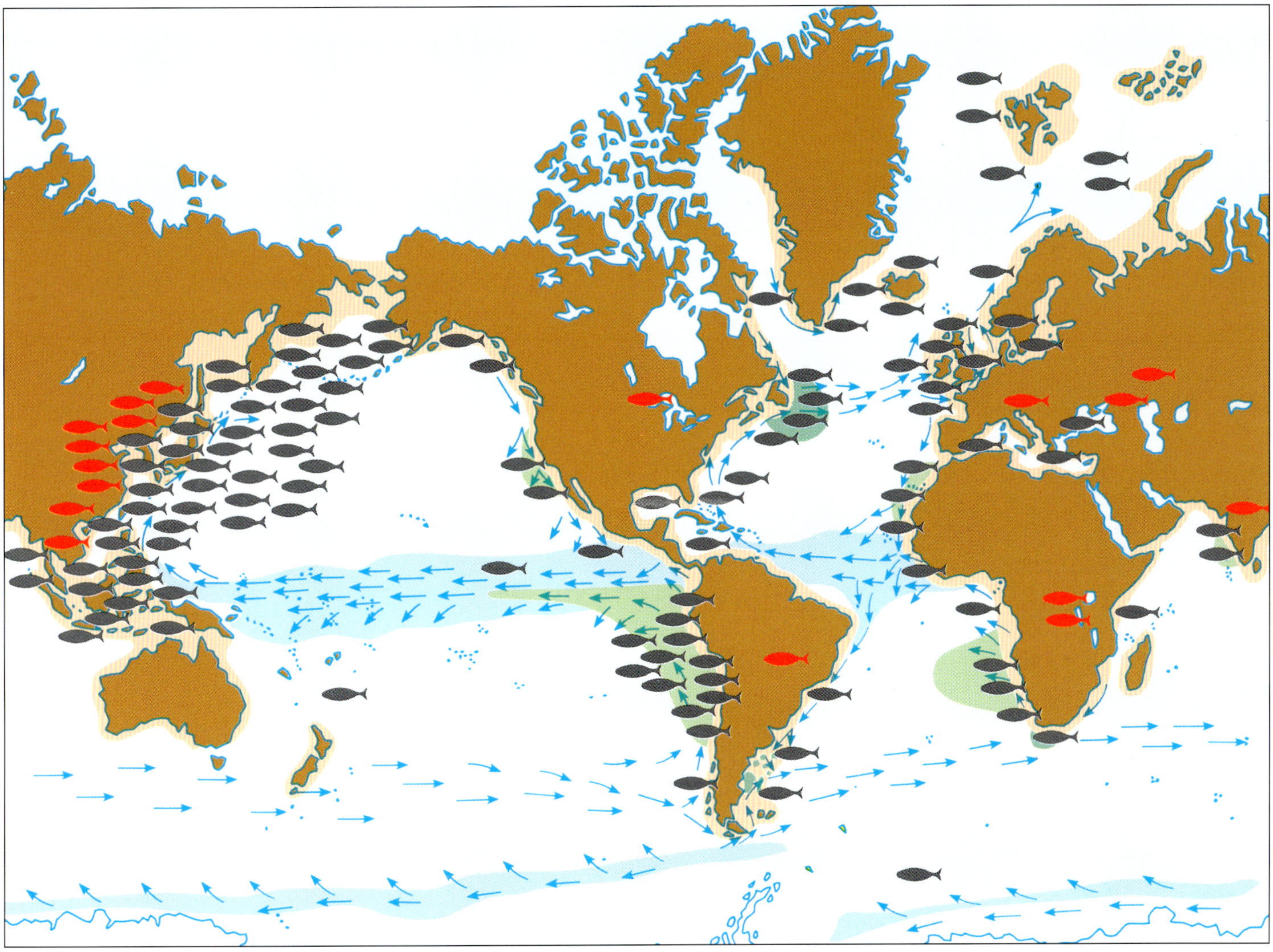

Der Fischertrag in den verschiedenen Regionen der Welt und seine produktionsbiologischen Grundlagen (1983). Die Übersicht macht erst richtig deutlich, wie ungleich die Erträge aus dem Fischfang verteilt sind. Es sind vor allem die unterschiedlichen natürlichen Bedingungen, wie Länge und Fischreichtum der jeweiligen Küsten, aber auch der technische Stand der Fischerei der einzelnen Länder, die für ihre Höhe ausschlaggebend sind.

500000 Tonnen Meeresfische
500000 Tonnen Süßwasserfische, Fische aus dem Brackwasser und Wanderfische zwischen dem Süßwasser und dem Meer.

Schelfgebiete (bis 200 m Tiefe)
Gebiete mit aufsteigendem Tiefwasser:
Auftriebsgebiete vor den Küsten
Divergenzgebiete im Meer
Hydrographische Mischgebiete
Meeresströmungen

Die sieben Großen

Die Fischereierträge aus dem Meer sind auf die einzelnen Küstenländer sehr ungleich verteilt. Ausschlaggebend für die Höhe der Erträge sind vor allem die Länge der Küsten mit ihren unterschiedlichen natürlichen Bedingungen für das Vorkommen nutzbarer Fischbestände sowie der Stand der technischen und sonstigen Entwicklung der jeweiligen Fischerei.

Während die Gesamterträge der Meeresfischerei seit nahezu 10 Jahren keine Steigerung mehr erfahren haben und sich um 85 Millionen Tonnen bewegen, haben die Erträge an Süßwasserfischen als Folge der steigenden Produktion in Aquakulturen ständig zugenommen. Dadurch ist China 1994 mit 20,7 Millionen Tonnen Gesamtertrag zum bedeutendsten Fischereiland der Welt geworden. Es folgen jeweils in Millionen Tonnen:

Peru	11,6	USA	5,9
Chile	7,8	Indien	4,5
Japan	7,4	Russ. Rep.	3,8

Der Anteil der Kontinente am Gesamtfischereiertrag der Welt ist sehr unterschiedlich. Asien trägt allein mit rund 50 % dazu bei. Neben China sind Japan, Indien, Korea, Indonesien und die Philippinen die bedeutendsten Fischereiländer Asiens.

Die größten Fischereierträge in Europa kommen aus Norwegen, Dänemark und Spanien. Vom Gesamtertrag von 12,8 Millionen Tonnen im Jahr 1994 entfielen über 40 % auf diese drei Länder.

Die Höhe der Fischerträge Südamerikas wird durch die Anlandungen von Peru und Chile bestimmt. Diese können sehr starke Schwankungen aufweisen, wenn sich die Lebensbedingungen für die pelagischen Schwarmfische in den Auftriebsgebieten vor der Küste plötzlich ändern. So strömt bei bestimmten Großwetterlagen über dem äquatorialen Pazifik warmes Wasser zu den Küsten Perus und Chiles und überlagert dabei den normalerweise nach Norden ziehenden kalten Humboldtstrom. Dieses Phänomen, das unregelmäßig vor allem um die Weihnachtszeit auftreten kann, ist als »El Niño« bekannt. Die an das relativ kalte Wasser des Humboldtstromes angepaßten Sardellen weichen beim Auftreten eines derartigen El Niño aus dem nun warmen Oberflächenwasser in das kältere, tiefe Wasser aus, finden dort aber keine Nahrung und verhungern. Im Extremfall kann es dabei zum Zusammenbruch des bisher genutzten Fischbestandes kommen. So ging der Fangertrag an Sardellen, der 1971 noch 10 Millionen Tonnen allein in Peru betragen hatte, Mitte der 70er Jahre als Folge eines El Niño so weit zurück, daß zur Schonung der überlebenden Fische der Sardellenfang vor den Küsten Perus zeitweilig ganz eingestellt werden mußte. Ein derartiger Rückgang der Fischereierträge ist für ein Entwicklungsland wie Peru eine wirtschaftliche Katastrophe.

Seit Mitte der 80er Jahre sind die El-Niño-Einströme jedoch relativ schwach ausgeprägt gewesen. Dadurch konnte sich der Sardellenbestand langsam wieder aufbauen und liefert jetzt Erträge, die sogar höher sind als die von 1971. Zu großen Befürchtungen gibt jedoch der neue, extrem starke El-Niño im Sommer 1997 Anlaß.

In Afrika ist die Fischerei im Binnenland und an den Küsten relativ gering entwickelt. Die Gesamterträge mit etwa 5 Millionen Tonnen im Jahr 1994 entsprechen nur etwa 5 % des Weltfischereiertrages. Die größten Fänge werden vor den Küsten Südafrikas und Angolas erzielt. Sie bestehen vor allem aus Sardinen und japanischen Sardellen.

Obwohl in Afrika die fischereiliche Zunahme im letzten Jahrzehnt gering war, hat sich aus weltweiter Sicht der Anteil der Entwicklungsländer, insbesondere der »Schwellenländer« in Asien und Südamerika, am Weltgesamtfang im gleichen Zeitraum nahezu verdoppelt. Insgesamt ist der Anteil der Entwicklungsländer am Weltertrag der Fischerei 1994 auf nahezu 70 % angestiegen. In den Industrieländern hat im gleichen Jahrzehnt der Gesamtfangertrag nicht wesentlich zugenommen und ist seit 1990 sogar um 8 Millionen Tonnen, das sind fast 20 %, zurückgegangen. Die stetige Zunahme der Erträge in den Entwicklungsländern ist wesentlich auf den sehr starken Ausbau der Fischereiflotten dieser Länder zurückzuführen. Während in den Industrieländern die Kapazität der Fischereiflotten in Anzahl und Schiffsgröße von 1970 bis 1990 sich kaum verändert hat, nahm die Anzahl der Fischereifahrzeuge und entsprechend die Gesamttonnage in den Entwicklungsländern in diesem Zeitraum um etwa das Dreifache zu.

Fischverbrauch: Island, Faröer, Japan an der Spitze

Der Fischverbrauch der einzelnen Länder ist, wie man aus der nachfolgenden Übersicht erkennen kann, recht unterschiedlich und hängt vor allem von der Größe und Art der Fischbestände, der Entwicklung der Fischerei, dem Ausbau des Transportsystems und von den Konsumgewohnheiten ab. Bemerkenswert ist der im europäischen Vergleich geringe Fischverbrauch in Deutschland.

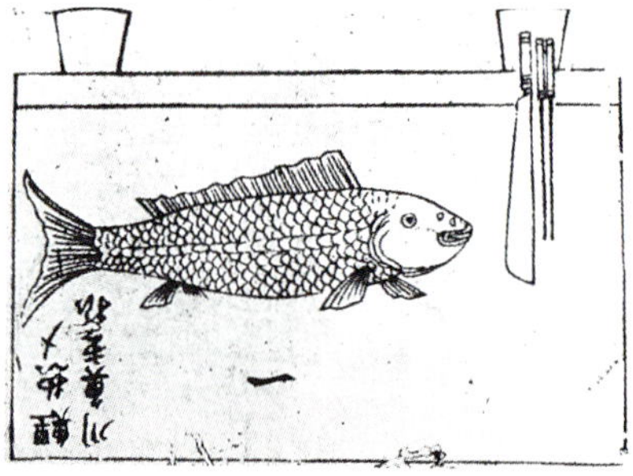

Durchschnittlicher Pro-Kopf-Fischverbrauch (1993 in kg/Jahr)

Europa	18,1
EU	22,0
Island	92,7
Faröer	88,1
Portugal	57,3
Norwegen	46,5
Spanien	39,1
Finnland	32,8
Schweden	27,0
Italien	20,3
Dänemark	19,8
Großbritannien	18,5
Irland	18,1
Deutschland (1996)	14,5
Schweiz	13,2
Niederlande	12,4
Österreich	9,8
Polen	9,1
Japan	67,8
USA (1994)	23,8
Welt	13,4

(Quelle: FAO Fisheries Circ. Nr. 821, Rev. 3, 1996)

Der durchschnittliche Fischverbrauch steigt zwar weltweit ständig an, aber traditionelle Konsumgewohnheiten und die geographische Lage der einzelnen Länder sorgen immer noch für riesige Unterschiede. So sollte man meinen, daß Italien mit seinen langen, fischreichen Küsten und einem Angebot feinster Qualitäten auch einen entsprechend hohen Pro-Kopf-Verbrauch hat. Tatsächlich liegt er mit 20,3 kg pro Jahr im Vergleich mit dem Japans, nämlich 72,1 kg, weit zurück.

▲ Fischabteilung eines Supermarktes in Tokio.

◀ **Fischfang auf einem Markt in Palermo.** Schwertfisch fehlt bei keinem Fischhändler. Darüber hinaus wird alles angeboten, was rund um die Insel gefangen wird – von Garnelen bis zum Cernia, dem Braunen Zackenbarsch.

Die Angel ist in den Ländern der Dritten Welt noch kein Sportgerät. Angeln, wie hier an der Ostküste von Sri Lanka, ist nur eine der wenig effektiven Fangmethoden, der sich die Fischer dieser Länder heute noch bedienen müssen. Denn Investitionsmittel für eine eigene Fischereiflotte fehlen. Entsprechend dürftig ist auch das Fischangebot.

Von der Handangel bis zum Fabrikschiff

Obwohl es weder Funde noch andere konkrete Hinweise darauf gibt, ist mit Sicherheit anzunehmen, daß schon der Mensch der Frühzeit mit Fisch seinen Speisezettel bereichert hat. Zum Fang der Fische waren ja nicht unbedingt Geräte erforderlich. Im einfachsten Fall wurden die Fische gesammelt, wenn durch ein Naturereignis ein Gewässer trockenfiel. Vielleicht hat man auch in Überschwemmungs- und Tidengebieten durch künstliche Steinwälle den Fischen den Rückweg in das Gewässer abgeschnitten und sie aus dem flachen Wasser mit der Hand herausgefangen, wie es heute noch in manchen Gebieten Afrikas und Asiens geschieht.

Pfeil und Bogen wurden schon am Ende der Altsteinzeit, also vor mehr als 10 000 Jahren, zur Jagd benutzt. Sie waren zwar in erster Linie, genauso wie Speere und mit Widerhaken versehene Harpunen, zum Erlegen von Landtieren in Gebrauch gekommen, ließen sich aber auch zum Fang von Fischen in flachem Wasser verwenden. Aus jener Zeit stammen auch die ersten Funde von Angelhaken. Allerdings hatten diese noch keine Widerhaken.

Die ersten zum Fischfang verwendeten Reusen tauchen in der Mittelsteinzeit auf, also etwa im Zeitraum 9000 bis 4000 v.Chr.. Eine Reuse ist im Prinzip eine Falle, in die der Fisch durch eine schmale Öffnung, eine Kehle, hineinschwimmt und dann nicht mehr herausfindet. Als Material wurden Weidenruten verwendet. Auf dem gleichen Prinzip beruhen auch die schon damals gebauten Großreusen mit gesonderten Fangkammern. Sie stehen in Verbindung mit langen Fischzäunen aus Flechtwerk, an denen die Fische entlangschwimmen und so in die Öffnung der Fangkammern geleitet werden.

Der entscheidende Anstoß zu neuen Fangtechniken ging in der Mittelsteinzeit von zwei Entwicklungen aus. Die eine war der Bau von Flößen und Booten, wodurch es möglich wurde, Fische auch vom Ufer entfernt in tieferem Wasser zu fangen. Die andere war die Erfindung von Netzen. Diese Netze, am Anfang aus Bast, waren knotenlos und wurden zwischen Pfählen ausgespannt. Erst als man das zur Herstellung der Netze verwendete Material verknotete, wurde es möglich, auch frei bewegliche Netze zu entwickeln, die man zum Umschließen von Fischansammlungen oder als Zugnetze verwenden konnte.

Mit den Fischspeeren, den Angeln, den verschiedenen Reusentypen, Umschließungs- und Zugnetzen waren zu Beginn der Jungsteinzeit, also um 4000 v. Chr., bereits die meisten der noch heute üblichen Fangprinzipien »erfunden«. Die späteren Entwicklungen stellten im Grunde nur graduelle Verbesserungen dar. Die Fortschritte betrafen besonders die verwendeten Materialien, wozu heute vor allem die Kunststoffe gehören. Als völlig neues Fangprinzip kam in der Neuzeit in den Binnengewässern der Elektrofischfang hinzu.

Die auch heute noch weit verbreitete Fischerei mit Angeln, Reusen und Zugnetzen unterscheidet sich nur wenig von den traditionellen alten Fangmethoden. Beim **Angeln** wird der Fisch durch einen am Angelhaken aufgespießten Köder angelockt anzubeißen. Die Haken können einzeln an Handangeln oder zu mehreren an Langleinen befestigt sein. Solche Mehrfachangeln mit oft Hunderten von Haken an einer Hauptschnur werden in der Binnenfischerei hauptsächlich zum Aalfang benutzt und daher als Aalschnur bezeichnet. In der Küstenfischerei werden solche Langleinen zum Fang von Lachs und Meerforelle und in der Hochseefischerei zum Thunfischfang verwendet. Als Köder werden bei der Angelfischerei natürliche Beutetiere der zu fangenden Fischart gewählt oder künstliche Köder, die dem Beuteschema entsprechen, wie die künstlichen Fliegen in der Forellenfischerei.

Reusen können aus Holz, Netzwerk, Metalldraht oder aus Kunststoffen hergestellt sein. Bei vielen Reusentypen sind vor dem Eingang Leitnetze ausgespannt, die den Weg der Fische in die Reuse lenken. Größere Fangbauten sind mehr oder weniger als Labyrinth angelegt. Solche Großreusen ragen oft mit ihren Leitwänden über die Wasseroberfläche

Der Fischer.

Ich fach gute Fisch ohn mangel/
Mit der Setz/Reußen/vnd dem Angl/
Grundel/Sengel/Erlen vnd Kressn/
Forhen/Esch/Ruppen/ Hecht vnd Pressn/
Barben / Karpffen / thu ich behaltn/
Orphen / Neunaugen/Ehl vnd Altn/
Kugelhaupt / Nasen / Hausn vnd Huchn/
Krebs mag man auch bey mir suchen.

hinaus. Man kann sie in Europa vor allem an den Küsten des Mittelmeers für den Thunfischfang sehen und als sogenannte Bundgarne an der deutschen und der dänischen Ostseeküste, wo sie hauptsächlich für den Fang von Heringen und Aalen eingesetzt werden.
Bei einem **Hamen** wird das sackartige Netz durch die Strömung ausgespannt. Er ist deshalb typisch für die Flußfischerei, besonders für den Fang von Aalen.

Von Hand geschleppter Hamen an der französischen Küste im 18. Jahrhundert. Ein gutes Beispiel dafür, daß sich die Technik eigentlich kaum verändert hat. Nur die Ausführung wurde verbessert. Bei uns würde heutzutage sicher kein Fischer mehr das Netz mit eigener Muskelkraft bewegen. In den Entwicklungsländern allerdings ist das noch oft geübte Praxis.

Im **Kiemennetz** wird der Fisch beim Hineinschwimmen durch die Maschen, die sich hinter dem Kiemendeckel verhaken, gefangen. Die Maschenöffnung ist entscheidend für die Mindestgröße der Fische, die festgehalten werden. Man unterscheidet bei den Kiemennetzen Stellnetze, Treibnetze und Schwebnetze, je nachdem, ob sie am Boden festgesetzt sind, mit einer Endung frei im Wasser treiben oder beidseitig verankert über dem Boden schweben. Am häufigsten sieht man in den Flüssen und flachen Seen Stellnetze für den Fang von Weißfischen, Barschen, Hechten und Zandern. In tieferen Seen bevorzugt man Schwebnetze zum Fang von Felchen (Renken, Maränen), Seeforellen und Seesaiblingen. Treibnetze schwimmen, von Schwimmkörpern getragen, in den oberen Wasserschichten. Sie sind nur an einem Ende mit dem Fangschiff verbunden. Diese Fangtechnik hat in den letzten Jahrzehnten eine immer stärkere Verbreitung erfahren, vor allem in Japan. Die Treibnetzfischerei ist keine »gezielte Fischerei« auf bestimmte Fischarten. Gefangen wird alles, was sich in den Maschen verfängt. Die Treibnetze sind im Laufe der Jahre immer länger geworden. Vereinzelt wurde mit Netzen gefischt, die über 100 km lang waren.
Die Fischerei mit **Zugnetzen** ist in Binnengewässern und an den Küsten vieler Länder der Dritten Welt eine der wichtigsten Fangmethoden. Das verwendete Netz besteht aus einer Netzwand, die die beträchtliche Länge von mehreren hundert Metern aufweisen kann. In der Mitte des Netzes befindet sich oft ein Netzsack. Zum Fang wird das Netz parallel zum Ufer ausgesetzt. Mit langen Leinen werden dann die freien »Flügel« vom Ufer aus an einem Punkt zusammengezogen und eingeholt. Strandwaden sind Zugnetze, die an den Küsten zum Fang von ufernahen Fischen benutzt werden. Ein in Dänemark speziell für die küstenferne Meeresfischerei entwickeltes Zugnetz ist die Snurrewade. An den Enden des Netzes befinden sich bis zu 4000 m lange Leinen, mit denen das Fanggebiet auf dem Boden umschlossen wird. Beim Einholen des Netzes treiben die Leinen die Bodenfische vor sich her zum Netz.

Mit Ringwade und Schleppnetz

Die Ringwade und entsprechend konstruierte Umschließungsnetze sind neben dem Schleppnetz die wichtigsten Fanggeräte der heutigen Meeresfischerei. Die **Ringwade** dient vor allem zum Fang von pelagischen Schwarmfischen wie Sardellen, Sardinen, Heringen, Makrelen und Lodden. Aber auch zum Thunfischfang werden neben Langleinen und Handangeln vor allem Ringwaden eingesetzt, allerdings mit anderen Ausmaßen und wesentlich größerer Maschenweite.
Die Netzwand der zum Fang von pelagischen Schwarmfischen verwendeten Ringwade ist bis zu 1800 m lang und bis zu 200 m tief. Sie wird durch zwei Beiboote zu einem geschlossenen Kreis ausgesetzt. Die Unterkante dieser Netzwand wird dann mit Hilfe einer Leine, die durch Ringe läuft, schüsselförmig zusammengezogen. Das Netz gleicht so einer großen Tasche – daher der englische Name »purse seine« –, die den Fischschwarm von allen Seiten umschließt. Beim Einholen des Netzes durch das Mutterschiff wird nun die Tasche stetig kleiner, bis die Fische schließlich auf so engem Raum zusammengedrängt sind, daß sie mit Keschern, Körben oder Fischpumpen an Bord gebracht werden können. Ihr typisches Aussehen erhalten die Ringwadenfangschiffe durch die am starken hinteren Mast befestigte, auffällig große, elektrisch oder hydraulisch angetriebene Rolle, dem sogenannten Powerblock, mit dem das Netz eingeholt wird.
Schleppnetze sind besonders effektive Fanggeräte. Sie werden von einem oder zwei Fischereifahrzeugen gezogen, entweder über den Boden als Grundschleppnetz zum Fang von am Boden lebenden Fischarten oder durch das freie Wasser als Schwimmschleppnetz zum Fang pelagischer Schwarmfische.
Prinzipiell am einfachsten ist es, ein Schleppnetz in der »Gespannfischerei« offen zu halten, wenn es von zwei nebeneinander fahrenden Fangschiffen gezogen wird. Dabei wird durch den seitlichen Angriff der beiden Zugleinen, der »Kurrleinen«, die Netzöffnung auseinandergespreizt. Der entscheidende Fortschritt zur Entwicklung großer und leistungsfähiger Schleppnetze, die von nur einem Fahrzeug geschleppt zu werden brauchen, war die Erfindung des Scherbrettes. Die an den Kurrleinen befestigten Scherbretter werden im Wasser durch die Fahrtgeschwindigkeit des Schiffes nach außen gezogen und halten das Netz nach den Seiten und nach oben offen. Beim Grundschleppnetz hält ein schweres »Grundtau« die Unterkante der Netzöffnung am Boden. Damit es gut über den rauhen Boden gleitet, sind am »Rollengrundtau« Eisenkugeln oder große Gummirollen befestigt. Grundschleppnetze herkömmlicher Art können bis zu einer Fangtiefe von etwa 900 m eingesetzt werden. Die Netzöffnung beträgt bei großen Fischereifahrzeugen etwa 300 m^2. Bei den Schwimmschleppnetzen kann die Netzöffnung mit bis zu 50 x 60 m erheblich größeren sein.

Mit dem Wurfnetz wird in Indonesien im Kollektiv gefangen. Eine Methode, die mit geringen Unterschieden in der ganzen Welt praktiziert wird. Beim **Kiemennetz** verhaken sich die Fische mit den Kiemendeckeln in den Maschen und müssen dann einzeln herausgezogen werden – wie es dieser Bodenseefischer (Bild rechts) mit einem Barsch demonstriert. Das ist übrigens auch der Grund, warum die empfindlichen Felchen (Renken) selten ohne Verletzungen des Schuppenkleides auf den Markt kommen.

Die Geräte sind perfekter geworden, wenn sich auch die Fangmethoden prinzipiell nicht wesentlich verändert haben. Doch von den Fischspeeren bis zu den grellfarbigen Kunststoffnetzen war es schon ein weiter Weg.

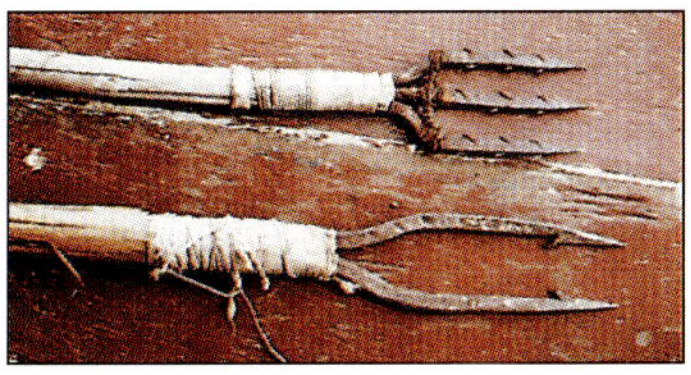

Die Beute mit Licht anzulocken ist eine alte Fangmethode. Dabei wird auch teilweise heute noch der Fischspeer eingesetzt. Wesentlich moderner ist die links im Bild gezeigte Technik mit Umschließungsnetzen. Die schonendste Methode jedoch ist immer noch die Angel, wie im Bild unten die beköderte Langleine eines bretonischen Fischers. Solche Mehrfachangeln werden in der Binnenfischerei als Aalschnur bezeichnet.

Die Vorderseite des Zugnetzes kann auch durch eine Querstange, den »Baum«, offen gehalten werden. Die mit dieser Technik durchgeführte »Baumkurrenfischerei« auf Plattfische und Garnelen ist typisch an unseren Küsten und besonders in den vorgelagerten Wattengebieten. Der Baum wird von seitlichen Kufen getragen. Hinter dem Baum gezogene Ketten scheuchen die Tiere aus dem Meeresboden auf.
In Verbindung mit nahezu allen Fangmethoden wird die **Lichtfischerei** angewendet, zum Beispiel der nächtliche Sardinenfang mit Umschließungsnetzen. Dabei macht man sich das Verhalten vieler Fischarten zunutze, bei Dunkelheit von einer Lichtquelle angelockt zu werden und sich ihr bis auf einen gewissen Abstand zu nähern. Dieser ist abhängig von der Fischart, aber auch von der Lichtintensität. Auch die Farbe des Lichts spielt beim Anlocken eine Rolle. In dunklen Nächten ist die Lichtfischerei besonders effektiv.

Mit Gift und elektrischem Strom

Die Fischerei mit Giften hat, wie die meisten anderen Fangtechniken, eine lange Tradition. Bei den Giften handelt es sich um Nervengifte »fischgiftiger Pflanzen« aus tropischen Ländern. Es gibt aber auch in unseren Breiten fischgiftige Pflanzen, wie zum Beispiel Königskerze und Alpenveilchen. Eine weltweite Bedeutung in der Fischerei hat heute vor allem das Rotenon, das aus den Wurzeln von *Derris elliptica,* einem in Ostasien heimischen Schmetterlingsblütler, gewonnen wird. Rotenon wird in vielen Ländern außer zum Fang auch in Teichwirtschaften und natürlichen Gewässern benutzt, um vor dem Besatz Nahrungskonkurrenten der Zuchtfische zu vernichten. Nach dem Einsatz von Fischgiften treiben die meist nur betäubten Fische an der Wasseroberfläche und werden dann abgefischt.
Beim Elektrofischfang wird im Gewässer ein elektrisches Feld aufgebaut. Der negative Pol, die Kathode, befindet sich dabei am Boot. Der Rand des zum Fischfang benutzten Keschers bildet den positiven Pol, die Anode. Fische, die in das elektrische Feld zwischen Anode und Kathode geraten, stellen zunächst reflektorisch ihren Körper parallel zu den Kraftlinien ein, mit dem Kopf zur Anode gerichtet. Ab einer bestimmten Stromstärke kommt es dann zur Ausbildung der »Galvanotaxis«: Der Fisch schwimmt zur Anode, also in Richtung des Fangkeschers. Bei Verwendung üblicher Geräte zur Erzeugung von Gleichstrom oder gepulstem Gleichstrom mit 0,5 bis 3,0 kW reicht die »anodische Wirkung« im Süßwasser etwa 6 bis 8 m weit. Entscheidend für die Wirkung ist die Spannungsdifferenz, die der Fisch im elektrischen Feld »abgreift«. Das hat zur Folge, daß Kleinfische und Jungfische von der Elektrofischerei weniger effektiv erfaßt werden als größere Fische. Die gefangenen Fische schwimmen nach wenigen Minuten wieder in normaler Körperlage, wenn sie ins Wasser zurückgesetzt werden. Die zunächst beim Fang aufgetretenen physiologischen Störungen dauern 20 bis 70 Minuten. Dauerschäden treten bei sachgemäßer Durchführung des Elektrofangs nicht ein.
Wenn sich auch die Fangprinzipien im Verlauf der letzten Jahrtausende nicht wesentlich verändert haben – die Fangtechnik hat sich unter Nutzung spezieller wissenschaftlicher Erkenntnisse und moderner Methoden gewaltig entwickelt. Während bis zur »Ölkrise« Mitte der 70er Jahre Entwicklung und Forschung in der Fangtechnik auf eine Steigerung der Effektivität der Fangmethoden und der Geräte ausgerichtet waren, haben die Verknappung und Verteuerung der Energie zur Entwicklung energiesparender Fangtechniken geführt. Dazu gehört in erster Linie die Verbesserung passiv fangender, also nicht bewegter Geräte.

Fischerboot und Vollfroster: die Fischereifahrzeuge

Während in der Binnenfischerei in der Regel nur offene Boote benutzt werden, reicht das Spektrum in der Küsten- und Meeresfischerei von einfachen offenen Booten bis zu hochtechnisierten Fang- und Verarbeitungsschiffen. Die meisten Fische aus der Küsten- und der Kleinen Hochseefischerei werden von Fischkuttern angelandet. Das sind gedeckte Fischereifahrzeuge mit Längen bis zu 35 m und Motoren bis 1000 PS. Die Fangplätze sind küstennah, in der Kleinen Hochseefischerei maximal zwei Tagesreisen entfernt. Das wichtigste Fanggerät der deutschen Kutter ist das Grundschleppnetz. Der Fang wird auf Eis gelagert.

Kleine Schiffe fangen feine Fische, könnte man mit Blick auf die hochbezahlten Edelfische behaupten. Tatsächlich landen die kleinen Fischkutter (Bild unten) diese Fischsorten an, die oft mit Langleinen im Küstenbereich gefangen werden. Die Hochseefischerei dagegen erbringt die großen Mengen von Rotbarsch, Seelachs, Kabeljau oder Schellfisch. Daß bei solchen Riesenmengen in einem Netz die Qualität, zumindest aber das Aussehen der Fische leiden kann, ist wohl selbstverständlich.

Die Anlandungen aus der Großen Hochseefischerei stammen aus den Fängen von großen Motorschiffen, die nach dem beim Fang eingesetzten Schleppnetz auch als Trawler bezeichnet werden. Nach dem letzten Weltkrieg bis Ende der 70er Jahre war die Entwicklung in der Großen Hochseefischerei auf die weltweite Ausnutzung fischreicher Fanggründe und die Erschließung von neuen Fangplätzen ausgerichtet. Dabei entstand das Problem, daß, bedingt durch die lange Reisedauer und die auf maximal 12 Tage begrenzte Lagerfähigkeit der Fische auf Frischeis, die Aufenthaltsdauer auf den entfernt liegenden Fangplätzen stark eingeschränkt war. Dies gab den Anstoß zur Entwicklung von »Vollfrostern«, Fahrzeugen, bei denen der Fang bereits an Bord eingefroren wird. Sie sind mit Maschinen ausgerüstet, mit denen die Fische bis zum enthäuteten und entgräteten, küchenfertigen Filet verarbeitet werden können. Die Filets werden bei minus 40 °C eingefroren, und zwar entweder portionsweise, verpackt in handelsüblicher Form für den Endverbraucher, oder als großer Block, der dann an Land ohne Auftauen zerschnitten wird.
Der Filetanteil beträgt beim Kabeljau, Seelachs, Schellfisch, Seehecht und Rotbarsch 35 bis 40 %. Auch der Verarbeitungsabfall und der nicht für den Konsum verwendbare Fanganteil, der »Beifang«, werden bereits an Bord verarbeitet, nämlich zu Fischmehl.

Mit neuester Technik auf Fang

Entscheidend für die außerordentliche Effektivität der modernen Methoden der Meeresfischerei war die Entwicklung elektroakustischer Geräte, durch die die Schiffsführung Informationen darüber erhält, wo sich Fischansammlungen in der Nähe des Schiffes befinden, wie groß sie sind, in welcher Wassertiefe das Netz und die zu fangenden Fische stehen, wie die Fische auf das Netz reagieren und in bestimmten Fällen sogar, um welche Fischarten es sich handeln könnte. Mit Hilfe dieser Informationen kann eine Fischansammlung gezielt angesteuert und das Netz auf die günstigste Fangtiefe eingestellt werden.
Die Geräte arbeiten nach dem Prinzip der Ultraschallortung. Dabei werden von einem Sender am Schiffsboden Ultraschallwellen in gebündelten kurzen Impulsen gesendet. Wenn die Schallwellen auf ein Objekt im Wasser treffen, werden sie reflektiert. Aus der Schallgeschwindigkeit – im Wasser 1500 m/s, also wesentlich schneller als in der Luft – und der Laufzeit des zum Schiff zurückkehrenden Schalles kann die Entfernung zum Objekt berechnet werden. Die Informationen werden auf einem schreibenden Gerät oder einem Bildschirm als Punkte angezeigt. Die Geräte besitzen eine so hohe Leistungsfähigkeit, daß Fische noch bis zu einer Tiefe von 600 m als einzelne Objekte dargestellt werden können.

Die Bewirtschaftung von Fischbeständen

Ein »Bestand« besteht aus Fischen einer Art, die eine eigene Fortpflanzungsgemeinschaft bilden. Eine Fischart, wie zum Beispiel der Kabeljau, kann sich in mehrere Bestände mit unterschiedlichen Laichplätzen aufteilen. Die Fischerei auf den verschiedenen Fangplätzen muß daher in ihrer Wirkung auf den jeweils betroffenen Bestand beurteilt werden.
Im Mittelpunkt der Bewirtschaftung von Fischbeständen stehen die Fragen, wie groß die Fangmenge sein darf, die dem Bestand entnommen werden kann, ohne ihn biologisch zu gefährden, und unter welchen Bedingungen auf Dauer der höchstmögliche Ertrag erzielt werden kann.
Zur Beantwortung dieser Fragen muß man von der Überlegung ausgehen, daß man jährlich nur so viel ernten kann, wie in einem Jahr zuwächst, will man den Bestand nicht in seiner Größe verringern und in seinem Altersaufbau verjüngen. Die Frage kann demnach auch lauten: Unter welchen Bedingungen erzielt ein Bestand den höchstmöglichen jährlichen Zuwachs?
Das Problem wird weniger kompliziert, wenn man es auf die Altersgruppen oder Jahrgänge im Bestand bezieht und sich den Gewichtszuwachs ansieht, den ein einzelner Jahrgang im Laufe seines Lebens erzielt. Dabei wirken zwei Faktoren gegenläufig. Von den vielen geschlüpften Larven wachsen nur relativ wenige zu Jungfischen und noch weniger zu fangfähigen Fischen heran. Dieser Verlust an »Biomasse« wird aber in den ersten Lebensjahren überdeckt durch das individuelle Wachstum der einzelnen Fische. So wird trotz der Verringerung der Individuenzahl während dieser Zeit der Gewichtszuwachs des Jahrganges zunehmend größer. In höherem Alter, wenn die Fische

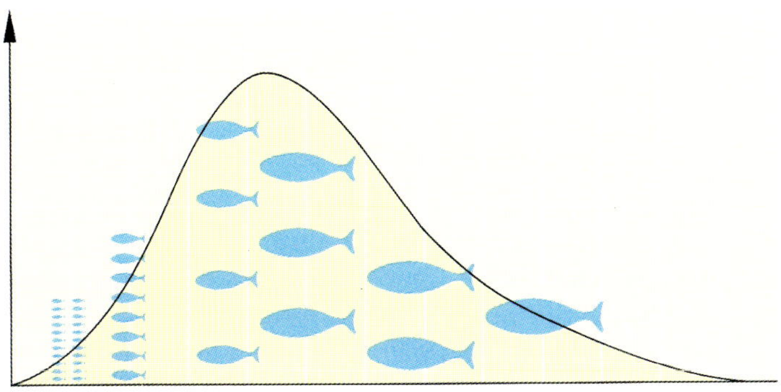

Entwicklung des Gesamtgewichts eines Jahrgangs. Trotz Verringerung der Individuenzahl in den ersten Lebensjahren wird der Gesamtgewichts-Zuwachs während dieser Zeit zunehmend größer. Wenn die Zahl der im Alter langsamer wachsenden Fische abnimmt, überwiegt der Gewichtsverlust, bis der Jahrgang schließlich ganz verschwunden ist.

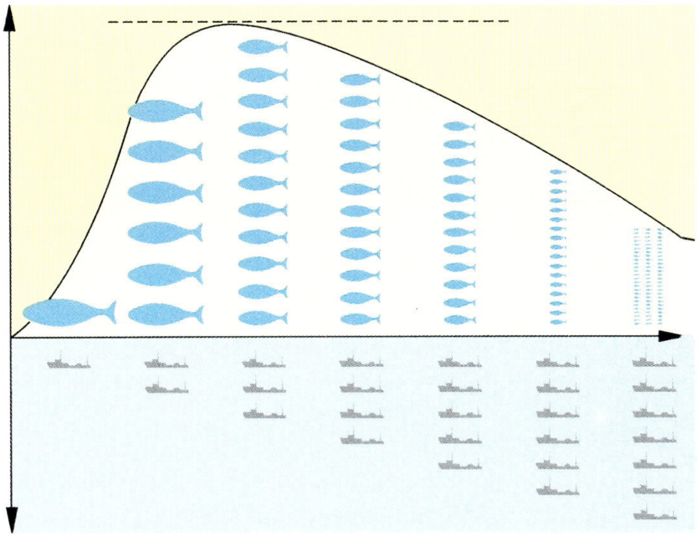

Der höchstmögliche Dauerertrag eines Fischbestandes wird bei einer konstanten mittleren Stärke der Befischung erreicht. Wird zu intensiv befischt, bleibt der Ertrag durch kleine Fische gering. Bei schwacher Befischung ebenso: Der Ertrag besteht zwar aus großen Fischen, aber in geringer Zahl.

immer langsamer wachsen, die Zahl der großen Fische aber stetig abnimmt, überwiegt der Gewichtsverlust, bis schließlich der Jahrgang gänzlich im Bestand verschwunden ist, wie die Grafik links unten erkennen läßt.
Der höchste Fangertrag wäre demnach zu erzielen, wenn man den Jahrgang am Ende des Jahres abfischt, an dem er sein höchstes Gewicht erreicht hat. Es kommt daher bei der Bewirtschaftung eines Fischbestandes darauf an, den Bestand so zu befischen, daß er einen optimalen Altersaufbau bekommt und auf Dauer behält. Bei geringem »Fischereiaufwand«, das heißt geringer Befischungsstärke, besteht der Fang vor allem aus den großen Fischen des ältesten Jahrgangs. Der daraus resultierende Fangertrag ist aber relativ gering. Mit steigendem Fischereiaufwand werden auch die jüngeren Jahrgänge mit den in größerer Zahl vorkommenden, aber etwas kleineren Fischen von den Fanggeräten erfaßt. Der Gesamtfangertrag nimmt so lange zu, bis der »Fischereiaufwand« (in der Abbildung die Zahl der Fangschiffe) optimal an den Altersaufbau des Bestandes angepaßt ist.
Der Fangertrag hängt also ganz wesentlich von der Stärke der Befischung ab. Der »höchstmögliche Dauerertrag«, wie er im fischereilichen Management bezeichnet wird, läßt sich daher nur bei einer bestimmten mittleren Stärke der Befischung erzielen. Dies veranschaulicht die obenstehende Grafik. Bei zu starker Intensität der Fischerei kommt es zur Überfischung. Dabei tritt eine Verjüngung des Bestandes ein mit der Folge, daß die Fische im Fang immer kleiner werden und man immer stärker fischen muß, wenn man den bisherigen Ertrag aus dem Bestand beibehalten will. Die Vernichtung des Bestandes wird dann dadurch verhindert, daß die Fischerei in einem stark gelichteten Bestand schließlich weitgehend eingestellt wird, weil sie sich nicht mehr lohnt.

Fangquoten und Schonmaße

Zur optimalen Bewirtschaftung eines Bestandes berechnet man, wie groß der »erlaubte Gesamtfang« aus einem Bestand sein darf. Alle marinen Fischbestände werden in dieser Weise bewirtschaftet. Die Berechnungen werden von speziellen Arbeitsgruppen internationaler Kommissionen durchgeführt. Aufgrund der Ergebnisse teilt dann die Kommission den einzelnen am Fang beteiligten Nationen eine bestimmte Fangquote zu.
Für die wichtigsten Fischarten sind »Schonmaße« festgelegt, das heißt, es dürfen keine Fische gefangen oder vermarktet werden, die die Länge für das Schonmaß unterschreiten. Die Einhaltung des Schonmaßes wird durch die Festsetzung von Mindestmaschenweiten erreicht. Das bedeutet, daß keine Masche im Fanggerät kleiner sein darf als die Mindestmaschenweite.

Innerhalb einer Art sind die Jahrgangsstärken unterschiedlich. Sie werden sehr stark durch die speziellen Lebensbedingungen für die geschlüpften Larven und Jungfische beeinflußt. Die Brütlinge leben nach dem Schlüpfen zunächst von ihrem Dottersack. Während dieser Zeit, die meist nur wenige Tage dauert, müssen sie sich auf ihre natürliche Nahrung umstellen und das Fressen »lernen«. Der Erfolg hängt davon ab, ob sie genügend geeignetes Futter vorfinden. Futtermenge und -qualität sind wiederum abhängig von Umweltbedingungen wie Temperaturverlauf und Nährstoffangebot. Im Meer können diese durch Wind- und Strömungsverhältnisse entscheidend beeinflußt werden.
Die Berechnung des erlaubten Gesamtfanges für die einzelnen Fischarten stützt sich auf wissenschaftliche Feststellungen zur Stärke der Jahrgänge, der Sterblichkeitsrate durch Fischerei und natürliche Umwelt und des Anteils der einzelnen Altersgruppen im Bestand. Grundlage dieser Untersuchungen sind Bestimmungen des Alters der Fische in Proben aus dem Fang oder von den Fischmärkten. Das Alter läßt sich bei vielen Fischarten anhand von Strukturen auf Schuppen, Kiemendeckeln, Wirbelkörpern und Gehörsteinen (Otolithen), ähnlich wie bei den Jahresringen im Holz der Bäume, bestimmen.

Gefährdete Fischbestände

Trotz fundierter fischereiwissenschaftlicher Untersuchungen und sachgerechter Empfehlungen durch die Kommissionen sind viele wichtige Fischarten wie Kabeljau, Seelachs, Schellfisch und Makrele in der Nordsee überfischt. Die zunehmende Verjüngung der Bestände hatte vor allem auch zur Folge, daß immer weniger Fische noch die Laichreife erreichten. Im Vergleich zu 1970 betrug 1993 beim Kabeljau die Zahl der Laicher nur noch 22 %, beim Seelachs 36 %, beim Schellfisch 15 % und bei der Makrele nur noch 3 %. Bei derartig stark abgefischten Beständen hängt der erlaubte Gesamtfang ganz wesentlich von der von Jahr zu Jahr oft sehr unterschiedlichen Stärke der Nachwuchsjahrgänge ab. Eine Reihe überdurchschnittlich guter Jahrgänge kann allerdings relativ schnell wieder zur Bestandsverbesserung beitragen, wie es seit 1990 beim Schellfisch der Fall ist.
Während der Fang an Bodenfischen in der Nordsee von 1,1 Millionen Tonnen im Jahr 1970 auf 0,45 Millionen Tonnen im Jahr 1994 zurückging, sind die Gesamtanlandungen aus der Nordsee mit rund 2,5 Millionen Tonnen seit den 80er Jahren nahezu konstant geblieben. Ein wesentlicher Grund dafür ist, daß durch die starke Abfischung der bedeutendsten Raubfische die Bestände an kleinen pelagischen Fischarten, die Beutefische der Räuber waren, zugenommen haben.
Nach der fünfjährigen totalen Fangsperre für den Nordseehering wurde die Fischerei 1981 wieder freigegeben. Seit der Zeit wird er wieder mit

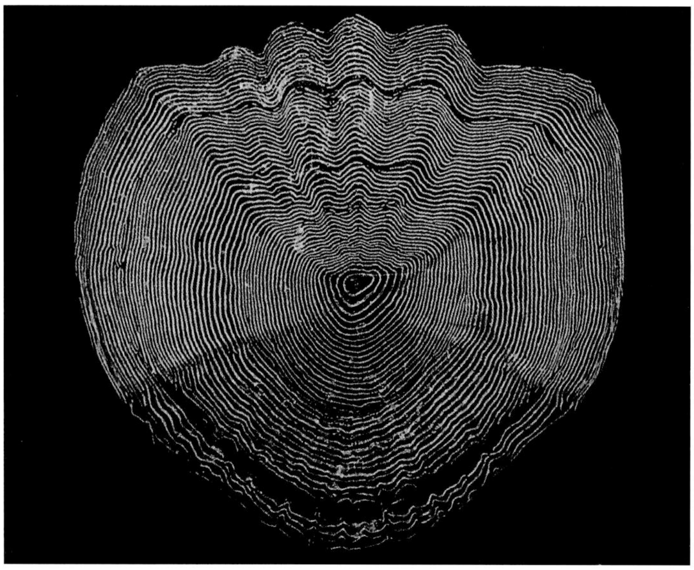

Welche Informationsfülle in einer Fischschuppe steckt, zeigt diese Schuppe einer dreijährigen Äsche. Wie bei den Jahresringen eines Baumes läßt sich das Wachstum ablesen. Im Zentrum die starken, dunklen Ringe des ersten Sommers, dann die immer enger werdenden Winterringe, die wiederum in die breiten Sommerringe des zweiten Jahres übergehen. So läßt sich Jahr für Jahr verfolgen.

einer gezielten Trawl- und Ringwadenfischerei, aber auch als Beifang von einer engmaschigen Industriefischerei gefangen. Da auch diesmal wieder die erlaubten Fangmengen überschritten wurden, zeichnet sich erneut ein starker Rückgang des Heringsbestandes der Nordsee ab. In der Ostsee hingegen wurde von der deutschen Fischerei die zugeteilte Fangquote für 1995 wegen mangelnder Nachfrage nach dem im Vergleich zum Nordseehering kleineren Ostseeherring nur zu 15 % ausgeschöpft. Der Dorschbestand der Ostsee hat sich nach einem Tief Anfang der 90er Jahre mit geringen Fangquoten deutlich erholt.
Geradezu hoffnungslos ist die Bestandssituation beim Kabeljau vor Grönland und Neufundland. Große Fanggebiete mußten für die Kabeljaufischerei total gesperrt werden. Nur bei weiterer strengster Schonung sind nach der Jahrtausendwende wieder nennenswerte Fangmöglichkeiten zu erwarten.
Der »Atlanto-skandische Hering«, ein Fisch, der wesentlich größer wird als der Nordseehering, war in den 60er Jahren durch rücksichtslose Überfischung bedeutungslos geworden. Der Bestand war so klein, daß er seine jährlichen Wanderungen zwischen den sommerlichen Weideplätzen vor Island und den winterlichen Laichplätzen an der norwegischen Küste nicht mehr ausführte und sich ausschließlich in norwegischen Gewässern aufhielt. 1995 ist er nun zum ersten Mal wieder an der isländischen Küste erschienen. Nach wissenschaftlichen Untersuchungen hat sich der Bestand soweit erholt, daß eine Entnahme bis zu einer Million Tonne jährlich möglich erscheint.
Die Ursache für die Überfischung vieler Bestände des Nordatlantiks und seiner Nebenmeere lag vor allem in der ungenügenden Möglichkeit, die Einhaltung der zugeteilten Quoten und anderer Regulierungsmaßnahmen international zu überwachen. Nachdem nun die Fischbestände innerhalb der 200-Seemeilen-Zone unter der Hoheit des jeweiligen Küstenlandes stehen und von diesem bewirtschaftet werden, können die Küstenländer Lizenzen für Fangquoten vergeben und ihre Einhaltung überwachen.
Zur Verbesserung der Überwachung der Fangflotten im Nordwest- und Nordost-Atlantik ist für die Fangschiffe die Ausrüstung mit elekronischen Geräten vorgesehen, die eine Ortung des Standortes der Schiffe durch Satelliten ermöglichen. Zusätzlich zu den Schonmaßen und Fangquoten wurde in der EU die Flottenstärke und damit der Fischereiaufwand durch Verordnungen reduziert und für die Mitgliedsländer begrenzt.

Verbesserte Ausnutzung der Fänge

Ein Schlüsselproblem zur besseren Ausnutzung der Fänge der Meeresfischerei für den wachsenden menschlichen Bedarf ist die Verminderung des Beifanges. Hierunter versteht man den Mitfang von Meeresorganismen neben den für den Konsum gefangenen Fischen. Der Beifang besteht vor allem aus untermaßigen Fischen, aus Krebsen, Muscheln und Tintenfischen sowie aus Fischarten, die für den menschlichen Konsum ungeeignet oder noch nicht eingeführt sind.
Der Beifang wird entweder zu Fischmehl verarbeitet oder über Bord geworfen (Discard). Während das Fischmehl zwar als Tierfutter noch eine, wenn auch sicherlich nicht optimale Verwendung erfährt, ist der Discard verloren. Die meisten der ins Meer zurückgeworfenen Organismen gehen zu Grunde.
Die Menge des Discards ist beträchtlich. Der Internationale Rat für Meeresforschung (ICES) rechnete 1994 damit, daß jedes Jahr mehr als 1 Million Tonnen Fische in der Nordsee über Bord geworfen werden. Das sind mehr als 1/3 der insgesamt aus der Nordsee angelandeten Fischmenge. In norwegischen Gewässern ist es konsequenterweise verboten, Beifang wieder über Bord zu werfen. Er muß vollständig angelandet werden, was innerhalb der EU, soweit es untermaßige Fische betrifft, nicht erlaubt ist. Extrem hoch ist der Anteil des Discards bei der Fischerei mit den oft viele 10 km langen Treibnetzen.
Es sind aber nicht nur kleine Organismen, die von den Fanggeräten miterfaßt und als Beifang vernichtet werden. Bei der Fischerei mit Ringwaden werden in großer Zahl Haie, Vögel, Schildkröten und beim Thunfischfang im Pazifik vor allem auch Delphine mitgefangen und getötet.
Die Verminderung des Beifanges ist daher eines der wichtigsten Ziele der modernen Entwicklung der Fischereitechnik. Als außerordentlich erfolgversprechend hat sich der Einbau von sogenannten »Selektions-

fenstern« mit parallelen Stangen am Netzende (»steert«) erwiesen, durch die die kleineren Fische entkommen können.
Die Fischerei mit langen Treibnetzen ist in den letzten Jahren weltweit verboten worden. Auch für die Industriefischerei, oft als »Gammelfischerei« bezeichnet, sind Regelungen oder technische Maßnahmen erforderlich, die verhindern, daß, wie bisher, große Mengen der Nachwuchsjahrgänge der Konsumfischbestände mitgefangen werden.

Fischerei in Deutschland und in der EU

Erhebliche Auswirkungen auf die Fischereipolitik aller Küstenstaaten haben die Beschlüsse der 3. Seerechtskonferenz gehabt. Danach haben die Küstenstaaten in einem 12 Seemeilen breiten »Küstenmeer« die volle Souveränität über die Nutzung der dort lebenden Fischbestände. In einer 200 Seemeilen breiten »Wirtschaftszone« hat der Küstenstaat »Hoheitsrechte zur Erforschung, Ausbeutung, Erhaltung und Bewirtschaftung der lebenden und nicht lebenden Naturschätze«. Für die Fischerei im »EU-Meer« werden am Ende eines jeden Jahres den Mitgliedsstaaten für das folgende Jahr aktualisierte Fangquoten für zahlreiche wichtige Fischarten zugeteilt. Das EU-Meer umfaßt alle Meeresgebiete bis zur Grenze der Wirtschaftszonen der Mitglieder der EU. Das EU-Meer wurde 1986 durch die Wirtschaftszonen von Spanien und Portugal und 1995 durch die von Schweden und Finnland erweitert. Als Basis bezieht man sich bei Festlegung der Quoten auf den aktualisierten »erlaubten Gesamtfang« und auf den Fanganteil, den die betreffenden Arten im Durchschnitt der Jahre 1973 bis 1976 bei den Mitgliedsstaaten hatten. So beträgt die deutsche Quote im EU-Meer 1996, in % vom erlaubten Gesamtfang:

Hering	13,9	Makrele	4,7
Kabeljau	12,4	Scholle	4,3
Seelachs	9,0	Seezunge	3,9
Sprotte	6,6	Schellfisch	2,8

Erheblich höhere Quoten werden entsprechend den damals höheren Anteilen am Gesamtfang Großbritannien und Dänemark zugestanden. Auch die nicht für den Konsum vorgesehenen Fischarten der Industriefischerei – das sind für die europäische Fischerei vor allem der Blaue Wittling, der Stöcker und der Stintdorsch – sind quotiert.
Fast alle wichtigen Fischbestände außerhalb des EU-Meeres sind ebenfalls durch internationale oder nationale Regelungen Fangbeschränkungen unterworfen. Die Fischereikommissionen der EU handeln für ihre Mitgliedsländer Fangquoten aus. Die wichtigsten Partnerländer sind Norwegen, Faröer, Island, Grönland und Kanada.
Die Fischdampfer der EU-Staaten sind auf die Befischung des Schelfmeeres, das sind die Küstenmeere mit Tiefen bis zu 200 m und die Kontinentalabhänge mit einer Tiefe bis zu 900 m, ausgerichtet.
Die Fanggebiete der deutschen Kutterfischerei sind küstennah, selten mehr als zwei Tagesreisen vom Heimathafen entfernt. In der Nordsee ist der Kabeljau von herausragender Bedeutung, ebenso in der Ostsee, wo er Dorsch genannt wird. Die deutschen Dorschfänge kommen vor allem aus der mittleren und westlichen Ostsee. Der oft angebotene »Angeldorsch« wird allerdings nicht mit der Angel, sondern ebenfalls mit den in der Kutterfischerei üblichen Fanggeräten gefangen. Andere wichtige Fischarten für die Kutterfischerei in der Nordsee sind Seelachs, Seezunge, Scholle und Hering. Der Hering ist auch für die Ostseefischerei trotz des geringen Preises eine wichtige Fischart. Die angelandeten Sprotten stammen ausschließlich aus der Ostsee.
Die Menge der in den Küstengewässern gefangenen Aale ist in manchen Ländern größer als die aus den Binnengewässern. So werden die größten Aalfänge von der deutschen Fischerei im Gebiet zwischen Helgoland und der Elbemündung erzielt.
Die Erträge der deutschen Fischerei, die 1970 (nur Bundesrepublik) fast 600 000 Tonnen betrugen, sind als Folge der Überfischung der wichtigsten Fischbestände, der Einbindung der deutschen Fischerei in das Fischereimanagement der EU und der Entwicklung des internationalen Seerechts extrem zurückgegangen und liegen jetzt einschließlich der neuen Bundesländer bei nur 270 000 Tonnen.
Um die Einbußen auf den Fangplätzen der Fernfischerei auszugleichen, sind Bestände noch wenig genutzter Fischarten für den Markt erschlossen worden. Zu diesen »neuen Nutzfischen« gehören: der Grenadierfisch *(Coryphaenoides rupestris)*, der in den Gewässern von Island, Labrador und Neufundland in Tiefen von 600 bis 1600 m gefangen wird, der weit verbreitete Strumpfbandfisch *(Lepidopus caudatus)* und der Zehnfinger-Schleimkopf *(Beryx decadactylus)*, der in Gestalt und Farbe dem Rotbarsch ähnelt. Er ist relativ fettreich und als Koch-, Brat- und Räucherfisch gut verwendbar.
Die Fänge aus der Hochsee werden an Bord der Fang- und Fabrikschiffe sofort bearbeitet und als Tiefkühlware angelandet, und zwar entweder als »Frostfisch«, das heißt ausgenommen und meist ohne Kopf, oder aber, vorwiegend, als »Frostfilet«. Die Abfälle der Fabrikation – sie machen mehr als die Hälfte des Fanggewichtes aus – werden bereits an Bord zu Fischmehl verarbeitet.
Der Anteil der Fische, die an Bord von Fischereifahrzeugen bis zur Vermarktung als »Frischfisch« auf Eis gelagert werden, ist in den einzelnen Ländern der EU sehr unterschiedlich. In der deutschen Fischerei werden dabei größere Fische, mit Ausnahme des Rotbarsches, vorher ausgeschlachtet und zum Entfernen von Blut und Eingeweideresten mit viel Seewasser gewaschen.
Die an den Märkten angelandeten Fische werden verauktioniert. Um den Frischfisch möglichst wenig der Tageswärme auszusetzen, wird er nachts gelöscht. In der Auktionshalle werden die Fänge in Kunststoffkisten, die jeweils einen Zentner aufnehmen, nach Arten sortiert und zur Auktion ausgebreitet. Um die Kühlkette nicht zu unterbrechen, liegt der Fisch in den Kisten auf Eis. Die Auktionen finden am frühen Morgen statt. Bei einer solchen Auktion zuzusehen und zuzuhören, ist ein besonderes Erlebnis.
Die Anlandungen der deutschen Fischerei reichen bei weitem nicht aus, den Bedarf in Deutschland für Fische und Fischerzeugnisse zu decken. Er entsprach 1994 einem Fanggewicht von 1,2 Millionen Tonnen. Die Marktversorgung erfolgte zu mehr als 80 % durch Einfuhren. Hauptlieferanten sind Norwegen und Dänemark. Neben Seefischen und Seefischerzeugnissen wurden aus Norwegen vor allem Lachse und aus Dänemark Forellen aus der Aquakultur geliefert. Weitere Importländer sind unter anderem Polen, Island, die Niederlande und Thailand. Der Wert der deutschen Ausfuhr erreichte 1994 mit rund 1 Milliarde DM etwa 50 % des Wertes der Einfuhr.
Für den »gehobenen« Konsumbedarf werden Edelfische von besonders darauf spezialisierten Firmen in ganz Europa vermarktet. Über die Drehscheibe »Rungis«, den Pariser Großmarkt, gelangen vor allem die hochpreisigen Fische wie der Petersfisch *(Zeus faber)*, der Loup de mer oder Bar *(Dicentrarchus labrax)*, der Seeteufel oder Baudroie *(Lophius piscatorius)* und die Rascasse *(Scorpaena scrofa)* sowie die edleren Brassen zum Verbraucher, aber auch Meeräschen, Thunfische und Schwertfische wie auch Sardinen und Sardellen. Zu den Exporteuren aus dem Mittelmeer und dem Atlantik gehören Italien, Frankreich, Spanien und Portugal. Viele der genannten Arten werden dort speziell mit Langleinen erbeutet, finden sich aber auch in den Schleppnetzfängen der Fischkutter. Meeräschen werden größtenteils in den Flußmündungen mit Stellnetzen gefangen.
Trotz regional oft nicht unbeträchtlicher Umweltprobleme hat die Binnenfischerei noch in vielen Ländern Europas eine erhebliche Bedeutung. Das gilt besonders für die Fischerei in den großen Binnenseen der um die Ostsee gelegenen Tiefebenen sowie den Vorgebirgs- und Gebirgsseen Österreichs, der Schweiz und Deutschlands.

Fischerei in den USA

Mit der zunehmenden Befischung des Alaska-Pollack seit Mitte der 80er Jahre wurde diese Fischart 1994 mit 1,4 Mio. Tonnen, das entsprach 37 % der Gesamtanlandung an Konsumfischen, zu einer der wichtigsten Säulen der US-amerikanischen Fischerei. Auf Grund der weit höheren Preise tragen aber die pazifischen Lachse mit 0,41 Mio. Tonnen, zum Teil aus Aquakulturen, und die Thunfische mit 0,17 Tonnen in gleichem Umfang zum Gesamtwert der Anlandungen bei.
Der Verbrauch an Fischen und Fischprodukten war 1994 mit 23,8 kg pro Kopf erheblich höher als in Deutschland mit 14,8 kg. Der hohe Bedarf der USA 1994 von insgesamt 6,2 Mio. Tonnen an Konsumfischprodukten mußte zu etwa 40 % durch Einfuhr gedeckt werden. Größter Lieferant war nach wie vor Kanada. Eine nur wenig geringere Menge

kam aus Thailand. Da es sich dabei vor allem um die hochpreisigen Garnelen handelt, sind die Gesamteinfuhren aus Thailand vom Wert her noch höher als die Einfuhren aus Kanada, die zu einem großen Teil aus Lachsen, Thunfischen, aber auch Hummer und Langusten bestehen. Andere Hauptimporteure aus Asien sind China und Japan, aus Europa Island, Rußland, Frankreich und Norwegen. Die USA sind aber zugleich der zweitgrößte Exporteur der Welt für Fischereiprodukte.
Die erstaunliche Tatsache, daß trotz der hohen eigenen Anlandungen der Bedarf an Fischen und Fischerzeugnissen für den menschlichen Konsum in den USA nicht gedeckt wird, ist darauf zurückzuführen, daß ein erheblicher Teil des Gesamtfanges zu Fischmehl und Fischölen verarbeitet wird. Die wichtigsten Fischarten hierfür sind der Atlantische und der Golf-Menhaden. Die Anlandungen dieser beiden Fischarten machten 1994 22 % des Gesamtfanges an Fischen aus.
Trotz der Größe des Landes sind die Fangerträge aus den Binnengewässern mit etwa 65 000 Tonnen Konsumfisch relativ gering. Etwa 90 % stammen aus dem Flußsystem des Missisippi und den Great Lakes.

Qualitätskontrolle auf den Märkten und im Handel

Welche Fangtechnik auch angewendet wird, sie hat nicht nur Auswirkungen auf die angelandeten Mengen, sondern auch auf die Qualität der gefangenen Fische. Daher ist es nicht gleichgültig, ob in einem Netz Tonnen von Fisch zusammengedrückt werden oder ob ein einzelner Fisch am Angelhaken zappelt. Solche unterschiedlich ertragreichen Fangmethoden lassen sich nicht zuletzt am Preis erkennen.
Die Qualität der Fische hängt aber nicht nur von der Fangtechnik selbst ab. Von ganz wesentlicher Bedeutung für die Qualität sind ferner Fangdauer sowie Dauer und Bedingung der Lagerung an Bord und an Land. Beim Fang mit Schleppnetzen ist die Qualität um so besser, je kürzer die Schleppdauer und Fangmenge im Netz ist. Bei Kutterware spielt die Dauer der Lagerung auf Eis eine wesentliche Rolle. Bei Fängen mit dem Kiemennetz ist entscheidend, wie lange der Fisch in den Maschen gehangen hat, bevor das Netz aufgenommen wurde.
»Lebend-frisch« können die mit Strandwaden, Angeln und Reusen und vor allem die mit Keschern aus einem Fischteich oder mit Elektrofanggeräten gefangenen Fische sein. Fischprodukte mit dem Vermerk »auf See gefrostet« sind zwar absolut frisch, jedoch vor der Totenstarre eingefroren. Ein nach der Totenstarre eingefrorener oder verarbeiteter Fisch ist aromareicher. Fehlt der Vermerk »auf See gefrostet«, kann es sich um nachträglich an Land gefrostete Gefrierware handeln, die qualitativ unbefriedigend sein kann.
Fische werden in den Schauaquarien der Gaststätten nicht immer unter Bedingungen gehalten, die einen qualitativ hochwertigen Fisch garantieren. Bei Karpfen und Schleien läßt sich häufig beobachten, daß die Fische auf Grund unzureichender Sauerstoffversorgung und ungenügenden Zuflusses an frischem Wasser im Aquarium an der Wasseroberfläche nach Luft schnappen und schleimen. Im Schauaquarium gehaltene Forellen sind in der Regel bei Licht untereinander aggressiv, dementsprechend »gestreßt« und dann auch von geringerer Qualität.
Auf den Seefischmärkten wird die Qualität der angebotenen Fische amtstierärztlich überwacht. Dazu wird unmittelbar nach dem Entladen der Fische Kiste für Kiste von einem Amtstierarzt begutachtet.
Die auf Seite 124 aufgeführten Frischekriterien lassen sich »sensorisch«, das heißt mit Hilfe der Sinnesorgane erkennen. Von der Beurteilung der Veterinäre auf den Seefischmärkten hängt es ab, ob eine Partie beschlagnahmt und damit nicht zum Verkauf zugelassen oder zur Auktion freigegeben wird. Die sensorische Beurteilung durch die Amtstierärzte ist durch deren lange berufliche Erfahrung auf den Seefischmärkten außerordentlich zuverlässig. Eine regelmäßige amtstierärztliche Kontrolle ist nur auf den Seefischmärkten üblich. In allen anderen Vertriebssystemen beschränkt sie sich auf gelegentliche Stichproben der Veterinärämter.
Wesentliche Verbesserungen in den gesetzlichen Bestimmungen bestehen seit 1994. In diesem Jahr wurde die 1993 von der EU erlassene Richtlinie für eine Fischhygiene-Verordnung für Deutschland verbindlich. Die neue Verordnung legt »Mindestanforderungen im Bereich der Hygiene für das gewerbsmäßige Herstellen, Behandeln oder Inverkehrbringen von Fischerzeugnissen und lebenden Muscheln fest, die zur Verwendung als Lebensmittel bestimmt sind«. Das gilt ausdrücklich auch für Importe. Die meisten Firmen veranlassen daher in eigener Initiative eine Untersuchung ihrer Importe, bei der die auf den Seefischmärkten üblichen Kriterien für Frischegrad und Parasitenbefall zugrunde gelegt werden.
In den USA ist ebenfalls mit gesetzlich erheblich verschärften Qualitätskontrollen gemäß HACCP-Standard (HACCP= Hazard Analysis and Critical Control Point) zu rechnen. Die neuen Verordnungen, die auch von den Importeuren in die USA eingehalten werden müssen, werden voraussichtlich zu erheblichen Konsequenzen in der Fischindustrie führen.

Der Nährwert von Fischen

Die einzelnen Fischarten unterscheiden sich erheblich in ihrem Wasser-, Fett-, Eiweiß- und Mineralstoffgehalt. Bei den »Magerfischen« wie Kabeljau (Dorsch), Schellfisch, Seelachs, Seehecht, Scholle, Schleie und Hecht liegt der Fettgehalt unter 1 %. Auch die Forelle ist relativ mager. Einen mittleren Fettgehalt haben Rotbarsch, Heilbutt und Karpfen. Fische mit einem Fettgehalt von über 10 % bezeichnet man als »Fettfische«. Zu diesen zählen die meisten pelagischen Schwarmfische wie Hering, Sardelle, Sardine, Sprotte und Makrele, aber auch Lachs und Thun. Zu den fettreichsten Fischen gehört der Aal mit einem Fettanteil von 25 %.
Der Fettgehalt der Fische ist jahreszeitlichen Schwankungen unterworfen. Am höchsten ist er bei jugendlichen und bei fortpflanzungsfähigen Fischen zwischen den Laichzeiten. Zur Entwicklung der Fortpflanzungsprodukte in den Gonaden wird nach der Weidephase das Fett aus dem Fleisch und den Körperdepots allmählich wieder abgebaut.
Der Eiweißgehalt liegt bei den meisten Fischarten so zwischen 17 und 20 %, der Gehalt an Mineralstoffen bei 1 bis 1,5 %. Der Energiegehalt ist sehr stark vom Fettgehalt abhängig. Bei Magerfischen kann man mit 70 bis 80 kcal (290 bis 335 kJ) pro 100 g rechnen, bei Fettfischen mit 200 bis 250 kcal (850 bis 1050 kJ) pro 100 g. Magerfische haben damit nur halb so viele Kalorien wie mageres Rind- und Schweinefleisch.

Fisch und Gesundheit

Fisch in der Diät: Leicht verdauliche, kalorienarme Nahrungsmittel haben für gesundheitsbewußte Menschen eine immer größere Bedeutung erlangt. Die leichte Verdaulichkeit von Fischen beruht sowohl auf ihrem relativ niedrigen Fettgehalt als auch auf dem besonders geringen Anteil an Bindegewebe im Fischfleisch.
Natürliche Fette sind Verbindungen gesättigter und ungesättigter Fettsäuren mit dem dreiwertigen Alkohol Glycerin. Dabei entstehen Triglyceride, die in den Fetten in unterschiedlicher Art und Menge enthalten sind. Es gibt in der medizinischen Literatur zahlreiche Hinweise, daß Fischöle mit ihrem hohen Gehalt an mehrfach ungesättigten Fettsäuren (besonders der Eikosapentaensäure) cardiovasculäre Erkrankungen wie Arteriosklerose, Schlaganfall und Herzinfarkt sowie den Serumcholesteringehalt günstig beeinflussen. So wird auch die relativ geringe Häufigkeit solcher Erkrankungen bei Japanern und Eskimos auf ihre fischreiche Ernährung zurückgeführt. Das Fleisch der meisten Fische gilt darüber hinaus als »natriumarm«, und es ist mit wertvollen Vitaminen reichlich versehen, zum Beispiel mit hohen Anteilen der fettlöslichen Vitamine A, D und E sowie B_6 und B_{12}. Meeresfische enthalten darüber hinaus bis zu 0,4 mg Jod pro 100 g.
Fischvergiftungen: Nach dem Verzehr von Fisch kann es gelegentlich zu gesundheitlichen Störungen kommen. Meist handelt es sich dabei um Störungen, die durch nicht mehr einwandfreie Ware zustande kommen. Da sie unangenehme Folgen haben können, ist beim Fischeinkauf unbedingt auf Frische zu achten. Die Gefahr von Störungen ist besonders groß, wenn die Fische roh oder ungenügend gegart verzehrt werden und aus stark verschmutzten Küstengewässern stammen. Es handelt sich dann meistens um Salmonelleninfektionen. Eine Erkrankung durch giftige, bakterielle Stoffwechselabbauprodukte liegt auch beim »Botulismus« und der »Staphylokokken-Enterotoxinvergiftung« vor. Diese sind aber keine eigentlichen Fischvergiftungen, da sie auch nach dem Verzehr anderer Lebensmittel auftreten können. In bakteriell verschmutztem Fischfleisch können durch mikrobiellen Abbau giftige Konzentrationen biogener Amine, vor allem von Histamin und

Protein-, Fett- und Energiegehalt von Speisefischen

Bei den Angaben handelt es sich um Durchschnittswerte. Der Fettgehalt der Fische ist jahreszeitlichen Schwankungen unterworfen. Am höchsten ist er bei jugendlichen und fortpflanzungsfähigen Fischen zwischen den Laichzeiten.

	Protein %	Fett %	kJ/ 100 g	kcal/ 100 g
Heringshai *(Lamna nasus)*	17,5	1,5	397	95
Dornhai *(Squalus blainvillei)*	17,6	9,5	651	156
Nagelrochen *(Raja clavata)*	20,7	0,2	355	85
Aal *(Anguilla anguilla)*	15,0	24,5	920	220
Atlantischer Hering *(Clupea harengus)*	18,2	14,9	927	222
Sardine *(Sardina pilchardus)*	19,4	5,2	563	135
Sprotte, Sprot *(Sprattus sprattus)*	16,7	16,6	967	231
Sardelle *(Engraulis encrasicolus)*	20,1	2,3	461	110
Seeteufel *(Lophius piscatorius)*	14,9	0,7	301	72
Kabeljau, Dorsch *(Gadus morhua)*	17,7	0,4	342	82
Alaska-Pollack *(Theragra chalcogramma)*	16,7	0,8	309	74
Schellfisch *(Melanogrammus aeglefinus)*	17,9	0,2	334	80
Köhler, Seelachs *(Pollachius virens)*	18,3	0,8	368	88
Wittling *(Merlangius merlangus)*	17,4	0,8	368	88
Seehecht *(Merluccius merluccius)*	17,2	0,9	350	84
Petersfisch *(Zeus faber)*	17,8	1,4	367	88
Großer Roter Drachenkopf *(Scorpaena scrofa)*	20,1	1,9	409	98
Rotbarsch *(Sebastes marinus)*	18,2	3,6	479	114
Wolfsbarsch *(Dicentrarchus labrax)*	18,2	1,4	374	89
Stöcker *(Trachurus trachurus)*	19,1	1,8	393	94
Blauer Jack, Blue Runner *(Caranx crysos)*	21,5	2,2	401	96
Red Snapper *(Lutjanus campechanus)*	20,2	2,6	434	104
Goldbrassen *(Sparus aurata)*	19,7	1,9	401	96
Marmorbrassen *(Lithognathus mormyrus)*	19,4	1,3	478	112
Adlerfisch *(Argyrosomus regius)*	15,9	3,6	401	96
Rote Meerbarbe *(Mullus barbatus)*	20,1	2,0	450	107
Großköpfige Meeräsche *(Mugil cephalus)*	20,4	4,3	546	131
Großes Petermännchen *(Trachinus draco)*	19,4	0,7	393	94
Gestreifter Seewolf *(Anarhichas lupus)*	15,8	2,8	402	96
Atlantische Makrele *(Scomber scombrus)*	18,7	11,9	817	195
Roter Thunfisch *(Thunnus thynnus)*	23,5	8,0	714	171
Pelamide *(Sarda sarda)*	23,0	6,0	610	146
Echter Bonito *(Katsuwonus pelamis)*	24,9	4,5	589	141
Schwertfisch *(Xiphias gladius)*	19,4	4,4	532	127
Weißer Heilbutt *(Hippoglossus hippoglossus)*	20,1	2,3	461	110
Echte Rotzunge *(Microstomus kitt)*	16,7	1,2	326	78
Steinbutt *(Psetta maxima)*	16,7	1,8	376	90
Scholle *(Pleuronectes platessa)*	17,1	0,8	348	83
Flunder *(Platichthys flesus)*	16,5	0,7	332	79
Seezunge *(Solea vulgaris)*	17,5	1,4	377	90
Atlantischer Lachs *(Salmo salar)*	19,9	13,6	907	217
Chinook, King Salmon *(Oncorhynchus tschawytscha)*	17,9	11,6	760	182
Keta-Lachs, Chum Salmon *(Oncorhynchus keta)*	20,4	4,6	514	123
Regenbogenforelle *(Oncorhynchus mykiss)*	19,5	2,7	172	67
Renken, Maränen *(Coregonus* spp.)	17,8	3,2	435	109
Hecht *(Esox lucius)*	18,4	0,9	373	89
Schleie *(Tinca tinca)*	17,7	0,8	355	85
Karpfen *(Cyprinus carpio)*	18,0	4,8	522	125
Wels *(Silurus glanis)*	15,3	11,3	731	175
Flußbarsch *(Perca fluviatilis)*	18,4	0,8	371	89
Zander *(Stizostedion lucioperca)*	19,2	0,7	382	91

Nach Dr. J. Oehlenschläger, Bundesforschungsanstalt für Fischerei in Hamburg.

Tryptamin, entstehen. Dies kann zur »Makrelenvergiftung« (Scombroid Poisoning), einer Fischvergiftung im engeren Sinne, führen.
Es gibt aber auch Fische, die selbst schon giftig sind. Am bekanntesten ist der japanische Fugu, der als besondere Delikatesse gilt und roh verzehrt wird. Die Arten dieser Gattung bilden während der Laichzeit das hoch wirksame Nervengift Tetrodotoxin. Bei der Zubereitung kommt es darauf an, die das Gift enthaltenden Rogen und Leber zu entfernen, ohne daß diese verletzt werden. Dies erfordert besondere Kenntnis und Kunstfertigkeit. Aus diesem Grunde wird in Japan Fugu traditionell in lizenzierten Restaurants von Köchen zubereitet, die eine spezielle Diplomprüfung abgelegt haben und über eine lange Erfahrung verfügen. Seit 1987 ist aber auch die Zubereitung durch andere Personen (zum Beispiel in fischverarbeitenden Betrieben) zulässig.
Ebenso kann der Verzehr des Rogens der Barbe unserer Süßgewässer, möglicherweise auch des Hechtes und einiger Weißfischarten zu Vergiftungen mit Kopfschmerz, Fieber und Schwindelgefühl führen. Die Art des Giftes ist noch unbekannt. Während es sich hierbei und auch beim Fugu-Gift um Stoffe handelt, die im Fisch selbst entstehen, können Fische auch über die Nahrungskette Gifte aus Algen anreichern. Dies ist die Ursache für die »Ciguatera-Vergiftung«, die in tropischen und subtropischen Ländern regional nach dem Verzehr von Seefischen aus küstennahen Riffgebieten auftreten kann. Das die Vergiftung hervorrufende Nervengift »Ciguatoxin« kommt dabei vor allem in großen Zackenbarschen und Stachelmakrelen, in Barracudas, Schnappern, Meerbrassen, Muränen, Lipp- und Papageifischen sowie Aalen vor.
Vorsicht beim Verzehr von rohem Fisch: Fische können naturgemäß ebenso wie Wild oder schlachtbare Haustiere von Parasiten befallen sein. Parasiten auf Fischen sind mit wenigen Ausnahmen so an ihren Wirt angepaßt, daß sie nicht auf den Menschen übertragen werden können. Zu diesen Ausnahmen gehören Parasitenarten wie der als Finne in Süßwasserfischen vorkommende »Breite Fischbandwurm«, die zu ihrer Entwicklung einen Wirtswechsel benötigen und für die Säugetiere End- oder Zwischenwirt sind. Seefische aus den deutschen Anlandungen sind nur selten von Parasiten in größerer Zahl befallen. Meistens handelt es sich um »Nematoden«, das sind Fadenwürmer, oder um niedere Krebse aus der Gruppe der »parasitischen Copepoden«. Die Übertragung der Parasiten erfolgt nur auf den lebenden Fisch über dessen Nahrung. Die Parasiten befinden sich in der Körperhöhle und in den Eingeweiden der Fische, seltener in der Muskulatur. Wurmlarven werden daher meist durch das Ausnehmen der Fische beseitigt. Nematodenlarven werden durch Tiefgefrieren oder durch vollständiges Garen abgetötet und daher unschädlich. Trotzdem sollten mit Nematoden befallene Fische strikt vom Verbrauch ausgeschlossen werden. Eine der vielen Gattungen, Anisakis, ist auch im Menschen lebensfähig und kann zu Darmgeschwüren führen. Insgesamt ist sie recht selten. Das Risiko sollte aber ausreichen, um vom Verzehr roher Fische abzuraten.
In Japan werden seit alters her Fische roh verzehrt (Sashimi), ohne daß solche Wurminfektionen zu einem großen Problem wurden. Der Grund liegt darin, daß dort alle zum rohen Verzehr bestimmten Fische sofort ausgenommen und speziell gelagert werden. Das verteuert natürlich die Frischware nicht unerheblich. Bei uns würden solche Preise keinesfalls akzeptiert, so daß der Fisch auch keine Sashimi-Qualität haben kann. In Japan wird solche nicht mehr taufrische Ware zunächst tiefgefroren, dabei werden die Parasiten abgetötet. Beim langsamen Auftauen verliert der Fisch kaum an geschmacklicher Qualität.
Zusammenfassend kann also festgehalten werden, daß der Fisch bei unserer Zubereitungsart bezüglich Parasiten völlig risikolos ist, da diese beim Durchgaren, Salzen, Marinieren, Räuchern und Tiefgefrieren absterben. Probleme können lediglich mit halbroher, zu kurz marinierter und kaltgeräucherter Ware entstehen.

Fugu – eine gefährliche Delikatesse

Sie gehören zur Familie der Kugelfische (Tetraodontidae), die in Japan so hochgeschätzten Fugus. Ihr äußerst delikates Fleisch wird zu Sashimi verarbeitet, also in hauchdünne Scheiben geschnitten und roh verzehrt. Das ist weitgehend ungefährlich, sofern der Koch die hochgiftigen Teile der Innereien, nämlich die Eierstöcke und die Leber, entfernt, ohne sie zu verletzen. Darum wird diese Prozedur in Restaurants von speziell dafür ausgebildeten, lizenzierten Köchen ausgeführt. Zuerst werden der Kopf des Fugus abgetrennt und die ledrige Haut abgezogen. Dann wird der Fisch ausgenommen – ohne daß das Messer die das Tetrodotoxin enthaltenden Innereien auch nur berührt.

Fischzucht – ein Wirtschaftszweig mit Zukunft

Die Aquakultur ist seit Beginn der 90er Jahre der am stärksten expandierende Zweig der Weltfischerei. Von 1990 bis 1994 stieg die Produktion von 12,4 Millionen Tonnen um rund 50 % auf 18,5 Millionen Tonnen an. Sie setzte sich zusammen aus:

13,0 Mio. t	Fische, darunter 11,3 Mio. t aus dem Süßwasser
4,4 Mio. t	Muscheln und Schnecken
1,1 Mio. t	Krebse
1,0 Mio. t	andere Tiergruppen

Auch Meeresalgen werden in beträchtlichen Mengen – 1994 waren es 7 Millionen Tonnen – in marinen Farmen produziert.
Am weitaus stärksten wurde die Aquakultur in China ausgebaut. 1994 kamen rund 50 % des chinesischen Gesamtertrages der Fischerei aus den Aquakulturen im Binnenland. Der weitaus größte Teil besteht aus Süßwasserfischen, die vor allem in Polykulturen (vgl. Seite 25) gezogen werden. Andere Länder in Asien mit hohen Erträgen aus Aquakulturen sind Indien, Japan, Indonesien, Thailand und die Philippinen.
Während in China vor allem die »chinesischen Karpfen«, in erster Linie Silberkarpfen, Graskarpfen und Marmorkarpfen, gezogen werden, besteht die Produktion in Indien aus einer Vielzahl anderer Karpfenartiger Fische. Der wichtigste Zuchtfisch der Küstenregionen in Indonesien und auf den Philippinen ist der Milchfisch. Für die japanische Küche besitzt der »Yellowtail« oder die Gabelmakrele aus den Netzgehegeanlagen vor der Küste eine herausragende Bedeutung.
In Afrika ist die Fischzucht vor allem in Nigeria entwickelt. In Europa stammt ein erheblicher Teil der Karpfen-Produktion aus Teichwirtschaften Polens, Jugoslawiens und Ungarns. Forellen kommen hauptsächlich aus Dänemark und Lachse aus norwegischen Fischzuchten. In Nordamerika ist in den USA neben der Forellenzucht vor allem die Zucht des »Channel Catfish« für den Gourmet zu nennen. In Südamerika dagegen ist die Fischzucht unbedeutend.
Obwohl die Erträge der Aquakultur sicherlich in den nächsten Jahrzehnten noch beträchtlich gesteigert werden können, zeichnen sich aber auch bei ihr bereits die Grenzen der Entwicklung ab. So kommen für einen weiteren weltweiten Ausbau der Aquakultur neben bestimmten klimatischen Voraussetzungen nur besonders geeignete Küstenge-

biete, vor allem geschützte Meeresbuchten, und Landschaften im Binnenland mit genügend Wasser in Betracht. Hier stehen unter Umständen, wie etwa in Israel, Landwirtschaft und Aquakultur in Konkurrenz um das verfügbare Wasser. Die Fütterung von carnivoren Fischarten, wie etwa Lachs, Forelle oder Yellowtail, wird zunehmend durch die Menge des zur Verfügung stehenden Futters aus tierischen Komponenten begrenzt. Den herbivoren Fischarten gehört unter diesem Aspekt sicherlich die Zukunft, vor allem in den Entwicklungsländern. Der steile Anstieg der Produktion von Silberkarpfen und Graskarpfen bestätigt diesen Trend. Nicht verschwiegen werden darf, daß durch die Fütterung und Ausscheidungen der Zuchtfische das Wasser organisch belastet und der Boden des Gewässers mit sauerstoffzehrenden organischen Sedimenten bedeckt wird. In vielen europäischen und nordamerikanischen Binnengewässern, aber auch in zahlreichen Fjorden Kanadas und Norwegens ist die Grenze der Belastbarkeit der Gewässer durch Aquakulturen erreicht.
Die Aquakultur von Fischen hat vor allem zwei Ziele: einerseits die künstliche Vermehrung von Fischen zum Besatz natürlicher Gewässer mit Fischeiern, Fischbrut und Jungfischen, zum anderen die Aufzucht zu Speisefischen.
Der Besatz natürlicher Gewässer: In Gewässern, in denen die Fischbestände keine ausreichenden Möglichkeiten zur natürlichen Fortpflanzung haben, kann die Fischerei durch Besatzmaßnahmen gefördert werden. Dazu werden Brütlinge oder Jungfische aus Zuchten in die Gewässer eingesetzt. In Fließgewässern kommt ein Fischbesatz vor allem für die fischereilich besonders wertvollen Forellen- und Äschenregionen im Oberlauf der Bäche in Betracht. Die wichtigsten Fischarten hierfür sind Bach- und Regenbogenforellen, Saiblinge und Äschen. In Seen ist Fischbesatz zur Vergrößerung der Bestände an Hechten, Zandern, Schleien, Felchen, Seeforellen und Seesaiblingen die Regel.
Auf Besatz sind auch Bestände von Lachs und Meerforelle angewiesen, wenn sie in ihrer Fortpflanzung durch Umwelteinflüsse erheblich eingeschränkt sind und zudem stark befischt werden. Eine Vergrößerung mariner Fischbestände durch Besatzmaßnahmen verspricht jedoch keinen Erfolg, da künstlicher Besatz nur einen winzigen Bruchteil der natürlichen Nachwuchsstärke ausmachen würde.
Die künstliche Erbrütung von Fischeiern: Zum künstlichen Erbrüten von Forellen, Saiblingen, Meerforellen, Lachsen, Äschen, Coregonen und Hechten werden laichreife Fische dem Fang entnommen. Durch leichten Druck auf den Bauch der Weibchen streift man die Eier ab und sammelt sie in einer trockenen Schüssel. Dann wird in entsprechender Weise von den Männchen das Sperma, die sogenannte Milch, abgepreßt, vorsichtig mit den Fischeiern vermischt und Wasser hinzugegeben. Erst im Wasser erhalten die Spermien ihre Fähigkeit, sich zu bewegen und ein Ei zu befruchten. Dazu sind sie jedoch nur selten länger als eine Minute befähigt. In dieser Zeit müssen sie die »Mikropyle«, die Eintrittsöffnung im Ei, gefunden haben.

Ohne menschliche Hilfe geht es nicht mehr. Zumindest für Süßwasser- und Wanderfische wäre die natürliche Vermehrung für eine kommerzielle Fischerei nicht mehr ausreichend. Begehrte Zuchtfische sind heute vor allem die edlen Salmoniden wie Lachs und Forelle. Den laichreifen Weibchen werden die Eier abgestreift und mit dem Sperma der männlichen Tiere vermischt. In strömendem Wasser, wie hier in »Kalifornischen Bruttrögen«, werden die Eier dann erbrütet.

Die befruchteten Eier werden dann in einem Bruthaus in strömendem Wasser erbrütet. Die Technik dazu ist bei den einzelnen Fischarten sehr unterschiedlich. Für die Eier der Lachsartigen Fische benutzt man meist »Kalifornische Bruttröge« oder auch »Brutschränke«. Bei den Bruttrögen liegen die Eier auf einer Siebplatte. Durch eine treppenförmige Anordnung der einzelnen Erbrütungskästen wird das Wasser von einem Kasten in den nächsten, tiefer gelegenen Bruttrog geleitet und strömt dann, von unten kommend, durch die mit Eiern belegte Siebplatte. In einem Brutschrank tropft das von oben eingeleitete Wasser durch senkrecht übereinander angebrachte, trichterförmige Siebe, die mit Eiern belegt sind. Bei dieser Technik wird der von den Eiern verbrauchte Sauerstoff vom Wasser schneller wieder aus der Luft aufgenommen als in den Kalifornischen Brutkästen. Für die Erbrütung der Eier in Brutschränken kommt man daher mit relativ wenig Wasser aus. Übrigens sind die Eier der Lachsartigen Fische empfindlich gegenüber der kurzwelligen Strahlung des Lichtes. Sie müssen deshalb auch im Bruthaus vor derartigem Licht geschützt werden.
Die Eier von Felchen und Hechten werden in sogenannten »Zugergläsern« erbrütet. Diese gleichen auf dem Kopf stehenden, großen Flaschen ohne Boden. Das Wasser strömt von unten in das Glas und läuft oben über den Rand wieder ab. Die Eier werden dabei im Glas von der Strömung getragen und verwirbelt. Abgestorbene Eier verpilzen. Sie müssen in den Bruttrögen und -schränken täglich ausgelesen werden. In den Zugergläsern befördert die Strömung die weißen, mit einem Pelz aus Pilzfäden überzogenen Eier durch ihren größeren Strömungswiderstand über den oberen Rand des Glases. Zugergläser bezeichnet man daher auch als »Selbstausleser«.
Bei manchen Fischarten, bei denen die Eier nur während eines sehr kurzen Zeitraumes vollständig reif und befruchtungsfähig sind, wie beim Karpfen, bei Buntbarschen, Zandern, Welsen und Pazifischen Lachsen, bevorzugen die Züchter ein Ablaichen der Fische unter künstlich geschaffenen, aber angenähert natürlichen Bedingungen. Beim Karpfen legt man dazu Laichteiche an. Das sind flache Teiche die erst wenige Tage vor dem Besatz mit Laichfischen mit Wasser aufgestaut werden. Für den Zander setzt der Teichwirt Reisigbüschel in die Teiche, an denen die Zanderweibchen dann ihre klebrigen Eier ablegen können. Bei den Pazifischen Lachsen haben sich für das Ablaichen und die Aufzucht bis zum Jungfisch »Laichkanäle« hervorragend bewährt. Das sind künstliche Fließwasserstrecken, die seitlich an einem natürlichen Flußlauf angelegt werden. Wasserströmung und die Bedeckung des Bodens mit Kies und feinem Schotter sind optimal an die Laichansprüche der Lachse angepaßt. Der größte Laichkanal dieser Art ist der »Babine Channel« in British Columbia in Kanada. In einer Laichperiode können bis zu 240 000 Laichfische, besonders vom Sockeye Salmon, in den Laichkanal eingesetzt werden. Man erwartet, daß durch diese Verbesserung der natürlichen Laichmöglichkeiten eine wesentlich größere Anzahl an Junglachsen (Smolts) als bisher ins Meer abwandert und dadurch der Fang der später zum Laichplatz zurückkehrenden Fische um rund eine Million vergrößert wird. Diese Art der Aquakultur, bei der Fische unter natürlichen Bedingungen im Meer zu Speisefischen heranwachsen, bezeichnet man als »sea ranching«.
Die Aufzucht zum Setzling: Als Setzlinge bezeichnet man Jungfische, die zum Besatz in Aquakulturen oder natürlichen Gewässern verwendet werden. Setzlinge sind im allgemeinen 3 bis 6 Monate alt. Da die Brütlinge und die heranwachsenden Jungfische besondere Anforderungen an ihren Lebensraum und vor allem an ihre Nahrung stellen, sind in den Aquakulturen zur Aufzucht von Setzlingen besondere Einrichtungen nötig. Das können flache, nahrungsreiche Teiche sein, künstliche Fließstrecken wie die oben erwähnten Laichkanäle oder aber spezielle Aufzuchtbecken.
Eine industrielle Form der Fischzucht ist die Produktion von Forellensetzlingen in Fischsilos. Bei dieser Technik werden die Fische in hohen Besatzdichten in Stahl- oder Kunststoffbehältern aufgezogen, die in ihrer Form etwa einem Silo in der Landwirtschaft ähneln. Die Belüftung der Silos erfolgt mit reinem Sauerstoff. Dadurch kommt man bei dieser »Silotechnik« mit erheblich weniger Wasser aus als in natürlichen Teichanlagen oder den üblichen Rundbecken. Allerdings muß der zugeführte Sauerstoff sehr genau dosiert werden, damit keine für die Gesundheit der Fische gefährlichen Konzentrationen entstehen.

Die Aufzucht zu Speisefischen: Die wichtigsten Süßwasserfische zur Aufzucht sind in Europa und in den Staaten der GUS Karpfen und Forellen, in Asien und Afrika Karpfen und Buntbarsche, in Nordamerika Welse und Forellen. Die Aufzucht von Speisefischen in Meerwasser ist in Asien ein bedeutender Zweig der Aquakultur. Von herausragender Bedeutung sind dabei der Milchfisch und der Yellowtail. Meeräschen und Meerbrassen, ebenfalls wichtige Fische der marinen Aquakultur Asiens, werden auch in Europa in Meerwasserteichwirtschaften und abgeschlossenen Lagunen im Mittelmeer zu Speisefischen herangezogen. Die Lachszucht ist besonders in Norwegen und in Schottland von großer wirtschaftlicher Bedeutung. An den Nord- und Ostseeküsten gibt es erfolgversprechende Ansätze zu einer Steinbuttzucht.

Fischzucht in Teichen

Die Fischzucht in Teichen hat eine lange Tradition. So stammen erste Berichte über die Zucht von Karpfen in China bereits aus dem 5. Jahrhundert v. Chr.. Als Teiche bezeichnet man in der Fischzucht ablaßbare Gewässer. Der Wasserstand wird über ein Wehr mit Staubrettern, den sogenannten »Mönch«, geregelt.

Bei Süßwasserfischen ist auch heute noch die Zucht in Teichanlagen die Regel. Generell kann man bei Friedfischen, also den nicht räuberischen Fischen, zwischen der extensiven und der intensiven Form der Zucht unterscheiden. Bei der extensiven Form ernähren sich die Fische vom natürlichen Nahrungsangebot in den Teichen. Dabei können bei der Karpfenzucht Erträge bis zu 500 kg pro Hektar erzielt werden. Bei der intensiven Form wird künstlich zugefüttert. Das geschieht heute meist mit Futterautomaten, die mit pelletiertem, also grob gekörntem Futter beschickt werden. Es ist in seiner Zusammensetzung an die speziellen Bedürfnisse der jeweiligen Fischart angepaßt.

Die Karpfenzucht: Karpfen sind wärmeliebende Fische. Karpfenteiche sind daher in der Regel flache Gewässer mit Tiefen bis zu 1,5 m. Meistens handelt es sich um Teiche ohne nennenswerten Durchstrom an frischem Wasser. Unter mitteleuropäischen Klimabedingungen erreichen Karpfen bis zum Ende des 1. Lebensjahres ein Gewicht von 30 bis 50 g, am Ende des 2. Lebensjahres von 250 bis 400 g und am Ende des 3. Jahres als Speisefisch ein Gewicht von 1200 bis 1500 g.

Im Gegensatz zur europäischen Fischzucht bevorzugen die Japaner Teiche mit starkem Frischwasserdurchstrom. Diese Fließwasserteiche sind meist nur 50 bis 150 m^2 groß mit einer Wassertiefe von 1,5 bis 2 m. Ein Wasserzufluß von 300 bis 500 l/sec. ist dabei keineswegs unüblich. Durch die ständige Wassererneuerung ist ein extrem hoher Besatz der Teiche möglich. Zum Besatz nimmt man in Japan und den meisten Ländern Asiens den Schuppenkarpfen.

Die Forellenzucht: Angepaßt an die natürlichen Lebensbedingungen der Fische, sind Teiche für Forellen schmal und langgestreckt und werden von Wasser durchströmt. Das Futter ist besonders eiweißreich. In der Forellenzucht bevorzugen die Teichwirte häufig die Fütterung durch Ausstreuen des Futters mit einer Schaufel. Sie können dadurch, besser als mit einer Fütterung durch Automaten, die Futtermenge dem Bedarf anpassen und dabei regelmäßig den Gesundheitszustand der Fische kontrollieren. Die für die Zucht meistens verwendeten Regenbogenforellen haben bereits nach 15 Monaten und mit einem Standardgewicht von 330 g Speisefischgröße. In Anlehnung an die so erfolgreiche Lachs- und Meerforellenzucht, vor allem in Norwegen, ist eine immer größere Anzahl von Betrieben in Dänemark und Deutschland dazu übergegangen, mehrjährige Regenbogenforellen nicht nur für die Nachzucht, sondern auch gezielt für den Konsum zu züchten. Diese mit Spezialfutter zur Erzielung eines lachsartig rotgefärbten Fleisches aufgezogenen Fische werden meist als »Lachsforellen« vermarktet. Auf einem Hektar Wasserfläche können in der Forellenzucht, in Abhängigkeit von der Menge und Qualität des zur Verfügung stehenden Wassers, pro Jahr bis zu 30 000 kg Speisefische produziert werden.

Die Aalzucht: Der Aal steht in der hochentwickelten Aquakultur Japans an erster Stelle der Fischarten, die im Süßwasser gezogen werden. Knapp 40 % der fast 75 000 Tonnen Süßwasserfische aus Fischzuchten in Japan entfielen 1994 auf den Aal. Praktisch stammen alle Aale, die in Japan verzehrt werden, aus Aquakulturen. Für die Zucht ist man auf Brut angewiesen, die beim Aufstieg in den Flüssen gefangen wird. Der Bedarf an Aalbrut ist in Japan so groß, daß zusätzlich Aalbrut aus Europa importiert werden muß.

Für die Aufzucht werden Teiche mit stehendem Wasser und künstliche Fließwassersysteme mit Becken aus Beton oder Kunststoff benutzt. Die Produktion der Aale in Teichen basiert auf intensiver Düngung und Fütterung. Die Fische für den Besatz sind etwa 20 g schwer und werden vielfach aus Betrieben bezogen, die auf die Aufzucht von Aalbrut zu Setzlingen spezialisiert sind. Die meisten Aale werden nach einem halben Jahr mit etwa 150 g Gewicht abgefischt. Große Aale werden in Japan nicht geschätzt. Sie werden überwiegend nach Europa exportiert.

In Europa sind zur Aalzucht Anlagen mit unterschiedlichem ökonomischem Erfolg entstanden. Da für das Heranwachsen der Aale zu Speisefischen die Wassertemperatur mindestens 22 bis 25 °C betragen sollte, ist vielfach versucht worden, mit Systemen zu arbeiten, bei denen das Wasser im Kreis geführt und aufgeheizt wird. Bei derartigen Kreislaufanlagen bestehen, bedingt durch den geringen Wasseraustausch, bei längerem Betrieb aber immer noch Probleme durch die Anreicherung des Wassers mit giftigen Stoffwechselprodukten.

Forschung lohnt sich nur bei teuren Fischen. Beim Steinbutt zum Beispiel hat man in einigen europäischen Ländern große Anstrengungen unternommen, diesen Meeresfisch in Aquakulturen zu züchten. Mit unterschiedlichem Erfolg. Marktfähige Fische mit 2 kg und mehr wurden in nennenswerter Menge erstmals in Schottland angeboten, allerdings mit erheblichen Schönheitsfehlern: Auf der dunklen Oberseite haben die Fische deutliche weiße Flecken.

Fishfarming mit Steinbutt in Norwegen. Da könnte ein neuer »Markenartikel« geboren werden – mit gleichmäßiger Fleischverteilung, durch entsprechende Fütterung von gleichbleibendem Geschmack und ganzjähriger Verfügbarkeit. Möglich machen das Industriegiganten wie Stahlschmelzen oder Atomkraftwerke mit ihrem Kühlwasser, das mit einer Temperatur von 20 bis 25 °C für die Industrie nicht nutzbar ist, für Fishfarming aber die richtige Temperatur hat.

Fischzucht in Polykultur – eine Methode, die in China perfektioniert wurde. Sorgfältig aufeinander abgestimmt, werden im selben Teich gleichzeitig mehrere Fischarten aufgezogen – vom pflanzenfressenden chinesischen Graskarpfen über unsere Schuppen- und Spiegelkarpfen, die sich von Kleintieren und Pflanzen ernähren, bis hin zu solchen »Nebenfischen« wie Zandern und Schleien. Sie alle ergänzen sich in ihrem Nahrungsbedarf so optimal, daß das gesamte Nahrungsangebot im Teich genutzt wird.

Die Zucht von Buntbarschen: Buntbarsche werden in zahlreichen Arten aus den Gattungen Tilapia und Sarotherodon vor allem in Asien und Afrika in Fischteichen gezüchtet. Die in der Fischzucht am häufigsten anzutreffende Art ist der Moçambique-Buntbarsch. Die Zucht der Buntbarsche entspricht weitgehend der der Karpfen.
Bei den Buntbarschen wachsen die Männchen schneller als die Weibchen, da diese während der Fortpflanzungszeit als Maulbrüter in der Nahrungsaufnahme behindert sind. Weil das Geschlecht der Jungfische beim Besatz schlecht zu unterscheiden ist, nehmen die Farmer bevorzugt Hybriden zur Zucht. Bei bestimmten Kreuzungen entstehen nämlich mit geringen Ausnahmen nur Männchen. Das Wachstum der Fische ist außerordentlich abhängig von der Besatzdichte. Das Marktgewicht von 100 bis 150 g wird meist erst nach einem Jahr erreicht.

Fischzucht in Polykultur

Bei der »Polykultur« werden mehrere Fischarten gleichzeitig im selben Teich aufgezogen. Auch in Europa ist das in der Karpfenzucht üblich. Außer Karpfen als den Hauptwirtschaftsfischen werden Schleien, Hechte und Zander als »Nebenfische« in die Teiche eingesetzt. Zwar sind Schleien Nahrungskonkurrenten der Karpfen, auf sehr weichem Boden und in tieferem Wasser nutzen sie aber das Nahrungsangebot besser aus als diese. Auch Hechte können als zusätzlicher Besatz in einem Karpfenteich vorteilhaft sein, um aus den Zu- und Abflüssen eingedrungene Jungfische anderer Arten zu fressen.
Die ideale Form der Polykultur besteht in der gemeinsamen Aufzucht von Fischarten, die sich in ihren Nahrungsansprüchen so ergänzen, daß die gesamte Palette des Nahrungsangebotes im Teich ausgenutzt wird. Vor allem in China wurde diese Form der Fischzucht durch Besatz der Teiche mit verschiedenen Arten der chinesischen Karpfen realisiert. So frißt der Graskarpfen höhere Wasserpflanzen, wie zum Beispiel die Laichkräuter, aber auch die in Karpfenteichen störenden Watten aus fadenförmigen Algen; der Silberkarpfen das pflanzliche Plankton, also die im Wasser treibenden Algen; der Großkopf das tierische Plankton, vor allem Kleinkrebse und Wasserflöhe; der Schwarz- oder Schneckenkarpfen Wasserschnecken und Insektenlarven und der Schlammkarpfen Bodentiere und den »Detritus«, das sind abgestorbene organische Reste, die auf dem Boden abgelagert sind, insbesondere die Faeces anderer Fische. Auch der europäische Karpfen wird wegen seines breiten Nahrungsspektrums oft zusätzlich in eine solche Polykultur hineingenommen.
Die chinesischen Karpfen kommen natürlicherweise in den Flüssen Chinas vor. In diesen werden auch die meisten Brütlinge und Jungfische für den Besatz der Teiche gefangen. In zunehmendem Maße werden aber auch laichreife Fische abgestreift und die Eier in Brutanstalten erbrütet. Brut und Jungfische der chinesischen Karpfen haben eine große Bedeutung für Chinas Export in andere Länder Südostasiens. Die Zucht bis zum Speisefisch mit einem Gewicht von 2 bis 4 kg dauert meist drei Jahre. Basis für die Produktion ist die intensive Düngung der Teiche mit landwirtschaftlichen Abfällen. Eine Polykultur ist in China aber nicht nur in Teichen, sondern auch in geeigneten, abgeschlossenen natürlichen Seen üblich. Auf diese Weise lassen sich in Seen Erträge bis zu 1800 kg je Hektar jährlich erzielen.
Die Polykultur ist in Asien in den letzten Jahrzehnten zunehmend die bevorzugte Form der Fischzucht geworden. Bei optimaler artenmäßiger Zusammensetzung des Besatzes und guter Düngung werden in Teichen Erträge bis zu 8000 kg je Hektar im Jahr erreicht.

Fischzucht auf Reisfeldern

Erhebliche Fischerträge könnten durch die Zucht von Karpfen und Buntbarschen auf Reisfeldern erzielt werden, die während der Wachstumsphase des Reises ausreichend hoch geflutet werden. Durch die gerade in den Tropen und Subtropen oft bedenkenlose Verwendung von Pestiziden zur Insektenbekämpfung und Unkrautvernichtung ist aber diese ideale Form einer kombinierten landwirtschaftlichen und fischereilichen Nutzung nur in geringem Umfang realisierbar.

Fischzucht in Netzgehegen

Die Fischzucht in Netzgehegen wurde erst Mitte der 60er Jahre entwickelt. Bei diesem Verfahren werden Fische in einem nach den Seiten und zum Boden durch Netze abgeschlossenen Areal gehalten. So ist es möglich, auch in größeren Seen, in Baggergruben, in Flüssen und an den Küsten eine Fischzucht im freien Wasser anzulegen.

Die Netze werden entweder von Pfählen oder von Schwimmkörpern getragen. Ausmaß und Form der Netzgehege, das Netzmaterial, die Maschenweite der Netze und die Wassertiefe in den Gehegen sind abhängig von der Art, der Größe und Anzahl der Besatzfische. Am häufigsten sind schwimmende Netzgehege. Sie sind meist viereckig und umschließen eine Fläche von etwa 20 m², mit einer Tiefe von 2 bis 3 m. Die viereckige Form hat den Vorteil, daß mehrere einzelne Gehege zu größeren Zuchtanlagen verbunden werden können. Durch den Einbau von Laufstegen ist dann ein leichtes Erreichen der einzelnen Gehegeabteilungen möglich. Bei größeren Netzgehegen mit Flächen von 100 m² und mehr bevorzugt man die runde Form, die dann auch erheblich tiefer sein kann. Als Netzmaterial werden im allgemeinen Kunststoffe verwendet. Zum Schutz vor Treibgut in fließendem Wasser oder vor räuberischen Tieren werden Kunststoffnetze häufig mit einem Gitterwerk aus Draht umgeben. Gegen fischfressende Vögel überspannt man die Anlagen mit Netzen.

Gehegehaltungen haben sich für die Zucht von Forellen und Karpfen in Binnengewässern zunehmend durchgesetzt. Der Yellowtail in Japan und Thailand, der Lachs, die Meerforelle und andere in Küstengewässern gezogene Fischarten werden überwiegend in Netzgehegen gehalten. Bei der Aufzucht von Fischen haben Netzgehege gegenüber Teichen erhebliche Vorteile. Die Futteraufnahme und der Gesundheitszustand der Fische sind wesentlich leichter kontrollierbar als bei einer Haltung in Teichen. Auch die Abfischung eines Netzgeheges ist vergleichsweise einfach, da die Fische leicht aus dem Wasser gekeschert werden können, wenn man das Netz partiell anhebt.

Fischzucht in Netzgehegen – das heißt, Fische in ihrer natürlichen Umgebung zu züchten: in großen Teichen, in Seen und auch in Meeresbuchten. Allerdings auf engstem Raum, wo sie jedoch permanent im Kreis schwimmen können. Vor allem die Lachszüchter in Schottland und Norwegen schätzen diese Methode. Eine solche Intensivhaltung von Fischen erinnert ein wenig an die Hähnchen-Zuchtanlagen und Schweinemästereien.

Lachsproduktion in Netzgehegen: Die Zucht von Lachsen und Meerforellen ist in Norwegen am höchsten entwickelt (vgl. Seite 98/99). Es gibt dort bereits Systeme, die weitgehend automatisiert sind. Dabei werden die Futtermenge, der Zeitpunkt und die Häufigkeit der Fütterung unter Berücksichtigung der Sonnenscheindauer, der Wassertemperatur, der Anzahl und der Größe der Fische mit Hilfe von Computern optimal gesteuert. Auch der Transport des Futters und die Fütterung der Fische erfolgt vollautomatisch.

1994 wurden weltweit 775 000 Tonnen Lachse gezüchtet. Davon bestand etwa die Hälfte jeweils aus dem Atlantischen Lachs und den pazifischen Arten. Mit 207 000 Tonnen stand Norwegen an erster Stelle unter den Erzeugerländern für den Atlantischen Lachs. Meeresfarmen für den Atlantischen Lachs sind auch in größerer Zahl unter anderem in Schottland und Kanada entstanden. Da der Lachs in seiner natürlichen Verbreitung auf den Atlantik und Pazifik nördlich des Äquators beschränkt ist, werden die in Chile entstandenen Zuchten verschiedener Lachsarten von Meeresbiologen sehr kritisch gesehen. Die Bestände an Wildlachsen aus dem Atlantik sind quotiert. Größter Abnehmer für Lachse ist Japan mit einem Pro-Kopf-Verbrauch von 5 kg Lachs im Jahr. In ähnlicher Weise wie Lachse werden auch Meerforellen in Norwegen gezüchtet. Neuerdings kommen auch Kreuzungen zwischen Lachs und Meerforelle als sogenannte »Lachsforellen« auf den Markt.

Yellowtail-Produktion in Netzgehegen: Der Yellowtail ist ein hochgeschätzter Speisefisch in Südostasien. Der große Bedarf in Japan und Taiwan wird praktisch nur aus marinen Aquakulturen gedeckt, die in geschützten Meeresbuchten liegen. Die künstliche Vermehrung des Yellowtail ist bisher über das experimentelle Stadium nicht hinausgekommen. Die Aquakultur dieser Fischart wird daher durch die Anzahl der gefangenen Brütlinge aus dem Meer begrenzt.

Der Yellowtail ist ein Raubfisch. Bereits die Jungfische müssen für den Besatz der Gehege nach Größen sortiert werden, da sonst die größeren Setzlinge die kleineren auffressen.

Die Aufzucht-Netzgehege sind 40 bis 100 m² groß und 3 bis 6 m tief. Gefüttert wird sowohl mit Pellets, die aus gemahlenen Shrimps und Fischen bestehen, als auch mit speziell für die Yellowtail-Zucht entwickeltem Kunstfutter mit einem hohen Anteil an Fischmehl. Der Yellowtail wächst besonders schnell. Schon nach 6 Monaten erreichen die Fische in den Gehegen die für Speisefische übliche Länge von 40 bis 60 cm, mit einem Gewicht von 1 bis 1,5 kg. Bei der in der Yellowtail-Zucht üblichen hohen Besatzdichte wird in dieser kurzen Zeit in einem Netzgehege von 100 m² Größe eine Gesamtproduktion von 2500 bis 2800 kg erzielt.

Meeresfarmen zur Fischzucht

Bei dieser Art der Fischzucht werden entweder ganze Meeresbuchten, Fjorde oder Lagunen zur freien See hin abgesperrt, oder es werden in geschützten Küstengebieten größere Areale mit Netzwänden umgeben. Dabei entstehen sogenannte »Pens«. Man spricht bei dieser Art der Fischzucht daher auch von einer »Penkultur«. Am gebräuchlichsten sind Penkulturen in den Küstengewässern der Philippinen für die Zucht des Milchfisches. In Norwegen gibt es in geeigneten Fjorden Meerwasserfarmen für die Zucht von Lachsen und Meerforellen. Im Küstengebiet der Adria werden Lagunen zur Aufzucht von Meeräschen, besonders der Goldmeeräsche, von Seebarschen und Goldbrassen genutzt.

Milchfischzucht: Der Milchfisch ist, obwohl besonders grätenreich, einer der am meisten geschätzten Speisefische in Südostasien. In der Gastronomie werden die Gräten meist vor dem Braten oder Grillen von Spezialisten entfernt. Auch für die Zucht des Milchfisches muß die Brut wie für die Zucht des Yellowtails im Meer gefangen werden. Die Fangsaison liegt in den Monaten März bis August. Während dieser Zeit kann man an den Stränden der Philippinen und Indonesiens vielerorts Fischer beim Fang der Milchfischbrut beobachten. Zum Fang der 15 bis 25 mm langen Fischlarven, die dicht unter der Wasseroberfläche schwimmen, wird ein Netz mit feinen Maschen benutzt, das, an einem schwimmenden Gestell befestigt, durch das Wasser geschoben wird.

Die Brütlinge werden in Küstenteichen, den sogenannten »Tambaks«, zu Setzlingen aufgezogen. Die Areale für die frisch gefangene Brut sind nur wenige Zentimeter tief. Gefüttert wird mit pulverisiertem, gekochtem Eigelb, Reis- oder Weizenmehl. Nach etwa 30 Tagen haben die Fische die notwendige Länge von 5 bis 7 cm erreicht, um in Tambaks und Meeresfarmen zu Speisefischen aufgezogen zu werden. Die bevorzugte Nahrung der heranwachsenden Milchfische sind blaugrüne Algen und die den Boden bedeckenden einzelligen Kieselalgen.

Aquakulturen für die Milchfischzucht liegen häufig in früheren Mangrovengebieten, die in breiten Streifen zu Tambaks umgestaltet worden sind, ein ökologisch nicht unbedenklicher Eingriff. Besonders erfolgreich ist die Milchfischzucht in den Tambaks, wenn diese vor dem Besatz trockengelegt sind und der Boden gedüngt worden ist. Vielfach hält man in den Tambaks die Milchfische zusammen mit großen Garnelen, die einen besonders hohen Preis erzielen.

Zoologie der Fische

Fische sind, zoologisch gesehen, keine einheitliche Tiergruppe wie etwa die Vögel oder die Säugetiere. Als Fische bezeichnet man vielmehr alle Wirbeltiere, die zahntragende Kiefer haben, im Wasser leben und paarige sowie unpaare Flossen tragen. Das alles sind Merkmale, die man von jedem ursprünglich gebauten Wirbeltier erwarten muß, denn alle kommen ursprünglich aus dem Wasser. Aus diesem Grund sprechen die Zoologen heute nur noch vom »Gradus« (= Entwicklungsniveau) Fische und behandeln zum Beispiel Knochen- und Knorpelfische als eigene Tiergruppen. In der wirtschaftlichen und kulinarischen Praxis spielt diese Unterscheidung keine Rolle, so daß im Lexikon dieses Buches von Fischen im alten Sinne die Rede sein soll. Fische im weiteren Sinne haben einige Eigenschaften, deren Kenntnis zur Bestimmung auch der kommerziell wichtigen Arten von Bedeutung ist. Die Haut ist bei den Knorpelfischen ledrig und weist Hautzähne oder -verknöcherungen auf. Bei den Knochenfischen kommt im allgemeinen ein Schuppenkleid vor, das aber auch stark zurückgebildet sein kann. Bei Knochenfischen oft deutlich sichtbar ist das sogenannte Seitenlinienorgan, häufig einfach Seitenlinie genannt. Es erstreckt sich bei voller Ausbildung als Grübchenreihe, längs derer oft charakteristische Schuppenreihen stehen, vom Hinterende des Kopfes bis zur Schwanzwurzel. Es handelt sich dabei um ein Sinnesorgan zur Wahrnehmung von Druckwellen und Strömungen. Deshalb ist es sehr schwer, einen Fisch von Hand zu fangen, da er mit diesem Organ alle Bewegungen über die erzeugten Druckwellen wahrnimmt. Im einzelnen kann dieses Organ sehr unterschiedlich lang sein und eine sehr unterschiedliche Beschuppung aufweisen. Ein weiteres, konstantes Merkmal der Fische sind ihre Flossen. Man unterscheidet paarige (Brust- und Bauchflossen) von unpaaren (Rücken-, After- und Schwanzflosse). Diese können unterschiedlich lang sein, ihre Bestachelung kann verschieden ausgebildet sein, und sie können relativ verschieden zueinander liegen. Für die Lage der Bauchflossen gibt es standardisierte Ausdrücke, die auch in den folgenden Beschreibungen verwendet werden: Sie werden als bauchständig bezeichnet, wenn sie deutlich hinter den Brustflossen liegen, als brustständig, wenn sie auf gleicher Höhe liegen, und als kehlständig, wenn sie weit vor den Brustflossen liegen. Einige oder alle paarigen Flossen können auch fehlen. In diesem Fall sind die unpaaren Flossen als Flossensaum ausgebildet, bei dem Rükken-, Schwanz- und Afterflosse ohne Absetzung ineinander übergehen. Die Kiemen liegen bei Knochenfischen grundsätzlich unter einem verknöcherten Kiemendeckel am Hinterrand des Kopfes, während die meisten Knorpelfische Kiemenspalten zwischen den einzelnen Kiemenbögen aufweisen.

Knochenfische stellen die Hauptmenge der Fischarten und sind in allen Lebensräumen verbreitet. Ihr Skelett besteht aus Knochen, und sie haben alle einen Kiemendeckel, der die somit nach innen verlagerten Kiemenspalten bedeckt. Ansonsten gibt es eine sehr große Formenvielfalt. Wichtige Bestimmungsmerkmale sind das Vorhandensein und die Anordnung von Schuppen und Flossen (siehe Kasten unten). Sehr ursprüngliche Knochenfische sind die Schmelzschupper, zu denen die Störe gehören und von denen man die »Echten Knochenfische« (Teleostei) unterscheidet.

Knorpelfische

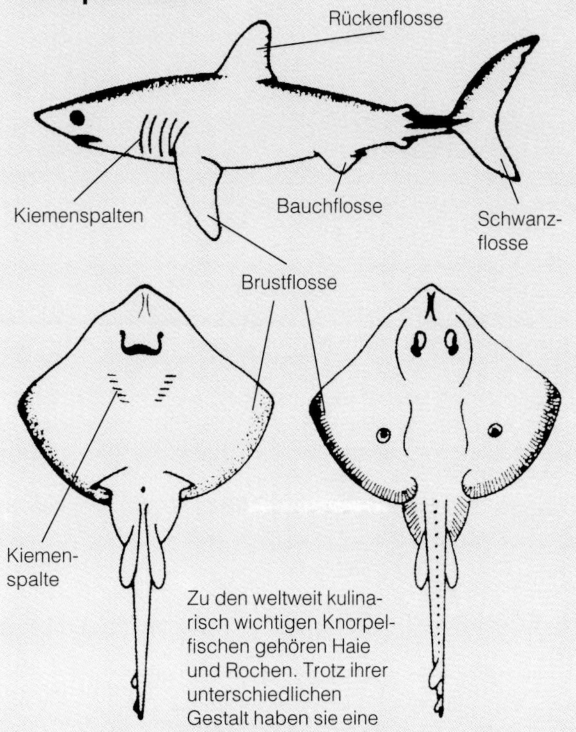

Zu den weltweit kulinarisch wichtigen Knorpelfischen gehören Haie und Rochen. Trotz ihrer unterschiedlichen Gestalt haben sie eine Reihe gemeinsamer Merkmale.

Knochenfische

So sehr sie sich auch äußerlich unterscheiden, alle Knochenfische entsprechen einem gemeinsamen Grundschema. Von den Knorpelfischen unterscheiden sie sich vor allem dadurch, daß ihr Skelett größtenteils aus echtem Knochengewebe besteht, daß sie Kiemendeckel, Schuppen oder Knochenschilder und durch Flossenstrahlen gestützte Flossen haben. Diese Flossenstrahlen können hart wie Stacheln (Stachelstrahlen) oder weich und gegliedert (Gliederstrahlen) sein. Je nach Bedarf können die Flossen ausgebreitet oder zusammengelegt werden. Die Schwanzflosse dient hauptsächlich der Fortbewegung, die (unpaarigen) Rücken- und Afterflossen sowie die (paarigen) Bauchflossen sind eher Steuerungs- und Stabilisierungsorgane. Die deutliche Linie, die an den Seiten vom Kopf bis zum Schwanz verläuft, ist der Sitz des Strömungssinns. Sie ermöglicht es dem Fisch auch, feste Hindernisse, Beutetiere und Feinde wahrzunehmen. Sie besteht aus lauter kleinen Sinnesknospen. Bei der Bestimmung der Fischarten spielt sie eine wichtige Rolle.

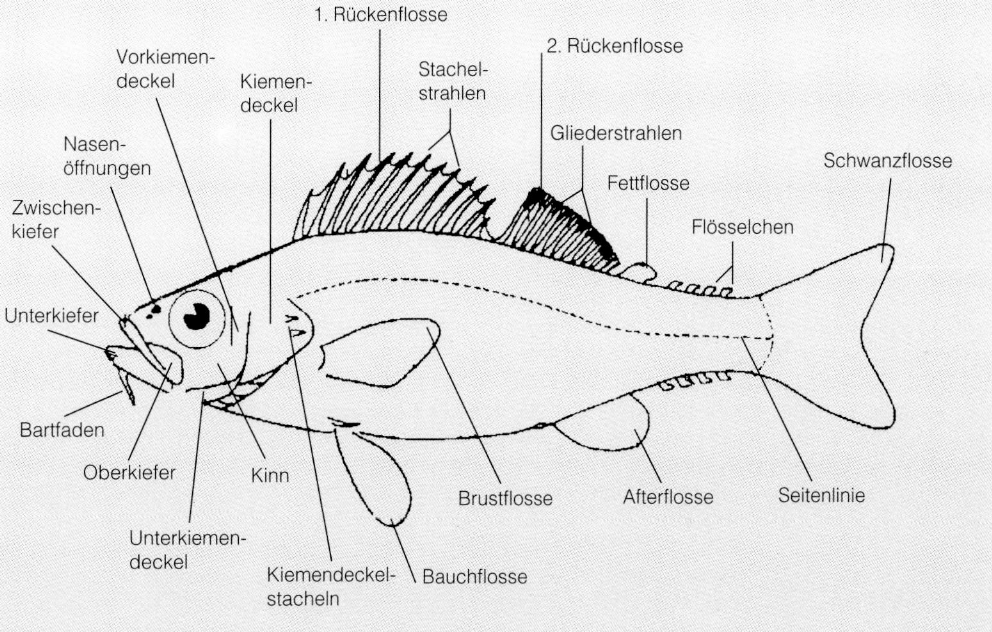

Die große Mehrzahl der Fische lebt im Meer. Trotzdem stellen diese Formen keine einheitliche Verwandtschaftsgruppe dar, die man den Süßwasserfischen gegenüberstellen könnte. Durch die hier gewählte ökologische Einteilung, die durchaus den praktischen Bedürfnissen des Verbrauchers entspricht, handelt man sich einige Schwierigkeiten ein. So gibt es eine Reihe von Fischen, die hauptsächlich im Meer leben, aber zum Laichen in die Flüsse aufsteigen, wo sie auch meist gefangen werden. Dazu gehören Störe, einige Heringsfische (Alsen), Lachse und Stinte. In den meisten dieser Gruppen gibt es sowohl wandernde Arten als auch solche, die zeitlebens im Süßwasser leben. Bei den Forellen betrifft dies sogar dieselbe Art, deren wandernde Rasse Lachsforelle und die stationäre Rasse Bachforelle heißt. Andere Fische leben im Süßwasser und wandern zum Laichen ins Meer, wie etwa der Flußaal. Wiederum andere dringen zu bestimmten Jahreszeiten weit in das Süßwasser ein, laichen aber im Meer. Hierzu gehören Meeräschen und Flundern. Aus diesen Beispielen wird deutlich, daß die Einteilung in Meeres- und Süßwasserfische keine wissenschaftliche sein kann. In diesem Buch werden alle Gruppen, bei denen die Süßwasservertreter überwiegen, bei den Süßwasserfischen behandelt: Lachse, Alsen. Umgekehrt stehen Störe, Aale, Stinte und Meeräschen bei den Meeresfischen.

Lexikon der Meeresfische

Haie und Rochen

Elasmobranchii

Haie und Rochen gehören zusammen mit den Chimären oder Seekatzen (Holocephali) zur Gruppe der Knorpelfische. Ihr Skelett ist rein knorpelig angelegt, so daß verknöcherte Gräten oder Rippen fehlen. Wirtschaftlich sind in Europa nur Haie und Rochen von Interesse. So unterschiedlich sie auch auf den ersten Blick erscheinen, sind sie doch näher miteinander verwandt. Sie besitzen von außen erkennbare Kiemenspalten, durch die das Atemwasser ausströmt. Ihre Zähne stehen in mehreren Reihen hintereinander und wachsen zeitlebens nach, so daß die äußerste Zahnreihe in regelmäßigen Abständen ersetzt wird. So wird dafür gesorgt, daß die funktionale Zahnreihe im besten Zustand ist und keine Abnutzungen aufweist. Auch sonst gibt es in der Anatomie zahlreiche Übereinstimmungen. Die Rochen sind im Unterschied zu den torpedoförmigen Haien abgeplattet, obwohl es Übergangsformen zwischen beiden Extremen gibt. Der Engelhai etwa ist ein abgeplatteter Hai, während Geigenrochen durch seitliche Verwindungen des Körpers schwimmen und viel weniger platt erscheinen als die typischen Rochen.

Haie bevölkern mit etwa 350 beschriebenen Arten die Weltmeere, aber einige tropische Arten dringen tief ins Süßwasser vor. Haie haben einen schlechten Ruf als Menschenfresser, der bei den meisten Menschen zu einer irrationalen panischen Angst führt. Tatsächlich sind höchstens ein Dutzend große Arten erwiesenermaßen oder potentiell gefährlich. Unter den übrigen Haien gibt es eine Reihe wichtiger Nutzfische, die seit langem gefischt werden. Der Handel hat lange Zeit den Gebrauch des Namens »Hai« vermieden, um Kunden nicht abzuschrecken. Unter den Bezeichnungen »Schillerlocken« oder »Seeaal« werden zum Beispiel Teile des Dornhais gehandelt, »Kalbfisch« oder »Seestör« ist Heringshai. Erst seit relativ kurzer Zeit bekennen Restaurants und Fischgeschäfte Farbe, indem sie »Haisteak« (meist vom Heringshai) anbieten. Haie werden nicht nur ihres Fleisches wegen gefischt. Die Leber wird zur Erzeugung von Lebertran verwendet, die Haut zu widerstandsfähigem Leder verarbeitet (etwa für Bucheinbände). Manche Haiarten werden sogar nur wegen der Leber und der Haut gefischt, so der Grönlandhai *(Somniosus microcephalus).* Haie und Haiprodukte kommen bei uns meist küchenfertig auf den Markt. In Südeuropa werden kleine Haie auch vollständig angeboten. Solche Tiere müssen ausgenommen und enthäutet werden, bevor sie weiterverabeitet werden können. Das Abziehen der Haut erfordert einiges Geschick, da sie sehr rauh ist und leicht zu Schürfwunden führen kann, ebenso ist der kräftige Rückenflossendorn der Dornhaie nicht ungefährlich.

Rochen sind ebenfalls ganz überwiegend Meerestiere, obwohl es in den Tropen auch einige Süßwasserarten gibt. Insgesamt sind heute etwa 400 Arten bekannt, von denen eine große Anzahl kommerziell genutzt wird. Wichtige Rochengruppen sind die Sägefische, die Zitterrochen, die Stechrochen und die Echten Rochen. Von diesen sind in Europa nur letztere von kommerzieller Bedeutung. Das Fleisch aller übrigen ist wäßrig und zum Teil von unangenehmem Geruch. Lokal werden allerdings auch sie verwendet (Westküste Italiens, Tunesien). Echte Rochen werden in Südeuropa als ganze Fische angeboten, bei uns meist nur die »Flügel« genannten Seitenteile mit den Brustflossen, manchmal auch das Schwanzteil. Vor der Zubereitung müssen die Flügel enthäutet und entknorpelt werden. Dies kann entweder an der rohen Ware geschehen, oder diese wird blanchiert, um die Säuberung zu erleichtern.

Grauhai, Sechskiemer
Hexanchus griseus

franz. requin griset; ital. notidano capopiatto, squalo capopiatto; span. cañabota gris; port. tubarão albafar; kroat. pas glavonja; niederl. grauwehaai; norw. kamtannhai.

Der Grauhai ist leicht kenntlich an seinen sechs Kiemenspalten und der einzigen, weit hinten liegenden Rückenflosse. Alle übrigen kommerziell genutzten Haie besitzen fünf Kiemenspalten und zwei hintereinanderliegende Rückenflossen. Er wird bis etwa 5 m lang und ernährt sich von Fischen. Das Verbreitungsgebiet ist sehr groß und umfaßt alle warm-gemäßigten Meere. Der Grauhai lebt in tiefem Wasser und ist aus 100–2000 m Tiefe bekannt. Nachts kommt er zur Meeresoberfläche. Er wird besonders in Italien gefischt und vermarktet, wo er sehr geschätzt wird. Sonst gehen die Meinungen über seine Qualität auseinander. Nach Mitteleuropa gelangt der Grauhai nicht.
Verwendung: Sein zartes Fleisch eignet sich sowohl zum Braten (Steak) als auch zum Schmoren.

Heringshai
Lamna nasus

engl. porbeagle; franz. taupe commune; ital. smeriglio, cagnizza; span. marrajo sardinero; port. tubarão sardo; dän. sildehaj; griech. skylopsaro, lamia; kroat. kučina; niederl. haringhaai, latour; norw. håbrann; schwed. sillhaj; türk. dikburun karkarias.

Die Familie der Heringshaie ist gekennzeichnet durch zwei scharfe, kielförmige Kanten, die beiderseits des Schwanzstiels in der Längsrichtung des Körpers verlaufen. Die hier behandelte Art wird bis etwa 4 m lang. Sie hat einen hochrückigen Körper. Der Rücken ist blau bis graublau, die Bauchseite weißlich gefärbt. Der Heringshai kommt im Nordatlantik und dem Mittelmeer, aber auch in klimatisch gemäßigten Regionen der Südhalbkugel (Atlantik, Indik und Pazifik) vor. Er ist einer der wenigen Haie, die sehr weit in kalte Gebiete vordringen. Im Ostatlantik erreicht er die westliche Barentssee und ist auch in der Nordsee recht häufig. Oft folgt er in Oberflächennähe Schwärmen von Makrelen, Heringen und Tintenfischen und kommt dann auch an die Küste. In der kälteren Jahreszeit wandert er in tiefere Wasserschichten (200–700 m) ab. Der Fang erfolgt mit Haiangeln, bisweilen wird er auch mit Heringsschleppnetzen gefangen. Die Hauptmenge der Anlandungen entfällt auf französische, dänische und norwegische Fischer. Ein wichtiges Fanggebiet ist die Umgebung der Faröer-Inseln.
Verwendung: Heringshai ist bei uns der klassische Haisteaklieferant. Meist werden Koteletts geschnitten, indem der Fisch quer in Scheiben zerlegt wird. In diesem Fall wird er zuvor nicht enthäutet. Die Koteletts werden bisweilen auch als Thunfisch, Schwertfisch oder Gotteslachs verkauft. Die rauhe und ledrige Haut sowie das Fehlen von verknöcherten Rippen (»Bauchgräten«) lassen aber sofort erkennen, daß es sich in Wirklichkeit um Heringshai handelt. Das feste Fleisch ist sehr schmackhaft und erinnert in seiner Konsistenz an Kalbfleisch. Es wird ganz überwiegend gebraten.

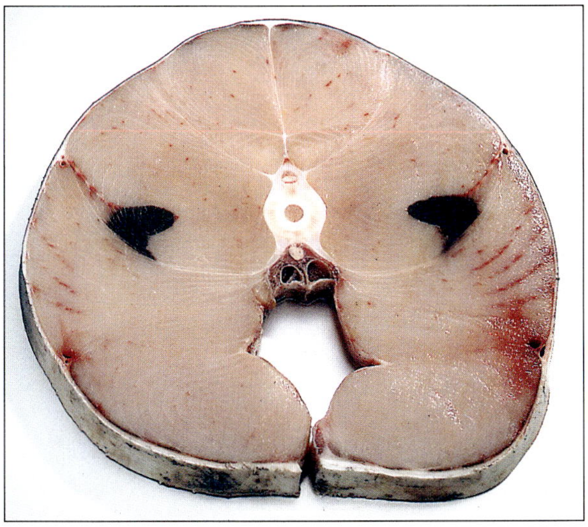

Eine Scheibe vom Heringshai. Die dunkelroten Flecken sind Blutnetze, sogenannte »Wundernetze«, die durch die seitlichen Muskelstränge verlaufen. Beim Abbau des darin befindlichen Blutes entsteht in relativ großer Menge Histamin, das zu Allergien führen kann. Vor dem Verzehr werden daher diese Strukturen immer entfernt. Sie finden sich übrigens mehr oder weniger stark auch bei Thunfischen und vor allem bei Walen, bei denen sie vermutlich der Wärmeregulation dienen. Ganz generell tragen sie zu einer intensiveren Versorgung der Muskeln mit Sauerstoff bei.

Kleingefleckter Katzenhai
Scylliorhinus canicula

engl. smallspotted catshark; franz. petite roussette; ital. gattucio; span. pintarroja; port. caneja, gata, pata-roxa; dän. småpletted rodhaj; griech. skylaki; kroat. mačka mala; niederl. hondshaai; norw. småflekket rødhai; schwed. småflekket rödhaj; türk. kedi.

Das feine Fleckenmuster und die bräunliche Farbe kennzeichnen diesen kleinen Hai eindeutig. Er wird maximal 1 m lang, meist bleibt er unter 80 cm. Das Vorkommen ist auf den nordöstlichen Atlantik einschließlich des gesamten Mittelmeeres beschränkt. Die Nordgrenze der Verbreitung liegt etwa bei den Shetlandinseln, die Südgrenze an der senegalesischen Küste. Dieser Katzenhai lebt in Meeresbodennähe, vom Flachwasser bis in etwas über 100 m Tiefe, im Mittelmeer sogar bis 400 m. In Nordeuropa gibt es keine kommerzielle Fischerei auf diese Art, wohl aber in einer Reihe von Mittelmeerländern, wo Katzenhaie auch regelmäßig auf den Fischmärkten angeboten werden.
Verwendung: Katzenhaie werden nach dem Häuten entweder in kleinen Stücken gebraten oder als Einlage in Fischsuppen verwendet. Der Geschmack des Fleisches ist dem anderer kleiner Haie unterlegen.

Großgefleckter Katzenhai
Scylliorhinus stellaris

engl. nursehound; franz. grande roussette; ital. gattopardo; span. alitán; port. pata-roxa gata; dän. storplatted radhai; griech. gatos; kroat. mačka mrkulja; niederl. kathaai; norw. storflekket rødhai; schwed. storfläckig rödhaj.

Dieser Katzenhai ähnelt im Körperbau, in der Größe und dem Grundmuster der Färbung dem vorigen. Die Flecken sind größer, und um ihre Mitte herum sind zahlreiche schwarze Tupfen angeordnet. Auch das Verbreitungsgebiet ist ähnlich, lediglich die Südgrenze liegt bereits in Marokko und erreicht nicht mehr den Senegal. Der kommerzielle Wert und die Verwendung sind ebenfalls denen des Kleingefleckten Katzenhais ähnlich.

Im Mittelmeerraum beliebte Speisefische sind diese beiden Katzenhai-Arten:
▲ **Kleingefleckter**
▼ **Großgefleckter**
Katzenhai. Sie liefern ein schmackhaftes, festes Fleisch, dem des Dornhais ähnlich. Enthäutet, ohne Kopf und Schwanz, kommen sie in England als »rock salmon« oder »rock eel« auf den Markt, in Frankreich verkauft man sie als »saumonette«.

Glatthaie gelten in manchen Ländern des Mittelmeerraums, Verwandte aber auch in Ostasien als hervorragende Speisefische. In Nord- und Mitteleuropa sind sie leider noch wenig bekannt. Ihr delikates, zartes Fleisch ist eine wahre Gaumenfreude.

Glatthai

Mustelus mustelus

engl. smoothhound; franz. émissole lisse; ital. palombo liscio; span. musola; port. cação liso; griech. galeos; kroat. pas glušak; niederl. gladde haai; norw. glatthai; schwed. hundhaj; türk. köpek.

Der Glatthai hat pflasterartige Zähne, die Haut ist glatter als die anderer Haie, die beiden Rückenflossen sind gleich groß. Die Rückenseite ist einheitlich grau gefärbt, die Bauchseite hell. Er erreicht maximal 1,5 m Länge und gehört damit zu den kleinen Haien. Das Verbreitungsgebiet erstreckt sich von der Westküste Englands und Irlands bis nach Marokko und den Kanaren unter Einschluß des gesamten Mittelmeeres. Im gleichen Gebiet gibt es noch zwei weitere nahe verwandte Arten, *Mustelus asterias* und *Mustelus punctulatus,* von denen die erste auch in der Nordsee vorkommt. Alle drei Arten werden im Mittelmeergebiet gefischt und dabei nicht voneinander unterschieden, so daß sie auf den Märkten zusammen angeboten werden. In Italien und Griechenland gelten die Glatthaie als besondere Delikatesse.
Verwendung: Die Glatthaie werden, soweit nicht schon vorher erfolgt, enthäutet und in Scheiben geschnitten. Vorzugsweise werden sie in Ausbackteig eingehüllt und gebraten. Die Stücke können aber auch nach dem Anbraten unter Zusatz von Weißwein, Knoblauch, Zwiebeln und Tomaten geschmort werden.

Hundshai, Grundhai

Galeorhinus galeus

engl. tope shark; franz. requin hâ; ital. canesca; span. cazón; port. perama de moça; dän. gråhai; griech. galeos; kroat. pas butor; niederl. ruwehaai; norw. gråhai; schwed. gråhaj; türk. camgöz.

Der Hundshai sieht dem Glatthai sehr ähnlich und wird oft mit ihm verwechselt. Bei genauem Hinsehen ist dies allerdings kaum möglich, da bei ihm die zweite Rückenflosse viel kleiner ist als die erste, während beim Glatthai beide Flossen etwa gleich groß sind. Diesen Unterschied zu kennen ist wichtig, da der Hundshai kulinarisch bei weitem nicht an den Glatthai heranreicht und auf südlichen Märkten bisweilen unter Glatthaie gemischt wird. Sind die Tiere enthäutet, wird es schwieriger, sie zu unterscheiden, aber hier hilft die Geruchsprobe. Hundshaie haben einen strengen Geruch (nach »Hund«, daher der Name), während Glatthaie kaum Eigengeruch besitzen. Hundshaie werden bis 2 m lang, bleiben aber meist unter 1,5 m. Der Hundshai kommt in den gemäßigten Gewässern des südlichen Indischen, Pazifischen und Atlantischen Ozeans sowie im Nordostatlantik von Mittelnorwegen und Island bis nach Marokko einschließlich des gesamten Mittelmeeres vor. Er lebt in Tiefen von 20–470 m und kommt auch in Küstennähe. Seine Nahrung besteht aus Fischen und Tintenfischen. Von Helgoland aus wird eine Sportfischerei auf den Hundshai, dort meist Grundhai genannt, betrieben, die aber wirtschaftlich ohne Bedeutung ist. In nennenswerten Mengen wird er nur in der Adria und den Gewässern vor Sizilien gefangen und gelangt dort in den Handel.
Verwendung: Kulinarisch ist der Hundshai minderwertig. Man sollte beim Kauf von Glatthaien aufpassen, keine Hundshaie zu bekommen. Der strenge Geruch verschwindet zwar bei der Zubereitung, aber von Wohlgeschmack kann dann immer noch keine Rede sein.

Zur Familie der Blauhaie (Carcharhinidae) gehören mittelgroße bis große Haie mit langgestrecktem, spindelförmigem Körper und spitzer, langer Schnauze.

Der Blauhai wird in Ostasien, besonders in Japan, als Speisefisch hochgeschätzt und entsprechend häufig angelandet. In unseren Breiten sind die Vorbehalte gegen diesen Großhai als Speisefisch immer noch groß, aber völlig unbegründet.

Blauhai

Prionace glauca

engl. blue shark; franz. peau bleue; span. tiburón azul.

Auffallendste Kennzeichen dieser Art sind der leuchtend blaue Rücken und die sehr langen, sichelförmigen Brustflossen. Die Haut ist fast glatt, mit kleinen Hautzähnen. Der Blauhai erreicht eine Höchstlänge bis knapp über 4 m. Er ist weltweit in allen tropischen bis gemäßigt-warmen Meeren verbreitet. Als Sommergast kann man ihn auch in der Nordsee, im Skagerrak und in mittelnorwegischen Gewässern antreffen. Auch im Mittelmeer kommt er vor. Er ist eine sehr angriffslustige, überwiegend nachtaktive Haiart, die sich von Schwarmfischen (vor allem Makrelen und Heringen), daneben auch von Dorschfischen, Dornhaien und Tintenfischen ernährt. Als Speisefisch ist der Blauhai in Europa nur wenig geschätzt, in Japan dagegen bringt man ihn in großen Mengen auf den Markt.
Verwendung: Blauhaifilets eignen sich besonders zum Braten, schier gemehlt oder im Teigmantel.

Schwarzspitzenhai

Carcharinus limbatus

engl. blacktip shark; franz. requin bordé; span. tiburón macuira.

Der Schwarzspitzenhai ist leicht kenntlich an den mit Ausnahme der Afterflosse schwarz gefärbten Flossenspitzen. Von ähnlichen Arten unterscheidet er sich durch den zugespitzten Kopf. Die Maximallänge beträgt 2,5 m, meist bleibt es aber bei 1,7 m. Er kommt kosmopolitisch in allen warmen und warmgemäßigten Meeren vor. Im Mittelmeer wird er an der nordafrikanischen Küste etwas häufiger gefangen, ebenso an den spanischen, französischen und westitalienischen Küsten. Kommerziell bedeutend ist er aber hauptsächlich an der Atlantikküste der USA und besonders im Golf von Mexiko.
Verwendung: Die zarten Filetstücke werden gebraten und mit Zitrone beträufelt.

Gefleckter Dornhai

Squalus acanthias

engl. piked dogfish; franz. aiguillat commun; ital. spinarolo, spinardo; span. mielga; port. galhudo malhado; dän. pighaj; griech. kentroni, kokalas; kroat. koščanjak; niederl. doornhaai; norw. pigghå; schwed. pigghaj; türk. mahmuzlu camgöz.

Dornhaie besitzen vor jeder Rückenflosse einen Giftstachel, der schmerzhafte Verletzungen verursachen kann. Daher werden sie bei uns ausschließlich enthäutet und ohne Kopf angeboten. Auf südlichen Märkten kann man das vollständige Tier sehen. Es ist auf der Rückenseite grau bis braungrau gefärbt, der Bauch ist heller. Der Rücken weist oft eine hellere Fleckung auf, die aber auch völlig fehlen kann. Es handelt sich um einen kleinen Hai, der selten etwas länger als 1 m wird. Der Gefleckte Dornhai ist in allen gemäßigten Ozeanteilen der Nord- und Südhalbkugel verbreitet. Im Nordatlantik erreicht er Mittelgrönland. Er lebt meist in großen Schwärmen in 10–200 m Wassertiefe. Seine Nahrung besteht hauptsächlich aus Fischen. Dornhaie werden im gesamten Verbreitungsgebiet gefangen und stellen die kommerziell wichtigste Haiart dar. Der Gesamtertrag betrug 1993 etwa 25000 Tonnen, wobei Großbritannien mit 9700 und Norwegen mit 7000 Tonnen an der Spitze stehen. Zusammen mit den von Irland angelandeten etwa 3500 Tonnen sind dies etwa 81 % der Weltfischerei auf diese Art. Die Zahlen reflektieren das Hauptfanggebiet im Nordatlantik, das am Kontinentalabhang des britischen und irischen Westküstenschelfs zum Atlantik liegt. Dornhaie sind äußerst delikat und werden in Fischgeschäften küchenfertig (ohne Haut und Kopf) angeboten, meist unter dem Namen »Seeaal« (nicht zu verwechseln mit dem Meeraal, der ein echter aalförmiger Knochenfisch ist und viel seltener, dann aber nicht abgezogen, verkauft wird).

Verwendung: Dornhaie eignen sich für alle Zubereitungsarten außer dem Grillen, da sie mager sind und zu stark austrocknen würden. Meist werden sie in Ausbackteig gebraten oder mit Gemüse geschmort. Ebenfalls delikat sind sie geräuchert (»Geräucherter Seeaal«, »Königsaal«).

Schillerlocken – ein besonders beliebtes Räucherfischprodukt. Kaum ein Verbraucher weiß allerdings, daß sie aus den Bauchlappen des Dornhais (im Bild unten links) hergestellt werden. Der große Rest des Fisches wird im ganzen oder als Filet geräuchert (im Bild unten rechts) und als Seeaal gehandelt.

Blacktip Sharks gehören auch an der amerikanischen Atlantikküste und im Golf von Mexiko zu den bevorzugten, wirtschaftlich interessanten Haiarten. Das qualitativ gute Fleisch dieser Fische wird zunehmend auch vom Endverbraucher akzeptiert.

Haiprodukte

Haifischflossen: Getrocknete Brustflossen verschiedener Haiarten (besonders von Grau- oder Blauhaien), die in der chinesischen Küche zur Zubereitung von Suppen verwendet werden.
Schillerlocken: Geräucherte Bauchlappen vom Dornhai.
Seeaal: Gehäutetes Rumpfstück vom Dornhai (frisch oder geräuchert). Unterschied »Seeaal« (= Dornhai) und »Meeraal« (= *Conger)* beachten!
Speckfisch: Heißgeräuchertes Filet vom Grönlandhai, in Karrees geschnitten.
Kalbfisch oder **Seestör:** Irreführender Name für den Heringshai.

An dem unterschiedlich langen Dorn vor der Rückenflosse erkennt man die verschiedenen Mitglieder der Dornhai-Familie. Sie liefern ein besonders schmackhaftes Fleisch, das ausgesprochen gut zum Räuchern taugt. Bei uns wird der Dornhai meist unter der Bezeichnung »Seeaal« verkauft, denn einem Hai nimmt man es offenbar immer noch nicht ab, daß er gut schmeckt.

Der Stachellose Dornhai *(Dalatias licha)* wird regelmäßig auf italienischen Fischmärkten angeboten, seltener auch in Griechenland. Meist wird er enthäutet und unter andere Haie gemischt. Er ist im Vergleich zu Dorn- und Glatthai minderwertig.

Der Grönlandhai oder **Eishai** *(Somniosus microcephalus)* wird hauptsächlich wegen seiner sehr großen und tranhaltigen Leber gefischt, aus der Lebertran erzeugt wird. Diese wiegt üblicherweise 15–20 kg, bei großen Exemplaren sogar bis zu 300 kg. Das Fleisch ist roh giftig, kann aber durch Trocknen oder Räuchern genießbar gemacht werden.

Engelhai, Meerengel
Squatina squatina

engl. angel shark; franz. ange de mer; ital. pesce angelo, squadro; span. angelote; port. anjo, viola; dän. havengel; griech. rina, violi; kroat. sklat; niederl. zeeengel; norw. havengel; schwed. havsängel; türk. keler.

Der Engelhai gehört zu den abgeplatteten Haien, die leicht an Rochen erinnern. Die Kiemenspalten liegen nicht ganz auf der Unterseite, sondern noch etwas seitlich, der Mund liegt am vorderen Körperende. Die Brust- und Bauchflossen sind flügelartig ausgebildet und an die Körperseiten verlagert, was zum Namen »Meerengel« geführt hat. Er erreicht eine Körperlänge von etwa 2,5 m und ein Gewicht von etwa 80 kg. Dieser Hai ist von der südlichen Nordsee bis nach Mauretanien sowie im gesamten Mittelmeer und Schwarzen Meer verbreitet. Im südlichen Teil seines Verbreitungsgebietes (vom Mittelmeer an) kommen noch zwei weitere nahe verwandte Arten vor *(Squatina aculeata* und *Squatina oculata)*, die im Handel nicht unterschieden werden. Eine kommerzielle Fischerei existiert hauptsächlich im Mittelmeer. Die Anlandungen sind allerdings gering und werden lokal verbraucht, so daß Engelhaie kaum auf dem mitteleuropäischen Markt zu finden sind. Auf südeuropäischen Märkten (besonders Süditalien und Türkei) werden Koteletts des enthäuteten Fisches angeboten.
Verwendung: Er eignet sich am besten zum Dünsten oder Pochieren, da dann sein feiner Geschmack besonders gut erhalten bleibt. Das Fleisch hat eine Textur und einen Geschmack, die an Krebstiere erinnern; es wird im Mittelmeergebiet bisweilen zum Verlängern von Hummer- oder Krabbencocktails verwendet.

Fast wie ein Rochen sieht der Meerengel oder Engelhai aus. Sein Fleisch ist weiß und fest und daher sehr geschätzt. Er kommt ganz, oft auch enthäutet, als Frischfisch auf den Markt.

Nagelrochen
Raja clavata

engl. thornback ray; franz. raie bouclée; ital. razza chiodata; span. raya de clavos; port. raia lemga; dän. somrokke; griech. selachi, vatos; kroat. raža kamenica; niederl. stekelrog; norw. piggskate; schwed. klorocka; türk. dikenli vatoz.

Unter den auf dem europäischen Markt angebotenen Rochen ist diese Art durch ihre kräftige Stachellängsreihe in Körpermitte, die auf der Rückenseite verteilten kleineren Stachelgruppen und das unregelmäßige Fleckenmuster der ansonsten bräunlich gefärbten Oberfläche gekennzeichnet. Die maximale Länge beträgt etwa 1 m, häufig sind jedoch Exemplare bis zu 80 cm. Dieser Rochen ist weit verbreitet und kommt im Atlantik von knapp südlich des Polarkreises bis nach Südafrika hin und auch im südwestlichen Indischen Ozean vor. Von den europäischen Randmeeren besiedelt er die Nordsee, die westliche Ostsee, das gesamte Mittelmeer und das westliche Schwarze Meer. Er bewohnt sandige und schlickige Böden vom Flachwasser bis in etwa 300 m Tiefe. Seine Nahrung bilden hauptsächlich wirbellose Bodentiere. Der Nagelrochen gehört in unserem Gebiet zu den kommerziell wichtigsten Arten. Hauptfischereigebiete liegen in Nordeuropa und im Mittelmeer. Fangmengen sind schwierig festzustellen, da die einzelnen Rochenarten im Handel nicht unterschieden werden, was kulinarisch durchaus berechtigt ist.
Verwendung: Abgezogene und entknorpelte Rochenflügel sollten nicht zu heiß gegart werden, damit der feine Geschmack erhalten bleibt. Am besten ist es, sie zu dünsten oder zu pochieren, wobei 15–20 Minuten auch bei großen Flügeln ausreichen. Auch beim Braten sollte die Temperatur nicht zu hoch sein, am besten eignet sich daher Butter.

Ein begehrter Konsumfisch ist der Nagel- oder Keulenrochen. Mit einem Fettgehalt von 0,2 % gehört er zu den echten Magerfischen. Sein Fleisch (die »Flügel« und Teile des Schwanzstücks) kommt frisch oder mariniert in den Handel.

Glattrochen
Raja batis

engl. skate; franz. pochteau gris; ital. razza bavosa; span. noriega; port. raia oirega; dän. skade; griech. selachi, vatos; kroat. volina murkulja, raža scedrica; niederl. vleet; norw. storskate; schwed. slätrocka.

Von dem Nagelrochen unterscheidet sich der Glattrochen durch die viel spitzere und weiter vorragende Schnauze. Die Stachellängsreihe in Körpermitte ist auf den Schwanz beschränkt, während sie beim Nagelrochen mindestens die Körpermitte erreicht. Die Färbung der Oberseite ist viel gleichmäßiger grünlich-braun, bisweilen mit einem Fleckenmuster versehen. Er wird sehr viel größer und kann 2,5 m und 100 kg erreichen. Das Verbreitungsgebiet ist nordostatlantisch und erstreckt sich von der Barentssee und Island bis nach Marokko und Madeira einschließlich der Nordsee und des westlichen Mittelmeeres. Die Art lebt auf Sand- und Schlickböden von der Küstenzone bis in 200 m Wassertiefe, vereinzelt wurde sie bis in 600 m Tiefe nachgewiesen. Der Glattrochen ist in Nordeuropa die fischereilich wichtigste Art und wird sowohl mit Langleinen als auch Schleppnetzen gefangen. In den Handel kommen fast ausschließlich die Flügel. Geräucherte oder marinierte Ware wird unter dem Namen »Seeforelle« angeboten. Die kulinarische Verwendung des Glattrochens entspricht der des Nagelrochens.

Weitere Rochenarten kommen meist nur lokal vor, sind aber auch von Bedeutung:
Der **Spitzrochen** *(Raja oxyrinchus)* kommt im Nordostatlantik (von Norwegen bis Marokko) und im Mittelmeer (vor allem um Sizilien und bei Venedig) vor; er wird bis 1,6 m

Nur die Flügel werden von den meisten Rochen angeboten, so wie bei diesem Marmorrochen zu sehen.

lang und kommt als Frischfisch auf den Markt. Im Mittelmeer sehr häufig ist der **Braun-** oder **Vieraugenrochen** *(Raja miraletus)*. Man erkennt ihn an den auffälligen hellbraunen Augenflecken (mit schwarzblauem und gelb- bis orangefarbenem Saum) in der Mitte der Rückenseite. Er wird bis 60 cm lang. Im Ostatlantik kommt er von der südlichen Biskaya bis Südafrika vor, außerdem noch im südwestlichen Indischen Ozean. Der **Mittelmeer-Sternrochen** *(Raja asterias)* dagegen kommt nur im Mittelmeer, dort aber sehr zahlreich (zum Beispiel vor Istrien) vor. Seine Rückenseite ist je nach Wohngebiet hell- bis rotbraun, olivgrün bis gelb, mit zahlreichen kleinen schwarzbraunen Punkten und einer Anzahl großer, runder gelber Flecken, die von schwarzbraunen Punkten gesäumt sind. Seine Höchstlänge beträgt 70 cm.
Zu den häufigsten und am weitesten verbreiteten Rochenarten europäischer Meere gehört der **Schecken-** oder **Marmorrochen** *(Raja undulata)*. Er besitzt eine breite, rautenförmige Körperscheibe mit abgerundeten Flügeln; die Schnauze ist etwas verlängert und stumpfwinkelig. Die Rückenseite ist stachelig. Typisches Kennzeichen ist die Färbung der Rückenseite: graubraun, braun bis gelbbraun, mit wellenförmigen dunkelbraunen Bändern, die von weißen Punkten umsäumt sind. Seine Höchstlänge beträgt etwa 1 m. Er ist recht häufig im Nordostatlantik von Südwest-England bis Mauritanien, seltener im Mittelmeer anzutreffen. Zwei seiner Verwandten kommen dagegen nur im Mittelmeer vor: der **Gefleckte Rochen** *(Raja polystigma)*, bis 60 cm lang, mit grauer Rückenseite, die mit schwarzen Punkten und einigen helleren Flecken sowie zwei deutlichen Augenflecken verziert ist, und der **Rauhe Rochen** oder **Dornrochen** (*Raja radula*), bis 72 cm lang; er besitzt einen gelbgrauen bis hellbraunen Rücken mit welligen braunschwarzen Querstreifen und vielen hellen Flecken sowie zwei Augenflecken.

Leicht verwechselt wird der Kuckucksrochen *(Raja naevus)* mit dem Braun- oder Vieraugenrochen, vor allem aber mit dem sehr ähnlichen Sandrochen *(Raja circularis)*. Er gehört mit zu den häufig im Handel angebotenen Rochenarten.

Störartige Fische

Acipenseriformes

Sie zählen zu den Meeresfischen, wandern aber zum Laichen große Flüsse hinauf. Ihre Kopfspitze ist verlängert, das Maul dadurch unterständig. Der Körper ist mit fünf Längsreihen von Knochenplatten versehen, die eine deutliche Schmelzbildung besitzen (Schmelzschupper). Die Schwanzflosse ist asymmetrisch (heterozerk), ihr oberer Teil ist länger als der untere. Eine Reihe von weiteren anatomischen Merkmalen macht deutlich, daß die Störartigen Fische einem uralten Geschlecht angehören, das seine Blütezeit vor mehr als 70 Millionen Jahren erlebt hat. Heute sind insgesamt 19 Arten bekannt. Ihre besondere wirtschaftliche Bedeutung liegt darin, daß sie die Lieferanten des echten Kaviars sind, viel weniger dagegen in der Verwertung ihres Fleisches.

Stör

Acipenser sturio

engl. sturgeon; franz. esturgeon; ital. storione; span. esturión; port. esturjão, solho; dän. stør; griech. muruna, sturioni; kroat. jesetra; niederl. steur; norw. stør; schwed. stör; türk. mersin, kolan.

Störe sind leicht kenntlich an den Reihen von Schmelzschuppen an ihren Flanken und entlang ihrer Rückenlinie. Sie haben eine stark vorgezogene Nasenregion, so daß der Mund wie bei den Haien auf die Unterseite des Kopfes zu liegen kommt. Vor dem Mund stehen zwei Paar Barteln (= Bartfäden) als Tastorgane. Die hier behandelte Art hat einen relativ kurzen Nasenfortsatz, und die Barteln liegen etwa auf halber Strecke zwischen Schnauzenspitze und Mund. Maximal erreicht der Stör eine Länge von 3,5 m bei einem Gewicht von 280 kg. Solche kapitalen Burschen sind selten, meist bleibt es bei 1–2 m. Der Stör ist vom Polarkreis bis Marokko und im gesamten Mittelmeer verbreitet. Im letzten Jahrhundert wanderte er in großer Anzahl fast alle größeren europäischen Flüsse hinauf, um dort abzulaichen. Die Flußverbauung und -verschmutzung haben ihn seltener gemacht, so daß er heute bei uns kaum noch vorkommt, und entsprechend wenig gefischt wird. Eine ähnliche Art, der **Waxdix** oder **Osietra** *(Acipenser gueldenstaedti)*, ist auf das Schwarze Meer beschränkt und stellt dort den Hauptanteil der Störfänge. Die Störfischerei dient hauptsächlich der Produktion von Kaviar, bisweilen kommen aber auch die Fische selbst auf den Markt. Sie haben ein zartes, mageres Fleisch.
Verwendung: Das Fleisch eignet sich sowohl zum Braten als auch zum Schmoren. Kleinere Störe werden am besten

Die heute am häufigsten angebotene Störart ist der Waxdix oder Osietra. Er ist leicht an der gerundeten und stumpfen Schnauze zu erkennen. Neben dem Frischfisch kommt auch geräucherte Ware auf den Markt. Leicht gebeizt und nach dem Räuchern in Scheiben geschnitten, ist Störfleich eine Delikatesse. Die Nachfrage nach diesem hochwertigen Produkt kann wegen des Rückgangs der Fänge nicht annähernd befriedigt werden.

Ein Kreuzungsprodukt mit dem Sterlet *(Acipenser ruthenus)* wird bei uns häufiger gehandelt als der Waxdix. Bei dem abgebildeten Exemplar überwiegen die Merkmale des Sterlet, wie die große seitliche Schmelzschuppenzahl und die spitze Schnauze. Nicht sterletartig sind hingegen die glatten Bartfäden und die nicht hakenförmigen Schmelzschuppen des Rückens. In der Qualität gibt es keinen Unterschied zwischen den Kreuzungsprodukten und den reinen Arten. Die Kreuzung hat sich als sehr widerstandsfähig erwiesen und spielt auch bei uns in der Teichwirtschaft eine gewisse Rolle.

enthäutet und in mundgerechte Stücke zerlegt, bei größeren kann man die Koteletts verwenden, ohne das Tier enthäutet zu haben. Beim Häuten ist Vorsicht geboten, da die Schmelzschuppen recht scharf sind und zu Verletzungen führen können.

Hausen, Beluga
Huso huso

engl. beluga; franz. beluga; ital. storione ladano; port. esturjão beluga; bulg. moruna; kroat. moruna; niederl. europese huso; norw. hus; rumän. morun; russ. beluga; schwed. husblossstör; türk. mersin morinası; ung. viza.

Der Hausen ist unter den Stören leicht kenntlich durch den spitz ausgezogenen Vorderkopf und die breit halbmondförmige Mundöffnung. Der Rücken ist grau bis grün gefärbt, der Bauch heller. Die Maximalgröße beträgt 9 m bei einem Gewicht von 1500 kg. Wegen der starken Überfischung sind in europäischen Gewässern heute Exemplare über 2,5 m und 360 kg sehr selten. Die Hauptverbreitungsgebiete sind das Schwarze und das Kaspische Meer, gelegentlich kommt er auch in der Adria vor. Zum Laichen steigt er in Süßwasserzuflüsse auf, früher kam er in der Donau bis Passau vor. Die Laichwanderungen im Frühjahr (März bis Mai) oder im Herbst sind auch die Hauptfangzeiten. Heute ist der Hausen relativ selten geworden. Er wird hauptsächlich als Lieferant des hochwertigen Beluga-Kaviars geschätzt. Das Fleisch ist nicht sehr schmackhaft.

Tarpunähnliche Fische
Elopiformes

Zu dieser Ordnung noch recht urtümlicher Fische zählen drei Familien: Die Frauenfische (Elopidae), die Tarpune (Megalopidae) und die Grätenfische (Albulidae); letztere erkennt man an ihrer kegelförmigen Schnauze, die den Unterkiefer überragt.

Der Grätenfisch zählt in seinem gesamten Verbreitungsgebiet zu den beliebten Sportfischen. Kommerziell wird er nur in geringen Mengen gefischt.

Grätenfisch
Albula vulpes

engl. bonefish; franz. banatie de mer; span. alburno.

Ein begehrter Sportfisch in allen tropischen und gemäßigtwarmen Meeren (mit Ausnahme des Mittelmeeres), bekannt oft nur unter den regionalen Bezeichnungen wie »Macabi« (Mittelamerika), »Kondo« (Ostafrika) oder »Oio« auf Hawaii. Der schnelle Schwimmer wird bis zu 90 cm lang und höchstens 10 kg schwer. 2–3 kg ist die übliche Fanggröße dieses hochgeschätzten Speisefisches mit zwar vielen Gräten, aber feinem weißem Fleisch – Resultat seiner Nahrung wie Muscheln, Kleinkrebse und Seeigel. Die Gräten lassen sich übrigens beim Filetieren leicht entfernen.
Die verwandten Großflossen-Grätenfische (Gattung *Pterothrissus,* mit je einer Art vor Japan und Westafrika) besitzen eine sehr lange Rückenflosse; der **Gisu** oder **Dabogisu** *(Pterothrissus gissu),* Höchstlänge 40 cm, kommt in Japan als Speisefisch auf den Markt.

Aalartige Fische
Anguilliformes

Zu dieser Ordnung gehören Fische mit langgestrecktem, schlangenförmigem Körper und stark schleimiger Haut, die meist schuppenlos oder mit tief eingebetteten Rundschuppen bedeckt ist. Die Kiemenöffnungen sind sehr eng. Falls eine Schwimmblase vorhanden ist, ist sie durch einen »Luftgang« mit dem Vorderdarm verbunden. Da die Bauchflossen fehlen, werden diese Fische auch als »Fußlose« (Apodes) bezeichnet. Es sind meist Meeresbewohner, mit Ausnahme der Familie der Flußaale (Anguillidae), deren Fortpflanzung jedoch auch im Meer erfolgt, so daß sie hier besprochen werden soll. Die Familie der Flußaale enthält nur eine einzige Gattung *(Anguilla),* die mit 16 Arten an allen Meeresküsten (außer der Westküste Amerikas sowie dem Südatlantik) vertreten ist.

Flußaal
Anguilla anguilla

engl. eel; franz. anguille; ital. anguilla; span. anguila; port. enguia; dän. ål; griech. cheli; kroat. jegulja; niederl. paling; norw. ål; schwed. ål; türk. yılan balığı.

Unter den aalförmigen Fischen zeichnet sich der Flußaal dadurch aus, daß er Brustflossen besitzt und daß sein Flossensaum auf der Rückenseite weit hinter den Brustflossen beginnt. Er ist grünlich-braun gefärbt, der Bauch gelblich (Grünaal). Im Alter von etwa 6 Jahren wird der Rücken dunkler, der Bauch silbrig (Blankaal). Weibliche Tiere können bis 1 m lang werden, Männchen bis etwa 50 cm. Der Flußaal ist in sämtlichen europäischen Süßgewässern verbreitet, besiedelt aber auch die Küstengewässer vom Weißen Meer bis zur mauretanischen Küste. Nach 4–10 Jahren Aufenthalt in Flüssen und Seen beginnt der Flußaal als Blankaal im August/September mit der Abwanderung: Er muß zum Laichen aus dem Süßwasser ins Meer ziehen. Die Laichplätze liegen in der Sargassosee über großen Tiefen. Mit dem Golfstrom treiben dann die fast durchsichtigen, weidenblattförmigen Larven nach Osten und erreichen in ihrem dritten Lebensjahr die europäischen Küsten (»Glasaale«). Hier nehmen sie die gelbbraune Farbe der »Steigaale« an und beginnen, bei einer Länge von 5–10 cm in die Flußmündungen einzudringen; ein Teil von ihnen, überwiegend zukünftige Männchen, verbleibt im Brackwasser. Aale werden, besonders in Nordeuropa, mit Angeln, Bundgarn, Reusen und Schleppnetzen gefangen.

◀ **Aale aus Neuseeland** schließen die Bedarfslücke in Europa. Ihr festes weißes Fleisch ist weniger fettreich als das des Europäischen Flußaals. Die exportierten Neuseeländer sind vor allem der Langflossenaal *(Anguilla dieffenbachii)* und der Kurzflossenaal *(Anguilla australis)*, der auch im Südosten Australiens vorkommt.

Gekochte Jungaale (ital. cieche) – diese Winzlinge von Aalen werden in den Mittelmeerländern bereits gekocht auf dem Markt angeboten und mit einer Marinade aus Öl und Zitronensaft zubereitet.

Der Gesamtertrag betrug 1993 etwa 15000 Tonnen. Italien und Schweden stehen dabei an der Spitze, gefolgt von Dänemark. Das Schlachten von Aalen ist schwierig, so daß man dies am besten im Fischgeschäft vornehmen läßt. Grundsätzlich ist zu beachten, daß Aalblut toxisch ist und zu unangenehmen Vergiftungen führen kann, wenn es in Wunden gelangt.

Verwendung: Kulinarisch gilt der Aal als Edelfisch. Er kann sowohl gekocht und geschmort als auch gebraten werden. Als Brataale eignen sich besonders kleinere Exemplare bis Fingerdicke, da große Tiere zu fett werden. Diese werden vorzugsweise geräuchert. Vor der Zubereitung sollten Aale enthäutet werden. Dazu reibt man sie mit Salz ab, um den Schleim zu binden, schneidet die Haut hinter dem Kopf ringförmig ein, löst sie etwas von der Muskulatur und zieht sie wie einen Strumpf nach unten ab, indem die andere Hand den Kopf festhält. Erst dann kann der Kopf entfernt werden, und der Aal ist bratfertig.

Es gibt eine Reihe verwandter Arten: Entlang der nordamerikanischen Atlantikküste kommt der **Amerikanische Flußaal** *(Anguilla rostratra)* vor, der dem Europäischen sehr ähnlich ist. Sein Verbreitungsgebiet reicht von Grönland und Nordkanada über die Atlantikküste der USA und den Golf von Mexiko bis zum nördlichen Südamerika. In Nordamerika hat diese Art einen verschwindend geringen Marktanteil. Eine größere Rolle spielt der Fang von Glas- und Steigaalen zum Export nach Japan und Taiwan zur Mästung in Aquakulturen. Von Bedeutung ist auch der **Japanische Aal** *(Anguilla japonica*; japan. unagi), der zusammen mit dem **Marmoraal** *(Anguilla marmorata)* traditionell in Japan genutzt wird. Dort wurde und wird er in großen Brackwasserbuchten (zum Beispiel an der Westküste von Kyushu) oder in den Mündungsgebieten großer Flüsse gefangen. Gegrillter Unagi (»kabayaki«) mit einer speziellen Sojasauce-Zucker-Mischung gehört im Herbst zu den Delikatessen der japanischen Küche. In Aquakulturen werden zusätzlich Glas- und Steigaale aufgezogen, die zuvor (meist im zeitigen Frühjahr) in den Flußmündungen gefangen wurden. Wegen der Abnahme der Aalpopulationen auch in Japan spielt heute der Import von Aalbrut aus Nordamerika eine zunehmend größere Rolle. Damit ist es auch in Japan nicht mehr garantiert, überall den echten Japanischen Aal serviert zu bekommen. Der **Australische Aal** *(Anguilla australis)* ist im kalten Südteil Australiens einschließlich Tasmaniens und Neuseelands verbreitet. Neuerdings gelangen zunehmend Exemplare dieser Art zusammen mit dem **Neuseeländischen Aal** *(Anguilla dieffenbachii)* auf den europäischen Markt, da die einheimischen Aalbestände im Abnehmen begriffen sind.

Frisch zubereitet wird der Flußaal vor allem in Frankreich, wo eine ganze Reihe volkstümlicher Rezepte mit diesem Fettfisch bekannt sind. Zum Beispiel die Matelote, ein Eintopf mit Aal und anderen Fischen, die es in verschiedenen Variationen gibt. Favorisiert wird der Aal in Frankreich jedoch auch in geräuchertem Zustand.

Die Mittelmeer-Muräne wird auf Fischmärkten rund um das Mittelmeer nur lokal angeboten, besonders häufig an der Westküste Italiens und auf Zypern.

Mittelmeer-Muräne
Muraena helena

engl. moray eel; franz. murène; ital. murena; span. morena; port. moreia; griech. smerna; kroat. murina; niederl. moeraal, murene; schwed. muräna; türk. merina.

Muränen haben keine Brustflossen und unterscheiden sich damit eindeutig von Aalen und Meeraalen. Die Färbung ist sehr veränderlich, ein dunkles Fleckenmuster auf hellbräunlichem Untergrund ist jedoch stets vorhanden. Die hier vorgestellte Art erreicht eine Länge von etwa 130 cm, meist bleibt sie aber kleiner als 1 m. Sie ist von Südengland bis zum Senegal verbreitet, wobei das gesamte Mittelmeer eingeschlossen ist. Sie wird besonders auf den Märkten der italienischen Westküste und Zyperns angeboten, sonst nur gelegentlich und sehr unregelmäßig. Wegen des relativ

Ein begehrter Wirtschaftsfisch ist der Aal in Japan. Dort werden Satzaale erfolgreich und in großen Mengen in Hallen gemästet.

weichen Fleisches ist sie nicht transportfähig und wird nur lokal verbraucht. Die Muräne gilt seit den Zeiten der Römer als Leckerbissen. Ihr Fleisch ist weiß und recht fett. Diese Eigenschaft macht sie etwas unbekömmlich, wie auch die Meinungen über ihren Wert in vielen Mittelmeerländern sehr auseinandergehen. Außerdem kann ihr Fleisch in bestimmten geographischen Regionen und zu bestimmten Jahreszeiten giftig sein und Magenkrämpfe sowie nervöse Störungen verursachen. Ihr Genuß ist daher nicht ohne Risiko.

Atlantischer Hering: 1993 wurden insgesamt etwa 1,83 Millionen Tonnen angelandet, davon fast drei Viertel aus dem Nordostatlantik. An der Spitze steht Norwegen, gefolgt von Schweden und Kanada.

Meeraal
Conger conger

engl. conger; franz. congre; ital. grongo; span. congrio; port. congro, safio; dän. havål; griech. mougri; kroat. ugor; niederl. congeraal, zeepaling; norw. havål; schwed. hafsål; türk. miğri.

Beim Fang des Meeraals stand Frankreich 1993 mit etwa 5100 Tonnen Jahresertrag an der Spitze, gefolgt von Spanien und Portugal.

Der Meeraal wird manchmal mit dem Flußaal verwechselt. Er ist aber sehr leicht daran zu erkennen, daß sein Flossensaum auf der Rückenseite knapp hinter dem Ansatz der Brustflossen beginnt. Auch wird der Meeraal mit etwa 3 m Maximallänge fast doppelt so groß wie der Flußaal. Er hat eine grau gefärbte Haut, die auf der Bauchseite wesentlich heller ist. Nicht verwechselt werden sollte der Meeraal auch mit dem »Seeaal«. Unter diesem Namen wird Dornhai gehandelt. Letzterer wird aber immer ohne Haut angeboten, während dies beim Meeraal nie vorkommt. Der Meeraal ist von Norwegen bis zum Senegal unter Einschluß des gesamten Mittelmeeres verbreitet. Der Fang erfolgt meist im Nordatlantik. Er wird regelmäßig auf den entsprechenden Märkten und denen des Mittelmeerraumes angeboten und gelangt auch recht häufig zu uns.

Verwendung: Die Meinungen über den kulinarischen Wert des Meeraals gehen auseinander. Er hat kein so feines Fleisch wie der Flußaal, auch im Geschmack steht er ihm nach. Er eignet sich, in kleine Stücke geschnitten, besonders zum Schmoren in pikanten Saucen.

Heringsartige Fische
Clupeiformes

Überwiegend Meeresfische mit meist langgestrecktem, schlankem Körper, der mit Ausnahme des Kopfes mit dünnen, silberglänzenden Schuppen bedeckt ist. Alle Flossen sind weichstrahlig, nur eine Rückenflosse ist vorhanden, die Schwanzflosse ist symmetrisch gegabelt. Die Arten der Heringsfamilie (Clupeidae) unternehmen weite Laichwanderungen; einige steigen hierzu auch in die Flüsse auf. Die Vetreter dieser Familie sind wirtschaftlich wichtige Speise- und Industriefische. Etwa ein Drittel oder 22 Millionen Tonnen der gesamten Weltausbeute sind Heringsfische.

Atlantischer Hering
Clupea harengus harengus

engl. herring; franz. hareng; port. aremque; dän. sild; niederl. haring; norw. sild; schwed. sill.

Unter den kommerziell wichtigen schlanken Heringsfischen ist der Atlantische Hering der größte und unterscheidet sich von der Sardine durch einen glatten Kiemendeckel ohne verknöcherte Kanten. Die Unterscheidung von der Sprotte ist schwieriger und gelingt nur bei einiger Übung. Das sicherste Merkmal ist, daß beim Hering der Ansatz der Bauchflossen hinter dem Vorderende der Rückenflossen liegt. In der Praxis spielt dieser Unterschied kaum eine Rolle, da Sprotten bei uns fast ausschließlich geräuchert auf den Markt kommen. Außerdem werden Heringe von Sprottengröße (Spitzen) überhaupt nicht verkauft. Der Atlantische Hering kommt im gesamten Nordatlantik von der Bretagne bis nach Grönland und Spitzbergen vor. Er bevölkert die Nordsee und dringt in die westliche Ostsee sowie das Weiße Meer und die Barentssee ein. Im Westatlantik lebt er an den Küsten Kanadas und der nördlichen USA. Heringe gehören trotz des dramatischen Rückgangs der Fischerei durch Überfischung immer noch zu den weltweit wichtigsten Fischereiprodukten.

Der beliebte Hering. Wegen Überfischung war sein Bestand im Atlantik schon einmal sehr gefährdet. Inzwischen regeln Fangquoten sein Überleben – und uns so erschwingliche Delikatessen wie zarten Matjes oder Bismarckhering. Aber auch als Frischfisch hat er seinen festen Platz auf unserem Speisezettel.

Pazifischer Hering
Clupea pallasii

engl. Pacific herring, japan. nishin.

Der Pazifische Hering ist dem Atlantischen nahe verwandt und wurde lange Zeit nur als Rasse des letzteren angesehen. Äußerlich lassen sich beide Arten nicht unterscheiden. Sie haben eine unterschiedliche Wirbelzahl. Die Laichgewohnheiten sind ebenfalls verschieden. Das Verbreitungsgebiet erstreckt sich vom Weißen Meer und der Barentssee bis zum Nordpazifik, wo er auf beiden Seiten von der Beringstraße bis nach Japan und Korea beziehungsweise bis Kalifornien vorkommt. Die Bestände sind durch Überfischung drastisch zurückgegangen.
Verwendung: Ähnlich der des Atlantischen Herings, sowohl frisch als auch gesalzen. In Japan sind gesalzene oder gepreßte und getrocknete Rogen unter dem Namen »kazunoko« bekannt und sehr beliebt. Nach dem Wässern werden sie zusammen mit etwas Reis ein beliebter Begleiter zum Sake.

Die Fischer in Spanien und Portugal landen die größten Sardinenfänge an, wie hier im Hafen von La Coruña. Der überwiegende Teil wandert aber in die Konservenindustrie. Ölsardinen sind für die beiden Länder ein wichtiger Exportartikel.

Sardine
Sardina pilchardus

engl. pilchard; franz. sardine; ital. sardina; span. sardina; port. sardinha; dän. sardin; griech. sardella; kroat. srdela; niederl. sardien, pelser; norw. sardin; schwed. sardin; türk. sardalya.

Sardinen sind von Heringen und Sprotten leicht durch ihre mit verknöcherten Längskanten versehenen Kiemendeckel zu unterscheiden. Auch besitzen sie eine Reihe von dunklen Flecken entlang der Rückenlinie etwa in halber Höhe des Körpers. Sie werden ungefähr 26 cm lang, bleiben meist aber unter 20 cm. Die Sardine kommt von der südlichen Nordsee, wo sie selten ist, bis zur Atlantikküste Marokkos vor. Im Mittelmeer ist sie bis auf den äußersten Osten häufig und dringt auch in das Schwarze Meer vor. Gefangen wird sie hauptsächlich mit Treibnetzen, Ringwaden und Lichtfang (insbesondere Mittelmeer). Sie gehört nach dem Hering ebenfalls zu den wichtigsten Nutzfischen. 1993 wurden etwa 1 122 000 Tonnen gefischt.
Verwendung: Frische Sardinen werden hauptsächlich gebraten, sie lassen sich aber auch ganz vorzüglich auf dem Grill zubereiten.

Als Frischfisch bei uns leider noch sehr unterbewertet: Sardinen sind mit ihrem würzigen und relativ fettreichen Fleisch ideale Grillfische. Die korrekte Bezeichnung: Als Sardinen kommen die kleinen Exemplare bis etwa 16 cm Länge in den Handel, die größeren werden als »Pilchards« bezeichnet; sie sind etwa 23 cm lang.

Heringe bilden von alters her in verschiedenen Zubereitungen eine wichtige Nahrungsquelle, heute kann man sagen: eine Delikatesse. Seit Kühltransporte kein Problem mehr sind, gelangen frischeste Heringe ins Binnenland. Der Verbraucher sollte sich nicht weismachen lassen, daß es im Binnenland keine frischen Heringe geben könne. Die Frische des Fisches entscheidet sich ganz überwiegend dadurch, wie lange er nach dem Fang bis zur Anlandung auf Eis gelegen hat. Der Transport von der Auktion, etwa in Cuxhaven, bis nach Frankfurt, Köln oder München macht den Fisch bestenfalls einen Tag älter. Ganz frische Heringe haben glänzende Haut und Augen, dasselbe gilt für die Wangenteile des Kopfes. Diese werden bald rot (»rote Bäckchen«), dann ist der Hering zwar nicht mehr so wie direkt vom Boot, aber immer noch von hoher Qualität. Verschwindet diese Rotfärbung wieder, und wird die Haut gräulich, ist der Fisch alt und kulinarisch nur noch ein Schatten seiner selbst. Lieber gar keinen Hering kaufen als einen solchen, der nur zum Abgewöhnen taugt.

Kleines Herings-ABC
Der Bezug zu den Qualitätsstufen der Frischware ist zunehmend verloren gegangen. Wer aber richtig hinsieht und die Packungsaufschriften richtig zu lesen versteht, weiß, was er kauft, da nach dem deutschen Lebensmittelgesetz die aufgedruckte Inhaltsangabe stimmen muß. Das kleine Vokabular soll zum Beispiel deutlich machen, daß »Heringe auf Matjesart« eben keine echten Matjes sind.
Spitze: Nur wenige Zentimeter großer Junghering, den man in Küstennähe antrifft und der oft mit Sprotten verwechselt wird. Früher wurden Spitzen als Industriefisch gefischt. An der Küste wurden sie auch rösch gebraten und im ganzen verzehrt. Heute nicht mehr erhältlich.
Matjes: Noch nicht abgelaichter »jungfräulicher« Hering mit wenig Milch- und Laichansatz. Besonders zart im Fleisch, da der Fettgehalt erst im Ansteigen begriffen ist. Wird leicht gesalzen und ist daher nur begrenzt haltbar. Die Holländer salzen viel weniger als etwa deutsche Fischer. Daher ist der »holländische Matjes« so köstlich.
Vollhering: Meist einfach »Heringe« genannt. Es handelt sich um voll ausgewachsene Tiere vor dem Ablaichen. Sie besitzen viel Milch und Rogen. Der Fettgehalt ist hoch. Sie werden als Frischware angeboten, geräuchert oder als Salzheringe eingelegt.
Ihle: Abgelaichte Heringe ohne Milch und Rogen. Mager und weniger schmackhaft als Frischfisch oder auf Matjesart, dafür aber gut für Marinaden, Rollmöpse usw.
Grüner Hering: Frischfisch, der auf Eis gekühlt angeliefert wird. Meist Vollheringe, die gebraten werden.
Bückling: Räucherhering aus vorgesalzenen grünen Heringen. Besonders mild und zart im Fleisch.
Lachshering: Gewässerter und anschließend geräucherter Salzhering. Das Fleisch ist viel fester als beim Bückling.

Verwendung von Heringen: Die Zubereitungsart der Wahl für grüne (= frische) Heringe ist das Braten. Wegen des Fettgehalts ist der Hering aber auch ein hervorragender Grillfisch. Hierbei muß man ihn unbedingt in einen Fischgrillrost einschließen, da er sonst leicht am eigentlichen Grillrost anhängt und beim Wenden zerreißt. Auf viel mehr Arten lassen sich gesalzene und marinierte Heringe zubereiten. Am besten schmecken immer noch die einfachsten Gerichte, da sie den Eigengeschmack besonders klar zu Tage treten lassen: Holländische neue Matjes mit Zwiebeln, dazu Brot und Butter; Bratheringe mit Pellkartoffeln; Salat aus Salzheringen und vieles andere mehr. Heringe mit Eiern nennt man übrigens »Rogner«, die mit Sperma »Milchner«.

Sprotten – daß sie auch frisch vorzüglich schmecken, ist bei uns weitgehend unbekannt. Der Gesamtertrag belief sich 1993 auf etwa 380000 Tonnen, von denen Dänemark etwa 134000 Tonnen (=35%) einbrachte, gefolgt von Schweden, Norwegen und Polen.

Geräuchert als »Kieler Sprotten« sind sie sehr bekannt und geschätzt. Die meisten dieser »Kieler Sprotten« stammen übrigens aus der Eckernförder Bucht oder der offenen Ostsee.

Als sogenannte **»Falsche Sardinen«** werden die Vertreter der Gattung *Sardinops* bezeichnet. Das ist freilich ein sehr eurozentrischer Name, da die Europäer ihre eigene Sardine als die »echte« angesehen haben. Sie sind von Vetretern der Gattung *Sardina* (»Echte Sardinen«) dadurch leicht zu unterscheiden, daß die hinteren Strahlen der Afterflosse deutlich länger sind als die übrigen und damit den Eindruck eines Zipfelchens erzeugen. Wirtschaftlich und fischereilich von besonderer Bedeutung ist die **Japanische Sardine** *(Sardinops melanosticta)*, die bis heute der weltweit meistgefangene Meeresfisch ist. In der Fangmenge an übernächster Stelle steht die **Peruanische Sardine** *(Sardinops sagax)*. Die **Pazifische Sardine** *(Sardinops cearuleus)* war von ähnlicher Bedeutung, bis 1967 aufgrund einer hohen Überfischung in den vorausgegangenen Jahren die gesamte kalifornische Fischerei zusammenbrach. Die Populationen erholen sich nur zögernd und haben bei weitem nicht die früheren Größen erreicht. In Südafrika und Namibia ist die **Kapsardine** *(Sardinops ocellatus)* von Bedeutung. Alle diese Arten erreichen den europäischen Markt nicht als Frischware. Aufgrund der hohen Transportkosten sind sie auch als Tiefgefrierware gegenüber der noch billigen »echten« Sardine nicht konkurrenzfähig. Das kann sich aber ändern, wenn die Sardinenpreise in Bewegung geraten. In Dosen werden sie bereits in alle Welt exportiert und sind außer durch das Herkunftsgebiet nicht zu unterscheiden.

Verwendung: Wie die Sardine eignen sich diese Fische zum Braten und Grillen. Ihre kulinarische Qualität ist als durchweg gut einzustufen.

Der Große Wolfshering *(Chirocentrus dorab)* gehört zu einer altertümlichen Familie der Heringsfische. Sein langgestreckter, seitlich stark abgeflachter Körper ist mit kleinen Schuppen bedeckt. Im Gegensatz zu den meisten Heringsfischen besitzt er in seiner weiten Mundspalte große Fangzähne und macht Jagd auf andere Fischarten. Er kommt im gesamten tropischen Bereich des Indischen und Pazifischen Ozeans vor. Er wird bis 1 m lang; sein Fleisch gilt als schmackhaft, aber grätig. In Singapurs Chinatown gehört er zum täglichen Angebot und wird wegen seines guten Geschmacks sehr geschätzt.

Sprotte
Sprattus sprattus

engl. sprat; franz. sprat; ital. sarda, papalina; span. espadin; port. espadilha; dän. brisling; griech. papalina; kroat. gavica; niederl. sprot; norw. brisling; schwed. skarpsill; türk. çaça.

Die Sprotte bleibt mit etwa 16 cm Maximallänge viel kleiner als der Hering. Der Rücken ist blaugrün gefärbt, der Bauch silbrig. Sie ist von der Nord- und Ostsee bis zur marokkanischen Atlantikküste verbreitet und kommt auch im Mittelmeer und im Schwarzen Meer vor. Sie wird mit Scherbrettnetzen, Ringwaden oder auch Küstennetzen gefangen. Hauptfanggebiet ist der Nordatlantik, aber auch im Mittelmeer und im Schwarzen Meer wird die Art regelmäßig gefischt.

Verwendung: Sprotten schmecken frisch gebraten sehr delikat, sind aber bei uns nur im geräucherten Zustand zu bekommen.

Die Sardellen sind vor allem als pikante Konserve bekannt. Die äußerst kräftig und würzig schmeckenden Fischchen sind aber auch, frisch zubereitet, fritiert oder gebraten, eine Delikatesse.

Sardelle
Engraulis encrasicolus

engl. anchovy; franz. anchois; ital. acciuga, alice; span. boquerón; port. biqueirão; dän. ansjos; griech. gavros; kroat. inčun; niederl. ansjovis; norw. ansjos; schwed. sardell, ansjovis; türk. hamsi.

Die Sardelle ist ein kleiner Fisch von meist maximal 15 cm Körperlänge und einem deutlich unterständigen Mund, das heißt, daß die Kopfspitze deutlich vor dem Vorderende der Mundspalte liegt. Der Rücken ist dunkel gefärbt, und an den Flanken verläuft ein silbriges Längsband. Diese Art kommt von der Nordsee, wo sie eher selten ist, bis an die marokkanische Atlantikküste unter Einschluß des gesamten Mittelmeeres und des Schwarzen Meeres vor. Sie tritt oft in sehr großen Schwärmen auf und wird mit Treibnetzen, Ringwaden und anderen Freiwassernetzen gefischt. Der Gesamtertrag lag 1993 bei etwa 457000 Tonnen, von denen fast 70% im Mittelmeer und im Schwarzen Meer gefangen wurden. Die größte Menge wurde von türkischen Fischern eingebracht, die allein mit etwa 227000 Tonnen fast die Hälfte des gesamten Ertrags anlandeten. Das klassische Fanggebiet ist das Schwarze Meer, wo der »Hamsi« die Nationalspeise darstellt. Außer der Verwendung als Frischfisch werden Sardellenfilets eingesalzen und nach einer Reifezeit von mindestens 6 Monaten (besser 12) in den Handel gebracht. Oder sie werden in Öl gelegt und kommen als »Anchovis«-Konserven auf den Markt.

Verwendung: Sardellen haben einen kräftigen Geschmack und werden am besten im ganzen gebraten. Besonders delikat gelingen sie, wenn man sie ausnimmt und dabei auch die Wirbelsäule (Mittelgräte) entfernt. Die Doppelfilets mit Kopf und Schwanz werden in Mehl gewälzt und schwimmend ausgebraten.

Lachsartige Fische
Salmoniformes

In dieser großen Ordnung sind 8 Unterordnungen zusammengefaßt, von denen einige fast ausschließlich zu den Tiefseefischen gehören. Die Lachsähnlichen Fische (Salmonoidei) kommen als Wander- und als Süßwasserfische auf der nördlichen Erdhalbkugel vor. Sie besitzen stets eine zweite Rückenflosse, die aus einer dicken, strahlenlosen Hautfalte besteht und als »Fettflosse« bezeichnet wird.

Zur Familie der Stinte (Osmeridae) gehören schlanke, seitlich nur wenig abgeflachte Fische mit weiter Mundspalte und vorstehendem Unterkiefer, deren Körper mit zarten, leicht abfallenden Schuppen bedeckt ist.

Der Stint. An seinem eigenartigen, etwas an Gurken erinnernden Geruch scheiden sich die Geister der Gourmets. Paniert und fritiert schmeckt er fein. Kulinarisch in Großbritanien sehr geschätzt.

Stint
Osmerus eperlanus

engl. smelt; franz. éperlan; port. peixe de cheiro; dän. smelt; niederl. spiering; norw. krøkle; schwed. nors, sparling.

Der Stint gibt sich durch die kleine Fettflosse auf der Rückenseite vor dem Schwanz als Lachsfisch zu erkennen. Von anderen Angehörigen dieser Gruppe unterscheidet er sich durch seine schlanke Körpergestalt und den deutlich den Oberkiefer überragenden Unterkiefer. Beide Kiefer tragen kräftige Zähne. Der Rücken ist zart olivgrün gefärbt, die Flanken silbrig und der Bauch weiß. Die charakteristischste Eigenart des Stintes ist sein Geruch nach frischen Gurken, der sonst von keinem Fisch bekannt ist. Er wird bis 45 cm lang, die meisten Exemplare bleiben aber unter 20 cm. Der Stint hat eine nördliche Verbreitung, die vom Weißen Meer bis zum Ärmelkanal reicht und die gesamte Ostsee einschließt. Er lebt in den Küstengewässern pelagisch in großen Schwärmen und dringt von März bis Anfang Mai in die Flüsse ein, in deren Unterlauf er laicht. Die Eier kleben an Steinen, Wasserpflanzen und Holz. Die schlüpfenden Jungfische wachsen schnell, erreichen im selben Herbst noch etwa 8 cm. Zum Winter hin wandern sie wieder in die Küstengewässer. In tiefen Seen, besonders des Ostseegebietes, leben ebenfalls Stinte (Binnenstint), die zum Laichen in die Zuflüsse aufsteigen. Hier laicht also ein Süßwasserfisch in Süßwasserzuflüssen. Die Wandertendenz ist dieselbe wie beim Seestint. Stinte werden nur in unbedeutenden Mengen als Beifang angelandet. Meist wandern sie als »Industriefisch« in die Fischmehl- und Ölmühlen.

Der Surf Smelt (Seestint) mit seinen Verwandten ist im Nordpazifik ein recht häufiger Fisch, beliebt vor allem bei Japanern und Chinesen. Er wird meist gebraten oder gegrillt.

Verwendung: Sie eignen sich besonders zum Braten. Ihr Fleisch ist zart, hat aber sehr wenig Geschmack, so daß es nicht zu den kulinarischen Hochgenüssen gehört. Keinesfalls sollte man hohe Preise für diesen Fisch bezahlen.

Die **Lodde** *(Mallotus villosus),* bis etwa 20 cm lang, lebt rund um den Nordpol im nördlichen Eismeer und im äußersten Norden des Pazifik. Der **Kleinmäulige Seestint** *(Hypomesus pretiosus;* engl. surf smelt) bis 25 cm lang, ist von Alaska bis Südkalifornien und an der asiatischen Küste bis Korea verbreitet. Der **Eulachon** *(Thaleichthys pacificus),* ein bis 30 cm langer Stint des nordwestlichen Pazifik, wird wegen seines öligen Fleisches auch Kerzenfisch (Candlefish) genannt. Alle drei Arten kommen selten auf den Markt. Lediglich der Kleinmäulige Seestint wird in Japan und China gehandelt. Die beiden anderen Arten dienen überwiegend zur Fischmehl- und Tranherstellung.
Verwendung: Sowohl Lodde als auch Kleinmäuliger Seestint können im ganzen gebraten werden.

Flaggenflosser
Aulopiformes

Eine sehr verschiedenartige Gruppe mit 15 Familien, vorwiegend in der Tiefsee lebend. Äußerlich den Lachsartigen Fischen (Salmoniformes) sehr ähnlich.

Aus der Familie der Eidechsenfische (Synodontidae; engl. lizardfish; franz. anoli de mer; ital. pesce ramarro; jap. eso) werden einige Arten kommerziell in Japan gefischt und frisch vermarktet, in Europa spielt nur eine Art eine gewisse Rolle. Eidechsenfische besitzen einen langen, drehrunden Körper, eine kleine Fettflosse und dolchartige Zähne auf Kiefern und Zunge. Ihr Kopf erinnert an den einer Eidechse.

Grauer Eidechsenfisch
Synodus saurus

engl. Atlantic lizardfish; franz. poisson-lézard de l'Atlantique; ital. pesce lucertola, pesce ramarro; span. pez de San Francisco; griech. skarmós; kroat. zelembac; türk. zurna.

Der Körper ist meist graubraun gefärbt und hat etwa 8 große dunkle Flecken in seiner oberen Hälfte, die Kopfunterseite und der Bauch sind hell. Die Körperlänge kann 43 cm erreichen, meist bleibt es bei 35 cm. Das Verbreitungsgebiet umfaßt das gesamte Mittelmeer, die marokkanische Atlantikküste, die Azoren, Madeiren, Kanaren und Kapverden sowie Inseln vor der nordamerikanischen Atlantikküste. Im Mittelmeergebiet wird er regelmäßig nur auf den Fischmärkten Zyperns verkauft, sonst eher selten.
Verwendung: Eidechsenfische eignen sich hervorragend zum Braten, kleine Fische im ganzen, große sollten filetiert oder zu Koteletts verarbeitet werden.

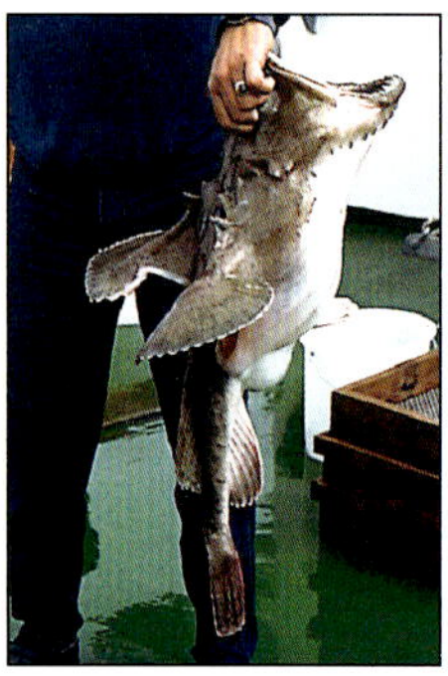

Große Seeteufel werden auch heute noch mit Schleppnetzen in der Nordsee gefangen. Es handelt sich dabei stets um Einzelstücke, die von den Fischern gesondert behandelt werden, da sie am Markt gute Preise erzielen.

Sandfische

Gonorhynchiformes

In dieser Gruppe mit sechs Familien werden äußerlich recht verschiedenartige Fische vereinigt. Der bekannteste Speisefisch ist der Milchfisch, die einzige Art seiner Familie (Chanidae).

Milchfische spielen auf südostasiatischen Märkten eine große Rolle. Sie sind leicht an der tief gegabelten Schwanzflosse zu erkennen.

Milchfisch

Chanos chanos

engl. milkfish; franz. chano; span. chano.

Dieser wichtige Speisefisch wird im Fernen Osten meist als »Bangos«, »Bangdong« oder »Bangdeng« angeboten. Er kommt entlang der tropischen Küsten des Pazifischen und Indischen Ozeans in Salz-, Brack- und Süßwasser vor und wird bis 1,8 m lang. Sein heringsähnlicher Körper ist von mittelgroßen Rundschuppen bedeckt; Färbung silbrig bis milchigweiß. Er ernährt sich überwiegend von pflanzlichem Plankton und Algen. Ein idealer Zuchtfisch. In Indonesien und auf den Philippinen werden die 1–2 cm großen Jungfische mit feinmaschigen Netzen gefangen und in flache Zuchtteiche gebracht, wo sie sehr rasch heranwachsen: Bereits nach 9–12 Monaten erreichen die Teichfische eine marktfähige Größe von 30–40 cm und 300–600 g Gewicht. Die beiden Länder bringen so jährlich über 100000 Tonnen Fisch in den Handel. Das Fleisch ist fest, schmackhaft und hochbegehrt, bei größeren Exemplaren jedoch sehr grätenreich.

Verwendung: Milchfische eignen sich sehr gut für Schmorgerichte, sind aber auch, nach chinesischer Methode gedämpft, sehr schmackhaft.

Armflosser

Lophiiformes

Bei dieser Fischgruppe, mit etwa 280 Arten in tropischen bis gemäßigten Gebieten der Weltmeere verbreitet, ist der erste Strahl der Rückenflosse zu einem freistehenden, beweglichen Angelorgan umgebildet und verlängert. An dessen Spitze befindet sich ein lappenförmiges Gebilde, das bei einigen Tiefseeformen leuchten kann. Die Brustflossen sind armartig vergrößert, so daß die Fische damit am Boden kriechen oder schreiten können (»Armflosser«).

Von der Familie der Seeteufel (Lophiidae) sind aus allen tropischen bis gemäßigten Meeresteilen der Welt ungefähr 25 Arten bekannt.

Seeteufel

Lophius piscatorius

engl. angler; franz. lotte, baudroie; ital. rana pescatrice; span. rape; port. tamboril; dän. havtaske; griech. peskantritsa, fanari; kroat. grdobina; niederl. zeeduivel; norw. breiflabb, havtaske; schwed. marulk; türk. fener.

Der Seeteufel ist ein stark abgeplatteter Bodenfisch. Er hat einen sehr großen Kopf, der fast die Hälfte der Körperlängsachse einnimmt, und eine gewaltige Mundspalte. Die Brustflossen liegen horizontal an den Körperseiten. Die Rückenflosse ist im vorderen Teil in einzelne Stacheln aufgelöst, von denen der vorderste direkt hinter der Mundspalte liegt und einen fahnenartigen Anhang trägt. Die Rückenseite ist olivbraun gefärbt und durch eine unregelmäßige dunklere Scheckung dem Meeresboden angepaßt. Die Körperlänge kann 2 m erreichen, bleibt aber meist unter 1 m. Im gleichen Verbreitungsgebiet kommt noch eine nahe verwandte Art vor, die im Handel aber vom eigentlichen Seeteufel nicht unterschieden wird, der **Kleinfüßige Seeteufel** (*Lophius budegassa;* franz. baudroie rousse), bis 70 cm lang. Bei ihm sind die Rückenflossenstacheln schwächer entwickelt, das Bauchfell ist schwarz. Er bleibt auch meist deutlich kleiner. Das Verbreitungsgebiet des Seeteufels reicht von der südwestlichen Barentssee bis nach Gibraltar und schließt das Mittelmeer und das Schwarze Meer ein. Er lebt vom Flachwasser bis in etwa 500 m Tiefe. Durch seine gute Tarnung kaum erkennbar, liegt er träge auf dem Meeresboden und schwenkt sei-

Als Lotte oder Baudroie gehört der Seeteufel heute zum gehobenen Repertoire der Gourmet-Restaurants. Sein festes, feines Fleisch – meist wird nur das verwendbare Schwanzstück, mit oder ohne Haut, gehandelt – ist auch deshalb so hoch geschätzt, weil es so verbraucherfreundlich, nämlich völlig ohne Gräten ist.

ne »Angel«, den mit einer Hautfahne versehenen ersten Rückenflossenstrahl, langsam hin und her. Ein nach diesem Köder schnappender Fisch gerät direkt über die Mundspalte, die der Seeteufel ruckartig öffnet und durch den dabei entstehenden Sog die Beute inhaliert. Es ist berichtet worden, daß große Seeteufel im Flachwasser sogar kleine Seevögel erbeuten konnten, die nach dem vermeintlichen Köder tauchten. Das Hauptfanggebiet ist der Nordatlantik, wo dieser Fisch zum Beifang der Grundschleppnetzfischer gehört. Der Seeteufel zählt zu den erlesensten Fischdelikatessen. Er wird mittlerweile daher auch zu sehr hohen Preisen gehandelt. Auf den Markt kommt meist nur das Schwanzstück, mit oder ohne Haut. Früher wurde es stets, heute kaum noch unter der Bezeichnung »Forellenstör« gehandelt.
Verwendung: Außer der Wirbelsäule ist das Fleisch praktisch grätenfrei und kann mit Gemüse und Weißwein geschmort oder auch, in Würfel geschnitten, in Ei getaucht und ausgebacken werden. So mögen ihn besonders die Fischer.

Entlang der amerikanischen Atlantikküste (von Neufundland bis Brasilien) ist der bis 1,2 m lange **Amerikanische Seeteufel** *(Lophius americanus;* engl. goosefish, auch monkfish) beheimatet und als Speisefisch sehr geschätzt.

Dorschartige Fische
Gadiformes

In dieser Gruppe sind insgesamt 10 Familien und über 650 Arten vereinigt. Ihre Vertreter leben fast ausschließlich im Meer, wo sie weltweit verbreitet sind. Die meisten Arten und auch die größten Bestände findet man jedoch in den Meeren der Nordhalbkugel. Als gemeinsames Kennzeichen sind die Flossen in der Regel ausschließlich durch Weichstrahlen gestützt; daher werden die Dorschartigen auch »Weichflosser« genannt. Nur bei den Grenadierfischen kann ein Hart- oder Stachelstrahl in der ersten Rückenflosse vorhanden sein. Die artenreichste und wichtigste Gruppe sind die Dorschfische *(Gadoidei).*

Die Familie der Dorsche (Gadidae) umfaßt sehr unterschiedliche Fischformen, die jedoch folgende gemeinsame Merkmale besitzen: Die Kiemenöffnungen sind weit, die Schwanzflosse ist deutlich abgesetzt. Die meisten Arten tragen am Kinn einen Bartfaden, manche auch Bartfäden um den Mund herum. Einige Dorscharten besitzen getrennte Rücken- und Afterflossen; andere Arten wiederum sind in der Körperform fast aalähnlich.

Kabeljau, Dorsch
Gadus morhua

engl. cod; franz. morue; span. bacalao; port. bacalhau do atlântico; dän. torsk; niederl. kabeljauw; norw. torsk; schwed. torsk.

Der Kabeljau besitzt wie alle Dorschfische drei Rückenflossen. Sein Mund ist unterständig, das heißt, der Oberkiefer überragt den Unterkiefer, letzterer trägt einen Bartfaden. Die Rückenseite ist mehr oder weniger dunkel braungrünlich gefärbt und weist dunklere Flecken auf. Die Bauchseite ist viel heller. Er kann eine Maximallänge von fast 2 m erreichen, bleibt aber meist unter 80 cm. Der Nordatlantische Kabeljau ist von Spitzbergen und Nowaja Semblja bis zum Schelf der Westküste Großbritanniens verbreitet, ebenso an der grönländischen und nordamerikanischen Küste. Im Nordpazifik lebt eine andere Unterart. Der Kabeljau lebt meist in Grundnähe, steigt aber auch ins Freiwasser auf, wenn dort Schwärme von Beutefischen (etwa Heringe) stehen. Fischereilich ist er einer der wichtigsten Dorschfische. Kabeljau wird bei uns in sehr unterschiedlichen Formen angeboten: Frischfisch, Filets frisch und tiefgefroren, Klippfisch, Stockfisch, Rogen (meist geräuchert oder als Rogenpaste).

Eine ähnlich wichtige Rolle spielt im Nordpazifik (Japan bis Kalifornien) der bis 114 cm lange, nahverwandte **Pazifikdorsch** (*Gadus macrocephalus;* engl. Pacific cod). Hauptsächlich für Rußland ist der Fang des **Polardorsches** *(Boreogadus saida)* von Bedeutung. Obwohl als Speisefisch sehr geschätzt, ist der **Pazifik-Tomcod** *(Microgadus proximus)* für die Fischereiwirtschaft unwichtig, da er zu selten und zu klein (bis 30 cm) ist.

Kabeljau, unser Konsumfisch Nummer eins. Mit seinem hervorragenden Fleisch wird er in der feinen Küche immer noch unterbewertet – vielleicht, weil er nicht rar genug ist. Die Filets oder Koteletts werden gebraten, am Stück wird der Fisch pochiert oder geschmort. 1993 betrug der Gesamtfang etwa 1,1 Millionen Tonnen, mit Norwegen, Island und Rußland an der Spitze der Anlander (zusammen etwa 70% des Weltertrages).

Kabeljau gehört zu den von alters her geschätzten Nutzfischen Nordeuropas. Er kommt unter verschiedenen Namen in den Handel, die hier verständlich gemacht werden sollen.
Kabeljau: Im Nordseegebiet gebräuchlicher Name, der meist großwüchsige Exemplare bezeichnet. Der Name tauchte zum ersten Mal im 12. Jahrhundert in der niederländischen Sprache auf (damals noch latinisiert als »cabellauwus«), zum Ende des 15. Jahrhunderts gelangte er als Kabelow und Kabbelouw schließlich auch in das Frühneuhochdeutsche. Verwandt und davon abgeleitet sind das französische »cabillaud« (Atlantikküste, Bretagne), das spanische »bacalao« und das portugiesische »bacalhau«. Die ursprüngliche Herkunft des Wortes ist ungeklärt.
Dorsch: Im Ostseegebiet verwendeter Name, der heute hauptsächlich für kleine Exemplare eingesetzt wird (»Angeldorsch«, aber niemals »Angelkabeljau«). Verwandt mit dem skandinavischen Torsk. Geht auf den altisländischen Wortstamm »dorskr« zurück, von dem sich auch »dorren«, »dürr« ableitet. Dorsch war der Fisch, der getrocknet (»gedürrt«) wurde und den schon die Wikinger kannten.
Klippfisch: Gesalzener und getrockneter Kabeljau. Für die Herkunft des Namens gibt es unterschiedliche Deutungen. Im allgemeinen wird er von den Klippen abgeleitet, auf denen der Fisch zum Trocknen liegt. Eine andere Deutung bezieht sich auf das alte Verb »klippen« = aufschneiden; der Fisch wird vor dem Salzen und Trocknen aufgeschnitten. Klippfisch wird heute nicht nur aus Kabeljau, sondern auch aus Leng und Lumb hergestellt. Vor der Verwendung muß das Produkt etwa 24 Stunden gewässert werden.
Stockfisch: Luftgetrockneter Kabeljau. Der Name leitet sich wahrscheinlich von den aus Stöcken gebauten Gerüsten ab, an denen die Fische zum Trocknen aufgehängt werden. Stockfisch wird heute auch aus anderen größeren Dorschfischen (Leng, Lumb) hergestellt.
Laberdan: In Salzlake gepökelter Kabeljau. Wird heute kaum noch angeboten.

Der Pollack ist als Frischfisch praktisch nicht im Handel. Er wäre so leicht an der vorn aufgebogenen Seitenlinie zu erkennen. Aber auch die Filets unterscheiden sich durch ihre reinweiße Farbe von den dunkleren des Seelachses. Sie eignen sich vor allem zum Braten in viel Butter, weniger zum Pochieren und Dünsten.

Schellfisch
Melanogrammus aeglefinus

engl. haddock; franz. églefin; port. arinca; dän. kuller; niederl. schelvis; norw. hyse, kolje; schwed. kolja.

Die verschiedenen Dorscharten werden als Frischfische (auch als Filets) oder tiefgekühlt auf den Markt gebracht. Besonders in den nordischen Ländern spielt die Zubereitung von Klipp- und Stockfisch eine bedeutende Rolle. Aus dem Rogen wird Kaviar-Ersatz hergestellt.

Der Schellfisch hat wie der Kabeljau einen unterständigen Mund, aber keinen Bartfaden. Charakteristisch sind die schwarze Seitenlinie und ein großer schwarzer Fleck oberhalb der Brustflosse. Der Rücken ist dunkler gefärbt als der Bauch. Die Maximallänge beträgt 112 cm, meist ist er aber kleiner als 75 cm. Er ist von Island, Spitzbergen und Nowaja Semlja bis zur Nordküste Spaniens verbreitet und kommt auch an der nordamerikanischen Atlantikküste vor. Er lebt meist küstenfern in 30–40 m Wassertiefe. Hauptfanggebiete sind die Nordsee, die Gewässer um Island, die Barentssee und die nordamerikanische Atlantikküste. Fischereilich ist er bedeutend, aber bei weitem nicht so wichtig wie der Dorsch. Schellfisch wird meist als Frischfisch oder tiefgefroren angeboten, manchmal auch geräuchert.

Köhler, Seelachs
Pollachius virens

engl. saith; franz. lieu noir; span. carbonero; port. escamudo; dän. sej; niederl. koolvis; norw. sei; schwed. gråsej.

Der Köhler gehört zu den Dorschfischen mit oberständigem Mund, das heißt, der Unterkiefer überragt den Oberkiefer. Ein Bartfaden ist nicht vorhanden. Der Rücken ist dunkel olivbraun gefärbt, der Bauch heller silbergrau. Die Maximallänge beträgt 120 cm, meist bleibt er aber kleiner als 90 cm. Diese Art ist wie viele Dorschfische eher nordisch verbreitet. Köhler kommen von Spitzbergen, Island und Nowaja Semlja bis zur Biskaya vor, ebenso an der Atlantikküste Nordamerikas. Sie halten sich sowohl in Bodennähe als auch im Freiwasser auf und leben räuberisch. Die Hauptfanggebiete liegen im Sommer in nordnorwegischen Gewässern, im Winter weiter südlich bis zur Deutschen Bucht. Die Fangmenge lag 1993 bei etwa 400000 Tonnen. Köhler wird bei uns unter dem Namen »Seelachs« gehandelt. Meist kommen frische oder tiefgefrorene Filets auf den Markt.

Verwendung: »Fischfilets im Backteig« oder »Fischstäbchen« werden meist aus Köhler (aber auch aus Alaska-Pollack) hergestellt. Außerdem wird das Fleisch – gesalzen, gefärbt und in Öl konserviert – als Lachsersatz angeboten. Die Filets vom Seelachs werden meist gebraten.

Pollack, Steinköhler
Pollachius pollachius

engl. pollack, lythe, Dover hake; franz. lieu jaune; span. abadejo; russ. saida.

Wie beim Köhler ist der Mund oberständig, besonders bei älteren Exemplaren. Die grünbraune, deutlich sichtbare Seitenlinie über der Brustflosse ist nach oben gebogen, dann gerade verlaufend. Durch diese vordere Aufbiegung der Seitenlinie ist der Pollack leicht vom Köhler zu unterscheiden. Die Maximallänge kann 1,3 m betragen, meist

Schellfisch, von seinen Verwandten aus der Dorschfamilie durch seine deutliche schwarze Seitenlinie und den Punkt über der Brustflosse zu unterscheiden. Die Filets der größeren Exemplare erreichen fast »Dorsch-Qualität«. Der Gesamtertrag lag 1993 bei etwa 250000 Tonnen, von denen etwa ein Viertel in Schottland angelandet wurde.

Die Verwendung des Schellfischs: Wie alle Dorschartigen eignet er sich sowohl zum Braten als auch zum Pochieren.

Der Seelachs (Köhler) ist viel besser als sein Ruf; denn sein Fleisch hat, im Gegensatz zu dem der übrigen Mitglieder seiner Familie, einen sehr ausgeprägten, pikanten Geschmack. Vielleicht ist es die weniger appetitliche Farbe seiner Filets, die ihn als Frischfisch nicht so begehrenswert erscheinen läßt. In Form von Filets oder Tranchen eignet sich Seelachs besonders gut zum Braten, weil sich dabei sein kräftiges Aroma gut entfalten kann. Als »Lachs-Ersatz« ist er zur Räucherfischkonserve geworden.

bleibt es aber bei 80 cm. Der Pollack kommt im Nordostatlantik von Nordnorwegen bis zur nördlichen Biskaya, in der Nordsee, im Skagerrak und im Kattegat vor. Krebstiere, vor allem aber Fische dienen ihm als Nahrung. Das im Gegensatz zum Köhler reinweiße Fleisch des Pollacks (»Heller Seelachs«) ist trocken, aber im frischen Zustand recht schmackhaft; als Speisefisch ist er für die Fischereiwirtschaft von geringer Bedeutung.
Verwendung: Die Filets eignen sich vor allem zum Braten in viel Butter, weniger zum Pochieren und Dünsten.

Alaska-Pollack

Theragra chalcogramma

engl. Alaska pollack, auch Walleye pollack; franz. morue du Pacifique occidental; ital. merluzzo dell'Alaska; span. abadejo de Alasca.

Er erreicht eine Länge von 90 cm und ist entlang den Küsten des Nordpazifik (von Japan bis Mittelkalifornien) beheimatet. In puncto Quantität ist er absoluter Spitzenreiter. Er liefert den höchsten Ertrag aus einer Fischart. Allein 1993 wurden 4,6 Millionen Tonnen gefischt. Sein mageres weißes Fleisch ist zwar weich, aber von guter Qualität, wie das seiner Verwandten. Er wird von den Fischereinationen des Nordpazifik gleich an Bord der Fabrikschiffe zu Tiefkühlfisch verarbeitet. Dieser erreicht auch den europäischen Markt und hat in unseren Kaufhäusern längst den Seelachs verdrängt. Er wird unter der Bezeichnung »Neptun-Spitzen« oder »Alaska-Fischfilet« zu niedrigen Preisen vermarktet. Auch viele Backfischfilets werden mittlerweile aus Alaska-Pollack hergestellt. Nur ein geringer Anteil wird frisch vermarktet.
Verwendung: Die Filets eignen sich zum Braten, natur oder paniert, je nach Geschmack. Dazu das Filet langsam (im Kühlschrank) auftauen lassen, um Qualitätsverluste zu vermeiden.

Stockfisch und Klippfisch

Trocknen und Salzen, die wohl ältesten Konservierungsmethoden für Fisch, sind nach wie vor aktuell. Über Jahrhunderte bot dieser Art der Haltbarmachung den Binnenlandbewohnern die einzige Möglichkeit, Meeresfisch auf ihre Speisekarte zu setzen. Diese Methode war vor allem bei den romanischen Völkern beliebt und ist es immer noch, denn auch heute noch können sie wahre Delikatessen mit getrocknetem Fisch zubereiten.
Für die Herstellung von Stock- und Klippfisch werden vor allem Kabeljau, Seelachs (Köhler), Schellfisch, Leng und Lumb *(Brosme)* verwendet. Nach dem Entfernen der Köpfe und dem Ausnehmen werden die Fische an der Luft getrocknet. Der Stockfisch bleibt ungesalzen. Der Klippfisch dagegen wird, nach Herauslösen der Wirbelsäule und oft auch der seitlichen Gräten, zunächst gesalzen und erst nach Erlangen der sogenannten »Salzgare« getrocknet. Während das Fleisch beim Stockfisch trocken und hart wird, bleibt das Fleisch beim Klippfisch wasserreicher, wird aber trotzdem fest. Bei beiden Konservierungsarten muß das fertig getrocknete Fleisch einheitlich hellgelb bis weißlich sein. Ist es das nicht und weist es gar rötliche oder rote Flecken auf, sollte es auf keinen Fall verwendet werden.
Produziert wird getrockneter Fisch in großen Mengen von Norwegen, aber auch noch von Portugal und Spanien. Er wird heute vor allem in die Länder Afrikas exportiert. In Portugal und Spanien, den traditionellen Erzeugerländern, wird der Fisch auch heute noch zum großen Teil im Freien, durch sonnendurchlässige Lattengerüste gegen allzu große Hitze geschützt, getrocknet.

Wittling

Merlangius merlangus

engl. whiting; franz. merlan; ital. merlano; span. merlan, plegonero; port. badejo; dän. hvilling; griech. bakaliaros, tauki; kroat. pišmolj; niederl. wijting; norw. hvitting; schwed. hvitling; türk. bakalyaro, mezit.

Wittlinge haben einen unterständigen Mund, der Bartfaden fehlt. Charakteristisch ist ein schwarzer Fleck an der Basis der Brustflosse. Der Rücken ist dunkler gefärbt als der Bauch. Die maximale Körperlänge beträgt 70 cm, meist bleibt es aber bei unter 40 cm. Das Verbreitungsgebiet erstreckt sich von Nordnorwegen und Island bis Portugal. In der Adria, der Ägäis, dem Marmara- und dem Schwarzen Meer lebt eine besondere Rasse *(Merlangius merlangus euxinus)*. Der Wittling lebt in Meeresbodennähe und wird daher mit Grundschleppnetzen gefangen. Für die Küstenangler an der Nordsee ist er ein beliebter Sportfisch. Die Anlandungen waren 1993 mit etwa 108000 Tonnen bei weitem nicht so bedeutend wie die anderer Dorschfische. Besonders beliebt ist der Wittling in England und Schottland, bei uns kommt er weniger häufig auf den Markt.
Verwendung: Wittlinge haben ein sehr schmackhaftes, zartes weißes Fleisch und eignen sich sowohl zum Braten als auch zum Pochieren. Größere Exemplare sollte man vor dem Braten filetieren, da auf diese Weise die Hitze gleichmäßiger einwirken kann.

Der Wittling: Ob als Filet oder als ganzer Fisch, er gehört zum Feinsten aus dem Meer, obwohl er nicht zu den Edelfischen gerechnet wird. Kurz in Butter gebraten, entfaltet er sein feines Aroma am besten.

Blauer Wittling
Micromesistius poutassou

engl. blue whiting; franz. potassou; ital. pesce molo, potassolo; span. bacaladilla; port. verdinho; dän. sortmund; griech. prosfigaki; kroat. ugotica dubinka; niederl. blauwe wijting; norw. kolmule; schwed. kolmule.

Der Blaue Wittling hat ein oberständiges Maul, der Unterkiefer trägt keinen Bartfaden. Die drei Rückenflossen stehen weit auseinander und berühren sich nicht an der Basis. Die Afteröffnung liegt weit vorne, noch vor dem Vorderrand der ersten Rückenflosse. Die Rückenseite ist blaugrau gefärbt, die Flanken silbrig und der Bauch weiß. Besonders kennzeichnend ist die Schwarzfärbung der Mundhöhle und der Innenseite der Kiemendeckel. Die Maximallänge beträgt knapp 50 cm, bleibt aber meist bei 25–30 cm. Das Verbreitungsgebiet erstreckt sich von Spitzbergen bis zur marokkanischen Atlantikküste einschließlich des westlichen Mittelmeeres. Der Blaue Wittling ist nach Alaska-Pollack und Dorsch der weltweit in größten Mengen angelandete Dorschfisch. Für das Jahr 1993 weist die FAO-Fangstatistik etwa 556000 Tonnen aus, von denen die skandinavischen Länder und Rußland zusammen etwa 90 % anlandeten. Das schmackhafte, aber weiche und leicht verderbliche Fleisch wird in den letzten Jahren zunehmend als Filet angeboten, hat sich am Markt aber nicht überzeugend durchsetzen können. Die Hauptmenge des Fangs wird daher auch heute noch als Industriefisch verwendet.
Verwendung: Die Filets eignen sich zum Braten.

Als Tacaud wird er in Frankreich und unter den Gourmets geschätzt. Der Franzosendorsch ist zwar keine Rarität, aber auch kein Fisch von großer wirtschaftlicher Bedeutung. Wenn man ihn wirklich frisch bekommt, gleichgültig ob als ganzen Fisch oder als Filet, dann sollte man zugreifen. Er eignet sich gut zum Dämpfen und Dünsten. Zur Delikatesse aber wird sein Filet, wenn man es kurz in Butter brät.

Franzosendorsch
Trisopterus luscus

engl. pouting; franz. tacaud; span. faneca; port. fameca; dän. kortsnudet torsk; niederl. steenbolk; norw. skjeggtorsk; schwed. skäggtorsk, bredtorsk.

Der Franzosendorsch hat wie der Kabeljau einen Bartfaden und einen unterständigen Mund, ist aber viel hochrückiger. Die deutliche Fleckung des Kabeljau fehlt völlig; bei im Geschäft angebotenem Fisch ist die Farbe einheitlich kupferbraun. An der Basis der Brustflosse liegt ein deutlicher dunkler Fleck. Mit maximal 45 cm Länge bleibt er kleiner als der Kabeljau, meist werden Tiere unter 30 cm zum Verkauf angeboten. Das Verbreitungsgebiet erstreckt sich von Südskandinavien bis Nordmarokko und schließt das nordwestliche Mittelmeer und die Adria ein. Die Fischerei mit Grundnetzen findet hauptsächlich im Nordatlantik statt. Die größten Anlandungen erfolgen in Frankreich, Spanien und Portugal. Von dort aus gelangt dieser Fisch auch regelmäßig nach Mitteleuropa. Die Tiere vertragen den Transport nicht sehr gut und werden meist etwas unansehnlich. Man sollte daher in Mitteleuropa keine »taufrisch« aussehenden Franzosendorsche erwarten. Klare Augen und rote Kiemen sind allerdings auch hier die untrüglichen Kennzeichen für Frische.
Verwendung: Franzosendorsche haben ein zartes Fleisch, das sich zum Braten wie zum Pochieren eignet. Sie ergeben auch eine delikate Einlage für Fischsuppen.

Der Lumb wird, außer vor der norwegischen Küste, nicht in großen Stückzahlen gefangen. Sein delikates weißes Fleisch kommt nur selten als Filet auf den Markt.

Lumb
Brosme brosme

engl. tusk; franz. brosme; port. bolota; dän. brosme; niederl. lom; norw. brosme; schwed. lubb.

Der Lumb ist an der einheitlichen und langen Rückenflosse, die nur durch einen kleinen Einschnitt von der Schwanzflosse getrennt ist, leicht von anderen Dorschfischen zu unterscheiden. Er ist braungrau gefärbt, der Bauch heller. Die Rücken- und Afterflosse sind an ihrer Peripherie schwarz gesäumt. Der Fisch erreicht meist nur 40 cm Körperlänge, besonders große Exemplare können bis zu 1 m lang werden. Das Verbreitungsgebiet erstreckt sich im Nordatlantik von Spitzbergen und der Barentssee bis zur mittleren und nördlichen Nordsee, im Westen bis Grönland und Kanada. Es handelt sich also um einen ausgesprochen nordischen Fisch. Er lebt auf Felsgrund meist in 100–400 m Wassertiefe. Der Lumb wird meist mit Langleinen gefangen, nur selten mit Schleppnetzen, die auf hartem Grund kaum einsetzbar sind. Mit etwa 40000 Tonnen im Jahre 1993 reicht er bei weitem nicht an die Bedeutung anderer Dorschfische heran. Hauptfischereination ist Norwegen, wo etwa 83 % des Gesamtertrages angelandet werden. Er wird als Frischfisch angeboten, bei uns meist als Filet, und hat einen zarten, entfernt an Hummer erinnernden Geschmack.
Verwendung: Lumb eignet sich für alle Zubereitungsarten. Ganz hervorragend geeignet ist er aber zum Pochieren. Dafür taugen sowohl die Filets als auch Koteletts. Man sollte aber darauf achten, das zarte Fleisch nicht durch zu starke Würzung geschmacklich zu überdecken. In Norwegen wird der Lumb auch zu Stockfisch verarbeitet.

Seequappe und Leng – beide gehören zu den Dorschfischen.
▲▲ Das Fleisch der Seequappe ist zwar sehr delikat, aber nicht lange haltbar. Die wirtschaftliche Bedeutung ist daher regional beschränkt.
▲ Der Leng dagegen ist ein preiswerter Konsumfisch, obwohl er nur als Beifang mit angelandet wird. Sein etwas grobes Fleisch kommt vorwiegend frisch als Filet in den Handel.

Leng
Molva molva

engl. ling; franz. lingue; ital. molva; span. maruca; port. maruca; dän. lange; niederl. leng; norw. lange; schwed. långa.

Der Leng ist von gestreckter Körpergestalt, hat einen Bartfaden und zwei Rückenflossen, von denen die hintere etwa der halben Körperlänge entspricht. Genauso lang ist die Afterflosse. Die Rückenseite ist dunkel braungrün gefärbt und weist ein Fleckenmuster auf, der Bauch ist heller. Die Körperlänge kann 2 m erreichen, solche Exemplare wiegen etwa 30 kg, meist sind sie aber kleiner als 1,8 m. Das Verbreitungsgebiet ist nordisch: von der Barentssee und Island bis zur Biskaya. Im westlichen Mittelmeer und im Nordwestatlantik kommt der Leng vereinzelt vor und wird dort nur zufällig gefangen. Er lebt als Tiefwasserfisch in 300–400 m Wassertiefe und ernährt sich hauptsächlich von Fischen. Das Hauptfanggebiet liegt im Nordatlantik, wo er mit Langleinen und Schleppnetzen gefischt wird. Norwegen und Frankreich landen zusammen mehr als die Hälfte des Jahresertrags an. Leng wird als Frischfisch, meist in Form von Filets, oder tiefgefroren angeboten. In Norwegen, Schottland, Island und auf den Faröer-Inseln wird er auch zu Klippfisch verarbeitet.
Verwendung: Lengfilet schmeckt gebraten sehr gut.

Blauleng
Molva dipterygia dipterygia

engl. blue ling; franz. lingue bleue; ital. molva azzurra; span. maruca azul.

Er hat einen schlanken, aalartigen Körper. Die großen Augen zeichnen ihn als Fisch größerer Tiefen aus, er lebt in 200–1500 m Wassertiefe. Die maximale Länge beträgt 1,5 m. Er kommt von Nordnorwegen und Südisland bis Südwestirland vor. Eine weitere Rasse ist der **Mittelmeerleng** *(Molva dipterygia macrophthalma)*, der im westlichen

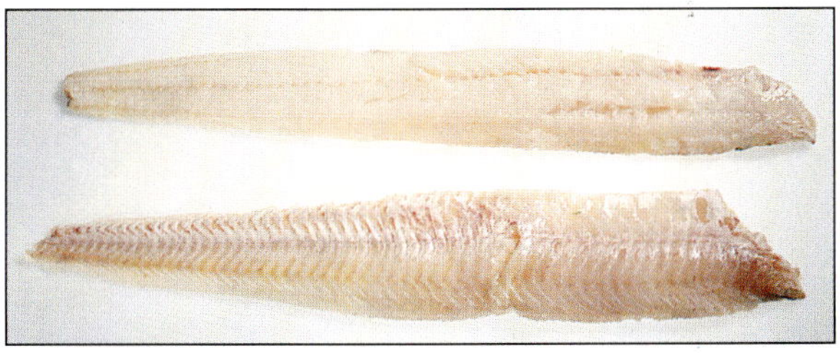

Der Blauleng ist zwar hierzulande noch ziemlich unbekannt, aber stark im Kommen. Kenner schätzen sein festes weißes Fleisch, das ungleich delikater ist als das des etwas größeren Leng. Sein Fleisch, das nur 0,6 % Fett enthält, kommt fast ausschließlich als Filet in den Handel.

Mittelmeer und im Ostatlantik bis Südirland vorkommt. Das Fleisch des Blauleng – und auch das des Mittelmeerleng – ist gut, dennoch ist er von geringer wirtschaftlicher Bedeutung.
Verwendung: Die Filets vom Blauleng eignen sich besonders zum Braten in Butter. Verwendet man die selten erhältlichen Koteletts zu Schmorgerichten, muß Fett zugesetzt werden.

Gabeldorsch
Phycis blennioides

engl. greater forkbeard, forked hake; franz. phycis de fond, mostelle de roche; ital. pastenula bianca; span. brótola de fango, brotola de roca; griech. saluvardos; kroat. tabinja bjelica, türk. gelincik.

Der Gabeldorsch ist an den beiden auffallenden Merkmalen – die spitzige erste Rückenflosse und die langen, fadenförmig gegabelten Bauchflossen – zu erkennen. Der Fisch wird bis zu 1 m lang. Sein Lebensraum ist der Nordostatlantik bis Grönland und Norwegen, selten die Nordsee. Auch im Mittelmeer und in der Adria kommt er vor. Zur selben Gruppe gehören der **Mittelmeer-Gabeldorsch** *(Phycis phycis)* und der **Rote Gabeldorsch** *(Urophycis chuss*; engl. red hake), dessen Hauptfanggebiet an der Küste von North Carolina liegt.
Verwendung: Die Filets größerer Exemplare eignen sich zum Braten. Koteletts lassen sich auch hervorragend für Ragouts und Schmorgerichte verwenden.

Der Gabeldorsch hat nur im Mittelmeerraum Bedeutung als Speisefisch. Wegen seines guten Fleisches, das regional als Filet oder Kotelett zubereitet wird, wird er dort viel gefangen. Ansonsten wird er nur als Beifang angelandet und hauptsächlich zu Fischmehl verarbeitet.

Die Familie der Seehechte (Merlucciidae) ist eng verwandt mit den Dorschfischen (Gadidae). Die wirtschaftliche Bedeutung dieser Raubfische hat in den letzten Jahren sehr zugenommen.

Seehecht
Merluccius merluccius

engl. hake; franz. merlu; ital. nasello; span. merluza; port. pescada branca; dän. kulmule; griech. bacaliaros; kroat. mol; niederl. heek; norw. lysing; schwed. kolmule; türk. berlam.

Der Seehecht hat einen deutlich oberständigen Mund mit sehr kräftigen Zähnen. Am Unterkiefer befindet sich kein

Der Seehecht ist bei uns erst in den letzten Jahren bekannter geworden, und zwar vorwiegend in Form von tiefgefrorenen Filets und Koteletts. Die Hauptfanggebiete liegen im Atlantik vor Frankreich, Spanien und Portugal, auch vor der südafrikanischen und südamerikanischen Küste. Im europäischen Süden und Südwesten hat der Seehecht die gleiche Bedeutung wie bei uns der Kabeljau. Das feine weiße Fleisch schmeckt frisch am besten im Sommer.

Bartfaden. Wie beim Leng hat er zwei Rückenflossen, von denen die hintere etwa die halbe Körperlänge einnimmt und in ihrem Verlauf im hinteren Drittel eine deutliche Einbuchtung aufweist. Die Afterflosse ist so lang wie die zweite Rückenflosse. Die Rückenseite ist silbergrau gefärbt, die Bauchseite heller, die Seitenlinie ist meist dunkel unterlegt. Die Maximallänge beträgt 120 cm, häufiger sind aber Tiere von weniger als 70 cm Körperlänge. Das Verbreitungsgebiet erstreckt sich von Nordnorwegen und Island bis nach Mauretanien einschließlich des gesamten Mittelmeeres. Der Seehecht lebt tagsüber bodennah in 100–300 m Wassertiefe und steigt nachts bis zur Wasseroberfläche auf, um nach Heringsfischen zu jagen. Er wird hauptsächlich mit Schleppnetzen und Langleinen gefangen. Mit etwa 142500 Tonnen Jahresertrag (1993) handelt es sich um einen wichtigen Nutzfisch. Mehr als drei Viertel des Fangs stammen aus dem Nordatlantik und werden in Spanien und Frankreich angelandet. Im Mittelmeer stehen die Anlandungen italienischer Fischer an der Spitze. Seehechte kommen bei uns häufig als Frischfisch oder tiefgefroren auf den Markt. Sie haben ein festes weißes Fleisch.
Verwendung: Seehecht ist sowohl zum Braten als auch zum Schmoren geeignet. Dabei kann gut gewürzt werden. In Spanien ist Seehecht die klassische Zutat zur berühmten »Zarzuela«, einem Pfannengericht, in dem außer Fisch reichlich Krustentiere und Muscheln enthalten sind.

Der zur selben Familie gehörende **Nordpazifische Seehecht** *(Merluccius productus;* engl. Pacific hake) ist wirtschaftlich kaum von Bedeutung. Der **Neuseeländische Seehecht** *(Merluccius australis)* ist ein beliebter Speisefisch, hat jedoch nur regionale Bedeutung. Wirtschaftlich wichtig dagegen ist der **Nordwestatlantische Seehecht** *(Merluccius bilinearis;* engl. silver hake, whiting). Er ist etwas kleiner als die anderen Seehechte, sein Fleisch ist jedoch gut und vielseitig verwendbar. Die Festigkeit variiert allerdings je nach Tiefe und Jahreszeit.
Eine noch größere wirtschaftliche Bedeutung hat der **Langschwanz-Seehecht** *(Macruronus novaezelandiae;* japan./neuseel. hoki; austral. blue grenadier). Als ausgesprochener Tiefwasserfisch (900–5000 m) lebt er in den subantarktischen Gewässern um Neuseeland und in der Nähe der Tiefseerinnen um Japan. In Japan wird er nicht nur auf verschiedenste Art verarbeitet, er wird auch in großen Mengen roh verzehrt (Sushi). Neuseeland verarbeitet etwa 80000 Tonnen pro Jahr.

Zu den Dorschartigen gehören auch die Mitglieder der Familie der Schlangenfische (Ophidiidae). Sie haben einen aal- beziehungsweise schlangenartigen Körper mit ungeteiltem Flossensaum und leben meist in größeren Tiefen. Im Südpazifik gibt es einige Arten von wirtschaftlicher Bedeutung.

Schwarzer Schlangenfisch
Genypterus maculatus

engl. cusk eel; franz. donzelle; ital. galletto; span. congrio negro, pistolero.

Seine Länge mißt zwischen 20 und 80 cm. Er lebt in Tiefen von 20–200 m und kommt entlang den Küsten von Chile und Argentinien vor. Das zentrale Fanggebiet liegt in der Bucht von Valparaiso. Über 97 % der Fänge kommen frisch, der Rest tiefgefroren in den Handel.
Der **Goldene Schlangenfisch** *(Genypterus blacodes)* ist in den Gewässern von Argentinien, von Chile bis Australien und Neuseeland verbreitet. Der **Rote Schlangenfisch** *(Genypterus chilensis)* ist von Chile bis Südafrika verbreitet. Er gilt als wertvoller Beifang der Seehecht-Fischerei. Schlangenfische haben eine internationale wirtschaftliche Bedeutung.

Die Mitglieder der Familie der Aalmuttern (Zoarcidae) haben ebenfalls einen aal- oder schlangenähnlichen Körper mit geschlossenem Flossensaum. Sie leben im Nordatlantik und Nordpazifik, in arktischen und antarktischen Gewässern.

Aalmutter
Zoarces viviparus

engl. eelpout; franz. blennie vivipare, loquette; span. blenio viviparo; dän. ålekvabbe; finn. kivinilkka; niederl. puitaal; norw. ålekvabbe; russ. beldyuga; schwed. tånglake.

Die kehlständigen kleinen Bauchflossen kennzeichnen diesen Fisch als Angehörigen der Dorschartigen. Im Gegensatz zu ihnen ist aber die Schwanzflosse vom Flossensaum kaum abgesetzt. Die Aalmutter wird bis 60 cm lang und bringt vollentwickelte, aalähnliche Junge zur Welt. Im Mittelalter hatte man diesen Fisch im Verdacht, Aale zu erzeugen und damit die Mutter der Aale zu sein, weil man die Aale niemals laichen sah; daher der Name. In ihrem Skelett ist die Phosphatverbindung Vivianit eingelagert, die beim Garen die Gräten grün färbt. Der Geschmack wird dadurch jedoch nicht beeinträchtigt. Der Fisch lebt in Küstengebieten und Flußmündungen, vom Ärmelkanal über die Irische See (auch Ostsee) bis zum Weißen Meer. Die Aalmutter gehört zu jenen Fischen, die der Globalisierung des Handels zum Opfer gefallen sind. Abgesehen von seltenen regionalen Angeboten hat sie heute nur geringe wirtschaftliche Bedeutung. Im »Beifang« der Garnelenfischerei ist sie aber durchaus häufig, und daher kommen auch die seltenen Anlandungen.
Verwendung: Aalmuttern nur ausnehmen, in Mehl wenden und in Öl goldbraun braten. Das delikate weiße Fleisch, das an Aal erinnert, kommt so am besten zur Geltung.

Die Familie der Grenadierfische (Macrouridae) ist überaus artenreich und in allen Weltmeeren verbreitet. 4 bis 5 Arten gibt es im Nordostatlantik.

Rundnasiger Grenadierfisch
Coryphaenoides rupestris

engl. grenadier; port. lagartixa da rocha; dän. skolæst, langhale; niederl. grenadier; norw. skolest; schwed. skoläst.

Dieser Fisch hat einen großen, an der Spitze stark gerundeten Kopf mit unterständigem Mund und großen Augen. Die erste Rückenflosse ist groß und setzt direkt hinter dem Kopf an, die zweite läuft ab Körpermitte als dünnes, kaum sichtbares Band bis zur Schwanzspitze. Eine eigentliche Schwanzflosse ist nicht ausgebildet. Die Afterflosse ist saumartig und nimmt den größten Teil der Bauchseite ein. Der Rücken ist bräunlich gefärbt, die Flanken silbern. Die maximale Körperlänge beträgt 1,5 m. Die Art ist im Tiefwasser des Nordatlantik recht weit verbreitet und lebt in Tiefen von 400–1500 m. Er ernährt sich von Krebsen und Fischen. Meist gilt er bei den Fischern als wertloser Beifang und wird verworfen. Sie nennen ihn verächtlich »Ratte«. Neuerdings hat es erfolgreiche Vermarktungsversuche gegeben, die bisher aber nur lokale Bedeutung haben. Grenadierfisch ist sehr unregelmäßig auf dem Markt und wird meist in Form von Filets angeboten, die beste Qualität haben.
Verwendung: Besonders zum Braten geeignet.

Der Grenadierfisch in seiner unverwechselbaren Form: riesiger Kopf mit den für Tiefseefische typischen großen Augen und kurzer, dicker Leib mit langem, spitz zulaufendem Schwanz. Entsprechend gering ist die Fleischausbeute. ▼ Die Filets machen knapp ein Drittel des Gesamtgewichts aus. Doch ist das fast grätenfreie, magere Fleisch von ausgezeichneter Qualität und vor allem zum Kurzbraten in der Pfanne geeignet, auch paniert oder als Backfisch, eingehüllt in Pfannkuchenteig.

Der **Rauhköpfige Grenadierfisch** *(Macrourus berglax;* franz. grenadier gris) kommt ebenfalls im Nordostatlantik vor. Sein Fleisch hat hervorragenden Geschmack.

Ährenfischartige Fische
Atheriniformes

Diese Ordnung umschließt sowohl reine Meeresfische als auch solche, die zeitweilig (zur Fortpflanzung) in Brack- oder Süßwasser gehen, und solche, die ganz im Süßwasser leben, aber von Meeresfischen abstammen.

Auch die Familie der Flugfische (Exocoetidae) gehört dazu. Ihre Mitglieder haben einen langgestreckten Körper mit weit nach hinten gerückter Rückenflosse und hoch angesetzten, tragflügelähnlichen Brustflossen. Bei Gefahr setzen sie zum »Gleitflug« an, der 200 m weit sein kann.

Fliegender Fisch
Exocoetus volitans

engl. tropical two-wing flying fish; franz. exocet; ital. pesce volante; span. pez volador.

Die Bauchflossen sind kurz und erreichen den Beginn der Afterflosse nicht. Der Rücken schillert blau, der Bauch ist silbrig. Die Flossen sind fast durchsichtig. Er ist ein Hochseebewohner, der bis 18 cm lang wird und in allen tropischen Gewässern vorkommt, im Mittelmeer ist er selten. Die häufigste Mittelmeerart ist der **Schwarzflossige Fliegende Fisch** *(Hirundichthys rondeletii)*, der leicht an den dunklen und hell gerandeten Brustflossen zu erkennen ist. Er ist weltweit in allen warmgemäßigten Meeren verbreitet, im Mittelmeer hauptsächlich in der westlichen Hälfte.

Fliegende Fische schmecken am besten fritiert. Das behaupten jedenfalls die Sizilianer und panieren die kleinen Fischchen (natürlich ohne »Flügel«), mit einer Mischung aus Weißbrot, gemahlenen Pinienkernen und Pecorino.

Die Mitglieder der Familie der Hornhechte (Belonidae) haben auffallend langgestreckte, schmale Körper, lange, dünne Kiefer mit vielen nadelspitzen Zähnen. Es sind ausgezeichnete Schwimmer, die sich ihren Verfolgern durch hohe, weite Sprünge aus dem Wasser entziehen.

Hornhecht
Belone belone

engl. garfish; franz. orphie; ital. aguglia; span. aguja; port. agulha; dän. hornfisk; griech. zargana; kroat. iglica; niederl. geep; norw. horngjel; schwed. horngädda, näbbgädda; türk. zargana.

Hornhechte sind sehr lang gestreckte Fische mit schnabelförmig ausgezogenem Ober- und Unterkiefer. Die Rücken- und Afterflosse sind sehr kurz und auf das Hinterende in unmittelbarer Nachbarschaft der Schwanzflosse beschränkt. Die Rückenseite ist grünlich gefärbt, und die Flanken tragen einen intensiv grünen Längsstreifen, die Bauchseite ist heller. Die Wirbelsäule und die anschließen-

Der Hornhecht mit seinen grünen Gräten hat ein delikates, festes Fleisch, das nach allen Regeln der Kochkunst zubereitet werden kann. Seine beste Seite zeigt sich aber in Suppen und Eintöpfen und – ein besonderer Leckerbissen – wenn er geräuchert wird.

den Gräten dieses Fisches sind ebenfalls grün gefärbt, daher heißt er im Deutschen auch »Grünknochen«. Die maximale Körperlänge kann 90 cm erreichen, meist ist er jedoch kleiner als 50 cm. Das Verbreitungsgebiet umfaßt alle europäischen Küsten von Mittelnorwegen an südwärts und das gesamte Mittelmeer. Aufgrund anatomischer Merkmale unterscheidet man drei Rassen. Hornhechte leben direkt unter der Wasseroberfläche, weit vom Meeresboden entfernt, und jagen nach kleineren Fischen. Sie werden mit pelagischen Netzen oder Treibangeln gefischt. Hauptfanggebiet ist das Mittelmeer. Hornhechte werden auch bei uns regelmäßig angeboten. Kulinarisch sind kleinere Exemplare wertvoller als sehr große. Ihr Fleisch ist im Herbst am fettesten und kann dann recht tranig schmecken.
Verwendung: Sie werden in Stücke geschnitten und gebraten. Kleinere Exemplare eignen sich auch für Schmorgerichte.

Die kleinen Ährenfische schmecken so zart, wie sie aussehen. Ihr feines Aroma kommt am besten zur Geltung, wenn sie fritiert werden. Auf diese Weise schön knusprig zubereitet, werden sie in Spanien und Portugal auf der Straße angeboten. Eine Delikatesse aus Italien sind »latterini in saor«. Die Ährenfischchen werden dazu zwei Stunden in einer Mischung aus Essig, Olivenöl, Zwiebeln, Knoblauch und reichlich frischen Kräutern mariniert und in der Pfanne kurz gebraten.

Die Familie der Ährenfische (Atherinidae) ist eine Gruppe von kleinen, zarten, fast durchsichtigen Schwarmfischen, die sich im flachen Küstenwasser aufhalten. Sie werden oft mit Sardinen verwechselt.

Ährenfische
Atherina spp.

engl. sand smelt; franz. sauclet, joël; ital. latterino; span. chucleto, pejerrey; port. peixe-rei; griech. atherina; kroat. zeleniš šiljan; niederl. kornaarvis; norw. stripefisk; türk. gümüş.

Ährenfische haben zwei kurze Rückenflossen, eine in Körpermitte, die andere im hinteren Drittel. Es handelt sich um kleine Fische von maximal 20 cm Körperlänge, meist bleibt es bei 15 cm. Der Rücken ist grünlich gefärbt, an den Flanken befindet sich ein charakteristischer silbriger Längsstreifen, der dunkel gerandet ist und sich vom Kopf bis zum Schwanz erstreckt. In Europa kommen insgesamt drei Arten der Gattung vor *(Atherina boyeri, Atherina hepsetus* und *Atherina presbyter)*, von denen nur eine *(Atherina presbyter)* die Nordsee erreicht, die beiden anderen sind von Portugal an bis zum Mittelmeer verbreitet. Alle leben in großen Schwärmen in der Nähe der Wasseroberfläche und ernähren sich von Plankton. Gefangen werden sie mit verschiedenen Schleppnetzen, besonders auch mit Hebenetzen oder Keschern. Hauptfanggebiet ist das Mittelmeer, wo sie regelmäßig auf den Märkten angeboten werden. Dabei wird zwischen den Arten nicht unterschieden. Ährenfische gelangen auch regelmäßig zu uns und werden stets als Frischfisch angeboten.
Verwendung: Sie werden nicht ausgenommen, nur kurz gewaschen, abgetrocknet, gemehlt und in heißem Öl schwimmend ausgebraten oder fritiert. Die knusprigen kleinen Fische werden im ganzen verzehrt und gehören zum Besten, was die mediterrane Küche an Fischzubereitungen zu bieten hat.

Schleimkopfartige Fische
Beryciformes

Ihr bestimmendes Merkmal sind zahlreiche Schleimkanäle unter der Kopfhaut. Über den ganzen Körper sind Stacheln verteilt.

Die Mitglieder der Familie der Sägebäuche (Trachichthyidae) haben eine barschähnliche Körperform, hochrückig und seitlich nur mäßig abgeflacht. Meist sind es Tiefenfische, die die wärmeren Teile aller Meere bevorzugen.

Sägebauch oder »Kaiserbarsch«
Hoplostethus atlanticus

engl. orange roughy, deep sea perch; franz. hoplostete rouge.

Besonderes Kennzeichen sind 6 Stacheln vor dem weichen Teil der Rückenflosse. Die Färbung ist orange bis rötlich, die durchschnittliche Länge beträgt 30–40 cm (1,5 kg Gewicht). Er ist in allen Ozeanen verbreitet, lebt in Tiefen bis zu 1100 m und gehört seit etwa 1970 zu den wichtigsten Exportfischen Neuseelands. In Südaustralien und Tasmanien hat sich seit Anfang der achtziger Jahre eine ähnliche Tiefseefischerei etabliert. Das Filet wird in Queensland unter dem irreführenden Namen »reef fillet« gehandelt und auch exportiert, meist nach USA, in die Schweiz und nach Deutschland. Sein perlweißes Fleisch ist sehr delikat. Beim Enthäuten sollte allerdings darauf geachtet werden, daß die darunterliegende dicke Fettschicht mitentfernt wird.

In Australien mag man das zarte Filet des Sägebauchs besonders gern mit Kräuterbutter bestrichen und anschließend langsam in der Pfanne gegart. Das schmackhafte Fleisch läßt sich aber auch in klassischer Weise braten oder zu Schmorgerichten verarbeiten. Zum Grillen ist es zu mager.

Der Alfoncino, weltweit verbreitet, gilt von Madeira über Neuseeland bis Japan als ausgezeichneter Speisefisch. Sein Fleisch ist weiß und von fester Konsistenz, es eignet sich für alle Garmethoden. Hier handelt es sich um ein ganz fangfrisches Exemplar, bei dem sich die nach dem Tod eintretende tiefrote Verfärbung noch nicht eingestellt hat.

Die Mitglieder der Familie der Schleimköpfe (Berycidae) sind vorwiegend Tiefseebewohner. Einer ihrer Vertreter, der Zehnfinger-Schleimkopf (Beryx decadactylus), kommt in der Nordsee vor.

Alfoncino

Beryx splendens

engl. alfonsino; franz. béryx rouge; ital. berice rosso; span. palometa roja; japan. kinmedai.

Seine Schuppen sind stachelig. Rücken, Kopf und Flossen sind kräftig rot, Flanken und Bauch leuchtend weiß. Nach dem Tod wird der gesamte Körper tiefrot. Der Alfoncino wird bis 60 cm lang und etwa 1,4 kg schwer. Er lebt in Tiefen bis 750 m.

Eine weitere Schleimkopfart *(Centroberyx affinis)* wird in Australien unter dem Namen **Nannygai** oder **Redfish** gehandelt. Dabei wird nicht streng zwischen den unterschiedlichen roten Arten der Gattung unterschieden. Der exotisch klingende Name soll auf die Bezeichnung »nan a di« zurückgehen, was in der Sprache der australischen Ureinwohner so viel wie Mutter heißt. Die Handelsbezeichnung ist »redfish fillet«, was insofern etwas unglücklich ist, da Rotbarschfilet von Island unter demselben Namen exportiert wird. Das Fleisch schmeckt ausgesprochen süßlich.

Verwendung: Alle können gebraten oder im Ofen zubereitet werden. Auf den Kanaren liebt man den Alfoncino auch über Holzkohle gegrillt.

Peters- und Eberfische

Zeiformes

Gemeinsame Kennzeichen aller zu dieser Ordnung gehörenden Arten sind ihr diskusförmiger, seitlich stark abgeplatteter Körper, die Stachel- und Buckelreihen an der Basis der Rücken- und Afterflossen sowie der schräg nach oben gerichtete Mund, dessen Zwischenkiefer weit vorgestreckt werden kann. Einer der bekanntesten Vertreter ist der zur Familie der Petersfische (Zeidae) gehörende Petersfisch.

Petersfisch, Heringskönig

Zeus faber

engl. John Dory; franz. Saint-Pierre; ital. pesce San Pietro; span. pez de San Pedro; port. galo negro; dän. St. Petersfisk; griech. christopsaro; kroat. kovač; niederl. zonnevis; norw. St. Petersfisk; schwed. St. Persfisk; türk. dülger.

Der Petersfisch ist aufgrund seiner auffallenden Gestalt sehr leicht kenntlich. Er ist sehr hochrückig und hat dadurch eine breitelliptische Körperkontur. Der Kopf ist groß und weist eine große Mundspalte auf. Der vordere Teil der langen Rückenflosse ist mit auffallend langen Stacheln versehen. Die Färbung ist insgesamt düster grau, die Flanken tragen einen großen, gelb gerandeten dunklen Fleck. Die Maximallänge beträgt 66 cm, meist bleibt er aber zwischen 20 und 50 cm. Diese Art ist weit verbreitet und kommt sowohl im gesamten Ostatlantik von Norwegen bis Südafrika als auch im Pazifik (Japan, Korea, Australien, Neuseeland) vor. Er zieht als Einzelgänger oder zusammen mit wenigen Artgenossen mit den Schwärmen von pelagischen Fischen, von denen er sich ernährt. Da er zu bestimmten Jahreszeiten in wenigen Exemplaren, aber stetig, mit Heringen zusammen gefangen wurde, wurde er von Fischern »Heringskönig« genannt. Sein Auftreten in einem Fang galt als gutes Omen für weitere reiche Hols. Der Petersfisch wird sehr schnell nach dem Fang und Transport unansehnlich, indem die Augen einfallen und die Haut etwas schrumpelig aussieht. Qualitätsmerkmale sind klare Augen, eine gleichmäßige Färbung der Haut und eine scharfe Umrandung des schwarzen Flecks. Der Fisch gehört zum Feinsten, was die Fischküche zu bieten hat. Sein zartes weißes Fleisch ist von höchster geschmacklicher Qualität und hat neben der Tatsache, daß dieser Fisch niemals in Massen gefangen werden kann, für ein hohes Preisniveau gesorgt. Übrigens: Die Gräten und Knochen des Heringskönigs sind sehr bizarr geformt und erinnern an eine Reihe von Zimmermannswerkzeugen. Darauf bezieht sich der türkische Name »dülger« (= Zimmermann). Aus ähnlichem Grund heißt er kroatisch »kovač« (= Schmied).

Verwendung: Beim Petersfisch sollte man Zubereitungsarten wählen, die den feinen Eigengeschmack besonders zur Geltung bringen. Braten oder starkes Würzen sind bei diesem Fisch ein Sakrileg.

Der Sage nach soll der dunkle Fleck auf den Flanken der Fingerabdruck des Apostels Petrus sein, der diesen Fisch aus dem See Genezareth herausfischte und ihm als Tribut für Christus ein Goldstück aus dem Mund zog. Die meisten landessprachlichen Namen beziehen sich auf Petrus (Saint-Pierre, San Pietro). Das englische »John Dory« geht wohl auf das italienische »janitore« (= Türhüter, Torwächter), einen Beinamen des Heiligen Petrus, zurück.

Der Petersfisch ist kulinarisch eine internationale Berühmtheit. Mit seinem festen weißen und wohlschmeckenden Fleisch ist er ein ausgezeichneter Speisefisch und wird, da die Vorkommen nicht groß sind und die Ausbeute eher gering ist, auch entsprechend bewertet.

Glanzfische

Lampridiformes

Diese Ordnung umfaßt eine große Anzahl Fische verschiedenster Größen und Formen. Allen gemeinsam ist der kurze, zahnlose, weit vorstreckbare Oberkiefer.

Zu ihnen gehören auch die Familie der Gotteslachse (Lampridae), die durch ihre leuchtenden Farben mit metallischer Fleckung auffallen, sowie die Bandfische (Regalicidae), die mehrere Meter Körperlänge erreichen können.

Gotteslachs

Lampris guttatus

engl. opah; franz. opah; ital. pesce re; span. luna real; port. peixe cravo; dän. glansfisk; niederl. koningsvis; norw. laksestørje; schwed. glansfisk.

Der Gotteslachs ist eine sehr auffällige und nicht zu verwechselnde Fischart. Er ist, wie der Heringskönig, sehr hochrückig. Die Brustflossen setzen horizontal an den Körperseiten an und erinnern an Flügel. Die Rückenseite ist tiefblau gefärbt, diese Färbung wird zum Bauch hin immer heller und geht schließlich in ein zartes Rosa über. Die gesamte Körperseite ist darüber hinaus mit weißen Flecken versehen. Alle Flossen sind tiefrot gefärbt, der Kontrast zwischen ihnen und dem Körper gibt dem Tier ein ausgesprochen buntes Aussehen. Die maximale Körperlänge erreicht 1,85 m. Diese Art ist weltweit in gemäßigten und tropischen Meeren verbreitet. Sie ist ein Hochseebewohner, der selten in Küstennähe kommt. Die Hauptnahrung besteht aus Tintenfischen, deren Schwärmen die Tiere als Einzelgänger folgen. Bei der pelagischen Fischerei werden sie auch eher zufällig gefangen, manchmal auch als Beifang bei der Fischerei auf Heringshai. Sie tauchen daher auf den Märkten nur sporadisch und selten auf. Zu uns gelangt der Gotteslachs ganz selten, dann sollte man aber unbedingt zugreifen. Sein Fleisch ist rötlich und daher ähnlich dem des Lachses.

Verwendung: Wegen seines hohen Fettgehalts eignet sich das Fleisch zum Grillen oder zum Braten besonders gut. In Restaurants wird bisweilen Heringshai als Gotteslachs angeboten. Die Haut des Heringshais ist aber rauh und das Kotelett rund, nicht oval.

Als Rascasse rouge und als Bestandteil der Bouillabaisse ist der Große Rote Drachenkopf unter Feinschmeckern bekannt. In der französischen Küche nimmt er mit seinem feinen weißen Fleisch einen festen Platz ein. Er wird fast ausschließlich frisch angeboten.

Panzerwangen

Scorpaeniformes

Hochentwickelte Stachelflosser mit relativ großem Kopf, der mehr oder weniger mit Knochen gepanzert ist. Allen gemeinsam ist ein von den Unteraugenknochen gebildeter Knochensteg, der bis zum Vorderkiemendeckel reicht, die »Panzerwangen«.

Zur Familie der Drachenköpfe (Scorpaenidae), auch Skorpionfische genannt, gehören über 1000 räuberische Arten, die meist in gemäßigt-warmen und subtropischen Meeren leben. Sie haben einen kräftigen, seitlich abgeflachten Körper, einen großen, breiten Kopf mit stacheligen Knochenleisten und vielen Hautanhängseln sowie eine große Mundöffnung. An der Basis des stachelstrahligen Teils der Rückenflosse befinden sich Giftdrüsen, die nicht ungefährliche Verletzungen hervorrufen können.

Brauner Drachenkopf

Scorpaena porcus

engl. black scorpionfish; franz. rascasse brune; ital. scorfano nero; span. rascacio; port. rascasso de pintas; griech. skorpios; kroat. škrpun; niederl. bruine schorpioenvis; türk. iskorpit.

Die Drachenköpfe sind auf der Bauchseite abgeplattete Fische, bei denen die Bauchflossen unter den Brustflossen liegen. Der Kopf ist gepanzert und auffällig bestachelt. Die vorderen Rückenflossen- und die Kiemendeckelstacheln sind als Giftstacheln ausgebildet und können sehr schmerzhafte Verletzungen verursachen. In südlichen Ländern wird beim Kauf die Rückenflosse entfernt, bei uns nicht, daher ist Vorsicht beim Hantieren geboten. Da es sich bei dem Gift um einen Eiweißstoff handelt, wird es nach dem Garen völlig unwirksam. Die Art zeichnet sich durch eine bräunliche Färbung aus, die Schwanzflosse weist drei bräunliche Querbänder auf. Die Maximallänge beträgt 25 cm, meist bleibt es bei 15–18 cm. Der Braune Drachenkopf ist von der Bretagne und der Westküste Irlands bis zum Senegal verbreitet und kommt auch im gesamten Mittelmeer und im Schwarzen Meer vor. Er lebt im Flachwasser zwischen Felsen, die mit Algen bewachsen sind, und ist durch seine gute Tarnung kaum zu erkennen. Die Fischerei erfolgt mit Langleinen und Reusen, bei in Seegraswiesen lebenden Tieren auch mit Grundnetzen. Diese Art gelangt bedauerlicherweise nicht zu uns. Sie ist geschmacklich besser als ihr größerer rotgefärbter Verwandter, der bisweilen importiert wird. Hier zeigt sich wieder, daß Größe kein kulinarisches Qualitätsmerkmal ist.

Verwendung: Die klassische Zubereitungsart für Drachenköpfe ist das Dünsten oder ihre Verwendung als Zutat für eine Fischsuppe. Bei der berühmten »Bouillabaisse« darf die Rascasse nicht fehlen. Der feine Geschmack kommt so am besten zur Geltung, so daß man vom Braten völlig absehen sollte.

Großer Roter Drachenkopf

Scorpaena scrofa

engl. red scorpionfish; franz. rascasse rouge; ital. scorfena rosso; span. cabracho; port. rascasso vermelho; griech. skorpios; kroat. škrpina; niederl. oranje schorpioenvis; türk. lipsoz.

Vom Braunen Drachenkopf unterscheidet sich der Rote durch die Farbe und das Fehlen der Querbänder auf der Schwanzflosse. Auch wird der Rote mit maximal 50 cm viel größer, obwohl es meist bei 30 cm bleibt. Das Verbreitungsgebiet ist mit dem des Braunen identisch, nur besie-

delt der Rote das Schwarze Meer nicht. Der Lebensraum liegt tiefer, indem der Rote niemals im Flachwasser angetroffen wird, sondern in 20–200 m Wassertiefe auf verschiedenen Böden. Der Fang erfolgt mit Schleppnetzen oder Langleinen. Der Rote Drachenkopf gelangt regelmäßiger, aber keineswegs häufig zu uns.
Verwendung: Sie entspricht der des Braunen Drachenkopfs. Das Fleisch größerer Exemplare ist nicht so delikat wie das kleinerer.

Rotbarsch, Goldbarsch
Sebastes marinus

engl. golden redfish; franz. grande sébaste; port. peixe vermelho; dän. stor rodfisk; niederl. roodbaars; norw. uer; schwed. större kungfisk.

Der Rotbarsch ist mit den Seeskorpionen verwandt und unterscheidet sich von ihnen hauptsächlich durch das Fehlen kräftiger Stacheln auf der Stirn und durch einen viel längeren stacheligen Teil der Rückenflosse. Die Färbung ist kräftig rot. Die Maximallänge beträgt 1 m. Solche Exemplare wiegen etwa 15 kg und sind mehr als 60 Jahre alt. Durch die starke Befischung werden dieses Alter und diese Größe kaum noch erreicht, so daß auch die Filets meist recht klein ausfallen. Diese Art ist ausgesprochen nordisch verbreitet. Sie kommt von Nowaja Semlja und Spitzbergen bis zur nördlichen Nordsee und zum Kattegat vor. Auch im Westatlantik ist sie verbreitet, allerdings nur im Kaltwasserbereich. Während Jungfische in Küstennähe angetroffen werden, stehen erwachsene Tiere meist in 100–1000 m Wassertiefe. Der Fang erfolgt mit Schleppnetzen und Langleinen. Es handelt sich um einen wichtigen Wirtschaftsfisch mit einem Jahresertrag (1993) von etwa 380000 Tonnen. Ursprünglich wurde die Fischerei hauptsächlich von der deutschen Flotte bestritten, mittlerweile ist ihr Anteil auf nur 9 % zurückgegangen, während Island, Rußland und Kanada zusammen etwa 60 % der Ernte einbringen. Rotbarsch wird bei uns meist als Filet angeboten, an der Küste manchmal auch als ganzer Fisch.
Verwendung: Meist werden die Filets in Butter gebraten, aber auch gedünstet oder im Ofen gegart schmeckt der Fisch vorzüglich.

Eng verwandt ist der **Tiefen- oder Schnabelbarsch** *(Sebastes mentella)* mit einem zapfenförmigen Fortsatz am Unterkiefer. Gleichermaßen der **Kleine Rotbarsch** *(Sebastes viviparus),* der bis zu 30 cm lang wird und beiderseits des Nordatlantiks vorkommt.

Felsenfische des Pazifik

Rund 60 Arten aus der Familie der Drachenköpfe kommen an der Pazifikküste der USA vor. Da die meisten in Felsenregionen dicht über dem Grund leben, hat man ihnen den Sammelnamen »Rockfishes«, Felsenfische, gegeben. Ihre Lebensgewohnheiten sind noch wenig erforscht, das Bestimmen der einzelnen Arten ist schwierig. Von der Körperform her sind sie typische Vertreter der Drachenkopf-Familie, auch bei der Färbung herrschen die typischen Rot- und Brauntöne vor, mit vielen Zwischentönen von Orange, Graubraun bis zum dunklen Grau- oder Blauschwarz. Von der Musterung her können sie gestreift, marmoriert oder auffallend gefleckt sein. Sie gehören fast ausnahmslos zur Gattung *Sebastes*. Die meisten kommen von Alaska bis zum südlichen Kalifornien vor. Einige sind Tiefseebewohner, andere bevorzugen Flachwasserregionen, wo sie die sogenannten Schelfwiesen, den Tang (engl. kelp) bis in Tiefen von 200 m abweiden. Von einigen Arten ist bekannt, daß sie sich von Krebstieren, Weichtieren, Krill

Der Rot- oder auch Goldbarsch, einer der beliebtesten Seefische, wird meist als Filet ▲ angeboten. Er hat festes, mittelfettes (3,6 %) rosaweißes Fleisch. Im Handel wird zwischen ihm und dem eng verwandten ▲▲ Tiefen- oder Schnabelbarsch kein Unterschied gemacht.

sowie Heringen und ähnlichen Fischen ernähren, was auf den guten Geschmack und die feine Konsistenz des Fleisches schließen läßt.
Obwohl viele der Rockfishes nur als Beifang ins Netz gehen, ist das Angebot sehr reichhaltig. Der wirtschaftlich wichtigste Felsenfisch ist der **Pacific Ocean Perch** *(Sebastes alutus)*. Sein Fleisch wird, frisch oder tiefgefroren, als Filet angeboten. Ein exzellenter Speisefisch ist der **Vermilion** *(Sebastes miniatus),* der jedoch nur frisch angeboten wird, da er – warum, ist ungeklärt – beim Einfrieren an Qualität verliert. Von wirtschaftlicher Bedeutung sind auch der **Idiot** *(Sebastolobus alascanus)* und der **China Rockfish** *(Sebastes nebulosus),* dazu unübertrefflich im

Der Vermilion gehört zu den bevorzugten und wichtigen pazifischen Rockfish-Arten. Sein exzellentes Fleisch schmeckt jedoch nur ganz frisch. Im Gegensatz zu dem der meisten anderen Felsenfische eignet es sich nicht zum Einfrieren.

Der Kelp Greenling aus der Grünling-Familie. Ein Pazifikfisch von bester geschmacklicher Qualität, wenngleich sein Fleisch einen eigenartig grünen Schimmer hat, der beim Garen aber verschwindet. Der Fisch wird von Sportfischern sehr geschätzt, wird auch kommerziell gefischt, erreicht aber keine großen Fangmengen. Der Kelp Greenling erreicht eine mittlere Größe von etwa 50 cm. Je nach Standort weist er sehr unterschiedliche Färbungen auf.

Lengdorsch

Ophiodon elongatus

engl. lingcod, blue cod, buffalo cod.

Er kommt im Pazifik von den Kodiak-Inseln bis Niederkalifornien vor. In diesem Gebiet spielt er wirtschaftlich eine wichtige Rolle. Der Fisch erreicht eine Körperlänge von maximal 1,50 m mit einem Gewicht von 30 kg. Der Lengdorsch wurde schon von den Indianern mit Speeren gejagt. Sein hervorragendes Fleisch ist ebenfalls grünlich, wird aber beim Garen weiß. Der Geschmack wird durch die Färbung nicht beeinflußt.

Der Lingcod gehört, vor allem an der amerikanischen und kanadischen Pazifikküste, zu den begehrtesten Speisefischen. Er hat das gute Fleisch aller Mitglieder der Grünling-Familie.

Zu den Grünlingen gehört auch die **Atka Mackerel** *(Pleurogrammus monopterygius;* Terpug), die vor allem im Japanischen Meer bis zur Beringsee und bis Südkalifornien vorkommt. In Japan ist sie als »Kitanohokke« bekannt und wird sehr geschätzt (Sushi).

Die Familie der Flachköpfe (Platycephalidae) mit stark abgeplattetem Körper kommt mit etwa 60 Arten in allen warmen Meeren vor. Sie werden insbesondere in Australien als Speisefische geschätzt (Handelsbezeichnung »Flathead«).

Mindestens 8 Arten der Gattung *Platycephalus* werden angeboten, von diesen ist der **Dusky Flathead** *(Platycephalus fuscus)* mit maximal 1,5 m Länge der größte.

Verwendung: Flachköpfe müssen nach dem Fang sofort ausgenommen werden, da ihr Mageninhalt schnell in Verwesung übergeht. Filetiert oder bei großen Exemplaren in Koteletts geschnitten, eignet er sich hervorragend als Bratfisch.

Die Mitglieder der Familie der Schwarz- oder Kohlenfische (Anoplopomatidae) sind im Nordpazifik zu Hause und werden als Speisefische hochgeschätzt. Sie unterscheiden sich von den übrigen Panzerwangen durch ihre schlanke, elegante Form.

Sablefish (Kohlenfisch)

Anoplopoma fimbria

engl. coal cod, coalfish; franz. morue charbonnière; ital. merluzzo dell'Alaska.

Die unfreundliche Färbung, schwärzlich oder grünlichgrau, ist typisch für den Sablefish, der eine Größe von 1 m erreichen kann, in der Regel aber mit 40–60 cm Länge und 2–8 kg Gewicht auf den Markt kommt. Verbreitet ist er um Japan und von der Beringsee bis Niederkalifornien. Er lebt in Tiefen von 300–900 m, junge Fische im Flachwasser. Dieser wirtschaftlich wichtige Fisch wird in Kanada auch als Black Cod vermarktet und ist tiefgefroren ein wichtiger Exportartikel.
Verwendung: Ideal zum Pochieren und Dämpfen. Mit seinem zarten Fleisch sollte er nur ganz vorsichtig gewürzt werden.

Zur selben Familie gehört der **Silkfish** *(Erilepis zonifer;* Gescheckter Kohlenfisch). Auch er ist als geschätzter Speisefisch wirtschaftlich bedeutungsvoll.

Die Familie der Groppen (Cottidae) gehört zu den Bodenfischen des Meeres, teils auch des Süßwassers. Gemeinsame Merkmale sind ein breiter, flacher Kopf, mit Stacheln besetzte Vorderkiemendeckel und ein schuppenloser Körper mit Knochenplatten, die Dornen tragen können.

Seeskorpion

Myoxocephalus scorpius

engl. bull-rout; franz. chabot; span. cabracho, charrasco; dän. almindelig ulk; niederl. zee-donderpad; norw. mareulk; russ. evropeysky kerchak; schwed. rötsimpa, ulk.

Auf der glatten, schuppenlosen Haut sind zahlreiche Dornen entlang der Seitenlinie. Die kräftigen Kiemendeckelstacheln sind nicht giftig, ebenso die Rückenflossenstacheln, sie können aber unangenehme Verletzungen herbeiführen. Die Färbung ist variabel, meist grünlich-grau mit weißer Scheckung, die im Brutkleid besonders intensiv

wird. Kommt im Nordostatlantik von Nordost-Grönland und Nordnorwegen bis zur Biskaya vor, weiter im Osten auch im Weißen Meer, der Barentssee, der Kara-See und Jan Mayen. An der Südostküste Grönlands und im nordwestlichen Atlantik, südlich bis New Jersey lebt eine eigene Rasse. Nahrung sind Krebse, Fischlaich und Kleinfische. Der Seeskorpion wird in Nordeuropa im Beifang der Küstenfischerei als Abfall betrachtet und geht über Bord. Das schneeweiße, feste Fleisch wird jedoch von Kennern, besonders in Frankreich, sehr geschätzt.
Verwendung: Hervorragend für Fischsuppen aller Art.

Auffallendstes Merkmal der Familie der Scheibenbäuche (Cyclopteridae) sind die Bauchflossen, die zu einer breiten Saugscheibe verwachsen sind.

Seehase, Lumpfisch
Cyclopterus lumpus

engl. lumpfish, lumpsucker; franz. lompe; span. cicloptero, liebre de mar; dän. stenbider; niederl. snotdolf; norw. rognkjaeks; schwed. sjurygg.

Der Körper ist plump und rundlich, hat kleine Knochenhöcker und vier Dornenreihen. Die Rückenflossen sind mit einem dicken Hautgewebe (»Kamm«) bedeckt. Die Bauchflossen sind zu einer Saugscheibe verwachsen. Die Färbung ist bräunlich bis grau-bläulich, in der Laichzeit besonders farbenprächtig. Er kommt in Küstengebieten auf beiden Seiten des Nordatlantiks vor, von der Arktis bis zur Biskaya bzw. bis Maryland. Er lebt als Bodenfisch, ernährt sich von Krebsen, Kleinfischen und im besonderen von Rippenquallen. Der Fisch kann 60 cm Länge erreichen, meist bleibt er aber viel kleiner. Kommt in nördlichen Ländern frisch, geräuchert oder eingesalzen auf den Markt. Seine geräucherten Filets sind eine Spezialität der deutschen Ostseeküste (Rostock und Umgebung). Das Fleisch ist sehr wasserhaltig. Der Rogen wird zu falschem Kaviar verarbeitet und unter folgenden Handelsbezeichnungen angeboten: als Perles du Nord (Island), Limfjordskaviar (Dänemark), Deutscher Kaviar (Deutschland).
Verwendung: Am besten schmeckt er geschmort.

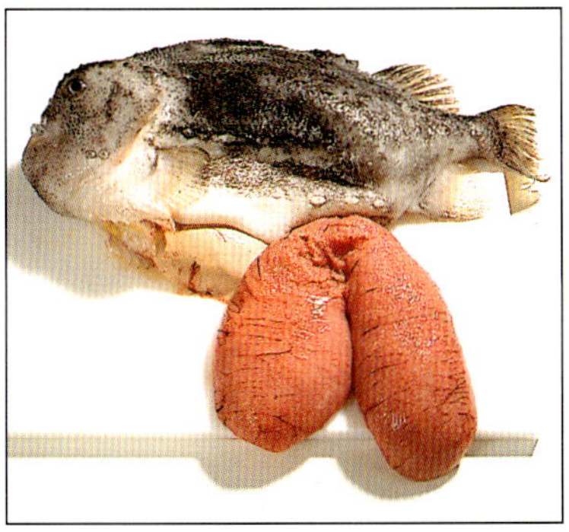

Der Seehase ist nicht so sehr wegen seines Fleisches begehrt, sondern vielmehr als Lieferant von Kaviar. Und zwar in großen Mengen. Die tiefschwarzen kleinen Perlen seines Rogens sind zwar nur Kaviar-Ersatz, doch als attraktive Dekoration in der kalten Küche sehr beliebt.

Striped Bass – in den USA ähnlich begehrt wie der Wolfsbarsch in Europa. Sein Fleisch ist von ebenso guter Qualität, es eignet sich für alle Garmethoden – besonders fein ist es nur in Butter gebraten. Doch wird der Fisch zunehmend seltener, denn die anwachsende Wasserverschmutzung setzt diesem Wanderfisch, der zum Laichen wie der Lachs in die Flüsse aufsteigt, sehr zu. Erfolgreiche Zuchtversuche lassen hoffen. (vgl. auch Seite 56)

Barschartige Fische
Perciformes

Eine der umfangreichsten Ordnungen der Knochenfische; innerhalb der Stachelflosser die art- und formenreichste Ordnung überhaupt. Sie umfaßt über 150 Familien und fast 8000 Arten. Die meisten Barscharten leben im Meer, einige in Brack- oder Süßwasser. Viele haben große wirtschaftliche Bedeutung.

Die Familie der Wolfsbarsche (Moronidae) ist gekennzeichnet durch die gut getrennten zwei Rückenflossen, die vordere mit Stachelstrahlen, die hintere mit Weichstrahlen. Sie umfassen sowohl Süßwasser- als auch Meeresarten und leben überwiegend in kalten und warmgemäßigten Meeren.

Die französische Bezeichnung »Loup de mer« ist für die europäischen Vertreter dieser sehr schmackhaften Fische zu einem Markenzeichen geworden. In diesem Kielwasser schwimmt aber auch ein weiterer »Loup« mit, der Seewolf oder Katfisch, der kulinarisch bei weitem nicht an die Wolfsbarsche heranreicht. Das ist kein Schwindel, denn der Name »Loup«-Filet ist durchaus korrekt. Der Käufer sollte aber den kleinen Unterschied kennen und sich klar darüber sein, daß er bei preisgünstigem »Loup«-Filet Katfisch kauft. Der Wolfsbarsch wird sehr selten als Filet angeboten, dann sind aber die länglichen Einzelfilets, die denen der Dorsche ähnlich sehen, leicht zu erkennen.

Wolfsbarsch
Dicentrarchus labrax

engl. seabass; franz. bar, loup de mer; ital. spigola; span. lubina; port. robalo legítimo; dän. bars; griech. lavraki; kroat. lubin; niederl. zeebaars; norw. havabbor; schwed. havsabborre; türk. levrek.

Wolfsbarsche haben zwei etwa gleich lange Rückenflossen, von denen die erste nur Stachelstrahlen aufweist. Die Afterflosse ist kurz und liegt unterhalb der hinteren Rückenflosse. Die Bauchflossen setzen hinter den Brustflossen an. Die Körperhaut trägt große Schuppen. Die Rückenseite ist dunkel-aschgrau, manchmal ins Grünliche oder Bläuliche gehend, die Flanken sind silbrig, der Bauch heller. Auf dem Kiemendeckel liegt ein nicht gut umgrenzter dunkler Fleck. Die Maximallänge beträgt 1 m. Diese Art ist von Südnorwegen bis zum Senegal unter Einschluß des gesamten Mittelmeeres und des Schwarzen Meeres verbreitet. Sie lebt küstennah über verschiedenem Untergrund mit einer

Bevorzugung von Felsküsten. Es handelt sich um einen flinken und gefräßigen Raubfisch, der von Krebsen und Fischen lebt. Gefischt wird er mit verschiedenen Arten von Treib- und Schleppnetzen, oft aber auch mit Langleinen und Handangeln. Der Wolfsbarsch gehört mit seinem festen, grätenarmen Fleisch zu den am höchsten bewerteten Speisefischen.
Verwendung: Er eignet sich für fast alle Zubereitungsarten, nur sollte man ihn nicht mit zuviel Gewürz »zudecken«.

Von gleicher Qualität ist der **Gefleckte Seebarsch** *(Dicentrarchus punctatus),* der sich vom Wolfsbarsch nur durch einen schwarzen Fleck auf dem Kiemendeckel und unregelmäßig verteilte schwarze Flecken auf Rücken und Flanken unterscheidet.

Die Familie der Sägebarsche (Serranidae) sind Raubfische, die im Küstenbereich gemäßigter und tropischer Meere leben. Viele Arten können im Alter das Geschlecht wechseln, andere sind echte Zwitter. Ihr Körper ist mit Kammschuppen bedeckt; an den Kiemendeckeln sitzen Dornen. Sägebarsche sind alle von mittlerer Qualität.

Der Gefleckte Seebarsch ist genauso beliebt, aber weniger bekannt als der Wolfsbarsch. Er wird seltener angeboten als dieser und eignet sich für alle Zubereitungsarten.

Sägebarsch
Serranus cabrilla

engl. comber; franz. serran chèvre; ital. perchia, sciarrano; span. cabrilla; port. serrano alecrim; griech. chanos; kroat. kanjak; niederl. zaagbaars; norw. abborkilling; türk. hani.

Der Sägebarsch hat wie alle seine Verwandten eine lange, einheitliche Rückenflosse, deren vorderer Teil Stacheln trägt, während der hintere mit weichen Strahlen versehen ist. Brust- und Bauchflossen liegen übereinander. Sehr charakteristisch ist die bunte Färbung, besonders die drei orange gefärbten Längsstreifen, die auf den Kopfseiten beginnen und bis zur Basis der Brustflosse ausstrahlen. Von dort aus ziehen ebensolche, meist etwas schwächer ausgeprägte Streifen nach hinten. Die Rückenseite weist 7–9 vertikale braune Bänder auf. Die Maximallänge beträgt 40 cm, meist bleibt es bei 20 cm. Diese Art ist eine weit verbreitete atlantische Warmwasserform, die vom Ärmelkanal bis nach Südafrika vorkommt, einschließlich des gesamten Mittelmeeres. Der Lebensraum erstreckt sich vom Flachwasser bis in etwa 500 m Tiefe. Dort lebt der Fisch räuberisch von kleineren Fischen und wirbellosen Tieren. Die Fischerei auf ihn wird meist von der Küste aus mit Strandwaden durchgeführt. Auf den Märkten des östlichen Mittelmeergebiets wird er regelmäßiger angeboten, sonst eher selten. Zu uns gelangt der Sägebarsch sporadisch. In diesem Fall lohnt es sich aber, zuzugreifen.

Der Sägebarsch gilt in manchen Mittelmeerländern als der beste der kleinen Barschartigen Fische. Sein zartes und trockenes Fleisch wird beim Braten mürbe und besonders delikat.

Striped Bass
Morone saxatilis

franz. bar d'Amérique; ital. persicospigola striata; span. lubina estriada; port. robalo-muge; niederl. gestreepte zeebaars.

Er ist eine Besonderheit innerhalb der Familie der Sägebarsche, denn er wandert wie der Lachs zum Laichen die großen Flüsse an der US-Ostküste aufwärts. Abgesehen von dem attraktiven Streifenmuster, ist die Verwandtschaft mit dem europäischen Wolfsbarsch unverkennbar. Sein Marktgewicht: 600 g bis 2 kg, man hat aber auch schon Exemplare von 30 kg gefangen. Er ist an der amerikanischen Atlantikküste vom St.- Lorenz-Strom bis zum Golf von Mexiko zu Hause. Schon Ende des letzten Jahrhunderts wurde er erfolgreich auch an der Pazifikküste »eingebürget«. Bei den Sportfischern genießt er einen geradezu legendären Ruf.

Spitzenreiter auf der Speisekarte. Ob als »Bar« oder »Loup de mer«, der Wolfsbarsch gehört zum Begehrtesten in der feinen Küche Europas. Sicher nicht zu Unrecht, denn er hat alle Merkmale eines feinen, edlen Fisches. Doch preislich wird er völlig überbewertet, vergleicht man ihn mit anderen, preiswerteren Fischen.

Schriftbarsch
Serranus scriba

engl. painted comber; franz. serran écriture; ital. sciarrano scrittura; span. serrano; port. serrano riscado; griech. perca; kroat. pirka; niederl. schriftbaars; türk. yazılı hani.

In der Körperform und der Form der Flossen ähnelt der Schriftbarsch dem Sägebarsch, unterscheidet sich aber sehr klar durch die Färbung. Die Körperseiten tragen unterhalb der 5–7 braunen Querstreifen ein blaues Feld. Die Maximallänge beträgt 36 cm, meist bleibt es aber bei 25 cm. Die Art kommt vom Ärmelkanal bis nach Senegal vor und ist auch im gesamten Mittelmeer verbreitet. Sie wird ebenfalls in unbedeutenden Mengen gefischt, ist aber auf den Fischmärkten des Mittelmeeres etwas häufiger anzutreffen als der Sägebarsch. Dasselbe gilt für das Angebot bei uns.
Verwendung: Auch der Schriftbarsch schmeckt am besten gebraten.

Atlantischer Wrackbarsch
Polyprion americanus

engl. wreckfish; franz. cernier commun; ital. cernia di fondo; span. cherna; port. cherne; griech. vlachos; kroat. kirnja glavata; niederl. wrakbaars; norw. vrakfisk; schwed. vrakfisk; türk. iskorpit hanisi.

In Körperform und Flossenstruktur den anderen Sägebarschen ähnlich, unterscheidet sich der Wrackbarsch durch seine einheitlich düstere Färbung und die Körperlänge bis zu 2 m. Seine Verbreitung ist sehr weit, von Norwegen bis nach Angola im Ostatlantik und an der nordamerikanischen Atlantikküste. Das gesamte Mittelmeer wird ebenfalls besiedelt, nicht aber das Schwarze Meer. Er lebt als Einzelgänger in etwa 100–200 m Wassertiefe und wird dort hauptsächlich mit Langleinen gefangen. Auf manchen Märkten des Mittelmeeres, etwa in Italien, wird dieser Fisch regelmäßig angeboten. Zu uns gelangt er praktisch nicht.
Verwendung: Sein saftiges weißes Fleisch ist sehr begehrt und wird meist in kleinen Stücken zu Schmorgerichten verwendet.

Von großer kulinarischer Bedeutung ist der **Neuseeländische Wrackbarsch** *(Polyprion oxygeneios)* – sein lokaler Name lautet »hapuku« –, der in den Meeren um Südaustralien und Neuseeland vorkommt. Sein festes Fleisch zeichnet sich durch eine hervorragende Qualität aus und eignet sich für alle Zubereitungsarten, besonders aber zu Steaks und zum Räuchern. Von Juni bis August hat dieser Fisch auch einen vorzüglichen Rogen.

Groupers oder **Zackenbarsche** sind eine Gruppe der Serranidae. Sie sind in allen gemäßigten und tropischen Meeren vertreten, und zwar immer rund um Korallen- und Felsriffe. Diese Vorliebe für Riffe macht ihren Fang schwierig. Die Fischereierträge sind daher nicht besonders groß (es wird viel Sportfischerei betrieben), aber sie sind sehr wertvoll. Groupers ernähren sich von Krebs- und Weichtieren und haben daher festes weißes Fleisch von überdurchschnittlicher Qualität. Hauptfanggebiete auf atlantischer Seite sind die Küstenregionen von North Carolina, um Florida, der Golf von Mexiko und die Karibik, zum Teil bis zur Nordküste Brasiliens. Die pazifischen Groupers erscheinen südlich von Kalifornien bis Zentral- und Südamerika sowie im gesamten ostasiatischen Raum. In allen diesen Regionen und auch im Mittelmeer gibt es eine bedeutende Grouper-Fischerei.

▶ **Cernia,** der Braune Zackenbarsch, ist in Italien ein hochgeschätzter Speisefisch, wenn er auch im Mittelmeer selten so groß wird wie auf dem Bild. Die Verwendung entspricht der des Wrackbarsches. Nach dem Anbraten werden die Fischstücke geschmort.

▲ **Der Schwarze Zackenbarsch** *(Epinephelus caninus)* kommt seltener auf den Markt als sein brauner Vetter. Er ist geschmacklich ebenso fein.

Brauner Zackenbarsch
Epinephelus guaza

engl. dusky grouper; franz: mérou gris; ital. cernia; span. cherne denton; port. mero legítimo; griech. rophos, orfos; kroat. kirnja; türk. orfoz.

Vom Wrackbarsch unterscheidet sich dieser große Sägebarsch durch seine rotbraune Grundfarbe, die von hellen Flecken unregelmäßig durchsetzt ist. Mit maximal 150 cm Länge bleibt er etwas kleiner, die meisten Exemplare sind nur etwa 90 cm lang. Das Verbreitungsgebiet erstreckt sich vom Ärmelkanal bis Südafrika einschließlich des gesamten Mittelmeeres, aber ohne das Schwarze Meer, sowie im Westatlantik von den Bermudas bis Brasilien. Es handelt sich um sehr standorttreue Tiere der Felsküsten, die ab etwa 8 m bis in 200 m Wassertiefe leben. Sie werden mit Langleinen gefangen oder harpuniert. Deshalb sind sie an den meisten Felsküsten des Mittelmeeres selten geworden. Die Tiere auf den Märkten des Mittelmeergebiets kommen meist aus tieferem Wasser.

Der Pantherfisch wird besonders in Ostasien geschätzt, wo er wegen seines zarten weißen Fleisches hohe Preise erzielt (vgl. auch Seite 59).

Zackenbarsche (Groupers) schmecken nicht nur vorzüglich, es gibt unter ihnen auch einige ausgesprochen schöne Fische wie diese Juwelenbarsche *(Cephalopholis miniata)*. Sie eignen sich besonders gut für Suppen, Eintöpfe und Schmorgerichte.

Weißflecken-Zackenbarsch *(Epinephelus multinotatus)*

Tomaten-Zackenbarsch *(Cephalopholis sonnerati)*

Mondsichel-Juwelenbarsch *(Variola louti)*

Merra-Wabenbarsch *(Epinephelus merra)*

▸ **Der Black Grouper** hat ein Marktgewicht von etwa 10 kg. Sein festes weißes Fleisch wird sehr geschätzt.

▾ **Ein farbenprächtiger Grouper** ist der Coney oder Strawberry Grouper *(Cephalopholis fulva)*, der in den Korallenriffen des Golfs von Mexiko und in den Gewässern rund um die karibischen Inseln lebt. Er hat festes weißes Fleisch. Ideal ist er zum Grillen.

Der größte Grouper ist der **Jewfish** oder **Riesenzackenbarsch** *(Epinephelus itajara)*. Er kann bis zu 300 kg wiegen. Er kommt vor um Florida, im Golf von Mexiko und bis Brasilien. Sein Fleisch ist fest, weiß und etwas süßlich.

Der **Nassau Grouper** oder **Nassau-Zackenbarsch** *(Epinephelus striatus)* ist im tropischen Atlantik bekannt. Wirtschaftlich einer der wichtigsten Groupers der südlichen USA. Das Fleisch ist in Geschmack und Konsistenz hervorragend.

Der **Tomaten-Zackenbarsch** *(Cephalopholis sonnerati)* wird neuerdings unter dem Namen »Vieille Anana« häufiger angeboten. Die Importe kommen u.a. von den Seychellen. Die Art ist aber im gesamten Indopazifik von Ostafrika bis Samoa verbreitet.

Der **Weißflecken-Zackenbarsch** *(Epinephelus multinotatus)* wird unter dem Namen »White-blotched Rock Cod« gehandelt. Er ist auf den Indischen Ozean beschränkt und kommt meist von den Seychellen nach Europa.

Der **Merra-Wabenbarsch** *(Epinephelus merra)* ist eine häufige Art des Indopazifik und ist von Ostafrika bis nach Polynesien verbreitet. Mit etwa 30 cm bleibt er kleiner als seine größeren Vettern. Auch er wird zunehmend häufiger importiert.

Der **Mondsichel-Juwelenbarsch** *(Variola louti)* hat eine weite Verbreitung im Indopazifik. Er kommt vom Roten Meer bis in die Südsee vor und gehört zu den farbenprächtigsten Zackenbarschen. Er gelangt zunehmend unter dem Handelsnamen »Croissant« auf unseren Markt.

Der **Speckled Hind** oder **Gefleckte Zackenbarsch** *(Epinephelus drummondhayi)* ist einer der schönsten Groupers: tief rötlich-braun, mit perlweißen Punkten übersät. Vorkommen von North Carolina bis Kuba. Sein Fleisch ist sehr delikat.

Der **Yellowedge Grouper** oder **Gelbgesäumte Zackenbarsch** *(Epinephelus flavolimbatus)* wird ebenfalls im Atlantik von Carolina bis Brasilien gefangen, zusammen mit dem **Snowy Grouper** *(Epinephelus niveatus)*. Beide sind hervorragende Speisefische und für alle Zubereitungsarten geeignet.

In den gleichen Gewässern kommt auch der **Red Hind** oder **Rote Zackenbarsch** *(Epinephelus guttatus)* vor. Er ist etwas kleiner, grünlich-gelb am Rücken und mit roten Punkten übersät.

Einer der bekanntesten ist der **Red Grouper** oder **Braunrote Zackenbarsch** *(Epinephelus morio)*, der vor dem südlichen Florida und im tropischen Atlantik vorkommt. Er ist tief braunrot, mit weißen Flecken an den Seiten. Wirtschaftlich sehr bedeutend im ganzen Golfgebiet und ein ausgezeichneter Speisefisch.

Im gleichen Gebiet findet man auch den großen **Warsaw Grouper** oder **Warschau-Zackenbarsch** *(Epinephelus nigritus)*, den **Black Grouper** oder **Schwarzen Zackenbarsch** *(Mycteroperca bonaci)*, den **Scamp** *(Mycteroperca phenax)*, der zu den kleineren seiner Familie gehört, und den **Gag** *(Mycteroperca microlepis)*, der wegen seiner tiefliegenden Schuppen nur gehäutet angeboten wird.

An der Pazifikküste Amerikas ist der **Spotted Cabrilla** *(Epinephelus analogus)* der größte und wichtigste Grouper. Er hat exzellentes Fleisch.

Schwarzer Sägebarsch
Centropristis striata

engl. black sea bass, blackfish, black will; franz. séran noir; ital. perchia striata; span. mero.

Er besitzt einen massigen Körper, die Flossen haben Stachelstrahlen; bemerkenswert die Schwanzflosse, die in einem fadenförmig verlängerten Stachelstrahl endet. Die Färbung ist schwarz oder dunkelbraun. Vorkommen im gemäßigten Nordatlantik entlang der Ostküste der USA. Nahrung sind Krusten- und Weichtiere sowie kleinere Fische. In den USA ein wirtschaftlich bedeutender Fisch.

Zur Gruppe der Zackenbarsche gehört auch der **Giant Sea Bass** oder **Kalifornische Judenfisch** *(Stereolepis gigas)*, der im Pazifik von der Humboldt Bay bis zum Golf von Kalifornien vorkommt. Er kann bis 2 m lang und 300 kg schwer werden. Ein sehr wichtiger Speisefisch mit weißem, magerem Fleisch, dessen Bestände durch Überfischen bedroht sind.
Einer der häufigsten Grouper in den Riffgebieten der Westindischen Inseln und Südfloridas (Vorkommen auch im Golf von Mexiko und bis Südostbrasilien) ist der **Coney** *(Cephalopholis fulva;* franz. coné ouatalibi, span. cherna cabrilla). Der meist orangebraun gefärbte Fisch ist übersät mit blauen Punkten.
Drei asiatische Vertreter der Zackenbarsche sind: Der **Braune Zackenbarsch** *(Cephalopholis pachycentrum;* engl. brown coral cod), der nur 25 cm lang wird. Sein Fleisch wird vorwiegend zu Fischsuppen verwendet oder in Form von Steaks gegrillt; der **Pantherfisch** *(Cromileptes altivelis;* engl. hump-backed sea bass, polka-dot grouper), der bis 60 cm lang wird. Er ist fahl- oder lilabraun gefärbt und mit kleinen schwarzen Punkten übersät. Er lebt in südostasiatischen Gewässern. Sein Fleisch ist von hervorragender Qualität, in Hongkong ist er der teuerste aller Speisefische; und der **Blaugefleckte** oder **Leopard-Felsenbarsch** *(Plectropomus leopardus;* engl. bluespotted sea bass, leopard coraltrout), der im gesamten Indopazifik und von Japan bis Ostafrika vorkommt. Die Färbung ist hellrot, orange oder braun mit dunkel gesäumten blauen Flecken. Er wird bis 1,20 m lang und ist ebenfalls ein exzellenter, teurer Speisefisch.

Zur Familie der Glas- oder Nilbarsche (Centropomidae; engl. snooks) gehören eine Anzahl großer Arten, die durch die getrennten stachel- und weichstrahligen Rückenflossen und die deutlich eingedellte Stirn gekennzeichnet sind. Die meisten wandern zum Laichen in Flüsse ein und werden dann auch gefangen. Nur wenige Arten, zum Beispiel der Nilbarsch, besser bekannt unter dem Handelsnamen »Viktoriaseebarsch«, sind reine Süßwassertiere.

Barramundi
Lates calcarifer

engl. giant perch, barramundi.

Ein hochrückiger Fisch mit großer Maulspalte, der Vorderkiemendeckel hat Dornen. Die Schwanzflosse ist hinten gerundet. Die Grundfarbe ist silbrig, der Rücken dunkler grünlich oder bräunlich. Barramundis können 2 m lang werden, meist bleibt es aber bei 1 m. Der Fisch kommt im gesamten Indopazifik vor, von der ostafrikanischen Küste bis nach China, Nordaustralien und Melanesien. In seinem gesamten Verbreitungsgebiet wird er gefischt und gehört zu den Edelfischen. In Australien gilt er als der König der Fische, das Beste, was man haben kann. Dort wird er auch gezüchtet. Die Portionsfische (etwa 400–600 g) stammen heute aus solchen Zuchten. Bereits die australischen Ureinwohner kannten und schätzten diesen Fisch mit dem zarten weißen Fleisch. Sie wickelten ihn in große Blätter und garten ihn in der heißen Asche ihrer Feuerstellen.
Verwendung: Am besten schmeckt er, leicht mit Öl bestrichen und mit frischem Gemüse belegt, im Ofen zunächst bedeckt (Alufolie) und zum Schluß offen gegart. In Australien liebt man seine Koteletts auch gegrillt und dabei fleißig mit Öl bestrichen, damit sie nicht austrocknen.

Black Sea Bass. Sein äußeres Erscheinungsbild – die dunkelbraune bis schwarze Färbung – läßt nicht vermuten, daß er ein besonders wohlschmeckendes Fleisch liefert, das allerdings leicht verdirbt. An der Ostküste der USA ist er ein begehrter und wichtiger Speisefisch, der nur frisch, im ganzen oder bereits filetiert angeboten wird. Am besten schmeckt sein festes weißes Fleisch, wenn es in der Pfanne gebraten wird.

Der Barramundi wird in seinem gesamten Verbreitungsgebiet als hochwertiger Speisefisch sehr geschätzt. In Australien wird er sogar schon gezüchtet.

Ein im westlichen Atlantik besonders wichtiger Glasbarsch ist der **Echte Snook** *(Centropomus undecimalis)*. Er ist genauso delikat wie der Barramundi und wird heute hauptsächlich in Mexiko und Venezuela gefischt. Seine floridanischen Vorkommen sind so weit erschöpft, daß in den USA ein absolutes Fangverbot erlassen werden mußte.

Zur Familie der Ziegelbarsche (Branchiostegidae) gehören Fische mit großem, rundlichem Kopf, weiter Mundöffnung und sehr fleischigen Lippen. Spezifisches Unterscheidungsmerkmal ist ein fleischiger, flossenartiger Auswuchs gleich hinter dem Kopf, vor der Rückenflosse. Tilefishes, wie sie auf englisch heißen, kommen in gemäßigten und in tropischen Meeren vor. Sie haben außergewöhnlich festes, doch zartes Fleisch, da sie sich vorwiegend von Krustentieren und Weichtieren ernähren.

Pazifischer Ziegelfisch. Gegenüber dem blauen Ziegelfisch hat er feines, weißes Fleisch und eignet sich für alle Zubereitungsarten. Gebraten schmeckt er am besten.

Die **Goldstreifen-Bernsteinmakrele** *(Seriola aureovittata)* ist in Japan ein sehr beliebter Sportfisch. Der Hiramasa, wie er dort genannt wird, ist im Geschmack dem gezüchteten Gelbschwanz (Buri) überlegen. Dieser Angler ist sichtlich stolz auf seine Beute.

Pazifischer Ziegelfisch
Caulolatilus princeps

engl. ocean whitefish.

Kennzeichen sind der langgestreckte Körper mit langer Rücken- und Afterflosse und der kleine Mund. Die Färbung ist bräunlich-grün oder olivgrün, Schwanzflosse gelblich. Er kommt an der Pazifikküste von Vancouver bis Niederkalifornien vor, in küstenfernen Regionen bis in 150 m Tiefe. Wird bis zu 1 m lang und 5 kg schwer.

Zur selben Familie gehört der **Blaue Ziegelfisch** *(Lopholatilus chamaeleonticeps;* engl. golden oder rainbow tilefish, common tilefish), der ausgesprochen farbenprächtig ist. Er ist der größte der in Amerika vorkommenden Tilefishes (bis 60 cm lang) und kommt an der Ostküste der USA im Bereich des warmen Golfstroms vor. Er ist hervorragend im Geschmack und eignet sich für alle Zubereitungsarten.

Blaubarsche (Pomatomidae) sind schnelle Raubfische mit entsprechend ausgestatteten Kiefern, die im Freiwasser in großen Schwärmen alles angreifen, was in ihre Nähe kommt.

Blaufisch
Pomatomus saltator

engl. bluefish; franz. tassergal; ital. ballerino; span. anjova; port. anchova; griech. gofari; kroat. bilizmica zubatica; niederl. blauwe baars; türk. lüfer.

Beim Blaufisch ist der vordere, stacheltragende Teil der Rückenflosse viel niedriger als der folgende weichstrahlige. Unter diesem liegt auch die Afterflosse. Die Bauchflossen stehen vor den Brustflossen. Die Rückenseite ist grünlich gefärbt, die Flanken sind silbrig. Die Maximallänge beträgt 110 cm, meist bleiben die Tiere aber unter 60 cm. Dieser Fisch ist in tropischen und subtropischen Meeren fast kosmopolitisch verbreitet, in Europa kommt er von Südspanien an südwärts vor und besiedelt auch das gesamte Mittelmeer einschließlich des Schwarzen Meeres. Es handelt sich um einen Freiwasserbewohner, der in Trupps unterschiedlicher Größe den Schwärmen kleinerer Fische (Ährenfische, Stöcker, kleine Makrelen) folgt und sich von ihnen ernährt. Im Herbst wandert er in großen Zahlen vom Schwarzen Meer durch den Bosporus ins Marmarameer, von dort über die Dardanellen ins Mittelmeer. Auf dieser Wanderung werden viele Tiere mit Netzen und Angeln gefangen und gelangen auch auf unseren Markt.

Der Blaufisch ist fast weltweit vertreten und wird überall kommerziell gefangen. Besonders die größeren Exemplare sind ziemlich fetthaltig und eignen sich daher gut zum Grillen und Räuchern. Kleinere Blaufische – am besten von maximal 30 cm Länge – schmecken in der Pfanne gebraten oder gedünstet sehr gut. Das Fleisch ist leicht grau, die Gräten sind relativ groß und lassen sich leicht entfernen.

Die Familie der Stachelmakrelen (Carangidae) umfaßt über 150 Arten verschiedenster Gestalt. Fast allen gemeinsam ist die stark gegabelte Schwanzflosse. Es gibt sie in allen gemäßigten und tropischen Meeren. Sie sind wertvolle Speisefische.

Die Bernsteinmakrele ist ein Fisch mit Zukunft: In Asien wird ein naher Verwandter unter dem Namen Yellowtail höchst erfolgreich gezüchtet. Ihr weißes, festes Fleisch mit nur wenigen Gräten ist von ganz hervorragender Qualität. Es ist für alle Garmethoden geeignet. In Butter gebraten, entfaltet es sein Aroma optimal.

Stöcker, Bastardmakrele
Trachurus trachurus

engl. horse mackerel; franz. chinchard; ital. suro; span. jurel; port. carapau; dän. hestemakrel; griech. stavridi; kroat. šarun; niederl. horsmakreel; norw. taggmakrell; schwed. taggmakril; türk. istavrit.

Der Stöcker ist ein langgestreckter Fisch mit zwei Rückenflossen, einer kurzen vorderen und einer langen hinteren. Brust- und Bauchflossen stehen etwa in derselben Höhe. Von der Afterflosse ist ein kleiner stacheliger Teil vorn abgetrennt. Die Schwanzflosse ist tief gegabelt. Die

Schuppen der Seitenlinie sind groß und auffällig, sonst haben sie keine Schuppen. Die obere Hälfte des Körpers ist bläulich oder grünlich gefärbt, die Flanken sind silbrig. Am Hinterrand des Kiemendeckels liegt ein dunkler Fleck. Die Maximallänge beträgt 60 cm, meist bleiben die Tiere unter 30 cm. Die Art ist weit verbreitet und kommt von Südnorwegen und Island bis zu den Kapverdischen Inseln vor. Die Küsten des tropischen Westafrika bis nach Südafrika besiedelt eine besondere Rasse. Eine etwas engere Verbreitung haben einige verwandte Arten, die nur vom Fachmann auseinandergehalten werden können und auch im Handel nicht unterschieden werden. Im Mittelmeer und dem Schwarzen Meer ist der Stöcker ein wichtiger Nutzfisch, während er im Nordatlantik als minderwertig gilt (»Bastardmakrele«, das heißt keine »gute« echte Makrele). Der Gesamtfang an Bastardmakrelen in europäischen Gewässern betrug 1993 etwa 560000 Tonnen, die sich etwa zur Hälfte auf Nordatlantik und Mittelmeer verteilen.
Verwendung: Große Exemplare schmecken etwas »strohig« und haben geringeren kulinarischen Wert als maximal etwa 12–15 cm lange Tiere. Sie werden rösch gebraten, dazu werden Salat und Brot gereicht.

Genauso verarbeitet wird auch die **Neuseeländische Bastardmakrele** *(Trachurus novaezelandiae;* engl. jack oder horse mackerel), die dem Stöcker auch im Aussehen sehr ähnlich ist. Sie wird bis zu 40 cm lang und 1 kg schwer.

Bernstein- oder Gelbschwanzmakrele
Seriola dumerili

engl. greater amberjack; franz. sériole couronnée; ital. leccia; span. pez de limón; griech. magiatico; kroat. orhan; türk. sarıkuyruk.

Der langgestreckte, seitlich abgeflachte Körper ist am Rücken silbrig-blau oder grau gefärbt, die Flanken sind hel-

ler, manchmal mit bernsteinfarbenem Schimmer. Sie kann eine Länge von fast 2 m erreichen, meist bleibt sie aber unter 1 m. Sie kommt beiderseits des gemäßigten und tropischen Atlantik und im Mittelmeer vor, außerdem auch in Südafrika, im Indischen Ozean, in Japan, Australien und Hawaii. Nahrung sind Krebse, Tinten- und Kleinfische. Die Bernsteinmakrele ist ein sehr geschätzter Speisefisch. Eine verwandte Art *(Seriola quinqueradiata)* ist unter dem Namen **Yellowtail** in Asien ein wichtiger Zuchtfisch. Auf dem Tokioter Markt wird er (japan. buri) aus Wassertanks lebend verkauft.
Verwendung: Filetiert und in Butter gebraten, entfaltet sie ihr Aroma am besten. In Japan wird der Buri roh gegessen (Sashimi) oder zu delikatem Sushi verarbeitet.

Gabelmakrele
Trachinotus ovatus

engl. pompano; franz. palomine; ital. leccia stella; span. palometa blanca; port. sereia camochilo; griech. litsa; kroat. lica modrulja; niederl. gaffelmakreel; norw. gaffelmakrell; türk. yaladerma.

Die Gabelmakrele ist viel hochrückiger als der Stöcker, und die Seitenlinie trägt keine Schuppen. Die Schwanzflosse ist tief gegabelt. Die Rückenseite ist grünlich gefärbt, die Flanken sind silbrig. Charakteristisch sind 3–5 dunkle Flecken im vorderen Bereich der Seitenlinie. Die Spitzen der hinteren Rückenflosse, der Afterflosse und der Schwanzflosse sind schwarz gefärbt. Die Maximallänge beträgt 70 cm, meist bleibt es aber bei 35 cm. Die Art ist von der Biskaya bis Angola einschließlich des gesamten Mittelmeeres verbreitet. Vereinzelte Exemplare durchstreifen im Sommer auch die südliche Nordsee und skandinavische Gewässer. Auf den Märkten Südeuropas werden sie sehr unregelmäßig angeboten. Gabelmakrelen gelangen sporadisch zu uns, dann sollte man aber unbedingt zugreifen. Das feste Fleisch ist sehr wohlschmeckend.
Verwendung: Meist wird dieser Fisch wie der Stöcker gebraten.

Gemeiner Pompano
Trachynotus carolinus

engl. Florida pompano, common pompano; franz. pompano; ital. leccia stella; span. palometa.

Leicht zu erkennen an seiner kurzen, stumpfen Schnauze. Der ovale Körper ist gedrungen. Er ist einer der wenigen Fische, die außerhalb des Wassers eine viel intensivere Färbung haben: der blaugrau-silbrige Rücken wird dunkel blaugrün, die Flanken sind silbrig-weiß. Vorkommen im gemäßigten und warmen Westatlantik, von Massachusetts bis Brasilien. Er lebt in großen Schwärmen über Sandgrund und ernährt sich von Krusten- und Weichtieren.

An den Küsten Floridas ist der Gemeine Pompano – ebenso wie der Jack Crevalle – ein viel gefangener Fisch. Aber der Pompano läuft dem Jack Crevalle bei weitem den Rang ab, denn er gilt dort als der beste Meeresfisch überhaupt und erzielt daher auf dem Markt regelmäßig die höchsten Preise. Der Jack Crevalle dagegen ist ein Fisch von mittlerer Qualität.

Der Königs-Gelbschwanz *(Seriola lalandi)* gehört zu den weitverbreiteten großen Arten der tropischen Meere. Er wird oft von Sportfischern erbeutet, aber auch kommerziell gefischt.

Die Regenbogenmakrele *(Elagatis bipinnulata)* ist in tropischen Meeren weltweit verbreitet und als Speisefisch beliebt.

Sehr ähnlich in Aussehen und Verhalten ist der **Paloma Pompano** *(Trachynotus paitensis)* von der pazifischen Seite. Er kommt von Südkalifornien bis Peru vor und ist ebenfalls ein exzellenter Speisefisch.
Ähnliche Bedeutung wie der Gemeine und der Paloma Pompano haben auch der **Jack Crevalle** *(Caranx hippos)*, der, bis 3 kg schwer, an den Küsten Floridas von April bis November gefangen wird, und der **Blaue Jack** oder **Blue Runner** *(Caranx crysos)*, der von Mai bis September im Golf von Mexiko gefangen wird und ein Gewicht von etwa 1–2 kg erreicht.

Von großer wirtschaftlicher Bedeutung sind Stachelmakrelen aus dem indopazifischen Raum wie der **Trevally** *(Caranx georgianus)*. Sein hoher, etwas plumper Körper wird bis zu 70 cm lang und 6 kg schwer. Vorkommen um Neuseeland.
Zu den »Trevallies« gehört auch die **Fadenmakrele** *(Alectis indica*; austral. diamond trevally), bei der im Jugendstadium die ersten Strahlen der weichen Rücken- und Afterflossen fadenartig verlängert sind. Der rautenförmige Körper, oben blau, unten silbern glänzend, wird bis 1,50 m lang und 17 kg schwer. Vorkommen im Indopazifik, um Hawaii und im Roten Meer. Er gilt in diesen Regionen als einer der besten Speisefische.

Der Black Pomfret oder Schwarze Pampel *(Parastromateus niger)* ist mit den echten Pomfrets nicht verwandt, sondern gehört zu den Stachelmakrelen. Er ist ein Schwarmfisch, der in tieferen Küstengewässern lebt. Er ist ein hervorragender Speisefisch.

Der Cobia *(Rachycentron canadum)* gehört zu einer weltweit in warmen Meeren außer der amerikanischen Pazifikküste verbreiteten Fischfamilie (Rachycentridae), deren einziger Vertreter er ist. Er lebt meist als Einzelgänger in der Nähe von Korallenriffen und Felsküsten. Er ist ein beliebter Sportfisch, in nennenswerten Mengen wird er in der Umgebung des Persischen Golfes und im Seegebiet der Philippinen gefischt. Sein weißes Fleisch eignet sich für alle Zubereitungsarten.

▲ **Der Blue Runner oder Blaue Jack** kommt im Atlantik von Cape Cod bis Brasilien vor, besonders zahlreich jedoch im Golf von Mexiko, vor Florida und den Westindischen Inseln.

▶ **Die Schwarze Stachelmakrele** *(Caranx lugubris)* fällt besonders durch ihre düstere Farbe auf. Sie ist in tropischen Gewässern weltweit verbreitet und wird bisweilen auch auf Fischmärkten angeboten. Vor dem Genuß großer Exemplare muß gewarnt werden, da bei ihnen Ciguaterra-Vergiftungen häufiger auftraten.

▲▲ **Jack Crevalle** und ▲ **Trevally** bringen beide sehr aromatisches schmackhaftes Fleisch mit, das zum Braten bestens taugt und vor allem geräuchert gut schmeckt.

◀ **Die Langflossen-Stachelmakrele oder Armed Trevally** *(Caranx armatus)* ist in Thailand und Kambodscha ein hochgeschätzter Speisefisch, der gedämpft oder gebraten zubereitet wird.

▼ **Die Große Goldmakrele** kann bis zu 2 m lang und 30 kg schwer werden. Sie hat hervorragendes Fleisch und ist deshalb ein begehrter Speisefisch, der jedoch nur in geringen Mengen auf den Markt kommt.

Dasselbe gilt für die **Königsmakrele**, auch **Gelber Hans** genannt *(Gnathanodon speciosus*; austral. golden trevally), deren hellgelber Körper mit schwarzen Querbändern versehen ist. Vorkommen wie die Fadenmakrele, meist in der Nähe von Korallenriffen.
Verwendung: Große Trevallies werden leicht trocken und müssen unter Fettzusatz geschmort werden. Kleinere sind vorzuziehen und eignen sich bestens zum Braten oder Garen im Ofen.

Der **Schwarzflossen-Jack** *(Atropus atropus)* fällt durch seine schwarze Bauchflosse auf; ansonsten ist er oben blaugrün, an der Bauchseite silbrig. Der bis zu 35 cm lange Schwarmfisch ist in den Küstengewässern des Indopazifik verbreitet. Sein Fleisch wird in Suppen geschätzt, ansonsten eingesalzen und getrocknet.
Der **Torpedo-Trevally** oder **Finny Scad** *(Megalaspis cordyla)* ist leicht an seinem torpedoförmigen Körper und den

Der Diamond Trevally *(Alectis indicus)* ist an seinem sehr hohen Körper und der gewinkelten Stirn gut zu erkennen. Er kommt im gesamten Indopazifik einschließlich des Roten Meeres vor, taucht aber nur selten auf lokalen Märkten auf.

Flösselchen hinter der zweiten Rückenflosse und hinter der Afterflosse zu erkennen. Auffallend ist auch ein dunkler Fleck an den Kiemendeckeln. Er kommt in den Gewässern um Ost- und Südafrika vor und im gesamten Indopazifik. Sein Fleisch hat mittlere Qualität.

Die Familie der Goldmakrelen (Coryphaenidae) ist in gemäßigten und tropischen Meeren verbreitet, auch im Mittelmeer. Von den farbenprächtigen Fischen gibt es zwei Arten.

Große Goldmakrele

Coryphaena hippurus

engl. common dolphinfish; franz. grande coryphène; ital. lampuga, contaluzzo; span. lampuga; griech. kynigòs.

Der Körper ist langgestreckt und seitlich abgeflacht, das Stirnprofil steil, die Mundöffnung weit, mit vorstehendem Unterkiefer. Die Rückenflosse reicht vom Kopf bis zur tief gegabelten Schwanzflosse. Der Rücken ist bläulich-grün gefärbt, der Bauch silbrig-weiß, die Seiten mit starkem Goldglanz. Er ist ein schneller Schwimmer, jagt meist Fliegende Fische, ernährt sich auch von Krebstieren und Tintenfischen. Die Körperlänge kann maximal 2 m erreichen, meist bleibt es aber bei 1 m. Die Verbreitung ist weltweit in tropischen und subtropischen Meeren einschließlich des gesamten Mittelmeeres. Die Große Goldmakrele wird immer nur in Einzelexemplaren gefangen, die aber sehr hoch bewertet werden.
Verwendung: Das zarte Fleisch schmeckt besonders gut gegrillt. Auch im Ofen, mit Kräutern belegt, wird es sehr schmackhaft.

Die Mitglieder der Familie der Brachsenmakrelen (Bramidae) sind ebenfalls Tiefenfische, die sich vorwiegend von kleinen Schwarmfischen und Tintenfischen ernähren. Sie haben einen ovalen, hochrückigen Körper.

Atlantische Brachsenmakrele

Brama brama

engl. Atlantic pomfret, ray's bream; franz. grande castagnole, hirondelle de mer; ital. pesce castagna; span. japuta, palometa negra, castañeta; port. xaputa, chaputa; dän. havbrasen; griech. kastanófaro; niederl. braam; norweg. havbrasen; schwed. havsbraxen.

Ein hochrückiger Fisch, dessen Rücken- und Afterflossen kurz dreieckig vorstehen und deren Spitzen sich gegenüberliegen, die Schwanzflosse ist tief gegabelt. Die Färbung ist schwarz mit Silberglanz. Sie wird bis 70 cm lang und 6 kg schwer, meist bleibt es aber bei etwa 50 cm. Sie kommt im Ostatlantik vor, von Madeira bis Nordnorwegen und Island, im Ärmelkanal, in der nördlichen Nordsee und im westlichen und zentralen Mittelmeer. Der Fisch lebt tagsüber in Tiefen bis zu 400 m, nachts dicht an der Oberfläche und wird vor allem während der Herbst- und Wintermonate hauptsächlich um Sizilien gefangen.
Verwendung: Koteletts schmecken am besten gegrillt, auch im Ofen wird er delikat.

Pazifische Brachsenmakrele

Brama japonica

engl. Pacific pomfret; franz. castagnole du Pacifique.

Er lebt im Nordpazifik, von Japan bis zur Beringsee und südlich bis Niederkalifornien und wird bis zu 60 cm lang. Festes, wohlschmeckendes Fleisch.
Ähnlich, doch mit größeren Schuppen versehen, ist der **Sickle Pomfret** oder die **Sichel-Brachsenmakrele** *(Taractichthys steindachneri)*.

Die Familie der Lachsmakrelen (Arripidae) hat nur drei Arten, deren Verbreitung auf den Südteil Australiens und die pazifischen Inseln einschließlich Neuseeland beschränkt ist. Obwohl sie Australische »Lachse« heißen, haben sie mit den Lachsfischen außer einer entfernten Formähnlichkeit nichts gemein.

Australischer Lachs

Arripis trutta

engl. eastern Australian salmon, Pacific salmon; franz. saumon australien; neuseeländ. (maori) kahawai.

Der langgestreckte Körper ist am Rücken grünlich-blau gefärbt mit kleinen Zeichnungen; zum Bauch hin heller. Er kommt in New South Wales, Victoria, Neuseeland und an den Küsten der pazifischen Inseln vor und kann bis 80 cm lang und 7 kg schwer werden. Eine verwandte Art, der **Western Australian Salmon** *(Arripis truttaceus)* bevölkert die Küsten Süd- und Südwestaustraliens. Er wird größer als sein östlicher Verwandter und erreicht bei 96 cm Körperlänge ein Gewicht von 9 kg. Beide Arten sind beliebte Sportfische und werden beim Brandungsangeln gefangen, kommerziell werden sie in der Laichzeit mit Netzen gefischt. Sie müssen nach dem Fang sofort entblutet werden. Das relativ dunkle Fleisch wird vorwiegend zu Konserven verarbeitet. In Australien und Neuseeland sind Lachskonserven ganz überwiegend mit dem Fleisch dieser Arten bestückt, es sei denn, die Bezeichnung lautet ganz deutlich auf »pink salmon«.
Verwendung: Als Frischfisch schmeckt das Filet etwas streng, so daß man vom Dünsten, Pochieren und Schmoren absehen sollte. Viel besser wird er gegrillt; dazu sollten die Koteletts oder Filets zuvor mit Öl, Zitrone, Salz und Knoblauch mariniert werden. Auch im Ofen wird er schmackhaft. Er eignet sich auch hervorragend zum Räuchern.

Eine weitere Art dieser Familie ist der **Australian Herring** *(Arripis georgianus)*, auch als **Ruff** und **Tommy Rough** bekannt. Er ist im Südteil Australiens verbreitet und bildet große Schwärme. Sein Fleisch ist fett und hat einen sehr guten Geschmack.
Verwendung: Wegen des fetten Fleisches wird er überwiegend gegrillt oder geräuchert.

Zur Familie der Schnapper (Lutjanidae) gehören mittelgroße bis große Raubfische, die in den tropischen Gewässern rund um die Welt zu Hause sind. Man kennt heute knapp über 100 Arten, von denen die größeren kommerziell genutzt werden, da sie von bester Qualität sind.

Aus der Sicht des Gourmets gehören sie zu den wichtigsten Fischen überhaupt. Es gibt bei aller Hochschätzung allerdings auch einen Wermutstropfen zu verdauen. Wie bei anderen Raubfischen ist es nach dem Verzehr einiger tropischer Arten schon zu unangenehmen Ciguaterra-Vergiftungen gekommen. Bei importierter Ware ist die Gefahr gering, da schon im Heimatland bei Auftreten von Vergiftungen der Fang eingestellt wird. Außerdem gibt es mittlerweile gute Nachweismethoden für das Toxin. Vorsicht ist bei selbst gefangenen Fischen und bei Angeboten lokaler Fischer geboten.

Aus der Snapper-Familie ist der Red Snapper der in den USA bekannteste und begehrteste. Er erzielt ähnlich hohe Preise wie der Pompano. Mit knappen 2–3 kg kommt er gewöhnlich auf den Markt.

Der Doppelfleck-Schnapper *(Lutjanus bohar)* wird unter dem Handelsnamen »Vara vara« angeboten, das ist auch sein lokaler Name auf den Seychellen. In Australien heißt er »Red Bass«, in Südafrika »Twin Spot Snapper«; der lateinische Artname entspricht seinem arabischen Vulgärnamen »Bohar«. Die Vielzahl der Lokalnamen reflektiert die kulinarische Bedeutung dieses vom Roten Meer bis zur Südsee vorkommenden Schnappers. Ciguaterra-Vergiftungen sind aus seinem östlichen Verbreitungsgebiet (Südsee-Inseln) bekannt geworden.

Der Kaiser-Schnapper *(Lutjanus sebae)* ist in Australien, aber auch in anderen Regionen des Indo-Pazifik sehr beliebt. Sein wohlschmeckendes weißes Fleisch eignet sich zum Braten und Grillen.

Malabar-Schnapper *(Lutjanus malabaricus)*

Vitta-Schnapper *(Lutjanus vitta)*

Blut-Schnapper *(Lutjanus sanguineus)*

Gelbschwanz-Schnapper *(Ocyurus chrysurus)*

Barrakuda-Schnapper *(Aprion virescens)*

Rosa Gabelschwanz-Schnapper *(Aphareus rutilans)*

Roter Schnapper
Lutjanus campechanus

engl. northern red snapper; franz. vivaneau rouge; ital. lutjanido; span. pargo del Golfo, huachinango del Golfo (Mexiko).

Dieser prächtig rot gefärbte Schnapper ist der Marktführer in den USA und Synonym für guten Fisch. Er vereint in sich auch alle Vorzüge, die der amerikanische Konsument verlangt: trockenes weißes Fleisch und einfache Handhabung, nämlich wenige und große Gräten, außerdem ein Durchschnittsgewicht von 2–3 kg. Er eignet sich für alle Garmethoden und läßt sich gut füllen. Der Red Snapper wird in den warmen Zonen des Nordwestatlantik gefangen, von Carolina bis Mexiko.

Der **Cubera Snapper** *(Lutjanus cyanopterus*; span. pargo cubera, guasinuco in Puerto Rico, pargo caballo in Venezuela) ist der Größte seiner Familie, mit einem maximalen Gewicht von nahezu 40 kg und bei einer Körperlänge von 160 cm. Sein Verbreitungsgebiet reicht von der Atlantikküste der USA über den Golf von Mexiko und die Karibik bis etwa zur Amazonasmündung. Er hat delikates Fleisch, kommt aber eher selten auf den Markt. Er hat schon Ciguaterra-Vergiftungen ausgelöst. Von feiner Qualität ist auch der **Silk Snapper** *(Lutjanus vivanus*; span. pargo de lo alto, chillo in Puerto Rico). Ein Tiefwasserfisch mittlerer Größe, rosa bis rot gefärbt, ähnlich wie der Red Snapper, hat aber sehr feine gelbe Längsstreifen. Auch von dieser Art sind Ciguaterra-Vergiftungen bekannt geworden. Von mittlerer Fleischqualität sind der kleine **Vermilion Snapper** *(Rhomboplites aurorubens)* und der **Lane Snapper** *(Lutjanus synagris)*. Letzterer ist der meistgefangene Schnapper der Karibik. Auch der farbenprächtige **Schoolmaster Snapper** *(Lutjanus apodus)* mit einem Marktgewicht von etwa 500 g gilt als von mittlerer Qualität. Als der feinste Snapper aus amerikanischen Gewässern gilt unter Kennern der **Mutton Snapper** *(Lutjanus analis)*. Der lebende Fisch hat einen olivgrünen Rücken, die Seiten und Flossen sind orange bis rot. Der häufigste Snapper ist der **Gray Snapper** *(Lutjanus griseus)* mit einem Durchschnittsgewicht unter 500 g und sehr gutem Fleisch.

Von den zahlreichen Snappern des Indopazifiks ist der **Emperor** oder **Kaiser-Schnapper** *(Lutjanus sebae)* der wirtschaftlich wichtigste und besonders häufig an den Küsten Australiens. Er ist in Aussehen und Fleischqualität dem Red Snapper ähnlich, kann allerdings bis 1 m lang werden. Die Marktgröße liegt deutlich darunter. Zu uns gelangt er unter dem Handelsnamen »Bourgeois« von den Seychellen. In Australien bezeichnet man ihn als »Red Emperor«, in Südafrika als »Emperor Snapper«.

Der **Malabar-Schnapper** *(Lutjanus malabaricus)* gehört zu den wirtschaftlich wichtigsten und kulinarisch wertvollsten Schnappern. Im Persischen Golf macht er den Hauptteil der Schnapper-Fänge aus, dort wird er unter der Handelsbezeichnung »Hamrah« vermarktet. Auch in Australien wird er in der Trawlfischerei auf dem nördlichen Schelf gefangen. Sein Verbreitungsgebiet reicht im Osten bis nach Melanesien und im Norden bis Japan.

Der **Vitta-Schnapper** *(Lutjanus vitta)* ist eine kleinere Art, die nur 40 cm Körperlänge erreicht. Trotzdem ist er recht häufig auf Fischmärkten seines Verbreitungsgebietes anzutreffen, das von den Seychellen über die indische Westküste bis nach Melanesien und Japan reicht.

Der **Blut-Schnapper** *(Lutjanus sanguineus)* ist aufgrund seines Kopfhöckers sehr leicht kenntlich. Er ist auf den westlichen Indischen Ozean beschränkt und kommt vom Roten Meer über die Ostafrikanische Küste bis zur indischen Westküste vor. Von den Seychellen gelangt er unter dem Handelsnamen »Bordomar« zu uns. Sein Fleisch ist von hervorragender Qualität.

Der **Gelbschwanz-Schnapper** *(Ocyurus chrysurus)* ist eine der zwei Arten, die den Hauptteil des karibischen Schnapper-Fanges bilden. Sein Fleisch wird sehr geschätzt und kommt unter dem Namen »Yellowtail Snapper«, in spanischsprachigen Ländern als »Rabirrubia«, frisch oder tiefgefroren auf den Markt. Sein Verbreitungsgebiet reicht von Massachusetts über den Golf von Mexiko und die Karibik bis nach Brasilien.

Der **Barrakuda-Schnapper** *(Aprion virescens)* wird in seinem gesamten Verbreitungsgebiet, das von Ostafrika bis in die Südsee reicht, häufig auf Märkten angeboten. Der Handelsname bei Importfischen von den Seychellen ist »Job Gris«, oft wird er auch »Green Jobfish« genannt, zum Beispiel in Australien und Südafrika.

Der **Rosa Gabelschwanz-Schnapper** *(Aphareus rutilans)* wird unter dem Namen »Job Jaune« gehandelt, an anderer Stelle heißt er »Rusty Jobfish« oder »Vivaneau Rouillé«. Er wird besonders häufig mit Langleinen und Angeln um Hawaii gefangen. Sein Verbreitungsgebiet ist viel weiter und reicht von Ostafrika bis in die Südsee.

Die Familie der Schnauzenbrassen (Centracanthidae) hat als äußeres Merkmal einen weit vorstreckbaren Unterkiefer und einen dunklen, rechteckigen Fleck auf der Mitte der Flanken.

Schnauzenbrassen

Spicara smaris und *Spicara maena*

engl. picarel; franz. mendole, picarel; ital. zerro; span. chucla; port. trombeiro; griech. marida; kroat. gera, tragalj; türk. izmarit.

Schnauzenbrassen sehen oberflächlich den Sägebarschen ähnlich, indem sie eine durchgehende Rückenflosse haben, die den gesamten Rücken einnimmt und vorn mit Stachelstrahlen versehen ist, während sie hinten Weichstrahlen aufweist. Auch ist die Lage der anderen Flossen ähnlich. Der Körper ist mit deutlichen Schuppen versehen. Kennzeichnend für die Schnauzenbrassen ist die weit vorstreckbare Schnauze. Auch sind sie silbrig gefärbt und haben einen deutlichen schwarzen Fleck in der Körpermitte oberhalb der Brustflossenspitze. Die maximale Körperlänge beträgt 20–25 cm. Diese Fischgruppe ist auf das Mittelmeer und den unmittelbar anschließenden Teil des Atlantik (Portugal – Kanarische Inseln) beschränkt. Die Schnauzenbrassen gelangen äußerst selten zu uns, dann sollte man aber nicht zögern, sondern zugreifen.
Verwendung: Sie schmecken gebraten delikat, vorher sollte man sie allerdings schuppen.

Gelbstriemen sind empfehlenswerte Fische, wenn sie wirklich frisch auf den Markt kommen. Es sind ideale Portionsfische mit durchschnittlich etwa 300 g Gewicht.

Goldstriemen sind im Mittelmeer häufige Fische mit durchschnittlicher Fleischqualität. In der italienischen Küche sind sie sehr beliebte Grillfische, die kräftig mit Knoblauch und Kräutern gewürzt werden.

Gelbstriemen

Boops boops

engl. bogue; franz. bogue; ital. boga; span. boga; port. boga do mar; griech. gopa; kroat. bukva, sivac; niederl. bokvis; norw. okseøyefisk; türk. kupez, istrongiloz.

Der Gelbstriemen gehört zwar zu den Brassen, ist aber nicht so hochrückig wie die meisten von ihnen. Die Struktur und Anordnung der Flossen ist wie bei allen Brassen ähnlich denen der Sägebarsche oder Schnauzenbrassen, denen er auch am ähnlichsten sieht. Es fehlt ihm aber die weit vorstülpbare Schnauze und der dunkle Fleck in Körpermitte. Statt dessen hat er 3–5 goldgelbe Längsstreifen auf den im übrigen silbrigen Flanken. Die maximale Körperlänge beträgt 36 cm, meist bleibt es bei 20 cm. Das Hauptverbreitungsgebiet erstreckt sich vom Ärmelkanal bis Angola, in der Nordsee kommt er nur selten vor. Sehr häufig ist er im Mittelmeer. Im Westatlantik kommt er im Golf von Mexiko und der Karibik vor. Er wird mit allen möglichen unterschiedlichen Netzen gefischt, manchmal auch nachts durch Licht angelockt und gefangen. Auf den Märkten des Mittelmeergebiets wird er häufig angeboten. Zu uns gelangt der Gelbstriemen regelmäßig. Sein Fleisch ist recht weich und wird beim Transport noch weicher.
Verwendung: Beim Schuppen nicht zu kräftigen Druck anwenden, sonst entsteht »Mus« aus dem weichen Fleisch, das geschmacklich aber gut ist. Die Zubereitungsart der Wahl ist das Braten.

Goldstriemen

Sarpa salpa

engl. salema; franz. saupe; ital. salpa; span. salema; port. salema; griech. salpa; kroat. salpa; niederl. gestreepte bokvis; türk. çitari.

Der Goldstriemen ist viel hochrückiger als der Gelbstriemen. Sehr charakteristisch sind die 11 goldgelben Längsstreifen auf den Körperflanken. Die Maximallänge beträgt 46 cm, meist bleibt es bei 30 cm. Das Verbreitungsgebiet reicht von der Biskaya bis Südafrika einschließlich des gesamten Mittelmeeres. Zu uns kommen Goldstriemen regelmäßig. Ihr Fleisch ist weich und die Tiere sind schlecht transportfähig, schlechter noch als Gelbstriemen. Sie sind von sehr schwankender Qualität, je nachdem, von welchen Algen sie sich ernährt haben.

Sackbrassen mit ihrem feinen Fleisch sind relativ selten auf dem Markt. Deshalb sollte man unbedingt zugreifen, wenn sie angeboten werden. Wie alle Brassen schmecken sie am besten aus der Pfanne oder vom Grill.

Die Familie der Meerbrassen (Sparidae) ist mit ungefähr 100 Arten in allen gemäßigten und tropischen Meeren verbreitet. Manche begeben sich als Einzelgänger in Brack- und Süßwasser, viele erscheinen in großen Schwärmen in Küstengebieten. Mehr als 20 Arten sind im Mittelmeer beheimatet. Die meisten haben ausgezeichnetes Fleisch und sind als Speisefische sehr geschätzt.

Sackbrassen
Pagrus pagrus

engl. seabream; franz. pagre; ital. pagro dentice; span. pargo; port. pargo legítimo; griech. fangri; kroat. pagar; türk. mercan.

Sackbrassen werden wegen ihrer ebenfalls rosa Färbung oft mit Rotbrassen verwechselt. Abgesehen von der sehr viel hochrückigeren Körperform fehlt dem Sackbrassen der tiefrote Fleck an der Basis der Brustflosse, und die Spitzen der Schwanzflosse sind hell gefärbt. Auch wird diese Art mit maximal 75 cm (meist 30–35 cm) Körperlänge etwas größer. Das Verbreitungsgebiet erstreckt sich von der südlichen Biskaya bis zum Senegal einschließlich des gesamten Mittelmeeres. Nördlich und südlich dieses Kerngebiets gibt es zwar Einzelnachweise, aber kein häufiges Vorkommen. Meist werden sie mit Strandnetzen und Langleinen gefischt und kommen regelmäßig auf die Märkte, besonders auf die des Mittelmeergebiets. Sackbrassen werden auch regelmäßig zu uns importiert. Ihre Qualität ist der von Rotbrassen vergleichbar.

Verwendung: Am besten schmecken sie gebraten oder gegrillt. Aber auch aus dem Ofen, mit Gemüse gegart, sind sie vorzüglich.

Rotbrassen
Pagellus erythrinus

engl. pandora; franz. pageot; ital. fragolino; span. breca; port. bica; griech. lethrini; kroat. rumenac; niederl. rode zeebrasem; norw. rødpagell; schwed. rödpagell; türk. mercan.

Der Rotbrassen ist relativ hochrückig und durch seine einheitlich rosa Färbung gekennzeichnet. An der Basis der Brustflosse liegt ein tiefroter Fleck. Die Maximallänge beträgt 60 cm, was aber nur äußerst selten erreicht wird, die meisten Exemplare liegen unter 25 cm. Das Verbreitungsgebiet umfaßt die Biskaya bis zu den Kanaren einschließlich des Mittelmeeres. Weiter nördlich, etwa in skandinavischen Gewässern, ist er nachgewiesen, aber sehr selten. Er lebt bodennah auf verschiedenem Untergrund, meist bis in 100 m Wassertiefe, häufig aber auch nur in 10–20 m. Hauptfischereigebiet ist das Mittelmeer, wo er mit unterschiedlichen Netzen gefischt wird. Er wird regelmäßig auf Märkten angeboten. Zu uns kommen Rotbrassen regelmäßig, da sie sich gut transportieren lassen. Sie haben ein festes, delikates Fleisch und gehören zu den schmackhaftesten Brassen.

Verwendung: Meist werden sie gebraten. Grillt man sie, muß fleißig mit Öl gepinselt werden, da sie sonst schnell zu trocken werden können.

Achselfleck-Brassen
Pagellus acarne

engl. axillary sea bream; franz. pageot acarné; ital. pegello mafrone; span. aligote; dän. akarnisk blankesten; griech. murmuli; niederl. zeebrasem; portug. besugo; türk. kırma mercan.

Vom Rotbrassen unterscheidet sich diese verwandte Art dadurch, daß sie weniger hochrückig ist und daß die Basis der Brustflosse einen etwas nach oben verschobenen dunklen Fleck aufweist. Die Körperfärbung ist mehr grau als rosa. Mit 36 cm Gesamtlänge bleibt er kleiner. Sein Verbreitungsgebiet reicht von der Biskaya bis nach Senegal unter Einschluß des gesamten Mittelmeeres, in dem seine

Die Dorade Royale ist bei Feinschmeckern die beliebteste ihrer Familie. Das feste weiße Fleisch ist äußerst schmackhaft und arm an Gräten. **Die kleinen Rotbrassen** nebenan sind ideal für Suppen und zum Schmoren, aber auch zum Braten.

▲ **Der Achselfleck-Brassen** und der verwandte ▼ **Graubarsch** erscheinen nicht so häufig auf dem Markt wie andere Brassen. Sie haben meist ein Gewicht von 300–400 g, sind also echte Portionsfische. Ihr Fleisch ist von durchschnittlicher Qualität. Nicht ideal zum Pochieren, aber gut zum Braten und Grillen.

Häufigkeit nach Osten hin abnimmt. In der Nordsee kommt er selten an der britischen Küste vor, wurde aber auch schon in dänischen Gewässern gefangen. Im Mittelmeergebiet wird er regelmäßig auf den Märkten angeboten. Sein Fleisch hat mittlere Qualität und ist im Geschmack dem des Rotbrassen unterlegen.
Verwendung: Am besten wird dieser Fisch gebraten, da er beim Pochieren oder Dünsten etwas strohig schmeckt.

Graubarsch, Seekarpfen
Pagellus bogaraveo

engl. blackspot sea bream; franz. dorade rose; ital. occhialone; span. besugo; dän. spidstandet blankesten; griech. kefalas; niederl. zeebrasem; port. goraz.

Ein auffälliger dunkler Fleck im vorderen Teil der Seitenlinie unterscheidet diesen Brassen von seinen nächsten Verwandten. Die Grundfarbe des Körpers ist grau mit einem mehr oder weniger ausgeprägten Rosaschimmer. Mit 70 cm Gesamtlänge wird er größer als seine Verwandten, meist bleibt er aber mit 15–50 cm deutlich kleiner. Das Verbreitungsgebiet reicht von Norwegen bis zum Kap Blanco in Mauretanien. Im westlichen Mittelmeer ist er häufig, im Osten fehlt er oder ist selten. Sein Fleisch entspricht dem des Achselfleck-Brassens, ebenso seine Verwendung.

Goldbrassen
Sparus aurata

engl. gilthead seabream; franz. dorade royale; ital. orata; span. dorada; griech. tsipura; kroat. lovrata; niederl. goadbrasem; port. dourada; türk. çipura.

Der Goldbrassen hat seinen Namen von einem golfarbenen Band, das sich von der Stirn zu den Augen zieht und dunkel eingerahmt ist. Ein auffälliger dunkler Fleck befindet sich am Vorderende der Seitenlinie und greift auf den Kiemendeckel über. Die Rückenflosse trägt ein dunkles Längsband in ihrer Mittellinie. Die Maximallänge beträgt 70 cm, Exemplare über 35 cm sind aber heute selten. Das Verbreitungsgebiet erstreckt sich von den Britischen Inseln bis zu den Kapverden und schließt das gesamte Mittelmeer ein. Als Lebensraum bevorzugt er Sandboden und Seegraswiesen in bis zu 30 m Wassertiefe. Gefischt wird er hauptsächlich im Mittelmeer mit Strandnetzen oder Angeln. Goldbrassen werden bei uns regelmäßiger angeboten als andere verwandte Arten. Sie sind kulinarisch die besten Brassen und erzielen auch hohe Preise.
Verwendung: Am besten schmecken sie gebraten oder gegrillt, wobei allerdings fleißig mit Öl gepinselt werden muß, damit sie nicht austrocknen.

Der Zweibindenbrassen ist ein Fisch mit nur mittlerer Fleischqualität. Der frische Fisch ist aber für die kräftigen Garmethoden wie Grillen und Braten, vor allem mit viel Kräutern und Gewürzen, empfehlenswert.

Geißbrassen
Diplodus sargus

engl. white seabream; franz. sar commun; ital. sarago; span. sargo; port. sargo legítimo; griech. sargós; türk. karagöz.

Wie beim Ringelbrassen befindet sich beim Geißbrassen ein schwarzer Fleck an der Schwanzwurzel, über die Flanken ziehen sich einige schmale dunkle Querbänder. Die Maximallänge erreicht 45 cm, meist bleibt es bei 30 cm. Die Art ist von der Biskaya bis zu den Kapverden verbreitet und kommt im gesamten Mittelmeer vor. Der Fang erfolgt mit Netzen oder Angeln. Er wird frisch oder tiefgefroren angeboten. Das Fleisch ist von mittlerer Qualität.
Verwendung: Er sollte gebraten werden, so kommt der Eigengeschmack am besten zur Geltung.

Spitzbrassen
Diplodus puntazzo

engl. sharpsnout seabream; franz. sar à museau pointu; ital. sarago pizzuto; span. sargo picudo; port. sargo bicudo; griech. úgena mitáchi; türk. sivriburun karagöz.

Der Spitzbrassen ist leicht an seiner spitz vorgezogenen Schnauze zu erkennen. Die Körperflanken tragen dunkle Querbänder, die fast immer deutlich sind. Die Schwanzwurzel hat einen dunklen Fleck. Die Körperlänge kann 60 cm erreichen, meist bleibt es aber bei 25–30 cm. Sein Fleisch ist zart und delikat. Es wird besonders in Italien geschätzt, wo es zu hohen Preisen gehandelt wird.
Verwendung: Am besten schmeckt der Fisch gebraten, große Exemplare gelingen auch im Ofen sehr gut.

Ringelbrassen
Diplodus annularis

engl. annular seabream; franz. sparraillon commun; ital. sparaglione; span. raspallon; port. sargo alcorraz; griech. sparos; kroat. špar, kolorep; türk. karagöz.

Der Ringelbrassen wird manchmal mit der Oblada verwechselt, ist aber viel hochrückiger, und der schwarze Fleck auf der Schwanzwurzel ist nicht hell eingefaßt. Die Maximallänge beträgt 24 cm, meist bleibt es bei 15 cm. Das Verbreitungsgebiet umfaßt das gesamte Mittelmeer und das Schwarze Meer, außerdem den unmittelbar benachbarten Atlantik von der Biskaya bis Gibraltar mit Madeira und den Kanaren. Eine nennenswerte Fischerei existiert nur in den Gewässern um Sizilien und in der Adria.
Verwendung: Er eignet sich wie die meisten Brassen am besten zum Braten.

Die Oblada ist am hell eingerahmten dunklen Fleck vor der Schwanzflosse leicht zu identifizieren. Sie ist je nach Nahrungsaufnahme von sehr unterschiedlicher Qualität, aber immer empfehlenswert für würzige Gerichte.

Der Königsbrassen *(Argyrops spinifer)* ist an seinen verlängerten Rückenflossenstrahlen leicht kenntlich. Er ist im Indopazifik vom Roten Meer und der ostafrikanischen Küste bis nach Nordaustralien verbreitet und wird in seinem gesamten Verbreitungsgebiet eifrig gefischt. Sein Fleisch ist hervorragend, besonders, wenn der Fisch gegrillt wird.

Oblada

Oblada melanura

engl. saddled bream; franz. oblade; ital. occhiata; span. oblada; port. dobradiça; griech. melanuri; kroat. ušatz; niederl. oblada; türk. melanurya.

Die ebenfalls nicht sehr hochrückige Oblada ist durch die Färbung des Schwanzstiels unverkennbar. Dieser trägt einen schwarzen Fleck, der vorn und hinten weiß eingefaßt ist. Die maximale Länge beträgt 30 cm, meist bleibt es bei 18–20 cm. Im Atlantik ist diese Art weit verbreitet und von der Biskaya bis Angola bekannt. Auch im gesamten Mittelmeer ist sie häufig, im Schwarzen Meer selten. Sie lebt im Flachwasser der Felsküsten, aber auch in Seegraswiesen. Eine nennenswerte Fischerei findet nur im östlichen Mittelmeergebiet statt. Zu uns gelangt die Oblada äußerst selten. Kulinarisch ist sie nicht besonders geschätzt.

Verwendung: Wie bei den meisten Brassen ist das Braten die Zubereitungsart der Wahl.

Der Buckel-Zahnbrassen *(Dentex gibbosus)* ist im südlichen und östlichen Mittelmeergebiet häufig und beliebt. Die Qualität seines Fleisches steht der des eigentlichen Zahnbrassen in nichts nach.

Marmorbrassen gehören zu den häufigen Fischen der Familie der Meerbrassen. Sie ernähren sich von Krebs- und Weichtieren. Das Fleisch ist zwar etwas grau, aber von fester Konsistenz, es ist geschmacklich von mittlerer Qualität. Ein Fisch, der kräftiges Würzen verträgt.

Zahnbrassen

Dentex dentex

engl. dentex; franz. denté; ital. dentice; span. denton; port. capatão legítimo; griech. sinagrida; kroat. zubatac; niederl. tandbrasem; türk. sinarit.

Die kräftige Bezahnung der Kiefer hat dem Zahnbrassen seinen Namen gegeben. Mittelgroße Exemplare sind rosa gefärbt, während alte langsam graublau werden. Mit maximal 1 m Körperlänge handelt es sich um einen der größten Brassen europäischer Gewässer. Das Verbreitungsgebiet erstreckt sich von der Biskaya bis zum Senegal einschließlich des gesamten Mittelmeeres. Er lebt räuberisch in mittleren Tiefen, vorzugsweise über Felsgründen. Gefischt wird er sowohl mit Netzen als auch mit Langleinen oder Schleppangeln. Er ist regelmäßig auf Fischmärkten des Mittelmeergebiets anzutreffen. Zu uns gelangt der Zahnbrassen nur sporadisch, da er mittlerweile auch in den Hauptfanggebieten seltener geworden ist.

Verwendung: Ähnlich wie beim Sack- und Rotbrassen.

Marmorbrassen

Lithognathus mormyrus

engl. striped seabream; franz. marbré; ital. mormora; span. herrera; port. ferreira; griech. murmura; kroat. kopač; türk. çizgili mercan.

Marmorbrassen sind nicht sehr hochrückig. Ihre Flanken sind silbrig und mit 14–15 dunklen Querbinden versehen. Die Maximallänge beträgt 55 cm, meist bleibt es bei 25 cm. Das Verbreitungsgebiet erstreckt sich von der Biskaya bis Südafrika einschließlich des gesamten Mittelmeeres. Auch im Roten Meer und dem südwestlichen Indischen Ozean kommt er vor. Er ist ein typischer Bewohner des Flachwas-

Streifenbrassen, wegen ihres hohen Rückens auch Seekarauschen genannt, gehören nicht zu den besten aus der Familie der Meerbrassen. Sie kommen meist mit einem Gewicht von 500 g aufwärts auf den Markt. Ihr Fleisch ist relativ weich und ohne besonderes Aroma. Sie lassen sich kaum filetieren, als ganzer Fisch eignen sie sich aber gut zum Grillen auf dem Rost.

sers, aber bis zu einer Tiefe von 150 m bekannt. Er bevorzugt Weichgründe und ist auch in Seegraswiesen häufig. Eine nennenswerte Fischerei existiert im östlichen Mittelmeer und der Adria. Marmorbrassen werden gelegentlich auch bei uns angeboten.
Verwendung: Obwohl sie als mittelmäßige Speisefische gelten, schmecken sie gebraten recht gut.

Streifenbrassen
Spondylosoma cantharus

engl. black seabream; franz. dorade grise; ital. cantara; span. chopa; port. choupa; dän. havsrude; griech. scathari; kroat. kantar; norw. havkaruss; schwed. havsruda; türk. sarıgöz.

Der Streifenbrassen ist relativ hochrückig, schimmert bläulich oder grünlich, die Flanken weisen goldfarbene, meist unterbrochene Linien auf. Die Maximallänge beträgt etwa 60 cm, meist bleibt es bei 30 cm. Das Verbreitungsgebiet erstreckt sich von Mittelnorwegen bis Angola und schließt das gesamte Mittelmeer ein. Meist leben die Fische im Flachwasser und ernähren sich sowohl von Algen als auch von kleineren Tieren. Sie werden mit verschiedenen Grundnetzen gefangen und gelangen im Mittelmeergebiet regelmäßig auf die Märkte. Bei uns wird der Streifenbrassen sporadisch angeboten.
Verwendung: Er gehört zu den schmackhafteren Brassen und wird vorzugsweise gebraten.

Die Vertreter der Meerbrassen rund um Südafrika gelten als ganz besonders gute Speisefische. Allen voran die **White Stumpnose** oder **Weiße Stumpfnase** *(Rhabdosargus globiceps)*. Ihre durchschnittliche Marktgröße liegt bei etwa 35 cm und 750 g. Daß Fleisch ist weiß, fest und von feinem Aroma. Ebenso das der **Roten Stumpfnase** *(Chrysoblephus gibbiceps)*, die meist kleiner angeboten wird.

Schafskopf
Archosargus probatocephalus

engl. sheepshead.

Ein begehrter Speisefisch in den USA. Das gängige Marktgewicht liegt zwischen 2 und 6 kg. Er wird an der ganzen

Sheepshead oder Schafskopf, ein Brassen aus dem Westatlantik, der hervorragend schmeckt. Er kann bis zu 12 kg schwer werden, gehandelt wird er aber meist mit 2–6 kg Gewicht. Das feine weiße und trockene Fleisch läßt sich sehr einfach von den großen Gräten lösen. Die Filets sind in den USA auch tiefgefroren auf dem Markt.

amerikanischen Atlantikküste von Neufundland bis Florida gefangen. Berühmt ist sein weißes, trockenes, vor allem aber aromatisches Fleisch. Mit seinem kräftigen, starken Gebiß knackt er Austern, Muscheln und Schnecken.

Ein weiterer, besonders feiner Vertreter dieser Familie an der (nördlichen) USA-Küste ist der **Scup** *(Stenotomus chrysops)*, der meist mit 0,5–1 kg auf den Markt kommt und für alle Garmethoden taugt. Mit wenigen und großen Gräten ist er sehr einfach zu behandeln.
Besonders häufig, aber ebenfalls von guter Qualität sind der **Jolthead Porgy** *(Calamus bajonado)* und der **Whitebone Porgy** *(Calamus leucosteus)*. Beide werden südlich von Cape Cod bis zum Golf von Mexiko gefangen und kommen mit einem durchschnittlichen Gewicht von 1 kg auf den Markt.

Der Weiße Grunzer ist recht häufig an der Atlantikküste der USA von Maryland an südwärts anzutreffen. Seine Verbreitung reicht bis Brasilien. Er ist an den blauen Längsstreifen des Kopfes leicht zu erkennen.

Die große Familie der Grunzerfische (Pomadasyidae; engl. grunts, franz. grondeurs) zeichnet sich nicht durch Quantität, wohl aber durch Qualität aus. Ihre Mitglieder kommen in den meisten tropischen und subtropischen Meeren vor. Besonders farbenprächtige Grunts halten sich in den Korallenriffen auf. Ihren originellen Namen haben diese Fische wirklich vom »Grunzen«; sobald sie aus dem Wasser kommen, erzeugen sie mit den Zähnen ein mahlendes, deutlich grunzendes Geräusch, das durch die Schwimmblase noch verstärkt wird.

Der feinste in dieser Familie ist wohl der **Porkfish** oder **Schweinsfisch** *(Anisotremus virginicus)* mit schneeweißem Fleisch. Er wird höchstens 1 kg schwer. Nicht minder gut ist auch der **Weiße Grunzer** *(Haemulon plumieri)*; er ist der am häufigsten vorkommende Fisch der Familie und vor allem als Grillfisch beliebt.
Verwendung: Kleine Grunzer sind eine ideale Zutat für eine Bouillabaisse oder Bourride. Auf den französischen Antillen liebt man sie im »Blaff«, einem feinen kreolischen Eintopf. Große Exemplare lassen sich hervorragend grillen.

Der Blaustreifen-Grunzer *(Haemulon sciurus)* ist of mit seinem weißen Vetter vergesellschaftet und kommt etwa im selben Verbreitungsgebiet vor. Er läßt sich von ihm leicht dadurch unterscheiden, daß der gesamte Körper blaue Längsstreifen aufweist. Auch er ist als Grillfisch beliebt.

Der Silber-Grunzer *(Diagramma pictum)* wird von den Seychellen zu uns importiert. Der Handelsname lautet »Capitaine du Port«. Er eignet sich für alle Zubereitungsarten.

▲▲ **Der Weiße Straßenkehrer** oder **Capitaine Blanc** ist ein sehr schmackhafter Rifffisch. Sein zartes weißes Fleisch eignet sich für alle Zubereitungsarten.

▲ **Der Blaustreifen-Straßenkehrer** oder **Capitaine Rouge** gehört zu den häufigsten Vertretern seiner Familie. Mit einer Maximallänge von 86 cm gehört er zu den großen Arten der Gattung. Er eignet sich besonders gut zum Garen im Ofen.

Der Adlerfisch hat als Maigre in Frankreich einen guten Ruf als Speisefisch. Sein Fleisch ist frisch und gefroren im Handel. Wie alle Umberfische kann auch der Adlerfisch mit seiner Schwimmblase trommelnde Geräusche erzeugen, die noch aus mehreren Metern Tiefe zu hören sind.

Die Familie der Straßenkehrer (Lethrinidae) umfaßt etwa 40 Arten mittelgroßer Fische, die in ihren Verbreitungsgebieten kulinarisch geschätzt werden. Sie kommen ganz überwiegend im Indopazifik vor und werden mit Netzen und Angeln gefangen.

Zu uns gelangen neuerdings zwei Arten von den Seychellen: **Weißer Straßenkehrer** *(Gymnocranius robinsoni)* unter dem Handelsnamen »Capitaine Blanc« und der **Blaustreifen-Straßenkehrer** *(Lethrinus nebulosus)* als »Capitaine Rouge«. Letzterer hat ein weites Verbreitungsgebiet, das vom Roten Meer bis Samoa reicht.

Die Mitglieder der Familie der Umberfische (Sciaenidae) besitzen im Gegensatz zu den Meerbrassen einen gestreckteren, seitlich etwas abgeflachten Körper, eine geteilte Rückenflosse und einen hohen Schwanzstiel. Gemeinsam ist allen, daß sie mit Hilfe der Schwimmblase und bestimmter Muskeln laute, »trommelnde« Töne erzeugen können. Daher im Englischen auch der Name »Drummer«. Diese Raubfische sind Küsten- und Hochseebewohner der warmen Meere, einige Arten dringen beim Verfolgen der Beute bis ins Süßwasser vor.

Meerrabe

Sciaena umbra

engl. brown meagre; franz. corb commun; ital. corvo; span. corvallo; port. roncadeira preta; griech. skios; kroat. skrap; niederl. zeeraaf; türk. işkine.

Meerraben haben eine durchgehende, lange Rückenflosse, deren vorderer Teil sehr viel höher ist als der hintere und von diesem durch einen kräftigen Einschnitt getrennt ist. Der Unterkiefer hat keinen Bartfaden. Der gesamte Fisch ist düster braun bis grau gefärbt, der Bauch heller. Die maximale Körperlänge beträgt 50 cm, meist bleibt es aber bei 30 cm. Das Verbreitungsgebiet erstreckt sich vom Ärmelkanal bis zum Senegal einschließlich des gesamten Mittelmeeres und des Schwarzen Meeres. Er lebt in Tiefen von etwa 20–180 m und ist meist nachtaktiv. Er lebt räuberisch von kleineren Tieren. Gefischt wird er ausschließlich im Mittelmeer mit verschiedenen Netzen und Langleinen. Zu uns gelangt der Meerrabe selten, da er nicht so gut transportfähig ist wie festfleischigere Fische.
Verwendung: Sein zartes Fleisch ist von guter Qualität und eignet sich für alle Zubereitungsarten.

Adlerfisch

Argyrosmus regius

engl. meagre; franz. maigre; ital. bocca d'oro; span. corvina; port. corvina legítima; dän. ørnefisk; griech. aetos, kranios; kroat. sjenka; niederl. ombervis; norw. ørnefisk; schwed. havsgös; türk. sarıağız.

Der Adlerfisch gehört zur Familie der Meerraben und hat daher die gleiche Ausbildung der Rückenflosse wie die vorige Art, ist aber nicht so hochrückig. Einen Bartfaden hat auch er nicht. Er ist insgesamt silbrig gefärbt, der Rücken etwas dunkler. Ein untrügliches Frischezeichen ist bei diesem Fisch die gelborange Färbung der Innenseite der Mundhöhle. Diese verfärbt sich bald bräunlich, später grau. Die Maximallänge beträgt 2 m, meist bleibt er aber unter 1 m. Diese Art ist weit verbreitet und kommt von der südnorwegischen Küste bis zum Kongo einschließlich des gesamten Mittelmeeres und Teilen des Schwarzen Meeres vor. Sie lebt in Wassertiefen von 15–200 m und ernährt sich räuberisch von kleineren Fischen wie Heringen, Sardinen, Sardellen und Meeräschen, deren Schwärmen sie folgt. Zu uns gelangt der Adlerfisch äußerst selten. Das ist bedauerlich, denn sein zartes Fleisch ist von allerhöchster Qualität.
Verwendung: Er eignet sich für alle Zubereitungsarten, sollte aber nicht zu scharf gebraten oder gewürzt werden, um sein Aroma nicht zu überdecken. Delikat schmeckt er gedünstet oder im Ofen gegart.

Bartumber

Umbrina cirrosa

engl. shi drum; franz. ombrine; ital.ombrina; span. verrugato; port. calafate de riscas; griech. mylokopi; kroat. kurjal; niederl. gestreepte ombervis; türk. kötek.

Der Bartumber gehört ebenfalls zur Familie der Meerraben, hat aber einen Bartfaden am Unterkiefer. Die Körperfarbe ist dunkelsilbrig, auf der Rückenseite verlaufen schräge dunkle Linien. Die Maximallänge beträgt 1 m, meist bleibt es aber bei etwa 60 cm. Die Art ist von der Biskaya bis zum Senegal verbreitet, sie kommt auch im gesamten Mittelmeer und im Schwarzen Meer vor.
Verwendung: Sein delikates Fleisch sollte so behandelt werden, wie für den Adlerfisch angegeben.

Enge Verwandte aus asiatischen Gewässern sind **Greenback Jewfish** oder **Grünrücken-Umberfisch** *(Johnius soldado)* und **Tamback** oder **Spotted Croaker** *(Pseudosciaena diacanthus)*, einer der besten Umberfische Asiens. Große Vorkommen mit entsprechender wirtschaftlicher Bedeutung von Fischen aus der Umberfisch-Familie gibt es vor allem in den warmen Gewässern des Westatlantik und im Indopazifik. Darunter sind auch einige Arten von großem kulinarischen Wert. Doch sind alle Mitglieder der Familie Sciaenidae ganz besonders anfällig für Parasiten, nämlich Saugwürmer. Wenn der Fisch nicht roh (wie etwa für Sashimi) gegessen wird, sind sie sicherlich harmlos für den Menschen. Auch beim Räuchern sollte man daher in jedem Fall die heiße Methode wählen.

Atlantic Croaker

Micropogonias undulatus

Westatlantischer Umberfisch

Er gehört zu den wichtigsten Marktfischen entlang den Küsten Nord- und Südamerikas. Ein mittelgroßer Fisch mit einem Durchschnittsgewicht von etwa 1 kg. Sein Fleisch ist von guter Qualität.
Verwendung: Er eignet sich besonders zum Braten in der Pfanne und zum Grillen, die Filets größerer Exemplare lassen sich gut braisieren.

Black Drum

Pogonias cromis

Schwarzer Umberfisch

Er gehört zu den großen Umberfischen des westlichen Atlantik und wird von Cape Cod bis Argentinien gefangen. Er kann zwar 50–60 kg schwer werden, das gängige Marktgewicht liegt aber zwischen 5 und 10 kg.
Verwendung: Sein weißes, aromatisches Fleisch ist für alle Garmethoden geeignet. Das der größeren Exemplare ist besonders beliebt für die populären Chowders.

Red Drum

Sciaenops ocellatus

Roter Umberfisch

Der Zweitgrößte und zugleich der Beste der Drum-Familie. Er wird entlang der Küste von Neuengland bis Mexiko gefangen und kommt mit einem Durchschnittsgewicht von 2–3 kg auf den Markt. Ein Red Drum kann aber auch 40–50 kg schwer werden. Ein hervorragender Speisefisch mit aromatischem und festem, aber saftigem Fleisch.

Der Atlantic Croaker gilt in Nord- und Südamerika als feiner Food-Fisch und wird dort auch frisch vermarktet. Wegen seiner Streifenzeichnung könnte er mit dem Spot verwechselt werden. Er ist aber schlanker und hat eine konvexe Schwanzflosse.

Der White Croaker aus dem Pazifik gehört mit seinem relativ weichen Fleisch nicht zu den Besten der Familie. Mit einem durchschnittlichen Marktgewicht von 1 kg gilt er als guter »panfish«. (vgl. auch Seite 72)

Die nahe Verwandtschaft des Spots zum Atlantic Croaker ist offenkundig. Er hat aber einen höheren Rücken und als eindeutiges Erkennungsmerkmal den »spot«, einen dunklen Fleck hinter dem Kiemendeckel. Das Fleisch ist exzellent.

Spot

Leiostomus xanthurus

Zebra-Umberfisch

Ebenfalls ein häufiger Umberfisch im Westatlantik. Vor allem im Sommer und Herbst werden große Mengen zwischen Delaware Bay und Georgia angelandet. Trotz seines deutlich höheren Rückens ist seine nahe Verwandtschaft zum Atlantic Croaker unverkennbar. Doch der Fleck hinter dem Kiemendeckel weist ihn eindeutig als Spot aus. Im Sommer ein begehrter Frischfisch.
Verwendung: Ein beliebtes Rezept aus Virginia ist »panfried Spot« mit Rosmarin.

Der Red Drum aus dem Westatlantik ist der qualitativ beste Umberfisch. Vom Schwarzen Umberfisch unterscheidet er sich durch seine kupferne Färbung und einen oder zwei dunkle Punkte am Schwanzflossenansatz.

Black Drums sind schon wegen ihrer Größe für den Konsumenten einfach zu verarbeiten. Man kauft ohnehin nur Scheiben oder Stücke, und zwar grätenfrei, denn die wenigen großen Gräten werden schon beim Zerteilen entfernt. Auch bei kleinen Exemplaren macht das Filetieren keine Mühe. Die breiten Streifen der Jungfische verschwinden nach einigen Jahren. (vgl. auch Seite 71)

Spotted Seatrout
Cynoscion nebulosus

Gefleckter Umberfisch

Wie so oft, ist auch diese Bezeichnung für ein Mitglied der Umberfisch-Familie höchst irreführend. Aber Ähnlichkeit mit einer Forelle ist schon vorhanden. Die Vorkommen reichen von New York bis in den Golf von Mexiko. Das durchschnittliche Marktgewicht liegt bei etwa 1 kg – wie auch beim **Weakfish** *(Cynoscion regalis),* auch **Gray Trout** genannt. Beide haben sehr gutes Fleisch, das allerdings extrem leicht verderblich ist.

Gulf Kingfish oder Whiting
Menticirrhus littoralis

Beide Namen sind gebräuchlich, wenn auch irreführend. Dieses Mitglied der großen Familie der Umberfische ist ein hochgeschätzter Speisefisch. Sein Verbreitungsgebiet reicht von der Chesapeake Bay bis Brasilien.

Ebenso begehrt sind der **Southern Kingfish** *(Menticirrhus americanus),* der von Cape Cod bis Argentinien gefangen wird, und der **Northern Kingfish** *(Menticirrhus saxatilis).* Diese Arten werden maximal 1–1,5 kg schwer. Von Gourmets werden sie als die besten Fische aus dem Westatlantik hochgelobt. Ihr mageres, festes weißes Fleisch ist sehr aromatisch, ebenso das der nahverwandten **California Corbina** *(Menticirrhus undulatus),* die jedoch bis 4 kg schwer werden kann.

Weakfish und Spotted Seatrout (unten) sind zwei höchst empfehlenswerte Fische mit weißem Fleisch und exzellentem Geschmack. Sie lassen sich leicht filetieren. Beide sind jedoch äußerst leicht verderblich. Sie müssen gut gekühlt und möglichst schnell verbraucht werden.

White Seabass
Atractoscion nobilis

Weißer Seebarsch

Ein Pazifik-Croaker von wirtschaftlicher und kulinarischer Bedeutung. Kommt vom südlichen Alaska bis Niederkalifornien vor und kann bis 40 kg schwer werden.
Verwendung: Sein feines weißes Fleisch eignet sich für alle Garmethoden.

Ebenso begehrte Verwandte im Pazifik sind der **White Croaker** *(Genyonemus lineatus)* und der **Yellowfin Croaker** *(Umbrina roncador),* die mit einem durchschnittlichen Gewicht von 1 kg auf den Markt kommen.
Verwendung: Beide eignen sich besonders gut zum Braten in der Pfanne.

Meerbarben (Mullidae) sind Bodenfische der gemäßigten und tropischen Meere. Meist in kleinen Rudeln, leben sie von Herbst bis Frühjahr in größeren Tiefen, im Sommer in Küstennähe, auch im Brackwasser. Am Kinn tragen sie zwei lange, gabelförmige Bartfäden, die mit Geschmacks- und Tastorganen zum Aufspüren der Nahrung ausgestattet sind. Die »Barteln« können vorgestreckt und zurückgelegt werden. Schon im griechischen und römischen Altertum waren Meerbarben hochgeschätzte und teuer bezahlte Speisefische. Ihr delikates weißes Fleisch hat nur wenige Gräten.

Rote Meerbarbe
Mullus barbatus

engl. red mullet; franz. rouget de vase; ital. triglia di fango; span. salmonete de fango; port. salmonete da vasa; griech. kutsomura; kroat. trlja od blata; niederl. zeebarbel; schwed. skäggmullus; türk. barbunya.

Meerbarben haben zwei kurze Rückenflossen, sind auf der Bauchseite abgeplattet und haben ein Paar lange Barteln am Unterkiefer. Die Körperfarbe ist rot mit unterschiedlicher Tönung. Die Rote Meerbarbe hat ein sehr steiles Kopfprofil und ist einheitlich rot gefärbt. Die großen Schuppen werden meist nach dem Fang entfernt, damit die Rötung der Haut besser zum Vorschein kommt. Die Maximallänge beträgt 30 cm, die meisten Exemplare sind jedoch kleiner als 20 cm. Diese Art kommt selten in der Nordsee, regelmäßiger vom Ärmelkanal bis zum Senegal vor. Auch das gesamte Mittelmeer und das Schwarze Meer werden von ihr besiedelt. Sie lebt auf Schlickgründen von 10–500 m Tiefe und wühlt im Boden nach wirbellosen Meerestieren. Die Barteln werden dabei als Tast- und Geschmacksorgane eingesetzt. Der Fang erfolgt mit verschiedenen Bodennetztypen. Zu uns gelangt die Rote Meerbarbe zeitweilig. Dann sollte man aber zugreifen, da sie die beste der drei angebotenen Arten ist.
Verwendung: Besonders gut schmeckt sie gedünstet, anschließend mit etwas Zitronensaft beträufelt. Beim Braten wird der feine Geschmack leicht überdeckt.

Streifenbarben waren schon im Altertum berühmt, vor allem wegen ihres schönen Farbenspiels. Sie ernähren sich von kleinen Krebs- und Weichtieren, die sie mit ihren Bartfäden auf dem Meeresboden aufspüren. Unter Feinschmeckern sind sie mehr als Rougets de Roche bekannt. Kleine Exemplare kann man übrigens durchaus unausgenommen grillen oder braten, weil Streifenbarben keine Galle haben. Daher auch ihre Bezeichnung »Schnepfen des Meeres«.

Streifenbarbe

Mullus surmuletus

engl. striped red mullet; franz. rouget de roche; ital. triglia di scoglio; span. salmonete de roca; port. salmonete legítimo; griech. barbouni; kroat. trlja od kamena; niederl. mul; norw. mulle; türk. tekir.

Die Streifenbarbe unterscheidet sich von der Roten Meerbarbe durch das flachere Kopfprofil, eine rote und gelbbraune Längsstreifung des Körpers und eine dunkle Längsstreifung der ersten Rückenflosse. Die Maximallänge beträgt 40 cm, meist bleibt es aber bei 25 cm. Das Verbreitungsgebiet entspricht dem der Roten Meerbarbe. Sie lebt in geringen Tiefen auf rauherem Untergrund, aber auch häufig auf Sand und in Seegraswiesen. Gefischt wird sie meist mit Strand- und Stellnetzen und ist regelmäßig auf den Fischmärkten vertreten. Zu uns gelangt die Streifenbarbe häufiger als die Rote Meerbarbe.
Verwendung: Besonders schmackhaft sind kleine Exemplare von bis zu 15 cm Körperlänge. Sie können gebraten oder auch gedünstet werden.

Stachelbarbe

Pseudupeneus prayensis

engl. West-African goatfish; franz. rouget du Sénégal; span. salmonete barbudo.

Die Stachelbarbe trägt ihren Namen nach einem kräftigen Dorn am Hinterrand des Kiemendeckels, der sie von den Echten Meerbarben der Gattung *Mullus* unterscheidet. Das Kopfprofil ist außerordentlich flach, flacher noch als das der Streifenbarbe. Charakteristisch ist auch das Färbungsmuster mit 3–4 roten Längslinien. Die Maximallänge beträgt 55 cm, meist bleibt es aber bei etwa 30 cm. Das Verbreitungsgebiet umfaßt die Atlantikküste Marokkos bis Angola, so daß es sich eindeutig um eine Warmwasserart handelt. Das Siedlungsgebiet sind Sand- und Schlickgründe mittlerer Tiefen (30–50 m), wo die Fische nach bodenlebenden Wirbellosen graben. In Westafrika werden sie in der Trawlfischerei in großen Mengen erbeutet. Die Stachelbarbe wird bei uns recht häufig angeboten, vor allem stellt sie das Hauptkontingent an tiefgefrorenen Meerbarben. Kulinarisch ist sie wesentlich weniger wertvoll als die Echten Meerbarben (Gattung *Mullus*), so daß den Unterscheidungsmerkmalen auch einige praktische Bedeutung zukommt.
Verwendung: Wegen des im Vergleich zu den übrigen Meerbarben weniger zarten Fleisches wird die Stachelbarbe am besten gebraten.

Gefleckter Ziegenfisch

Pseudupeneus maculatus

engl. spotted goatfish.

Leicht kenntlich an den drei dunklen Flecken entlang der Seitenlinie. Eine an der Westatlantikküste von Cape Cod bis Florida vorkommende Art der Mullidae, auch im Golf von Mexiko und südlich bis zur brasilianischen Küste verbreitet. Der geschätzte und wirtschaftlich bedeutende Speisefisch wird bis 28 cm lang.
Verwendung: Er kann gut pochiert werden.

Die Familie der Brandungsbarsche (Embiotocidae) findet man, bis auf wenige Arten, an der nördlichen Pazifikküste vom südlichen Alaska bis Nieder- und Südkalifornien.

Weißer Brandungsbarsch

Phanerodon furcatus

engl. white surfperch oder seaperch.

Einer der wichtigsten seiner Art. Die Färbung ist silbernbläulich bis olivfarben, zum Bauch hin heller, manchmal mit gelbem oder rosa Schimmer. An der Basis der Rückenflosse verläuft eine schwarze Linie. Vorkommen an der Pazifikküste von Vancouver bis Niederkalifornien, in Tiefen bis 43 m. Wird etwa 32 cm lang. Ein sehr guter Speisefisch von wirtschaftlicher Bedeutung in Kalifornien.

White Surfperch, der Weiße Brandungsbarsch – ein begehrter Speisefisch an der Westküste der USA. Als Grillfisch genießt er besonders hohes Ansehen.

Die Familie der Morwongs (Cheilodactylidae) kommt in den Gewässern um Japan, Australien, Südafrika sowie um Südamerika vor.

Verwendung des Tarakihi: Er gelingt gedünstet hervorragend. Man kann ihn aber auch braten, pochieren oder im Ofen garen.

Wichtigster Vertreter ist der **Tarakihi** *(Nemadactylus macropterus*; austral. morwong, silver bream; neuseel. tarakihi). Er kann 70 cm lang werden, meist bleibt es aber etwa bei 30–50 cm und einem Gewicht von 1,8–2 kg. Er wird in großen Mengen gefangen. Das Fleisch ist sehr gut und von mittlerer Festigkeit.

Die Familie der Bandfische (Cepolidae) hat, wie der Name schon sagt, bandartige, langgestreckte Körper. Die Schuppen sind klein, die Flossen haben keine Stachelstrahlen.

Roter Bandfisch
Cepola macrophthalma

engl. red bandfish; franz. cépole; ital. cepola; span. cepola; port. suspensório; griech. kordella; kroat. kurdela; niederl. rode bandvis; türk. kurdela.

Der Rote Bandfisch ist langgestreckt, aalförmig, aber seitlich stark abgeplattet. Die Rücken- und Afterflosse bilden einen Saum, die Schwanzflosse ist aber abgetrennt und gut erkennbar. Der ganze Fisch ist rot bis rotorange gefärbt. Die Maximallänge beträgt 70 cm, meist bleibt es aber bei 30 cm. Das Verbreitungsgebiet reicht von der britischen Westküste bis zum Senegal einschließlich des gesamten Mittelmeeres. Er lebt in selbst gegrabenen Höhlen im bindigen Schlick in 15–200 m Wassertiefe. Bandfische gelangen gelegentlich bei uns auf den Markt. Ihr Fleisch ist von mittelmäßiger Qualität.
Verwendung: Am besten werden sie, nach Belieben in Stücke geschnitten, gebraten.

Meeräschen (Mugilidae) sind Küstenfische aller gemäßigten und tropischen Meere. Sie halten sich meist in der Gezeitenzone auf und sind sehr anpassungsfähig an Meer-, Brack- und Süßwasser. Die lebhaften Schwarmfische wandern auch in Flußmündungen und Lagunen. Sie ernähren sich von Plankton und Kleinsttieren. Meeräschen haben hervorragendes Fleisch und gelten vielerorts als Delikatesse. Ihre wirtschaftliche Bedeutung ist groß im Mittelmeerraum, am Schwarzen und Kaspischen Meer und an der amerikanischen Atlantikküste von North Carolina bis Texas.

Großköpfige Meeräsche
Mugil cephalus

engl. flathead grey mullet; franz. mullet à grosse tête; ital. cefalo; span. pardete; port. tainha olhalvo; griech. kephalos; kroat. cipal glavač; türk. kefal.

Meeräschen haben zwei kurze und deutlich voneinander getrennte Rückenflossen. Die Bauchflossen liegen knapp hinter den Brustflossen. Der Körper ist silbrig gefärbt, im Querschnitt drehrund und mit großen Schuppen besetzt. Der Kopf ist groß und im Vorderteil abgeplattet. Die Maximallänge beträgt 1 m. Diese Art ist kosmopolitisch in subtropischen und tropischen Meeren verbreitet. In den europäischen Gewässern kommt sie von der Biskaya bis zum Mittelmeer einschließlich des Schwarzen Meeres vor. Jungtiere leben von wirbellosen Tieren, während erwachsene Fische hauptsächlich Kleinalgen aufnehmen. Dabei wandern sie in Lagunen und Flußmündungen ein. Die Fortpflanzung erfolgt aber im Meer. Gefischt werden Meeräschen mit Stell-, Wurf- oder Strandnetzen. An die Angel gehen nur Jungtiere. In europäischen Gewässern gibt es 7 Arten von Meeräschen, die im Handel nicht auseinandergehalten werden und auch kulinarisch ziemlich gleichwertig sind. Viel wichtiger ist im Handel die Trennung von großen und kleinen Meeräschen.
Eine weitere amerikanische Art ist die **Weiße Meeräsche** *(Mugil curema)*, die auch an der pazifischen Küste verbreitet ist.
Die häufigste europäische Meeräschenart ist die **Dicklippige Meeräsche** *(Chelon labrosus)*. Wie ihr Name bereits sagt, hat sie eine auffallend dicke Oberlippe mit kleinen Warzenreihen darauf. Sie wird bis 60 cm lang und etwa 5 kg schwer.
Die **Dünnlippige Meeräsche** *(Liza ramada)* ist in Aussehen und Form der Großköpfigen Meeräsche sehr ähnlich. Sie kommt im Ostatlantik vor, von Marokko bis Norwegen sowie im Mittelmeer. Die zur selben Gattung gehörende **Goldmeeräsche** *(Liza aurata)* hat als besonderes Kennzeichen auf Wangen und Kiemendeckeln einen goldenen Fleck. Eine wärmeliebende Art, die besonders im Mittelmeergebiet wirtschaftliche Bedeutung hat. Die **Spring-**

Die Großköpfige Meeräsche, die mit maximal 1,20 m Länge und 9 kg Gewicht zu den größten Meeräschen zählt. Sowohl in Europa als auch in Amerika ist sie wirtschaftlich bedeutend.

Meeräschen sind sowohl kulinarisch als auch wirtschaftlich vielerorts von großer Bedeutung. Sie haben festes, etwas fettes weißes Fleisch, das sehr gut schmeckt. In den Mittelmeerländern und in Japan wird ihr Rogen durch Salzen und Pressen haltbar gemacht und so als Spezialität gehandelt. In der Provence kennt man den Rogen als »boutargue«, in Japan als »karasumi«. ▲▲ **Dünnlippige Meeräsche**. ▲ **Springmeeräsche**, die sehr salzhaltiges Wasser bevorzugt und im Ostatlantik verbreitet ist.

Der Rote Bandfisch hat zwar gutes Fleisch, aber nur sehr wenig davon. Zudem ist es ziemlich grätenreich. Als Speisefisch wird er vor allem in Italien genutzt.

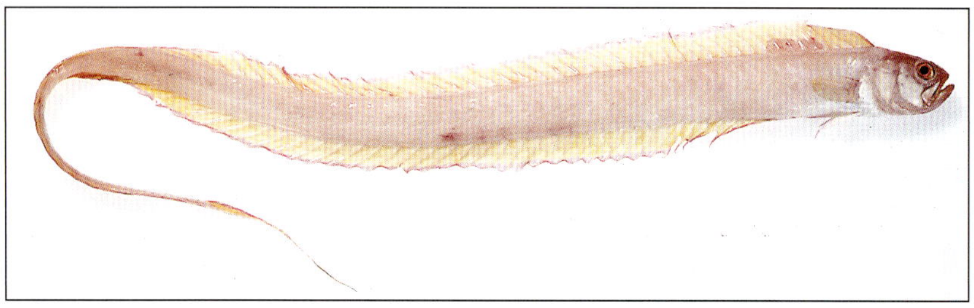

meeräsche *(Liza saliens)* ist etwas schlanker als ihre Verwandten und bevorzugt sehr salzhaltiges Wasser. Sie kommt im Ostatlantik vor von Marokko bis zur Biskaya. Wichtige asiatische Vertreter der Mugilidae sind die **Grünrücken-Meeräsche** *(Liza dussumieri*; engl. grey mullet, greenback grey mullet), die bis 35 cm lang wird; die **Diamantschuppige Meeräsche** *(Liza vaigiensis*, engl. diamond-scaled grey mullet), bis 60 cm lang, und die **Blaurücken-Meeräsche** *(Valamugil seheli*; engl. blue-spot grey mullet), die am Rücken blau ist und blaue Rücken- und Schwanzflossen aufweist. Sie kommt im Indopazifik und im Roten Meer vor.

Verwendung: Meeräschen können, je nachdem, wo sie gefangen wurden, sehr verschiedene Qualität haben. Am besten sind kleinere Exemplare, während große leider oft aus Flußmündungen mit trübem Wasser stammen und entsprechend »muffig« schmecken. Besser sind große Tiere aus strömungsreichen Gegenden oder von Sandstränden. Im Handel werden sie aber nicht unterschieden. Während sich die großen Fische besonders zum Dünsten und Schmoren eignen, werden die kleinen gebraten. Außerdem werden Meeräschen geräuchert oder gesalzen. In Griechenland und der Türkei werden die Rogen gesalzen, gepreßt und damit entwässert. Nach dem Trocknen werden sie mit Bienenwachs überzogen und durch den Luftabschluß haltbar. Dieses »avgotaracho« ist eine teure Delikatesse, die hierzulande nicht zu haben ist. Ähnlich wird in der Provence und in Japan verfahren. Die entsprechenden Produkte heißen dort »boutargue« beziehungsweise »karasumi«.

Pfeilhechte oder Barrakudas der Familie Sphyraenidae sind hechtähnliche Raubfische mit zwei getrennten, weit auseinanderliegenden Rückenflossen und gegabelter Schwanzflosse. Sie leben vor allem in tropischen Gewässern und dringen beim Verfolgen ihrer Beute (hauptsächlich Schwarmfische) auch in gemäßigt warme Gewässer vor.

Pfeilhecht oder Mittelmeer-Barrakuda
Sphyraena sphyraena

engl. european barracuda; franz. bécune européenne; ital. luccio di mare; span. espetón; port. bicuda; griech. lutros; kroat. škaram; türk. iskarmoz.

Der Körper ist gestreckt, hechtartig, mit sehr langem, spitzem Kopf und weiter Mundöffnung. Der Unterkiefer ist vorgeschoben und trägt kräftige Fangzähne. Die Färbung am Rücken ist grau-grünlich, am Bauch silbrig glänzend, am Rücken hat er bis zu 24 dunkle Querstreifen. Der Europäische Barrakuda kommt im Ostatlantik von den Kanarischen Inseln bis zur Biskaya sowie im Mittelmeer vor. Er ist ein hervorragender Schwimmer, der beim Verfolgen kleiner Schwarmfische (Sardinen) oft weite Strecken zurücklegt. Er ist sehr angriffslustig und kann, gereizt oder gefangen, mit seinem kräftigen Gebiß böse Verletzungen verursachen. Die Fischer behandeln ihn daher mit größter Vorsicht. Sein Fleisch ist von hoher Qualität.

Der Kalifornische Barrakuda *(Sphyraena argentea)* ist von den Kodiak-Inseln bis Niederkalifornien verbreitet und dort wirtschaftlich von Bedeutung. Der in Küstennähe lebende Fisch wird bis 1,20 m lang und etwa 8,5 kg schwer. Sein Fleisch ist hervorragend. Weltweit in tropischen und subtropischen Meeren mit Ausnahme des Ostpazifik ist dagegen der **Große Barrakuda** *(Sphyraena barracuda)* verbreitet. Er wird in seinem gesamten Verbreitungsgebiet gefangen und zum Verkauf angeboten. Sein Fleisch gilt als delikat. Große Exemplare werden aber eher gemieden, da bei ihnen Ciguaterra-Vergiftungen häufiger auftreten. Ein gewisses Risiko ist bei allen tropischen Vertretern dieser Fischgruppe gegeben.

Verwendung: Barrakudas eignen sich sowohl als Koteletts zum Braten als auch für Schmorgerichte aller Art.

Von den rund 450 Lippfisch-Arten sind die meisten klein und ohne kulinarischen Wert. Nur wenige der meist farbenprächtigen Fische sind als Speisefische begehrt wie dieser **Kuckuckslippfisch**.

Die Familie der Lippfische (Labridae) ist eine sehr große Gruppe von Fischen in allen tropischen, gemäßigten und kühleren Meeren. Ihr Körperbau ist dem der Barsche ähnlich; dabei gibt es enorme Größen- und Farbunterschiede. Lippfische haben eine lange, durchgehende Rückenflosse, deren vorderer Teil stachelstrahlig ist, während der hintere Weichstrahlen aufweist. Die Bauchflossen liegen etwas hinter den Brustflossen. Die Haut trägt kräftige Schuppen. Besonders charakteristisch sind die großen und fleischigen Lippen. Lippfische leben zwischen Korallen- und Felsriffen und in Algenwäldern. Sie ernähren sich von Krebs- und Weichtieren, manche leben als sogenannte Putzerfische. In tropischen Ländern werden alle Arten von Lippfisch gegessen, doch nur wenige Arten sind wertvolle Speisefische.

Der Große Barrakuda kann eine Körperlänge von fast 2 m und ein Gewicht von etwa 40 kg erreichen. Er wird in seinem gesamten Verbreitungsgebiet als Speisefisch geschätzt.

Kuckuckslippfisch
Labrus bimaculatus

engl. cuckoo wrasse; franz. vieille coquette; ital. tordo fischietto, labro pavone; span. gallano; port. bodião canário; dän. blaastaal (Männchen), rodnaeb (Weibchen); griech. chilou; kroat. smokva; niederl. gestreepte lipvis; norw. blåstål (Männchen), rødnebb (Weibchen); schwed. blågylta (Männchen), rödnäbba (Weibchen); türk. lâpin.

Der Kuckuckslippfisch ist besonders farbenfroh, außerdem in beiden Geschlechtern sehr unterschiedlich gefärbt. Bei den Männchen ist der Körper gelborange gefärbt, auf der Rückenseite mit tiefblauen Längsstreifen versehen, die nach vorn zusammenfließen und an den tiefblauen Kopf anschließen. Die Weibchen dagegen haben einen ziegelroten Körper mit drei großen schwarzen Flecken am Hinterende des Rückens. Die Maximallänge beträgt 35 cm. Diese Art ist weit verbreitet und kommt von Mittelnorwegen bis zum Senegal sowie im Mittelmeer vor. Sie lebt vorzugsweise in Tiefen von 20–40 m, dringt aber auch ins Flachwasser vor. Sie ist kein Schwarmfisch, sondern lebt meist paarweise. Die Männchen bauen Nester aus Algen, in die die Weibchen die Eier ablegen, welche dann vom Männchen bewacht und verteidigt werden. Eine nennenswerte Fischerei existiert nur im westlichen Mittelmeer, sonst nur Gelegenheitsfänge. Zu uns gelangt der Kuckuckslippfisch selten. Sein Fleisch ist von guter Qualität, aber wie das aller Lippfische sehr grätenreich. Die Gräten sind zudem stark verkalkt und damit hart.
Verwendung: Am besten wird er gebraten.

Gefleckter Lippfisch
Labrus berggylta

engl. ballan wrasse; franz. vieille; ital. tordo marvizzo; span. maragota; port. bodião reticulado; dän. berggylt; griech. chilou papagallos; kroat. vrana atlanska; niederl. gevlekte lipvis; norw. berggylt; schwed. berggylta; türk. kikla.

Der Gefleckte Lippfisch ist durch das charakteristische helle Fleckenmuster auf dunklerem Grund leicht kenntlich. Die Körperfarbe selbst ist sehr variabel und kann von braunrot bis grün abwandeln. Mit 60 cm Maximallänge gehört diese Art zu den größten europäischen Lippfischen. Das Verbreitungsgebiet erstreckt sich von Mittelnorwegen bis zu den Kanarischen Inseln. Im Mittelmeer kommt dieser Fisch nur lokal vor, besonders in türkischen Gewässern. Er lebt vom Flachwasser bis in etwa 20 m Tiefe und betreibt eine ähnliche Brutpflege wie der Kuckuckslippfisch. Die Fischerei auf diese Art findet hauptsächlich in türkischen Gewässern statt, insbesondere im Marmarameer, so daß sie auf den Fischmärkten dieser Umgebung regelmäßig angeboten wird. Der Fang erfolgt meist mit Strand- oder Stellnetzen. Zu uns gelangt der Gefleckte Lippfisch bisweilen aus der Türkei.

Gefleckter Lippfisch. Er taucht sehr selten auf unseren Märkten auf, aber wenn, dann sollte man zugreifen. Sein schmackhaftes Fleisch empfiehlt sich besonders zum Braten.

Riffische gehören zum täglichen Fang in den tropischen Gewässern. Sie sind oft von bester Qualität, wie die beiden Rotschwanz-Papageifische (von oben im Uhrzeigersinn) und auch der Spotlight-Parrotfish. Von geringerer Qualität ist der farbenprächtige Atlantische Schweinsfisch *(Bodianus rufus)*.

Weitere große europäische Arten sind der blaugrau bis oliv oder braun gefärbte **Braune Lippfisch** *(Labrus merula)* und der etwas schlankere **Grüne Lippfisch** *(Labrus viridis)*, der sich leicht an seiner Grünfärbung erkennen läßt. Beide Arten sind von Portugal bis Marokko einschließlich des gesamten Mittelmeeres verbreitet und kommen nur selten auf den Markt. Ihr Fleisch ist mittelmäßig. Oft werden diese Tiere in Fischsuppen verwendet.

Noch farbenprächtiger als die Lippfische sind die Papageifische der artenreichen Familie der Scaridae. Sie leben an den Steilabfällen der Korallenriffe in tropischen Meeren. Ihren Namen haben sie jedoch nicht von der Farbenpracht ihres Schuppenkleides, sondern von den zu einem Papageienschnabel verwachsenen Zähnen. Damit kratzen sie Kleingetier und Algen von den Korallen. Einige Arten brechen ganze Korallenzweige ab, die sie mit ihren kräftigen Schlundknochen zermahlen.

Im Mittelmeer ist nur eine Art vertreten, der **Seepapagei** *(Sparisoma cretense)*, der nur auf zyprischen und türkischen Märkten eine Rolle spielt.

Der Rotschwanz-Papageifisch *(Sparisoma chrysopterum*; engl. parrotfish; franz. scare; ital. pesce papagallo; span. vieja) hat einen länglich-ovalen Körper mit großem Kopf, der Oberkiefer ist etwas vorgewölbt. Die Färbung der Männchen und Weibchen ist unterschiedlich. Die Männchen sind blau, die Schwanzflosse hat einen breiten roten Innenrand, die anderen Flossen sind rötlich-orange. Die Weibchen kommen in verschiedenen Rottönen vor. Das Verbreitunggebiet umfaßt den gesamten tropischen Westatlantik von Florida bis Brasilien.

Der **Blauflecken-Papageifisch** *(Scarus ghobban)* lebt im Indopazifik. Er ist gelb mit blauen Flecken und wird bis 75 cm lang. Sein Verbreitungsgebiet reicht vom Roten Meer über den Indischen Ozean bis zur mittelamerikanischen Pazifikküste. In den Restaurants von Hongkong ist er ein sehr gefragter Speisefisch.
Der verwandte **Nasenhöcker-Papageifisch** *(Scarus rubroviolaceus)* ist im männlichen Geschlecht überwiegend grün gefärbt, während die Weibchen tiefrot sein können. Sein Verbreitungsgebiet ist auf den Indischen Ozean beschränkt, von Ostafrika bis zum Indomalayischen Archipel.
Verwendung: Papageifische sollten enthäutet werden, da die Haut einen etwas strengen Geschmack hat. Kleinere Tiere können sowohl gebraten als auch gedünstet werden, größere hingegen verarbeitet man zu Eintöpfen oder Schmorgerichten.

Farbenprächtige Blauflecken- ▲▲▲ und Nasenhöcker-Papageifische (▲▲ Männchen und ▲ Weibchen) gelangen mittlerweile regelmäßig zu uns. Die von den Seychellen stammende Ware wird unter dem Namen »Kakatoi« gehandelt. Als »Kakatoi Blanc« wird der Blauflecken-Papageifisch bezeichnet.

Die Familie der Sandbarsche (Mugiloididae) gehört ebenfalls zu den Küstenfischen der gemäßigt-warmen bis tropischen Meere. Der spindelförmige Körper ist von kleinen Schuppen besetzt. Die Rückenflosse ist geteilt in einige niedrige Stachelstrahlen und einen höheren, langen, weichen Teil. Vorsicht! Die kleinen Stachelstrahlen können schmerzhafte Verletzungen verursachen.

Der **Rollizo** *(Mugiloides chilensis)* bevorzugt etwas kühlere Gewässer und ist an der Küste Chiles stark vertreten. Sein Fleisch ist exzellent und häufig auf dem Markt.

Neuseeländischer »Blaubarsch«, Blue Cod

Parapercis colias

austral. New Zealand cod; japan. toragisu.

Mit seinem langgestreckten Körper ist er als Bodenbewohner sehr gut angepaßt. Beim Gleiten über Sand und flache Felsen kann er sich mit den Brustflossen aufstützen. Die Färbung am Rücken ist grünlich-blau bis blau-schwarz, seitlich mehr braun. Vorkommen ausschließlich um Neuseeland, in Tiefen bis zu 150 m. Er ernährt sich von Fischen, Krebsen und Weichtieren; wird bis zu 45 cm lang und etwa 2,5 kg schwer. Das Fleisch ist sehr gut.

Petermännchen werden besonders in Südeuropa sehr geschätzt. Ihr Fleisch ist zwar etwas trocken, aber äußerst schmackhaft. Sie kommen meist ohne Kopf und vor allem – wegen der Verletzungsgefahr durch die Giftstacheln – ohne die erste Rückenflosse auf den Markt. Das Große Petermännchen (▲▲) wird meist gefroren, regional aber auch frisch angeboten. Das Gestreifte Petermännchen (▲) kennzeichnen ringförmige dunkelbraune Flecken auf hellem Grund.

Verwendung: Das Fleisch eignet sich für fast alle Verarbeitungsarten. Ganz hervorragend wird es durch Räuchern.

Petermännchen (Trachinidae) sind Bodenfische mit langgestrecktem, seitlich abgeflachtem Körper. Die Augen liegen an der Kopfoberseite, der Mund ist schräg nach oben gerichtet. Die Kiemendeckel tragen starke Giftstacheln, auch die erste Rückenflosse hat 5–7 Giftstacheln; sie enthalten ein nervenlähmendes Gift. Wunden sollten sofort und etwa 1 1/2 Stunden lang sehr heiß abgetupft werden, da das Gift nicht hitzebeständig ist.

Großes Petermännchen

Trachinus draco

engl. greater weever; franz. grande vive; ital. dragone; span. escorpión; port. peixe aranha maior; dän. fjäsing; griech. drakena; kroat. pauk byeli; niederl. grote pieterman; norw. fjesing; schwed. tjärsing; türk. trakonya.

Petermännchen sind Bodenfische mit abgeplattetem Kopf. Auf dem Kiemendeckel steht ein kräftiger, nach hinten gerichteter Giftstachel. Solche besitzt auch die kurze erste Rückenflosse, die auffällig schwarz gefärbt ist. Die hintere Rückenflosse ist sehr lang, ebenso die Afterflosse, die fast die ganze Bauchseite einnimmt. Die Bauchflossen setzen vor den Brustflossen an. Das Gift ist außerordentlich wirksam, daher müssen diese Fische sehr vorsichtig hantiert werden. Oft wird nach dem Fang mit einem schrägen Schnitt hinter der ersten Rückenflosse diese zusammen mit dem Kopf abgetrennt. Das erfolgt aber nur bei größeren Exemplaren, da sonst zuviel Fleisch verloren geht. Am besten schneidet man selbst die Stacheln mit einer kräftigen Schere ab. Das Große Petermännchen ist durch sein Färbungsmuster klar gekennzeichnet: abwechselnd gelbe und blaue, zur Körperlängsachse schräg verlaufende Linien auf weißgelbem Grund. Die maximale Körperlänge beträgt 40 cm, meist bleibt es aber bei 30 cm. Diese Art ist weit verbreitet und kommt von Mittelnorwegen bis nach Madeira vor einschließlich des gesamten Mittelmeeres und des Schwarzen Meeres. Sie lebt vom Flachwasser bis in etwa 150 m Tiefe auf Schlick- und Sandgründen, in die sie sich tagsüber eingräbt, so daß nur die Augen und die Giftstacheln der ersten Rückenflosse herausschauen. So kann sie barfuß laufenden Badenden gefährlich werden. Die Stiche sind sehr schmerzhaft und können daher im Wasser zu Unfällen führen, ansonsten klingt die Wirkung im allgemeinen nach etwa 24 Stunden ab. Da es sich bei dem Gift hauptsächlich um Eiweiße handelt, werden diese beim Kochen oder Braten zerstört. Hat man sich gestochen, sollte der entsprechende Körperteil in heißem Wasser gebadet werden, um das Eiweiß zu zerstören. Ansonsten ist kein Grund zur Panik gegeben. Petermännchen werden bei uns regelmäßig angeboten. Ihr festes weißes Fleisch schmeckt sehr gut.

Verwendung des Großen Petermännchens: Die Fische werden entweder im ganzen gebraten oder als Zutat zur Fischsuppe verwendet. In Italien gehören sie in jede gute Zuppa di pesce.

Neben dem Großen Petermännchen kommen im Mittelmeergebiet noch zwei weitere Arten vor *(Trachinus araneus und Trachinus radiatus)*, die sich durch das Färbungsmuster unterscheiden. Sie tragen auf ihren Flanken keine Schrägstreifen, sondern dunkle Flecken oder Ringe. Diese beiden Arten werden im Handel nicht vom Großen Petermännchen unterschieden, so daß bisweilen alle drei Arten vermischt angeboten werden. Auch kulinarisch gibt es keine Unterschiede.

Himmelsgucker oder Sternseher (Uranoscopidae) kommen weltweit in gemäßigten und tropischen Gewässern vor.

Himmelsgucker
Uranoscopus scaber

engl. stargazer; franz. uranoscope; ital. uranoscopo, lucerna; span. miracielo; port. cabeçudo; griech. lychnos; kroat. batogla; niederl. sterrenkyker; türk. kurbağa.

Der Himmelsgucker hat ein bulliges Aussehen. Der Körper ist massiv, der Kopf abgeplattet, und die Augen sind nach oben verlagert. Hinter dem Kiemendeckel sitzt auf der Rückenseite ein kräftiger Giftstachel, der bei unvorsichtigem Hantieren zu unangenehmen Verletzungen führen kann. Das Gift ist so wirksam wie das der Petermännchen. Die Rückenflosse ist zweigeteilt, die vordere kurz und schwarz gefärbt, die hintere länger. Die Afterflosse ist ebenso lang. Die Bauchflossen sind kehlständig. Der Körper ist graugelb gefärbt und mit einem unregelmäßigen Fleckenmuster versehen. Die maximale Körperlänge beträgt 35 cm, meist bleibt es bei 20 cm. Das Verbreitungsgebiet erstreckt sich von der Biskaya bis Marokko einschließlich des gesamten Mittelmeeres und des Schwarzen Meeres. Er lebt in 15–400 m Wassertiefe, meist im Sand- oder Schlickboden bis zu den Augen eingegraben. Zu uns gelangt der Himmelsgucker unregelmäßig, aber doch immer wieder.

Der Himmelsgucker wird nicht häufig angeboten. Falls er zu haben ist, sollte man zugreifen. In der Fischsuppe ist er unvergleichlich gut.

Der Wolf-Eel oder Pazifische Seewolf ernährt sich von Krebsen, Muscheln und Fischen. Sein Fleisch ist daher von guter Qualität und recht begehrt. Steve Berntsen vom Marine Science Center in Newport/Oregon präsentiert hier ein wahres Prachtexemplar.

Verwendung: Seine klassische Verwendungsweise ist als Zutat in einer Fischsuppe.

Der **Monkfish** oder **Neuseeländische Himmelsgucker** *(Kathetostoma giganteum;* austral. stargazer; neuseel. giant stargazer; japan. mishima-okoze) ist wirtschaftlich von großer Bedeutung. Das feste Fleisch ähnelt in gegartem Zustand dem der Languste. Entsprechend hoch wird der Fisch auch gehandelt.

Die Familie der Stachelrücken (Stichaeidae) gehört zu den Schleimfischartigen (Blennioidei), einer Unterordnung der Barschartigen Fische. Ihre Mitglieder leben meist in den nördlicheren Regionen des Atlantik und Pazifik. Ihr langgestreckter, im Querschnitt runder Körper hat eine lange, ungeteilte Rückenflosse, die ausschließlich von Stachelstrahlen gestützt wird; daher der Name. Sie haben meist keine oder nur sehr kleine Schuppen.

Der **Stachelrücken-Schleimfisch** *(Chirolophis ascanii)* ist gelblich- oder grünlich-braun gefärbt, mit dunkelbraunen, verschwommenen Querbändern. Er kommt von der südlichen Nordsee bis Norwegen vor und wird 25 cm lang.
Von den etwa 10 Arten, die an der kalifornischen Küste verbreitet sind, ist einer der größten der **Monkeyface-Prickleback** *(Cebidichthys violaceus)*, der bis zu 75 cm lang wird.

Die größten unter den Schleimfischartigen (Blennioidei) sind die Mitglieder der Familie der Seewölfe (Anarhichadidae), die zum Teil eine Länge von 2,80 m erreichen können. Alle 9 Arten dieser Familie bewohnen die kalten Meere der Nordhalbkugel. Charakteristisch ist ihr dicker Kopf mit breitem Maul, bewehrt mit einem furchterregenden Gebiß.

Gestreifter Seewolf, Katfisch
Anarhichas lupus

engl. wolf fish; franz. loup de mer; port. peixe lobo riscado; dän. havkat; niederl. zeewolf; norw. gråsteinbit; schwed. havskatt.

Seewölfe haben eine glatte Haut ohne Schuppen. Das Gebiß ist ungewöhnlich stark entwickelt. Die Rückenflosse ist einheitlich und verläuft vom Kopfhinterende bis zur Schwanzflosse. Die Afterflosse ist ebenfalls saumartig ausgebildet und reicht vom After bis zur Schwanzflosse. Bauchflossen fehlen. Der Gestreifte Seewolf ist bläulich gefärbt und hat 9–13 dunkle Querstreifen auf dem Körper. Die Maximallänge beträgt 125 cm. Das Verbreitungsgebiet ist im Nordatlantik sehr weiträumig und verläuft von Spitzbergen bis zu den Britischen Inseln. Auch im Nordwestatlantik kommt er bis zur Höhe von Cape Cod vor. Er lebt meist unterhalb von 20 m Wassertiefe auf hartem Grund, manchmal auch auf Sand, Kies oder Schlick, wenn einzelne Felsbrocken Schutz bieten. Wegen seines wohlschmeckenden Fleisches zählt er zu den begehrtesten Speisefischen. Bei uns wird der Seewolf stets ohne Kopf und Haut angeboten, meist wird er schon auf See so vorbereitet und auf Eis gelegt. In den Handel kommt er unter der Bezeichnung Katfisch oder Karbonadenfisch.
Verwendung: Es werden entweder Koteletts geschnitten oder Filets angeboten. Beide eignen sich am besten zum Braten.

Der Monkeyface-Prickleback ist einer der größten Stachelrücken. An der US-Pazifikküste ist er sehr begehrt. Sein Fleisch wird in Konsistenz und Geschmack mit dem der Languste verglichen.

Gefleckter Seewolf
Anarhichas minor

engl. spotted wolf fish; port. peixe lobo malhado; niederl. gevlekte zeewolf; norw. flekksteinbitt; schwed. fläckig havskatt.

Der Gefleckte Seewolf unterscheidet sich vom Gestreiften durch die deutliche Fleckung. Trotz seines wissenschaftlichen Artnamens *minor* wird er mit maximal 144 cm größer als sein gestreifter Vetter. Das Verbreitungsgebiet ist ähnlich dem des Gestreiften Seewolfs und stimmt im nördlichen Teil sogar völlig überein. Im Handel werden beide Arten nicht unterschieden, im abgezogenen Zustand ist dies auch völlig unmöglich. Kulinarisch sind sie ohnehin vollkommen identisch.

Der **Wolf-Eel** oder **Pazifische Seewolf** *(Anarrhichthys ocellatus)* ist von Japan über die Aleuten bis Südkalifornien verbreitet und wegen seines im Geschmack hochwertigen Fleisches ein begehrter Speisefisch.

Sandaale (Ammodytidae) sind silbrige, aalähnliche Schwarmfische, die als Grundfische an sandigen Küsten der nördlichen Meere, aber auch im Indopazifik leben. Bei Verfolgung verschwinden sie im Sand.

Großer Sandaal
Hyperoplus lanceolatus

engl. greater sand eel, launce; franz. lançon; port. galeota maior; dän. store tobis; niederl. smelt; norw. storsil; schwed. tobiskung.

Sandaale haben einen langgestreckten Körper und einen ebenfalls langgestreckten, spitz zulaufenden Kopf. Die Rückenflosse ist saumartig ausgebildet und erstreckt sich entlang dem größten Teil der Rückenlinie. Die Afterflosse ist ähnlich gebildet, aber kürzer. Bauchflossen fehlen. Die Rückenseite ist blaugrün gefärbt, die Flanken sind silbrig.

Sandaale schmecken, rösch gebraten, ganz hervorragend, so daß es eigentlich unverständlich ist, warum sie nicht häufiger angeboten werden.

Seewölfe sind ausgesprochen »nördliche« Fische. Die Hauptfanggebiete für den bekanntesten unter ihnen, den Gestreiften Seewolf oder Steinbeißer, bekannter noch als Loup de mer, liegen in isländischen Gewässern. Sein Fleisch wird frisch oder gefroren gehandelt, entweder im ganzen (jedoch ohne Kopf), in Form von Filets ▲ oder Scheiben (»Karbonadenfisch«).
▲▲ **Gefleckter Seewolf**.

Der Gestreifte Seewolf wird sehr oft unter seinem französiachen Namen Loup de mer oder Loup e Atlantique gehandelt.

Nacktsandaale werden noch seltener angeboten als Große Sandaale. Kulinarisch unterscheiden sich beide Arten nicht.

Die Maximallänge beträgt 40 cm, meist bleibt es aber bei 20–30 cm. Das Verbreitungsgebiet erstreckt sich von Spitzbergen bis Portugal einschließlich der gesamten Nord- und Ostsee. Die mit engmaschigen Netzen gefangenen Tiere wandern meist in die Fischmühlen, wo aus ihnen Fischmehl (Tierfutter) und Fischöl hergestellt wird. Nur ganz selten kommen sie auch für den menschlichen Konsum auf den Markt.

Der **Nacktsandaal** *(Gymnammodytes semisquamatus)* unterscheidet sich vom Großen Sandaal vor allem durch seine gewellte Rückenflosse, aber auch durch die bräunliche Farbe. Er kommt von der portugiesischen Küste bis Südnorwegen vor. Der **Mittelmeer-Nacktsandaal** *(Gymnammodytes cicerelus)* lebt im Mittelmeer und im Schwarzen Meer und wurde früher lediglich als Rasse des Atlantischen Nacktsandaales betrachtet. Die Verwendung entspricht der des Großen Sandaales.

Die Doktorfische oder Seebader (Acanthuridae) haben ihren Namen von ihrem äußerst scharfen Schwanzstachel, der beim unvorsichtigen Hantieren tiefe Schnittwunden verursachen kann. Sie leben in tropischen Meeren, meist in und um Korallenriffe. Größere Arten sind geschätzte Speisefische.

Von den Seychellen wird in letzter Zeit häufiger der **Westliche Doktorfisch** *(Acanthurus bleekeri)* unter dem Namen »Chirurgien« importiert.
Verwendung: Doktorfische sollte man häuten, das Fleisch schmeckt, als Filet gebraten, sehr gut.

Kaninchenfische (Siganidae) sind mit den Doktorfischen verwandt und kommen in etwa 30 Arten in allen tropischen und subtropischen Meeren vor. Die besonders auffälligen Stachelstrahlen der Rücken- und Afterflossen geben ihnen ein unverwechselbares Aussehen.

Der Weißpunkt-Kaninchenfisch *(Siganus canaliculatus)* ist eine weit verbreitete indopazifische Art, die vom Persischen Golf bis nach Australien in trüben Küstengewässern häufig ist. Auch sie gelangt neuerdings von den Seychellen zu uns (Handelsname: »Cordonnier Brisant«).

Verwendung: Kaninchenfische sollten ebenfalls enthäutet werden. Eine einfache Methode ist, die Haut entlang den Rücken- und Afterflossen einzuschneiden und den Fisch dann mit kochendem Wasser zu übergießen. Nach zwei Minuten ist die Haut weich geworden und läßt sich leicht abschälen. Der so gehäutete Fisch eignet sich hervorragend zum Dünsten.

Die artenreiche Familie der Grundeln (Gobiidae) ist weltweit verbreitet. Sie sind auf der Bauchseite abgeplattete Bodenfische. Sie haben zwei Rückenflossen, von denen die vordere viel kürzer ist als die hintere. Die Afterflosse ist etwa so lang wie die hintere Rückenflosse. Die Bauchflossen beider Körperseiten sind zu einem trichterartigen Gebilde zusammengewachsen. Die meisten Arten können ihre Farbe recht schnell verändern. Die Arten sind für den Nichtfachmann schwer auseinanderzuhalten. Die meisten sind Bodenbewohner der Flachwasserregionen. Sie ernähren sich von Würmern, Kleinkrebsen, Weichtieren und Kleinfischen. Vielen Nutzfischen dienen die kleinen, meist unter 20 cm langen Fische als Nahrung.

Schwarzgrundel
Gobius niger

engl. black goby; franz. gobie noir; ital. ghiozzo nero; span. chaparrudo; port. caboz negro; dän. sort kutling, smorbutte; griech. gobios; kroat. glavoč melar; niederl. zwarte grondel; norw. svartkutling; schwed. svart smörbult; türk. kömürcü kayası

Schwarzgrundeln sind sehr dunkel gefärbt. Die Flanken und die Spitzen der Rückenflossen tragen deutliche dunkle Flecken. Die Maximallänge beträgt 15 cm. Das Verbreitungsgebiet reicht von Mittelnorwegen bis Mauretanien. Im Mittelmeergebiet werden sie regelmäßig angeboten. Zu uns gelangen Schwarzgrundeln bisweilen vom Mittelmeer.
Verwendung: Auch wenn das Säubern etwas mühsam ist – die relativ kleinen Fische müssen geschuppt und ausgenommen werden –, lohnt sich die Arbeit durchaus. Goldbraun gebraten, sind Grundeln ein Genuß für den Gaumen.

Riesengrundel
Gobius cobitis

engl. giant goby; franz. gobie céphalote; ital. ghiozzo testone; span. gobito de roca; port. caboz cabeçudo; griech. gobios; kroat. glavoč pločar; niederl. reuzegrondel; norw. kjempekutling; türk. dev kaya.

Diese grau gefleckte Grundelart fällt besonders durch ihre Körpergröße von bis zu 27 cm Länge auf. Sie kommt vom

Ärmelkanal bis Marokko einschließlich des gesamten Mittelmeeres und Teilen des Schwarzen Meeres vor. Sie lebt im Flachwasser bis in 10 m Tiefe auf mit Algen bewachsenem Felsgrund. Verwendung ähnlich wie Schwarzgrundel.

Schlangenmakrelen (Gempylidae) sind räuberische Tiefseebewohner. Ihr Körper ist langgestreckt, mit geteilter, vorn stachelstrahliger Rückenflosse und sehr kleinen oder gar keinen Bauchflossen. Der verlängerte Unterkiefer hat starke Zähne. Schlangenmakrelen sind mit 14 Arten in allen gemäßigten und tropischen Meeren verbreitet.

Wirtschaftlich sehr wichtig ist im südlichen Atlantik und Pazifik der **Atun** *(Thyrsites atun*; neuseel./austral./südafrikan. snoek, barrakuta; japan. okisawara). Er wird bis 1,40 m lang und 6–10 kg schwer. In Neuseeland werden pro Jahr bis zu 22000 Tonnen gefangen, in Südafrika steht er an zweiter Stelle der Fischereiwirtschaft.

Verwendung: Seine Filets eignen sich, in Bierteig eingehüllt, zum Fritieren. Hervorragend schmeckt er auch geräuchert.

Der **Gemmenfisch** oder **Silbrige Atun** *(Rexea solandri*; neuseel. silver kingfish; austral. gemfish; japan. ginsawara) ist um Australien und Neuseeland bis Japan verbreitet. Den Namen verdankt er seiner schimmernden Färbung. Das Fleisch ist sehr delikat.
Verwendung: Er kann sowohl gegrillt als auch gebraten werden.

Die Familie der Haarschwänze (Trichiuridae) hat einen langen, bandartigen Körper, eine lange, weiche Rückenflosse und eine kleine, gegabelte oder fadenförmig ausgezogene Schwanzflosse.

Strumpfbandfisch
Lepidopus caudatus

engl. silver scabbard fish; franz. sabre argenté; ital. pesce bandiera; span. pez cinto; port. peixe espada; griech. spathopsaro; kroat. sablja; niederl. kousebandvis; norw. slirefisk; türk. çatalkuyruk.

Der Strumpfbandfisch ist ein sehr langgesstreckter, seitlich abgeplatteter, aalförmiger Fisch. Der Kopf ist langgestreckt, mit vorstehendem Unterkiefer, beide Kiefer tragen kräftige Fangzähne. Die Rückenflosse ist als Flossensaum ausgebildet, ebenso die Afterflosse, die aber nur im hinteren Teil vorhanden ist. Die Bauchflossen sind stark zurückgebildet. Die schuppenlose Haut ist einheitlich silbrig gefärbt. Die Maximallänge beträgt 2 m, häufiger werden aber Exemplare von etwas über 1 m angeboten. Das Verbreitungsgebiet reicht von der Bretagne bis zum Senegal einschließlich des westlichen Mittelmeeres. Er ist aber auch von der Südhemisphäre (Australien, Neuseeland, Südafrika) bekannt. Es handelt sich um einen Tiefwasserfisch, der hauptsächlich in 100–200 m Tiefe lebt und sich dort räuberisch ernährt. Gefischt wird er hauptsächlich vor Portugal und Marokko. Im Mittelmeer gibt es eine Fischerei in der Umgebung von Messina, wo der Fisch besonders im Frühjahr in Küstennähe kommt und zur Oberfläche aufsteigt. Auf den entsprechenden Märkten wird er regelmäßig angeboten. Zu uns gelangt der Strumpfbandfisch mit großer Regelmäßigkeit.

Der Strumpfbandfisch erscheint ebenso wie der verwandte Degenfisch regelmäßig leider nur in Küstengebieten auf dem Markt. Er hat weißes, sehr aromatisches Fleisch, und die Filets sind gut genug für das feinste Rezept.

Schwarzer Strumpfbandfisch
Aphanopus carbo

engl. black scabbard fish; franz. sabre noir; span. sable negro; port. peixe espada preto; niederl. zwarte Kouselandvis; norw. dolkfisk.

Der Schwarze Strumpfbandfisch unterscheidet sich von seinen Verwandten durch die völlig schwarze Färbung und die deutliche Einbuchtung in der Rückenflosse, die den stacheligen Teil vom weichstrahligen trennt. Die Maximallänge beträgt 110 cm. Diese Art ist ozeanisch und kommt von Island bis nach Nordwestafrika vor, außerdem in allen Ozeanen. Sie lebt in größeren Wassertiefen von 200–1600 m. Eine spezialisierte Fischerei existiert auf Madeira, wo der Espada mit etwa 1000 m langen Langleinen gefischt wird. Sein Fleisch ist delikat, viel besser als das anderer Strumpfbandfische. Leider gelangt es nicht nach Mitteleuropa.
Verwendung: Kurz angebraten und anschließend mit gutem Olivenöl, reichlich Zwiebeln, Knoblauch und Tomaten geschmort, gelingt das zarte weiße Fleisch besonders gut.

Ein sehr begehrter Speisefisch ist auch der verwandte **Atlantische Degenfisch** *(Trichiurus lepturus;* engl. Atlantic cutlass-fish). Sein Fleisch ist hervorragend.
Sein pazifisches Gegenstück ist der **Pazifische Degenfisch** *(Trichiurus nitens;* engl. Pacific cutlass-fish), der im westlichen Pazifik und im Indischen Ozean verbreitet ist.

▲ **Die Atlantische Makrele** gehört sicher deshalb zu den beliebtesten Meeresfischen, weil sie so vielseitig verwendbar ist. Vor allem zum Braten, Grillen und Schmoren taugen die Portionsfische von 300–400 g bestens. Aus kulinarischer Sicht aber ist die **Spanische Makrele** ▶ allen anderen aus dieser Familie überlegen. Sie gilt an der Ostküste Amerikas als Barbecue-Fisch Nummer eins.

Die Makrelenfische (Scombridae) sind schnell schwimmende Hochseefische, die in großen Schwärmen nahe der Oberfläche weite Wanderungen unternehmen. Der Körper ist stromlinienförmig, die Rückenflossen sind getrennt, vor der tief gegabelten Schwanzflosse sitzen jeweils 5–7 Flösselchen. Alle unpaaren Flossen können in einer Furche an den Körper gelegt werden.

Atlantische Makrele

Scomber scombrus

engl. mackerel; franz. maquereau; ital. scombro; span. caballa; port. sarda; dän. makrel; griech. skumbri; kroat. skuša; niederl. makreel; norw. makrell; schwed. makrill; türk. uskumru.

Makrelen sind Hochseefische mit dünnem Schwanzstiel, zwei Rückenflossen und einer kurzen Afterflosse. Der Schwanzstiel hinter der Rücken- und Afterflosse hat beiderseits sogenannte Pinnulae, kurze, steife Flößchen. Die Bauchflossen setzen knapp hinter den Brustflossen an. Die Makrele selbst ist unverkennbar durch das unregelmäßige dunkle Bänderungsmuster des ansonsten blaugrünen Rückens. Die maximale Körperlänge beträgt 50 cm, meist bleibt es aber bei 30 cm. Das Verbreitungsgebiet erstreckt sich von Nordnorwegen bis nach Marokko einschließlich des gesamten Mittelmeeres und des Schwarzen Meeres. Es handelt sich um einen typischen Fisch des Freiwassers, der in großen Schwärmen räuberisch den Schwärmen kleiner Krebse und Fische folgt. Im Frühjahr und Frühsommer kommt er zum Laichen in Küstennähe, und dies ist traditionell auch die Hauptfangsaison. Im allgemeinen war dabei die Chance zur Fortpflanzung gegeben. Durch den modernen Massenfang und die Möglichkeiten der Fischortung wurden zunehmend Makrelen auch im Winter in großen Mengen gefangen, so daß dieser Fisch zur Zeit in der Nordsee nahe am Erschöpfungszustand ist. Wie im Fall des Herings wird damit ein einstmals billiger Fisch zur Delikatesse. Meist wird er mit Treibnetzen und Ringwaden gefischt. Makrelen sind in der entsprechenden Jahreszeit immer noch sehr preiswert zu haben. Der Fisch ist recht fett und damit auch leicht verderblich. Es gibt Fischer, die keine angelandete Makrele mehr essen, nur direkt vom Netz in die Pfanne. Das ist sicher übertrieben, aber bei Makrelen sollte man keine Kompromisse bezüglich der Frische eingehen. Straffe, glänzende Haut, klare Augen und rote Kiemen sind untrügliche Frischekennzeichen.

Mittelmeermakrele

Scomber japonicus

engl. chub mackerel; franz. maquereau espagnol; ital. lanzardo; span. estornino; port. cavala, sarda; griech. kolios; kroat. plavica; niederl. spaanse makreel; türk. kolyoz.

Die Mittelmeermakrele ist der Atlantischen sehr ähnlich und unterscheidet sich neben anatomischen Merkmalen durch den unregelmäßig gefleckten Bauch, während dieser bei der Atlantischen gleichmäßig silbrig gefärbt ist. Die Maximallänge beträgt auch bei ihr 50 cm, aber auch hier bleibt es meist bei 30 cm. Diese Art ist in tropischen und subtropischen Gewässern weltweit verbreitet, in europäischen Gewässern kommt sie von der Biskaya bis zu den Kanaren einschließlich des Mittelmeeres und des südlichen Schwarzen Meeres vor. Die Lebensweise ähnelt sehr der der Atlantischen Makrele. Gefischt wird sie hauptsächlich im Mittelmeer und gelangt viel weniger regelmäßig zu uns als die Atlantische Schwesterart.

Verwendung: Auch für sie taugen alle Zubereitungsarten, meist wird sie aber gebraten.

Eine enge Verwandte ist die **Blaue** oder **Schleimige Makrele** *(Scomber australasicus;* engl. blue mackerel; neuseel. English mackerel; japan. saba). Sie ist weit verbreitet um Australien und Neuseeland bis Japan. Auf dem Rücken ist sie blau-grünlich mit dunklen Punkten und kleinen Streifen, an den Seiten und auf dem Bauch silberweiß. Sie wird bis 40 cm lang und 1,5 kg schwer. Das dunkle Fleisch hat einen sehr hohen Fettgehalt und eignet sich sehr gut zur Herstellung von Konserven.

Verwendung: In Australien werden die Filets fritiert.

Für die Atlantische Makrele taugen alle Zubereitungsarten, besonders auch das Grillen. Größere Makrelen sollte man vor dem Braten filetieren, damit die Hitze gleichmäßiger einwirken und das Fett besser herausbraten kann. Auch geräuchert ist dieser Fisch eine Delikatesse, so werden sowohl ganze Fische als auch Filets angeboten. Sehr schmackhaft sind »Lachsmakrelenfilets«, zu deren Zube-reitung die Makrele erst nach Art des Lachses leicht gesalzen und dann geräuchert wird. Zum Verzehr werden die Filets in feine Scheiben geschnitten.

Die Familie der Pelamiden (Scomberomoridae) umfaßt makrelenähnliche Schwarmfische. Ihre Rückenflossen liegen nahe beieinander; sie haben einen aus Schuppen gebildeten Brustpanzer (»Korselett«) und einen schlanken, gekielten Schwanzstiel. Die Schwanzflosse ist halbmondförmig.

Spanische Makrele

Scomberomorus maculatus

engl. Spanish mackerel; franz. thazard; span. carita.

Äußere Merkmale sind der spindelförmige Körper mit dicht beieinander stehenden Rückenflossen und der weit gegabelten, halbmondförmigen Schwanzflosse. Im Gegensatz dazu ist der Kopf relativ klein und spitz. Kennzeichnend sind auch die etwa drei Reihen längliche Flecken auf den Flanken. Vorkommen im westlichen Nordatlantik vom Cape Cod bis nach Kuba und Haiti. Auch um Florida und im Golf von Mexiko ist er weit verbreitet und kommerziell wichtig. *Verwendung:* Der Fisch wird am besten gebraten, ist aber auch zum Grillen geeignet.

Eine nahe verwandte Art *(Scomberomorus brasiliensis)* kommt von Mittelamerika (etwa Belize) bis nach Brasilien vor. Eine weitere Art *(Scomberomorus tritor)* ist auf den östlichen Atlantik beschränkt und von den Kanaren bis nach Angola verbreitet, gelegentlich kommt sie aber auch im Mittelmeer, an der Côte d'Azur und um Sizilien, vor, am häufigsten ist sie aber im Golf von Guinea.

Pelamide

Sarda sarda

engl. Atlantic bonito; franz. bonite à dos rayé; ital. palamita; span. bonito altlántico; port. serrajão; dän. rygstribet pelamide; griech. palamida; kroat. polanda; niederl. bonito; norw. striped pelamide; schwed. rygstrimmig pelamid; türk. palamut, torik.

Die Pelamide ist leicht kenntlich an der relativ langen ersten Rückenflosse, die an die zweite anschließt. Charakteristisch sind auch die breiten blauen Streifen, die am Rückenhinterende beginnen und schräg nach vorn unten ziehen. Sie kann bis 90 cm lang werden, meist bleibt es aber bei 50 cm. Das Verbreitungsgebiet umfaßt den gesamten Ostatlantik vom Skagerrak und Kattegat über die Britischen Inseln bis nach Südafrika. Dieser Fisch lebt in großen Schwärmen im Freiwasser und ernährt sich von kleineren Fischen. Die europäischen Populationen laichen im Mittelmeer, was zu umfangreichen Laichwanderungen führt, während derer auch die wichtigste Phase der Fischerei stattfindet. Besonders hoch ist der Anteil der Türkei, wo große Mengen während der Wanderung der Schwarzmeerpopulation durch den Bosporus gefangen werden. Pelamiden kommen regelmäßig auch zu uns, hauptsächlich die delikateren kleinen Exemplare bis etwa 30 cm.

Eng verwandt ist der **Pazifische Bonito** *(Sarda chilensis;* engl. Pacific bonito), der an der amerikanischen Pazifikküste von Alaska bis Peru und Chile verbreitet ist. Er wird bis zu 1 m lang bei 5,4 kg Gewicht. Große wirtschaftliche Bedeutung an der gesamten Pazifikküste.
Ebenfalls zu dieser Familie gehört die **Ungestreifte Pelamide** *(Orcynopsis unicolor),* die die auffälligen Schrägstreifen der Pelamiden nicht hat. Dieser Fisch lebt in tropischen Gewässern des Ostatlantik und wird hauptsächlich an der Küste von Marokko gefangen und zu Konserven verarbeitet.

Der Wahoo oder Kingfish *(Acanthocybium solandri)* ist in warmen Meeren weltweit verbreitet, einzelne Exemplare sind auch aus dem Mittelmeer bekannt. Er wird über 2 m lang und besonders in der Karibik und um die Antillen gefischt. Sein Fleisch wird gern gebraten serviert.

Die Thunfische (früher als eigene Familie Thunnidae angesehen) haben einen mehr oder weniger langgestreckten Körper, der nur entlang der Seitenlinie und an Brust und Rücken (bis zum Ende der ersten Rückenflosse) mit Schuppen (»Korselett«) besetzt ist. Thunfische sind aufgrund ihres stark entwickelten Blutgefäßsystems Warmblüter. Sie haben im Körper eine höhere (bei Erregung 6–12 °C mehr) Temperatur als das sie umgebende Wasser. Sie sind in allen Meeren verbreitet. Die meisten Arten laichen während der Sommerzeit und begeben sich dazu in küstennahe Gebiete (wo viele gefangen werden). Anschließend legen die geselligen Tiere bei der Nahrungssuche große Entfernungen zurück, zum Teil über die Ozeane. Den Winter verbringen sie in tieferen Regionen bis zu 180 m Tiefe.

Roter Thun

Thunnus thynnus

engl. bluefin tuna; franz. thon rouge; ital. tonno; span. atun; port. atum rabilho; dän. thunfisk; griech. tonnos; kroat. tun; niederl. tonijn; norw. makrellstørje; schwed. tonfisk; türk. ton balığı, orkinoz.

Der Thunfisch hat ebenfalls keine Lücke zwischen den beiden Rückenflossen. Die erste Rückenflosse ist gelblich oder bläulich gefärbt, die zweite rotbraun. Der Rücken ist blau, die Flanken und der Bauch sind silbrig. Ein untrügliches Kennzeichen ist das rote Fleisch. Die Maximallänge beträgt über 3 m, solche Exemplare wiegen über eine halbe Tonne, meist bleibt es bei 2 m. Das Verbreitungsgebiet umfaßt den gesamten Nordatlantik von Nordnorwegen und Island bis zu den Kanaren und Azoren einschließlich des gesamten Mittelmeeres und des Schwarzen Meeres. Im Nordpazifik lebt eine besondere Rasse. Die Art lebt im Freiwasser und führt weite Wanderungen durch. Die Fortpflanzung findet in den Monaten Juni und Juli im Mittelmeer und vor der spanischen Küste statt. Der Fang erfolgt mit pelagischen Netzen wie Ringwaden oder in Tonnaren (Stellnetze an Mittelmeerküsten), allein im Mittelmeer waren es 1993 etwa 18000 Tonnen. Im Sommer wird er häufig auf den dortigen Märkten angeboten. Der Thunfisch gelangt regelmäßig auch zu uns. Sein rotes Fleisch ist relativ fettarm. *Verwendung*: Das Fleisch wird beim Braten oder Pochieren leicht etwas trocken. Man sollte es daher nach dem Anbraten in einer gewürzten Sauce schmoren. Vor dem Braten mit einer Knoblauch-Olivenöl-Sauce bestrichen, schmeckt es auch sehr delikat. In Japan wird es in Scheiben geschnitten und roh verzehrt (Sashimi).

Die Pelamide ist der wirtschaftlich wichtigste Thunfischverwandte des Mittelmeeres. Sie taugt für alle Zubereitungsarten; große Stücke können sehr fett sein und sollten dann hauptsächlich gegrillt werden. Wird der Fisch gebraten, sollten Koteletts geschnitten werden, damit die Hitze gleichmäßig einwirken kann.

Weißer Thun
Thunnus alalunga

engl. albacore; franz. germon; ital. alalonga; span. atún blanco; port. atum voador; griech. tonnos macropteros; kroat. šilac; niederl. witte tonyn.

Vom gewöhnlichen Thunfisch unterscheidet sich der Weiße Thun durch die Länge seiner Brustflossen, die über die Körpermitte hinausragen, und durch das weiße Fleisch. Er bleibt mit etwa 130 cm Maximallänge auch deutlich kleiner. Er ist kosmopolitisch verbreitet. In europäischen Gewässern kommt er von den Kanaren und Azoren bis Irland vor unter Einschluß großer Teile des Mittelmeeres. Kulinarisch ist der Weiße Thun seinem größeren Verwandten überlegen. Sein Fleisch enthält etwas mehr Fett.
Verwendung: Das Fleisch eignet sich bestens zum Grillen und Braten.

Ein ebenfalls sehr großer Verwandter ist der **Yellowfin Tuna** oder **Gelbflossen-Thun** *(Thunnus albacares)*. Er kann bis zu 1,90 m lang und 200 kg schwer werden und ist im Atlantik, Pazifik und Indischen Ozean verbreitet. Der **Blackfin Tuna** oder **Schwarzflossen-Thun** *(Thunnus atlanticus)* lebt vorwiegend im Westatlantik. Hauptfanggebiete sind die Küsten von Florida und Texas.

Unechter Bonito
Auxis rochei

engl. bullet tuna; franz. bonitou; ital. tambarello; span. melva; port. judeu; griech. kopani; kroat. trupac; niederl. valse bonito; norw. auxid; türk. yalancı palamut.

Der Unechte Bonito hat keine Lücke zwischen den beiden Rückenflossen. Der Kopf erscheint im Verhältnis zum Körper als etwas zu kurz. Das blaue Linienmuster des Rückens erstreckt sich nur bis etwa zur Hälfte der ersten Rückenflosse. Auf der Bauchseite zwischen Brust- und Bauchflosse befinden sich eine Anzahl von schwarzen Flecken. Die Flanken sind ansonsten silbrig gefärbt. Die Maximallänge beträgt etwa 1 m, meist bleibt es bei 85 cm und weniger. Die Art lebt kosmopolitisch in warmen Gewässern aller Ozeane, im Atlantik nördlich bis zur Biskaya, ebenso im gesamten Mittelmeer. Sie lebt im Freiwasser und jagt nach kleineren Fischen und Krebsen. Die größten Mengen werden im Südpazifik gefischt, nur etwa ein Zehntel im Mittelmeer. Zu uns gelangt der Unechte Bonito regelmäßig, aber nicht häufig. Sein Fleisch schmeckt delikat und ist dem der meisten anderen Bonitos oder Thunfische überlegen.
Verwendung: Am besten wird er, besonders bei großen Exemplaren, in Stücke geschnitten und gebraten. Auch gegrillt schmeckt er sehr gut.

◀▲ **Sein feines, helles Fleisch macht ihn so begehrt**. Der Albacore ist zwar nicht der größte, sicher aber der feinste Thunfisch. Er hat besonders schmackhaftes Fleisch und läßt sich hervorragend braten und grillen.

▶ **Die Pazifische Thonine** *(Euthynnus affinis*; japan. suma) wird vor allem in Südostasien gefischt, aber auch in Japan. Das saftige Fleisch reicht in seiner Qualität an das des Unechten Bonito heran.

Der Große oder Rote Thun kann bis zu 3 m lang und 200–300 kg schwer werden. Dem relativ dunklen Fleisch sagt man nach, es schmecke ähnlich wie Kalbfleisch. Wenn dem so ist, muß das nicht unbedingt ein Kompliment sein.

◀▲ **Thunfische** gehören weltweit zu den wichtigsten Nutzfischen. Das Angebot von frischem Thun auf den Märkten der südeuropäischen Länder spiegelt nur einen geringen Teil des Gesamtertrags wider. Die großen Fischereinationen, allen voran Japan, und die verarbeitende Industrie machen das große Geschäft mit diesen feinen Fischen. Für Spezialitäten wie »latume«, so nennen die Sizilianer die Milch oder das Sperma der männlichen Tiere, sind allerdings nur Feinschmecker zu begeistern.

Echter Bonito, Gestreifter Thun
Katsuwonus pelamis

engl. skipjack tuna; franz. bonite à ventre rayé; ital. tonnette striato; span. listado; port. gaiado; griech. tónos raγdotòs; japan. katsuo; kroat. trup prugavac.

Ein kleiner Thunfischverwandter, der auf der silbrigen Bauchseite 4–7 dunkle Längsstreifen aufweist. Er kommt in allen warmen und gemäßigt-warmen Meeren vor. Der etwa 80 cm große Fisch wird das ganze Jahr über gefangen, in großem Umfang vor allem an der amerikanischen Atlantik- und Pazifikküste. Für Japan, die USA und Peru ist er von größter wirtschaftlicher Bedeutung. Er ist überhaupt mit etwa 1,5 Millionen Tonnen Jahresertrag der weltweit kommerziell wichtigste Thunfisch.
Verwendung: Sein Fleisch ist nicht so trocken wie das des Echten Thuns, er eignet sich daher bestens zum Braten oder Grillen.

Die Familie der Schwertfische (Xiphiidae) ist den Thunfischen ähnlich – bis auf den Oberkiefer, der bei den Schwertfischen stark abgeflacht und schwertartig vorgezogen ist, etwa bis zu einem Drittel der gesamten Körperlänge. Weltweit gibt es nur eine Art.

Schwertfisch
Xiphias gladius

engl. swordfish; franz. espadon; ital. pesce spada; span. pez espada; port. espadarte; dän. svaerdfisk; griech. xiphios; kroat. igo; niederl. zwaardvis; norw. sverdfisk; schwed. svärdfisk; türk. kılıç balığı.

Der Schwertfisch ist durch seinen schwertförmig ausgezogenen Oberkiefer nicht zu verwechseln. Er hat zwei relativ kurze und weit auseinanderliegende Rückenflossen. Die Bauchflossen fehlen. Die Körperfarbe ist dunkelbraun bis schwarz, auf dem Rücken intensiver als am Bauch. Die Maximallänge beträgt 4,5 m mit über 650 kg Gewicht, meist bleibt es bei 3,5 m und darunter, da sich mittlerweile die Überfischung bemerkbar macht. Die Verbreitung ist kosmopolitisch in tropischen und warmgemäßigten Gewässern. Im Atlantik kommt die Art von Island bis Südafrika vor einschließlich des gesamten Mittelmeeres und des Schwarzen Meeres. Sie führt weite Wanderungen durch, die im allgemeinen mit der Fortpflanzung in Zusammenhang stehen. Im Mittelmeer ist die Fortpflanzungszeit (Juni bis September) eine wichtige Fischereiperiode.

Angehörige der Familie der Segelfische (Istiophoridae) haben, ähnlich den Schwertfischen, einen lang ausgezogenen Oberkiefer, jedoch rund, nicht abgeplattet und nicht so lang. Die erste Rückenflosse ist lang und segelartig hochgestreckt, die Schwanzflosse ist sichelförmig.

Der zu dieser Familie gehörende **Mittelmeer-Speerfisch** *(Tetrapterus belone)*, auch **Langschnäuziger Speerfisch** genannt, ist ein äußerst schneller Hochseeschwimmer, der sich von Schwarmfischen ernährt.

Gestreifter Speerfisch, Marlin
Tetrapterus audax

engl. striped marlin; franz. makaire strié; ital. pesce lancia strato; span. marlin rayado; port. espadim raiado; japan. makajiki.

Kennzeichen am torpedoförmigen Körper ist die hoch aufgestellte erste Rückenflosse. Die Färbung auf dem Rücken ist graublau, zum Bauch hin silbrig. Er kommt im Pazifik und im Indischen Ozean vor und wird bis zu 4 m lang und 300 kg schwer.

Blauer Marlin
Makaira nigricans

engl. blue marlin; franz. makaire bleu; ital. marlin azzurro; span. marlin azul; port. espadim azul del Atlantico.

Ein riesiger Fisch mit allen Kennzeichen der Speerfische und der Traum jedes Hochsee-Anglers. Die Färbung am Rücken ist dunkelblau bis blaugrau, die Flanken fahler, der Bauch silbrig. Er ist einer der schnellsten Schwimmer und Springer, sehr kämpferisch. Vorkommen im gesamten Atlantik. Der Fisch wird bis 4,50 m lang bei einem Gewicht von 600–900 kg.

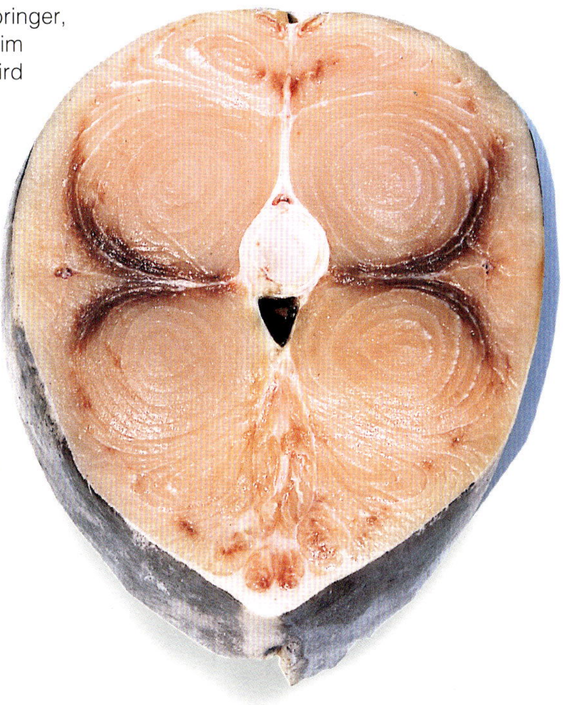

◀▶ **Auf mediterranen Märkten** wird der Schwertfisch als Delikatesse Nummer eins gehandelt. Sein muskulöses, trotzdem aber zartes Fleisch ist äußerst schmackhaft. In seiner Konsistenz hat es, mal abgesehen vom Thunfisch, wenig Ähnlichkeit mit Fisch. Das feinste Rezept für Schwertfisch ist zugleich das einfachste: 2 cm dicke Scheiben werden auf den Punkt gegrillt und mit einer Mischung aus Olivenöl und Zitronensaft beträufelt. Wahrhaft ein Genuß!

Der Silver Pomfret ist der Prestige-Fisch des indopazifischen Raums. Er wird zu Höchstpreisen gehandelt und nimmt auf den Speisekarten dieser Regionen etwa den Rang unserer Seezunge ein. Ebenso variabel kann er auch zubereitet werden. Sein Fleisch ist makellos weiß, fest und delikat. Eine Spezialität aus Singapur sind geräucherte Pomfrets. In China wird er mit zartem Gemüse und Ingwer belegt und im Dämpftopf »auf den Punkt« gegart.

Die Hahnenfische (Luvaridae) sind einzelgängerische Tiefseefische mit langem, kegelförmigem Körper. Weltweit gibt es nur eine Art.

Hahnenfisch, Dianafisch

Luvarus imperialis

engl. luvar; franz. louvereau; ital. luvaro, pesce imperatore; span. emperador.

Der kegelförmige Körper ist seitlich etwas abgeflacht. Die Stirn ist steil, die Augen klein, der Mund sehr klein. Die Grundfärbung ist silbrig bis golden. Er kommt in warmen und gemäßigt-warmen Gebieten des Atlantik und im Mittelmeer vor, ebenso in ähnlich temperierten Gewässern des Pazifik (Japan, Australien). Er ist ein hochseebewohnender Planktonfresser, wird bis 1,9 m lang und 100 kg schwer, meist bleibt es bei maximal 1,5 m. Wo er gefangen wird, ist er ein begehrter Speisefisch.

Die Schwarzfische (Centrolophidae) haben einen ovalen, schlanken Körper, eine lange, ungeteilte Rückenflosse und, als besonderes Merkmal, eine mit Hornzähnen bestückte Speiseröhre.

Schwarzfisch

Centrolophus niger

engl. blackfish; franz. centrolophe noire; ital. ricciola di fondale; span. romerillo; kroat. pastir siljoglavac.

Der Körper ist langgestreckt, das Kopfprofil rund mit stumpfer Schnauze. Bis auf einen schmalen helleren Teil am Bauch ist der Fisch dunkelgrau bis schwarzbraun und mit silbrigen Punkten übersät. Er kommt im Nordatlantik, dem westlichen Mittelmeer, der Adria, Südafrika, Südaustralien und Neuseeland vor. Der Hochseebewohner ernährt sich von Krebsen und Kleinfischen und wird bis zu 1,50 m lang. Er ist ein begehrter Speisefisch.

Blue Warehou

Seriolella brama

neuseel. (maori) common warehou.

Auffallend an dem langgestreckten Körper mit geteilter Rückenflosse sind die langen, fächerartigen Brustflossen. Die Färbung ist oben dunkelblau bis grün, am Bauch weißlich, der Oberkopf ist tief purpurfarben bis dunkel, hinter dem Kiemendeckel gibt es einen dunklen Punkt. Ein wichtiger Wirtschaftsfisch in Südaustralien und Neuseeland. Das Fleisch ist sehr gut, mit geringem Fettgehalt.
Verwendung: Er kann pochiert oder gedünstet werden.

Angehörige der Familie der Erntefische (Stromateidae) sind meist Hochseefische der warmen und gemäßigt-warmen Meere. Ihr Körper ist eiförmig und silbern gefärbt. Es gibt etwa ein Dutzend Arten. So auch den Deckfisch oder Pampelfisch (Stromateus fiatola)*, der im Ostatlantik von Südafrika bis Portugal und im Mittelmeer vorkommt.*

Der Blue Warehou ist wegen seines geringen Fettgehalts ein »Kochfisch« par excellence.

Silberner Pampel

Pampus argenteus

engl. white oder silver pomfret; franz. castagnole; japan. managatsuo.

Der Körper ist eiförmig, der kleine Kopf sticht überhaupt nicht über die Kontur des Körpers hervor. Die Spitzen der Rücken- und Afterflossen sind charakteristisch kurz sichelförmig, ebenso die Schenkel der tief gegabelten Schwanzflosse. Die Färbung reicht von silbergrau bis weiß, oft übersät mit winzigen dunklen Punkten. Er lebt in den Küstengewässern des Indischen und Westpazifischen Ozeans, sein Verbreitungsgebiet reicht vom Persischen Golf bis nach Japan. In seinem gesamten Verbreitungsgebiet ist dieser Fisch sehr beliebt und ist als Pomfret bekannt.
Verwendung: Am delikatesten schmeckt sein zartes Fleisch gedünstet oder gedämpft. So zubereitet liebt man ihn besonders in China.

Butterfisch

Peprilus triacanthus;

engl. butterfish.

Der Butterfisch, ob aus Atlantik oder Pazifik, ist in Amerika äußerst gefragt. Er hat festes weißes Fleisch, und als Portionsfisch ist er leicht zu handhaben, weil er wenig Gräten besitzt.

Der eher schlank-ovale Körper sieht nicht so aus wie der der hochrückigen Pomfrets und ist am Rücken fahlblau, über den Flanken heller, am Bauch silbrig gefärbt. Er kommt an der gesamten Ostküste Nordamerikas von Neufundland bis Florida vor und ist ein begehrtes Objekt der US-Fischerei. Lebt in Schwärmen in Küstengewässern in weniger als 60 m Tiefe. Ein wertvoller Speisefisch, der frisch und gefroren im Handel ist.

Zur selben Gattung gehört der **Pacific Butterfish** oder **Kalifornischer Pompano** *(Peprilus simillimus)*, der an der pazifischen Küste Nordamerikas von British Columbia bis Baja California vorkommt. Er ist ebenfalls ein geschätzter Speisefisch, der vorwiegend frisch angeboten wird.

Plattfische

Das wesentliche Merkmal dieser Fische der Ordnung Pleuronectiformes ist ihre platte, seitlich verbreiterte Körperform. Die Larven der Plattfische sind noch, wie beim Rundfisch, »normal« gebaut, aber bei einigen Zentimetern Größe fängt ein Auge an, auf die obere Seite zu wandern, die dann als Augenseite bezeichnet wird. Diese Seite ist auch gefärbt. Die Unterseite (Blindseite) dagegen bleibt meist weißlich. Die Rücken- und Afterflosse der Bodenbewohner bilden einen geschlossenen Flossensaum um die Körperscheibe. Es gibt links- und rechtsäugige Arten.
Plattfische haben seit alters her eine große wirtschaftliche Bedeutung, da sie in warmen und gemäßigt-warmen Flachwassergebieten in großer Anzahl auftreten. Überdies gehören zu den Plattfischen die besten Fischarten überhaupt, etwa Heil- und Steinbutt, Seezunge, Scholle u.a.

Die ursprünglichsten Plattfische sind die Zahnbutte (Psettodidae), große Plattfische mit einem kräftigen Fanggebiß. Rücken und Afterflosse der Vertreter dieser Familie weisen im Gegensatz zu anderen Plattfischen Stachelstrahlen auf. Insgesamt sind drei Arten einer Gattung bekannt, die sowohl im östlichen Atlantik als auch im Indopazifik vorkommen und in ihren Verbreitungsgebieten gefischt werden.

Indischer Stachelbutt

Psettodes erumei

engl. Indian spiny turbot, Queensland halibut (Australien); franz. turbot épineux indien; span. lenguado espinudo indio.

Der dicke Körper ist oval, die Mundspalte besonders tief und mit einem auffälligen Fanggebiß versehen. Die Färbung ist entweder einheitlich braun oder weist eine dunkle Querbänderung auf. Die Körperlänge kann 60 cm erreichen, meist bleibt es aber bei 40 cm. Das Verbreitungsgebiet reicht vom Roten Meer und der ostafrikanischen Küste bis in den Westpazifik.
Verwendung: Zum Pochieren und Garen im Ofen geeignet.

Die Familie der Spitzzungen (Citharidae) umfaßt zwei Gattungen mit je einer Art. Diese unterscheiden sich von anderen Plattfischen durch eine viel größere hintere Nasenöffnung, große Schuppen und einen großen Mund mit kräftig vorgeschobenem Unterkiefer.

Die linksäugige **Großschuppige Spitzzunge** *(Citharus linguatula)* hat einen lang-ovalen Körper und große, dicht beieinander stehende Augen. Die Färbung ist durchscheinend hellbraun oder grauweiß mit Gelbtönen. Entlang der Basis des Flossensaums hat sie dunkle Flecken. Sie ist von Portugal bis Angola verbreitet und kommt auch im Mittelmeer vor. Sie lebt bis in 300 m Tiefe und wird bis 25 cm lang. Die **Indopazifische Spitzzunge** *(Citharoides macrolepis)* ist ebenfalls linksäugig und hat ihren Lebensbereich an den Küsten Südafrikas, Koreas und Japans.
Verwendung: Spitzzungen schmecken gebraten ganz hervorragend.

Die Großschuppige Spitzzunge wird nur relativ selten auf Fischmärkten angeboten. Ihr zartes weißes Fleisch ist aber bei Kennern begehrt.

Die Buttfische der Familie der Steinbutte (Scophthalmidae) sind linksäugig, das heißt, die Augen befinden sich auf der linken Körperseite. Sie haben einen großen Mund, bei dem der Unterkiefer den Oberkiefer überragt. Zu dieser Familie gehören fünf nordostatlantische Gattungen.

Steinbutt

Psetta maxima

engl. turbot; franz. turbot; ital. rombo chiodato; span. rodaballo; port. pregado; dän. pigvarre; griech. kalkani; kroat. oblić; niederl. tarbot; norw. piggvar; schwed. piggvar; türk. kalkan.

Der Steinbutt ist wie alle Butte in der Regel linksäugig, das heißt, beide Augen liegen auf der linken Körperseite, wenn man den Fisch mit der Bauchseite (Eingeweideseite) nach unten hält. Er ist unter allen Plattfischen außerdem durch seine Hautknochen unverkennbar. Im Schwarzen Meer und im Marmarameer lebt eine besondere Rasse (*Psetta maxima maeotica*) mit sehr großen Hautknochen auf beiden Körperseiten. Die Maximallänge beträgt 1 m. Das Verbreitungsgebiet reicht von Island bis Marokko einschließlich des gesamten Mittelmeeres und des Schwarzen Meeres. Der Steinbutt lebt auf unterschiedlichem Grund bis in 70 m Wassertiefe. Der Fang erfolgt hauptsächlich mit Bodenschleppnetzen und Langleinen. Das Hauptfanggebiet liegt im Nordatlantik. Im Mittelmeer wird er überwiegend in türkischen Gewässern gefangen. Bei uns wird Steinbutt häufig angeboten.
Verwendung: Er zählt zu den delikatesten Plattfischen, ist aber preislich klar überbewertet. Er eignet sich für alle Zubereitungsarten.

Der Steinbutt ist einer der begehrtesten und wertvollsten Speisefische des Atlantik. Im Mittelmeerraum schon seit dem Altertum von Griechen und Römern als Delikatesse geschätzt, wird er dennoch überbewertet: Die qualitative Differenz zu seinen Verwandten ist nicht so riesig, wie es der Preisunterschied suggeriert.

Als Barbue ist der Glattbutt auf der Speisekarte sehr geschätzt, obwohl er immer im Schatten seines wertvollen Verwandten, des Steinbutts, steht. Er wird sowohl frisch als auch tiefgefroren angeboten. Ein Fisch für alle Garmethoden, ideal aber zum Dämpfen und Dünsten.

Glattbutt
Scophthalmus rhombus

engl. brill; franz. barbue; ital. rombo liscio; span. rémol; port. rodoralho; dän. sletvarre; griech. pisi; kroat. platak; niederl. griet; norw. slettvar; schwed. slätvar; türk. dişi kalkan.

Der Glattbutt sieht dem Steinbutt ähnlich, ihm fehlen jedoch die für den Steinbutt charakteristischen Hautknochen. Die Maximallänge beträgt 75 cm. Das Verbreitungsgebiet ist ein wenig eingeschränkter als das des Steinbutts, es erstreckt sich von Südnorwegen bis Nordmarokko einschließlich des gesamten Mittelmeeres und des Schwarzen Meeres. Er lebt auf Sandgrund in geringer Tiefe. Fanggebiet ist der Nordatlantik. Die Fangmengen machen nur etwa ein Fünftel der Anlandungen von Steinbutt aus. Glattbutt kommt regelmäßig, aber seltener als Steinbutt auf den Markt. Er ist nicht so schmackhaft wie letzterer, aber doch ein hochwertiger Speisefisch.

Der Flügelbutt, ein feiner Plattfisch, der es eigentlich nicht verdient hat, dem Verbraucher als Ersatz für Rotzungen untergeschoben zu werden. Durch seine transparente Erscheinung ist er jedoch leicht von ihnen zu unterscheiden.

Flügelbutt, Schefsnut
Lepidorhombus whiffiagonis

engl. megrim; franz. cardine franche; ital. rombo giallo; span. gallo del nort; port. areeiroe; griech. zanketa glorra.

Die Art hat einen ovalen, durchscheinenden Körper und wird daher auch Glasbutt genannt. Auffallend sind der schiefe Kopf und Mund mit einem Höcker am Unterkiefer.

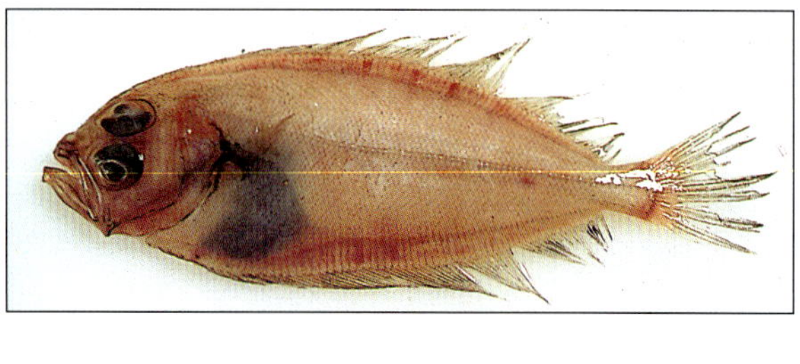

Der Gefleckte Flügelbutt *(Lepidorhombus boscii)* hat keinen Höcker am Unterkiefer. Er kommt vom Mittelmeer bis zu den Orkney-Inseln vor und ist regelmäßig auf den Märkten rund um das Mittelmeer anzutreffen. Er wird als Frischfisch und als Tiefgefrierware angeboten.

Die Färbung der Oberseite ist sandfarben mit Flecken, die Blindseite ist weiß. Vorkommen im Nordostatlantik, von Island an über die Nordsee bis zum Mittelmeer. Der Flügelbutt wird bis 50 cm lang.
Der **Norwegische Zwergbutt** *(Phrynorhombus norvegicus)* wird nur 12 cm lang. Er ist vom Ärmelkanal bis Island und Nordnorwegen verbreitet.
Verwendung: Alle Flügel- und Zwergbutte schmecken am besten gebraten.
Der verwandte **Haarbutt** *(Zeugopterus punctatus)* hat Schuppen mit kleinen, borstenartigen Auswüchsen. Er wird bis 25 cm lang und ist von der Biskaya bis Mittelnorwegen verbreitet.

Die Familie der Echten Butte (Bothidae) umfaßt 13 Gattungen mit vielen Arten.

Lammzunge
Arnoglossus laterna

engl. scaldfish; franz. fausse limande; ital. suacia; span. serrandell; port. carta do Mediterrâneo; dän. tungevarre; griech. arnoglossa; kroat. patarača; niederl. schurftvis; norw. tungevar; schwed. tungehvarf.

Die Lammzunge ist linksäugig wie alle Butte. Die Körperform ähnelt der der Seezunge, denn sie ist ebenfalls recht langgestreckt. Der Fisch ist durchscheinend. Die maximale Körperlänge beträgt 20 cm. Das Verbreitungsgebiet reicht von Südnorwegen bis Mauretanien einschließlich des gesamten Mittelmeeres. Sie lebt hauptsächlich auf Schlickboden, vom Flachwasser bis in etwa 200 m Tiefe. Die Fischerei erfolgt vor allem im Mittelmeer und vor Westafrika. Bei uns wird die Lammzunge manchmal als Tiefgefrierware angeboten. Sonst ist sie nur in Südeuropa zu haben. Die Lammzunge hat ein delikates, zartes Fleisch, das an das der Seezunge heranreicht.
Verwendung: Sanft in Butter gebraten.

Lammzungen könnten für den Gourmet durchaus ein Ersatz für Seezungen sein, so fein ist ihr Fleisch. Aber sie werden nur an den Küsten des südlichen Mittelmeeres und Westafrikas angeboten.

Weitäugiger Butt
Bothus podas

engl. wide-eyed flounder; franz. rombou podas, platophrys; ital. rombo di rena; span. podas; griech. pisi kalkani; kroat. poklopac glatkiš.

Körper oval, linksäugig. Die Augen sind weit voneinander getrennt, mit je einem Stachel vor dem unteren Auge und auf der Schnauze (Männchen). Die Färbung ist variabel, meist graugrundig mit zwei dunklen Flecken vor der Schwanzflosse. Die Maximallänge erreicht etwa 50 cm, meist bleibt es aber bei 20 cm. Er kommt im Mittelmeer vor und entlang der westafrikanischen Küste bis Angola. Eine nahverwandte Art *(Bothus pantherinus)* ist im Indopazifik

vom Roten Meer bis Australien weit verbreitet und auch durch den Suez-Kanal in das östliche Mittelmeer eingewandert.
Verwendung: Am besten entfaltet er seinen Geschmack, wenn er gebraten wird.

Sommerflunder
Paralichthys dentatus

engl. summer flounder; franz. cardeau d'été.

Vertreterin der Butte an der Ostküste der USA, leicht kenntlich an den hell gesäumten schwarzen Flecken auf der Augenseite des bis zu 70 cm langen Körpers. Sie ist von Maine bis South Carolina verbreitet, lebt im Sommer in Küstengewässern und wird dann auch gefangen. Sie ist ein sehr geschätzter Speisefisch.
Eng verwandt ist die **Golfflunder** *(Paralichthys lethostigma)*, ein ebenso großer, ebenfalls exzellenter Speisefisch,

Sommerflunder und Golfflunder sind die westatlantischen Mitglieder der Buttfamilie. Sie sind exzellente Speisefische mit festem weißem Fleisch und feinem Aroma und auch von wirtschaftlicher Bedeutung, obwohl sie nicht die Preise des Steinbutts erreichen.

der in den Küstengewässern von North Carolina bis Texas verbreitet ist.
Verwendung: Sowohl die Sommer- als auch die Golfflunder schmecken am besten gebraten.

Die Familie der Schollen (Pleuronectidae) ist mit ihren zahlreichen Arten von der Antarktis bis zur Arktis verbreitet. Die Augen befinden sich bei ihnen meist auf der rechten Körperseite.

Scholle
Pleuronectes platessa

engl. plaice; franz. plie; span. solla; port. solha; dän. roedspette; niederl. schol; norw. rodspette; schwed. rödspotta.

Die Scholle ist unter ihren Verwandten leicht kenntlich durch den hochrückigen Körper, die glatte Haut und die roten Punkte auf der ansonsten bräunlichen Augenseite. Auf dem Kopf, am Vorderende der Seitenlinie, liegen mehrere Hautknochen. Die Maximallänge beträgt 1 m, meist bleibt es aber bei 35–45 cm. Das Verbreitungsgebiet erstreckt sich vom Weißen Meer und Island bis in das westliche Mittelmeer. Sie lebt vom Flachwasser (meist Jungtiere) bis in etwa 100 m Tiefe. Mit etwa 158000 Tonnen im Jahr 1993 handelt es sich bei der Scholle um den kommerziell wichtigsten Plattfisch Europas. Der Fang erfolgt mit Schleppnetzen fast ausschließlich im Nordatlantik. Schollen gehören bei uns zu den am häufigsten angebotenen Fischen, sowohl als Frischfisch als auch als Filet oder tiefgefroren. Die Frische des Fisches beurteilt man am besten durch genaues Anschauen der Augenseite. Meist liegt der Fisch im Geschäft auf dieser Seite, so daß die weiße Blindseite zu sehen ist, die fast immer straff und gut aussieht. Man sollte aber erst kaufen, wenn die andere Seite auch überzeugend aussieht.

Die Scholle ist sicher der populärste Plattfisch und der ideale Portions-Frischfisch, denn in dieser Größe wird sie meist angeboten. Aber auch tiefgefrorene Filets sind auf dem Markt. Einige Regionalgerichte in England und Deutschland haben den Ruf der Scholle gefestigt.

Die Ostseeflunder ist ähnlich populär wie die Scholle und findet für viele regionale Spezialitäten Verwendung. Mit ihrem besonders mageren, zarten Fleisch schmeckt sie sehr fein in Butter gebraten.

Flunder
Platichthys flesus

engl. flounder; franz. jangroga; ital. sogliola; span. platija; port. solha de pedras; dän. skrubbe; griech. chomatida; kroat. list; niederl. bot; norw. skrubbe; schwed. skrubbskädda; türk. pisi balığı.

Die Flunder ist der Scholle sehr ähnlich, sie unterscheidet sich lediglich durch das Vorhandensein von Hautknochen und kräftigeren Schuppen im vorderen Teil der Seitenlinie. Alle anderen Unterscheidungsmerkmale sind unzuverlässig. Die Maximallänge beträgt 50 cm, meist bleibt es aber bei 30 cm. Das Verbreitungsgebiet erstreckt sich vom Weißen Meer bis nach Marokko einschließlich des gesamten Mittelmeeres und des Schwarzen Meeres. Sie lebt im Flachwasser und dringt in Flußmündungen ein, bisweilen recht weit flußaufwärts. Bei starker Aufsalzung kommt sie bis tief im Binnenland vor, wie etwa in der Werra. Die Fischerei findet besonders in der Ostsee und in dänischen Gewässern statt, läßt sich aber in keiner Weise mit der auf die Scholle vergleichen. Bei uns werden Flundern häufig zusammen mit Schollen angeboten, in Norddeutschland auch oft unter dem Namen »Butt«. Ihr Fleisch schmeckt ohnehin dem der Scholle sehr ähnlich.

Verwendung der Scholle: Schollen eignen sich besonders zum Braten. Das zarte weiße Fleisch ist von großem Wohlgeschmack. Besonders gut schmeckt es im Mai, wenn die Schollen zum Laichen an die Küste kommen und sich vorher Fettvorräte angefressen haben (»Maischolle«).

Hundszunge ist die volkstümliche Bezeichnung für den Zungenbutt. Er hat relativ festes Fleisch von mittlerer Qualität, das sich gut zum Braten und Grillen eignet.

Der Pazifische Zungenbutt *(Glyptocephalus zachirus;* engl. rex sole; franz. sole américaine) ist an der Augenseite hellbraun gefärbt. Er bewohnt die pazifischen Gewässer von der Beringsee bis Niederkalifornien. Ein wichtiger Speisefisch mit großer Bedeutung für die Fischereiwirtschaft der westlichen USA. Die Rex Sole genießt unter Feinschmeckern einen sehr guten Ruf. Sie hat sehr feines, festes Fleisch und wird als Frischfisch meist gehäutet angeboten.

Hundszunge
Glyptocephalus cynoglossus

engl. witch; franz. plie cynoglosse; port. solhao; dän. skjaerising; niederl. witje; norw. smorflyndre; schwed. rödtunga.

Bei der Hundszunge sind, wie auch bei den folgenden Schollenartigen Fischen, die Kiefer und Zähne auf der Blindseite besser entwickelt als auf der Augenseite. Der Körper ist zungenförmig, die Seitenlinie gerade. Die Körperfarbe ist bräunlich. Die Maximallänge beträgt 60 cm, meist bleibt es aber bei 40 cm. Das Verbreitungsgebiet reicht von Nordnorwegen bis Nordspanien einschließlich der isländischen Gewässer und der Nordsee. Im Westatlantik kommt diese Art südlich bis Cape Cod vor. Sie lebt auf Weichboden in 50–500 m Wassertiefe. Die Fischerei erfolgt hauptsächlich mit Grundschleppnetzen. Mit etwa 21 000 Tonnen im Jahr 1993 handelt es sich um eine wirtschaftlich zunehmend wichtigere Art. Bei uns werden Hundszungen bisweilen angeboten, häufiger noch in skandinavischen Ländern. Ihr Fleisch ist von mittlerer Qualität.
Verwendung: Sie eignen sich am besten zum Braten.

Die Heilbuttscholle *(Hippoglossoides elassodon*; engl. flathead sole), eine enge Verwandte der Doggerscharbe, ist dünn, rechtsäugig und hat lange Zähne. Die Augenseite ist braun gefärbt, meist mit dunkleren Punkten besetzt. Vorkommen vor allem im Nordpazifik, vom Japanischen Meer über die Beringsee bis nach Kalifornien. Ein feiner Speisefisch, der aber meist nur tiefgefroren im Handel ist. Die Verwendung ist ähnlich der der Doggerscharbe.

Doggerscharbe, Rauhe Scharbe
Hippoglossoides platessoides

engl. American plaice, long rough dab; franz. balai de l'Atlantique; span. platija americana; dän. almindelig håising; norw. lerflyndre; russ. kambala jozsh; schwed. leskädda.

Der länglich-ovale Körper ist auf der Augenseite grau oder rötlichbraun gefärbt, zum Teil mit vielen verstreuten Punkten und schwacher Marmorierung. Die Schuppen haben einen rauhen, gezähnelten Rand, daher der zweite Name. Sie kommt beiderseits des Nordatlantik vor. Die Doggerscharbe hat wenig Fleisch, aber es ist zart und von guter Qualität.
Verwendung: Doggerscharben müssen vor der Zubereitung geschuppt werden. Anschließend werden sie am besten gebraten.

Der Weiße Heilbutt aus dem Atlantik und Pazifik ist zwar der größte Plattfisch (bis 300 kg schwer), auf dem Markt wird er aber weitaus kleiner angeboten. Sein feines weißes Fleisch ist besonders reich an Eiweiß und relativ fettarm.

Heilbutt, Weißer Heilbutt
Hippoglossus hippoglossus

engl. halibut; franz. flétan; port. alabote de Atlântico; dän. haelleflynder; niederl. heilbot; norw. kveite; schwed. hälleflundra.

Der Heilbutt gehört nicht zu den Butten, sondern zu den Schollen, da er rechtsäugig ist. Sein Name ist auf den Sprachgebrauch zurückzuführen, jeden großen Plattfisch »Butt« zu nennen. Er ist relativ schmal und langgestreckt. Die Kiefer und Zähne sind auf der Augen- und Blindseite gleich gut entwickelt. Die Seitenlinie macht über der Brustflosse einen Bogen. Der Körper ist auf der Augenseite einheitlich braun bis schwarz gefärbt, auf der Blindseite weiß. Die Maximallänge beträgt 4 m. Damit ist der Heilbutt der größte Plattfisch. Das Verbreitungsgebiet reicht von Spitzbergen bis zur Biskaya und umfaßt auch den nördlichen Westatlantik. Dieser Raubfisch lebt in Wassertiefen von 50–2000 m. Die wichtigste Fischereimethode ist der Fang mit Langleinen, er wird aber auch von der Grundschleppnetzfischerei angelandet. Wirtschaftlich ist dieser Fisch wichtig, die Fangerträge sind aber gegenüber früher gesunken und beliefen sich 1993 nur noch auf etwa 5500 Tonnen.
Verwendung: Der Heilbutt ist ein sehr schmackhafter, fettarmer Speisefisch, der sich für alle Zubereitungsarten eignet. Er sollte nur nicht zu stark gewürzt werden.

Schwarzer Heilbutt
Reinhardtius hippoglossoides

engl. greenland halibut; franz. flétan noir; port. alabote de Gronelândia; niederl. zwarte heilbot; norw. blåkveite; schwed. liten hälleflundra.

Der Schwarze Heilbutt unterscheidet sich vom eigentlichen Heilbutt durch die Lage des oberen Auges, das am Kopfoberrand liegt, sowie durch die gerade Seitenlinie. Die Färbung ist einheitlich schwarz, auch die Blindseite ist dunkel, daher der Name »Schwarzer Heilbutt«. Die Maximallänge beträgt 120 cm. Das Verbreitungsgebiet reicht von Spitzbergen bis zur irischen Westküste und im Westatlantik bis Neufundland. Er kommt auch im Nordpazifik vor. Es handelt sich um einen Tiefwasserfisch, der in 200–2000 m Tiefe lebt und meist mit Langleinen gefangen wird. Fischereilich ist er mitt-

lerweile viel bedeutender als sein größerer Verwandter. Der Jahresertrag betrug 1993 etwa 134 000 Tonnen. Schwarzer Heilbutt wird auch bei uns regelmäßig angeboten.
Verwendung: Sein Fleisch ist recht fett und eignet sich daher besonders für Zubereitungsarten, bei denen es stark erhitzt wird. Geräuchert ist dieser Fisch sehr schmackhaft.

Kliesche
Limanda limanda

engl. dab; franz. limande; port. solha escura do mar de norte; dän. ising, slette; niederl. schar; norw. sandflyndre; schwed. sandskädda.

Die Kliesche ist viel hochrückiger als die Hundszunge. Ihre Seitenlinie macht über der Brustflosse einen großen Bogen. Die Haut ist durch kleine Schuppen rauh. Die Augenseite ist dunkel gefärbt und trägt meist zahlreiche rostrote Flecken. Die Maximallänge beträgt 40 cm, meist bleibt es aber bei 30 cm. Das Verbreitungsgebiet reicht vom Weißen Meer bis zur Biskaya einschließlich der isländischen Gewässer. Sie kommt vom Flachwasser bis in etwa 100 m Tiefe vor. Sie wird im Nordatlantik in beachtlichen Mengen gefangen und als Frischfisch vermarktet. Bei uns wird die Kliesche hauptsächlich im Küstengebiet angeboten. Sie ist weniger schmackhaft als die Scholle, aber doch von guter Qualität.
Verwendung: Am besten wird sie gebraten.

Das pazifische Gegenstück ist die **Yellowfin Sole** oder **Pazifische Kliesche** *(Limanda aspera*; japan. koganegarei). Als Besonderheit sind bei ihr Rücken- und Afterflosse gelblich gefärbt, mit feinen dunklen Linien. Vorkommen vom Japanischen Meer über die Beringsee bis Kalifornien. Sie wird gewöhnlich mit einer Länge von etwa 90 cm gefangen, kann aber bis zu 2 m lang werden.
Verwendung: Ähnlich der der Kliesche. In Japan wird sie aufgund ihres zarten mageren Fleisches als Sashimi (roh in Scheiben geschnitten) sehr geschätzt.

Eine nahe Verwandte ist die **Felsenkliesche** *(Lepidopsetta bilineata*; engl. rock sole; japan. shumushugarei). Auch sie hat wie alle Klieschen eine über der Brustflosse nach oben gebogene Seitenlinie, die zusätzlich einen kleinen Seitenzweig hat. Vorkommen vom Japanischen Meer über die Beringsee bis Kalifornien. Ein guter Speisefisch mit großer wirtschaftlicher Bedeutung in Japan; in den USA kommt sie nur selten auf dem Markt.

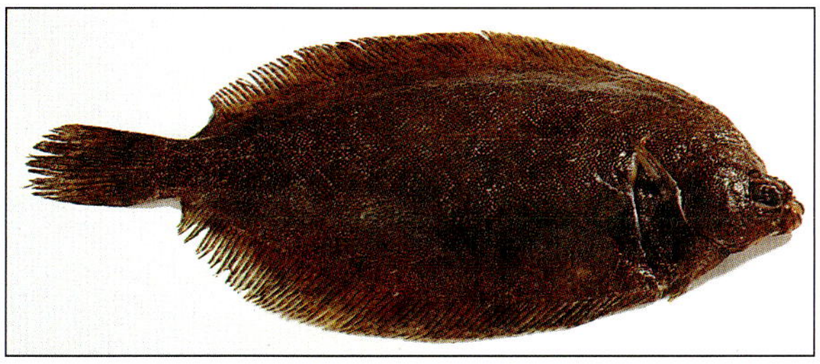

Klieschen gelten bei uns zu Unrecht als weniger fein als Schollen. In den Niederlanden und England werden sie häufiger angeboten. Ihr Fleisch ist gerade wegen seines milden Geschmacks von großem kulinarischem Wert.

Rock Sole oder **Felsenkliesche.** Ein Pazifik-Plattfisch von guter Qualität mit sehr aromatischem weißem Fleisch.

Die Echte Rotzunge wird von Gourmets der Seezunge oft vorgezogen. Ihr mageres weißes Fleisch ist zwar weicher, dafür sind die Filets dicker. Der ideale Bratfisch, ob mit oder ohne Haut, aber auch zum Pochieren geeignet.

Die Glattscholle aus dem Pazifik, in den USA English Sole genannt, ist ein relativ häufig gefangener Plattfisch mittlerer Qualität. Frisch kommt er selten auf den Markt, meist wird er tiefgefroren angeboten.

Zur Familie der Pleuronectidae gehört auch die **English Sole** oder **Pazifische Glattscholle** *(Parophrys vetulus)*. Sie ist ebenfalls rechtsäugig; das obere Auge liegt jedoch so hoch, daß es auch von der Blindseite her sichtbar ist. Sie wird bis 57 cm lang und kommt an der pazifischen Küste der USA von Alaska bis zum nördlichen Mexiko vor. Das Fleisch ist von guter Qualität, gelegentlich hat es einen leichten Jodgeschmack.

Rotzunge, Limande
Microstomus kitt

engl. lemon sole; franz. limande sole; port. solha limao; dän. mareflynder; niederl. tongschar; norw. lomre; schwed. bergskädda.

Die Rotzunge zeichnet sich durch eine völlig glatte Haut aus. Die Seitenlinie ist fast gerade. Der Kopf und die Mundspalte sind auffallend klein. Die Grundfarbe ist bräunlich, mit einer variablen Zahl von helleren und dunkleren Flecken. Die Maximallänge beträgt 45 cm, meist bleibt es aber bei 30 cm. Das Verbreitungsgebiet erstreckt sich vom Weißen Meer bis zur Biskaya einschließlich der isländischen Gewässer und der Nordsee. Dort lebt sie, meist auf Geröllgrund, in 20–200 m Tiefe. Rotzungen werden bei uns meist im Küstengebiet angeboten. Der Spätsommer ist dafür besonders günstig, da diese Fische dann in Küstennähe kommen.
Verwendung: Das zarte Fleisch schmeckt delikat, wenn es bei sanfter Hitze in Butter gebraten wird.

Die Pazifische Rotzunge (*Microstomus pacificus*; engl. slipper oder slime sole, Dover sole in USA) stellt einen wichtigen fischereiwirtschaftlichen Faktor an der nordamerikanischen Pazifikküste dar. Sie ist schlank und hat schleimige Haut. Auf der Oberseite ist sie braun gefärbt, die Blindseite ist hellgrau, manchmal mit rötlichen Tupfen. Der begehrte Speisefisch ist fast nur als Filet im Handel.

Pazifische Scharbe
Eopsetta jordani

engl. petrale sole; franz. plie de Californie; span. rodaballo de California.

Der rund-ovale Körper trägt rauhe Schuppen. Vorkommen von der Beringsee bis Niederkalifornien. Sie lebt über Sandgrund bis in 450 m Tiefe, die körperlänge erreicht maximal 70 cm. Sie gehört zu den häufigsten Plattfischen entlang der kalifornischen Küste.
Verwendung: Am besten wird sie gebraten.

Die Petrale Sole oder Pazifische Scharbe ist der beliebteste Plattfisch an der amerikanischen Pazifikküste und kommt auch teilweise frisch auf den Markt. Ihr Fleisch ist von fester Konsistenz, weiß und von hervorragendem Geschmack.

Eng verwandt ist die **Lemon Sole** oder **Neuseeländische Scharbe** *(Pelotretis flavilatus).* Sie ist graubraun gefärbt mit dunkler Marmorierung, die Blindseite ist weiß. Sie kommt nur in den Gewässern um Neuseeland in Tiefen bis 100 m vor und wird 35 cm lang. Sie ist ein guter Speisefisch.
Gleichfalls in den Gewässern um Neuseeland ist die **New Zealand Sole** oder **Neuseeländische Rundzunge** *(Peltorhamphus novaezeelandiae)* beheimatet. Ihre Vorkommen sind jedoch gering. Auffallend ist der abgerundete Kopf. Sie hat delikates Fleisch. Die oberen Filets sind etwas dunkler, werden beim Garen aber hell.

Die Familie der Seezungen (Soleidae) sind Plattfische mit oval-länglichem, zungenähnlichem Körper und abgerundetem Kopf. Seezungen sind außerdem dicker, nicht so flach wie andere Plattfische. Sie sind meist rechtsäugig.

Seezunge
Solea vulgaris

engl. sole; franz. sole; ital. sogliola; span. lenguado; port. linguado legítimo; dän. tunge; griech. glossa; kroat. list; niederl. tong; norw. tunge; schwed. tunga; türk. dil balığı.

In Europa gibt es mehrere nahe verwandte Arten, die nur der Fachmann sicher unterscheiden kann und die auch kulinarisch gleichwertig sind. Unsere Seezunge wird maximal 70 cm lang. Das Verbreitungsgebiet erstreckt sich von Südnorwegen bis zum Senegal einschließlich des größten Teils des Mittelmeeres. Die Fischerei mit Grundschleppnetzen, meist Baumkurren, findet hauptsächlich im Nordatlantik und in der Nordsee statt.
Verwendung: Seezungen gehören zum Besten, was die Fischküche zu bieten hat. Vor der Zubereitung muß die feinschuppige rauhe Haut abgezogen werden. Dann wird die Seezunge am besten in Butter sanft gebraten. Läßt man das Fett zu heiß werden, wird das Fleisch hart.

Die Dover Sole, unsere Seezunge, ist weltweit Synonym für feinen Fisch. Entsprechend teuer wird sie auch gehandelt. Die hohen Preise sind zum einen den zurückgehenden Beständen, zum anderen der steigenden Nachfrage zuzuschreiben. Sie wird nicht nur als Frischfisch in Europa angeboten, sondern auch frisch und tiefgefroren nach Amerika und Asien exportiert.

Die nah verwandte **Sandzunge** *(Solea lascaris;* engl. lascar; franz. sole-pole; ital. sogliola dal porro; span. lenguado de arena) ist im warmen Atlantik vom Ärmelkanal und der Westküste der Britischen Inseln bis nach Südafrika sowie im westlichen Mittelmeer und der Adria beheimatet. Als durchschnittlich guter Speisefisch wird sie vorwiegend gefroren angeboten. Verwendung wie Seezunge.
Die **Zwerg-Seezunge** *(Buglossidium luteum*; engl. solenette, franz. petite sole jaune; ital. sogliola gialla; span. tambor) ist im Ostatlantik beheimatet, von Angola bis Island und dem Skagerrak bis zur iberischen Küste, auch im gesamten Mittelmeer einschließlich des Marmara-Meeres kommt sie vor. Diese kleinste Seezungenart wird nur 15 cm lang. Sie wird auf italienischen, zyprischen und französischen Märkten häufiger angeboten. Besonders in Frankreich erfreut sie sich lokal größter Beliebtheit.
Verwendung: Sie hat hervorragendes Fleisch und eignet sich ausgezeichnet zum Fritieren.

Die Bastardzunge wird vor allem im gesamten Mittelmeergebiet gefischt und auf italienischen Märkten angeboten. Ihr Fleisch wird wegen seines feinen Geschmacks sehr geschätzt.

Lange Zunge
Dicologoglossa cuneata

engl. wedge sole; franz. céteau, langue d'avocat; ital. sogliola cuneata; span. acedia.

Sie ist gestreckter als die Seezunge und dunkel-sandfarben. Sie kommt im Ostatlantik von der Biskaya bis nach Südafrika vor, häufig auch im westlichen Mittelmeer. Der Fisch lebt in Tiefen bis 100 m. Die Lange Zunge wird regelmäßig auf spanischen Fischmärkten angeboten und gilt dort kulinarisch als besonders wertvoll. An manchen Stellen wird sie sogar der Seezunge vorgezogen, was aber durchaus unberechtigt ist.
Verwendung: Wie Seezunge.

Die verwandte **Bastardzunge** *(Microchirus variegatus)* kommt von Senegal bis zu den Britischen Inseln und im

Mittelmeer vor. Ihr Fleisch ist sehr gut und wird gefroren angeboten. Ebenfalls verwandt ist die **Augenseezunge** *(Microchirus ocellatus)*, die entlang der westafrikanischen Küste bis zur Biskaya und im Mittelmeer verbreitet ist. Sie wird etwa 20 cm lang und hat gutes Fleisch. Die **Haarseezunge** *(Monochirus hispidus)* kommt im Ostatlantik von Ghana bis Portugal und im Mittelmeer vor. Der ovale Körper ist mit haarigen Schuppen besetzt (daher der Name). Der Blindseite fehlt die Brustflosse. Länge bis 20 cm. Das Fleisch ist von guter Qualität. Alle drei Arten werden auf italienischen Märkten regelmäßig angeboten, meist werden sie nicht getrennt. Die Bastardzunge ist geschmacklich viel besser als die beiden anderen.
Verwendung: In Butter gebraten, schmecken diese kleinen Seezungen delikat.

Der Königin-Drückerfisch wird auf den Märkten der karibischen Inseln oft angeboten. Wer Gelegenheit hat, sollte zugreifen. Sein Fleisch ist von angenehm fester Konsistenz, weiß und sehr zart im Geschmack. Es wird oft mit Froschschenkeln verglichen. Die ledrige Haut macht das Filetieren ist allerdings schwierig.

Kugelfischverwandte

Tetraodontiformes

Diese Ordnung umfaßt drei große Gruppen, nämlich die Drückerfischartigen, die Kugelfischartigen und die Mondfischartigen. Die meisten leben in den Küstenzonen der tropischen Meere, zum Teil sind sie Korallenriffbewohner.

Drückerfisch

Balistes carolinensis

engl. grey triggerfish; franz. baliste cabri; ital. pesce balestra; span. pez ballesta; griech. gurunópsaro; kroat. mihaca; türk. çütre.

Dieser auffällige Fisch ist gekennzeichnet durch seinen hohen, ovalen, seitlich abgeflachten Körper sowie den großen Kopf mit sehr kleiner Mundöffnung. Die oberen und unteren Strahlen der Schwanzflosse sind fadenförmig verlängert. Der Fisch kann bis zu 40 cm lang werden. Seine Nahrung besteht aus kleinen Krebs- und Weichtieren und kleinen Fischen. Er kommt auf beiden Seiten des Atlantik vor, im Osten von Angola bis zum Ärmelkanal und im Mittelmeer, im Westen von Nova Scotia bis Argentinien. Er wird auf Fischmärkten eher selten angeboten.
Verwendung: Drückerfische müssen gehäutet werden. Dabei ist mit großer Vorsicht vorzugehen, da die kräftigen Schwanz- und Rückenstacheln zu unangenehmen Verletzungen führen können. Am besten kneift man sie mit einer Geflügelschere ab. Anschließend wird der Kopf abgeschnitten. Die Haut wird durch einen Längsschnitt auf der Rückenseite entlang der Rückenflosse gelockert, anschließend vorn oben gefaßt und nach schräg hinten abgezogen. Bei fangfrischen Fischen gelingt das leicht, bei etwas älteren muß man mit dem Messer nachhelfen. Die zarten Filets gelingen besonders delikat im Ofen, lassen sich aber auch gut braten.

Ein Verwandter ist der **Weißflecken-Drückerfisch** *(Abalistes stellaris*; engl. triggerfish, leatherjakket), der vom Roten Meer und dem Indischen Ozean bis zu den westpazifischen Inseln verbreitet ist. Er hat einen besonders schlanken Schwanzstiel. Seine Länge kann 60 cm erreichen. Er ist ein durchschnittlich guter Speisefisch, der, wie beim Drückerfisch beschrieben, verwendet werden kann.

Königin-Drückerfisch

Balistes vetula

engl. queen triggerfish; franz. baliste vétule.

Am Rücken graublau mit schmalen, dunklen Schrägstreifen, Bauchseite goldgelb. Am Kopf und vom Mund ausgehende schmale leuchtendblaue Streifen, die eine größere Mundspalte vortäuschen sollen. Er kommt im Westatlantik von Massachusetts bis nach Brasilien vor. Er ist besonders in der Karibik sehr beliebt und wird dort als »Turbot« angeboten, da der gehäutete Fisch einem Butt entfernt ähnlich sieht.
Verwendung; Wie beim Drückerfisch.

Der Orangestreifen-Drückerfisch *(Balistapus undulatus)* ist vom Roten Meer bis in die Südsee verbreitet und wird regelmäßig auf dem Markt angeboten.

Die Fische der Familie der Kugelfische (Tetraodontidae) sind kulinarisch unbedeutend, ausgenommen der **Kugelfisch** *(Fugu rubripes*; japan. fugu), der es in Japan zu höchster Popularität brachte. Er wird von speziell ausgebildeten Köchen ausgenommen, wobei die tödlich giftigen Eierstöcke nicht verletzt werden dürfen. Anschließend wird er in hauchdünne Scheiben geschnitten und roh als Sashimi serviert. In Japan gilt er, so zubereitet, als Delikatesse.

Mondfische (Molidae) sind Hochseebewohner mit flachem, eiförmigem Körper, ohne Schuppen, aber mit einer dicken, ledrigen Haut. Rücken- und Afterflosse befinden sich am Ende des Körpers, der als Schwanzflosse nur einen welligen Saum besitzt.

Mondfisch

Mola mola

engl. ocean sunfish; franz. mole commun, poisson-lune; ital. pesce luna; span. mola; griech. feggarópsaro; türk. pervane.

Charakteristisch sind der scheibenförmige Körper und die kleine Mundöffnung mit schnabelartigem Kiefer. Die kurze, hohe Rücken- und Afterflosse sind durch den Flossensaum miteinander verbunden. Die Haut ist schuppenlos, dick und rauh. Die Länge erreicht 3 m bei etwa 1500 kg Gewicht. Der Fisch kommt kosmopolitisch in tropischen und gemäßigt-warmen Meeren vor. Kulinarisch spielt er eine untergeordnete Rolle.

Lexikon der Süßwasserfische

Wie bereits bei den Meeresfischen erwähnt, werden unter dieser Überschrift nicht nur reine Süßwasserbewohner beschrieben, sondern auch die Wanderfische, die ihre meisten Verwandten im Süßwasser haben, sowie die Lachse.

Etwa 8900 von insgesamt rund 21000 Fischarten leben im Süßwasser. Das ist ein recht hoher Prozentsatz, der deutlich mehr als ein Drittel ausmacht. Einige Gruppen, wie beispielsweise die Karpfenfische, stellen überproportional viele Süßwasservertreter. Kulinarisch haben Süßwasserfische im Binnenland eine große Tradition. Über Frische braucht man bei ihnen nicht zu diskutieren, da sie oft lebend angeboten werden und keine langen Transportwege hinter sich haben. Anders ausgedrückt: Es gibt gerade bei Süßwasserfischen keinen Grund, zweitklassige Ware zu akzeptieren. Bei der kulinarischen Verwendung sollte man beachten, daß die Fische der Binnengewässer weniger Salz in ihrem Körper haben. Das Wasser zum Pochieren sollte daher nie zu stark gesalzen werden, da das Fleisch sonst leicht austrocknet. Eine der klassischen Zubereitungsmethoden, das »Blaukochen« (eigentlich eher Pochieren), bringt den Eigengeschmack am besten zum Vorschein. Lediglich sehr fette Fische, zum Beispiel der Wels, eignen sich nicht für diese Zubereitungsart, sie sollten besser gebraten oder gegrillt werden.

Neunaugenartige

Petromyzoniformes

Die Neunaugenartigen gehören nicht zu den Fischen im eigentlichen Sinne, sondern zusammen mit den Schleimaalen (Myxiniformes) zu den Rundmäulern, der ursprünglichsten heute noch lebenden kieferlosen Wirbeltiergruppe. Der aalförmige Körper der Neunaugen (Petromyzonidae) ist von einer schuppenlosen, schleimigen Haut bedeckt und hat auf jeder Seite 7 Kiemenöffnungen, die zusammen mit dem Auge und der Nasenöffnung 9 »Augen« ergeben. Der Name »Rundmaul« leitet sich von dem trichterförmigen, mit Hornzähnen bestückten Saugmund ab, mit dem sie sich an ihrer Beute (Dorsche, Heringe und andere Fische) festsaugen. Neunaugen sind auf der nördlichen Erdhalbkugel im Meer und im Süßwasser verbreitet, auf der Südhalbkugel nur im südlichsten Teil Australiens und Südamerikas. Es gibt wandernde und standorttreue Arten.

Meerneunauge

Petromyzon marinus

engl. sea lamprey; franz. lamproie marine; ital. lampreda di mare; span. lamprea de mar; port. lampreia do mar; dän. havlampret; finn. merinahkiainen; griech. lámprena; kroat. morska paklara; niederl. zeeprik; norweg. havniøye; russ. morskaya minoga; schwed. hafsnejonöga; slowen. morski piškur.

Die Mundscheibe des Meerneunauges weist viele ringförmig angeordnete Reihen von Hornzähnen auf. Zusammen mit der gescheckten Färbung unterscheidet es sich dadurch von anderen heimischen Neunaugenarten. Mit im Durchschnitt um 70 cm Körperlänge ist es auch sehr groß. Erwachsene Tiere leben im Meer, wo sie Fische anfallen, sich an ihnen festsaugen und dann mit ihrer Raspelzunge die Haut aufschürfen. Das in die Wunde abgeschiedene Sekret verhindert einerseits die Blutgerinnung und Pfropfbildung, andererseits löst es das Gewebe weiter auf, von dem das Neunauge lebt. Zur Fortpflanzung steigen beide Geschlechter im Spätherbst oder im zeitigen Frühjahr in Flüsse auf, wo von Februar bis Juni die Eiablage stattfindet. Danach sterben die erwachsenen Neunaugen ab. Die Larven (Querder) leben zunächst im Gewässerschlamm. Sie wandeln sich in einer Größe von etwa 18 cm in Neunaugen um und wandern dann wieder ins Meer. Das Verbreitungsgebiet umfaßt nordatlantische Küsten, im Osten ganz Skandinavien und Island bis nach Marokko einschließlich des westlichen Mittelmeeres, im Westen die nordamerikanische Küste von Neu-Schottland bis Cape Hatteras. Meerneunaugen wurden früher häufig gefangen und kamen auf den Markt, heute werden sie aufgrund ihrer durch die Verschmutzung der Flüsse bedingten Seltenheit kaum mehr angeboten. Besonders in den Wintermonaten schmeckt das dann fettreiche Fleisch sehr gut.

Verwendung: Frische Neunaugen können gebraten werden, meist werden sie dann sauer eingelegt. Geräuchert schmecken sie besonders delikat.

Flußneunauge
Lampetra fluviatilis

engl. lampern; franz. lamproie de rivière; ital. lampreda di fiume; span. lamprea de Rio; port. lampreia do rio; dän. flodlampret; finn. nahkiainen; kroat. riječna paklara; niederl. rivierprik; norweg. elveniøye; poln. minog rzeczny; russ. retschnaja minoga; schwed. flodnejonöga; slowak. mihuľa riečna; slowen. recni piškur; tschech. mihle říčni.

Es hat nur eine Reihe von Hornzähnen auf der Mundscheibe, die Färbung ist am Rücken einheitlich graugrün, der Bauch ist heller. Mit etwa 30 cm Gesamtlänge bleibt es deutlich kleiner als das Meerneuauge. Die Lebensweise entspricht der des Meerneunauges. Auch das Verbreitungsgebiet ist ähnlich, es fehlt aber in isländischen und amerikanischen Gewässern. Kulinarisch gilt es als dem Meerneunauge überlegen.
Verwendung: Wie Meerneunauge, eignet sich besonders gut zum Marinieren.

Das Flußneunauge spielte früher eine große wirtschaftliche Rolle. In der Elbe wurden jährlich 5 Tonnen Neunaugen gefangen. Heute sind die Bestände durch die Verschmutzung der Gewässer stark zurückgegangen, in vielen Flüssen sind sie sogar völlig vernichtet. Kenner schätzen das Fleisch des Flußneunauges höher ein als das des Aals.

Heringsartige Fische
Clupeiformes

Die meisten Arten dieser Ordnung leben im Meer, aber sowohl bei den Heringsfischen (Clupeidae) als auch bei den Sardellen (Engraulidae) gibt es anadrome, das heißt zum Laichen vom Meer ins Süßwasser ziehende Wanderfische, und stationäre, also reine Süßwasser-Arten. In Europa und Amerika spielen nur die Heringsfische des Süßwassers eine wirtschaftliche und kulinarische Rolle.

Maifisch, Alse
Alosa alosa

engl. allis shad; franz. alose vraie; ital. alosa; span. sábalo; port. sável; dän. majsild; finn. pilkkusilli; niederl. elft; norw. maidild; schwed. majfisk; tschech. placka pomořanská.

Maifische gehören zu den Heringen, sind hochrückiger als der Hering selbst und weisen dunkle Punkte an den Körperflanken auf. Der Körper ist ansonsten silbrig gefärbt. Die Maximallänge beträgt 70 cm, meist bleibt es aber bei 30–50 cm. Das Verbreitungsgebiet erstreckt sich von Südnorwegen bis Mauretanien und schließt das westliche Mittelmeer ein. Die Art lebt in den Küstengewässern bis in etwa 100 m Wassertiefe und steigt zum Laichen weit in die Flüsse auf. Diese Wanderungen finden im Frühjahr statt, daher der Name »Maifisch«. Früher wurden sie auch in dieser Zeit gefischt. Noch im letzten Jahrhundert wurden im Rhein wirtschaftlich bedeutende Mengen gefangen. Gegenwärtig ist der Bestand durch Verschmutzung der Flüsse stark zurückgegangen.
Verwendung: Maifische eignen sich besonders zum Braten. Geräuchert schmecken sie nur vor dem Ablaichen gut, anschließend werden sie zu trocken.

Finte
Alosa fallax

engl. twaite shad; franz. alose feinte; ital. cheppia; span. saboga; port. savelha; dän. stamsild; griech. frissa; kroat. čepa, lojka; niederl. fint; norw. stamsild; poln. parposz; schwed. stamsill; türk. tirsi.

Die Finte ist für den Nichtfachmann schwer von der Alse zu unterscheiden. Meist hat sie eine größere Anzahl von Punkten auf den Flanken, aber dieses Merkmal kann auch täuschen. Die Maximallänge beträgt 50 cm, meist bleibt es bei 20–40 cm. Das Verbreitungsgebiet reicht von Südnorwegen, Island und der nördlichen Ostsee bis nach Marokko einschließlich des gesamten Mittelmeeres und Teilen des Schwarzen Meeres. Die Finte kann genauso behandelt werden wie die Alse. Geschmacklich ist sie ihr deutlich unterlegen. Dies gilt nicht für die Mittelmeerrasse, die zusammen mit einigen verwandten Arten (vor allem *Caspialosa pontica)* hauptsächlich im Schwarzen Meer gefischt wird. Auf türkischen Fischmärkten werden diese Arten im Frühjahr häufig angeboten, gelangen aber kaum zu uns.
Verwendung: Finten werden gebraten, größere Stücke sollte man vorher zerschneiden.

Die wichtigsten Verwandten sind: Der **Kaspi-Maifisch** *(Caspialosa caspia)* und der **Schwarzmeer-Maifisch** *(Caspialosa pontica)*, die beide im Schwarzen und im Kaspischen Meer vorkommen, sowie der **American Shad** *(Alosa sapidissima)*, ein Maifisch der amerikanischen Ostküste, der zum Laichen in die Flüsse Neuenglands aufsteigt. Seine Bestände leiden ebenso unter der zunehmenden Wasserverschmutzung wie die der europäischen Arten. Der American Shad ist ein hochbegehrter Speisefisch, vor allem sein Rogen erfreut sich großer Beliebtheit. Die *Verwendung* dieser Maifische entspricht der von Alse und Finte.

Die weiblichen Maifische sind kulinarisch ergiebiger als die Männchen. Nicht nur, wie beim American Shad, wegen des guten Rogens, sondern weil sie größer und fetter sind. Sie liefern ideale Filets für alle Garmethoden. Die **Finten** (im Bild) werden auch gern geräuchert.

Lachsartige Fische
Salmoniformes

Diese Fische kommen überwiegend im Süßwasser vor, zumindest während eines Teils ihres Lebenszyklus. Lediglich bei der Familie der Stinte gibt es echte Seefische. Auch wenn sie recht unterschiedlich aussehen, gehören Lachse, Renken, Äschen, Stinte und Hechte hierher.

Zu den Lachsfischen (Salmonidae) gehören die Lachse, Forellen, Saiblinge und Huchen. Sie alle haben einen mäßig gestreckten, seitlich wenig abgeflachten Körper, der mit zahlreichen kleinen Schuppen besetzt ist. Die weite Mundöffnung ist mit kräftigen Zähnen versehen. Zwischen Rücken- und Schwanzflosse ist stets eine »Fettflosse«, eine dicke Hautfalte, entwickelt. Alle Arten bevorzugen kalte, sauerstoffreiche Gewässer und laichen im Herbst und im Winter. Bei den Lachsfischen gibt es Wanderformen, die im Süßwasser ablaichen, aber bis dahin längere Zeit im

Sogenannte Babylachse, kleine Exemplare von 400–500 g Gewicht, sind zur Zeit besonders begehrte Speisefische. Es sind natürlich Zuchtlachse, die zwar im Vergleich zum ausgewachsenen Fisch etwas fade im Geschmack sind, dafür aber sehr zartes Fleisch haben.

Meer leben, und Standformen, die ständig in Flüssen oder Seen wohnen. Fast alle Arten haben große wirtschaftliche Bedeutung. Ihres hervorragenden Fleisches wegen gehören sie zu den höchstbezahlten Speisefischen.

Der Atlantische Lachs ist auch in Kanada ein begehrter Sportfisch. Ganz anders als in den europäischen Flüssen gibt es diesen besten aller Lachse in den kanadischen Flüssen noch reichlich. Ein Favorit der Ureinwohner, der Indianer, war er – wie man denken könnte – nicht; sie bevorzugten den Striped Bass und den Maifisch (American Shad).

Atlantischer Lachs, Salm
Salmo salar

engl. salmon; franz. saumon; ital. salmo; span. salmón; port. sãlmao do Atlântico; dän. laks; finn. lohi; griech. solomos; niederl. zalm; norw. laks; poln. losos; russ. losos; schwed. lax; tschech. losos.

Verwendung des Atlantischen Lachses: Lachs läßt sich auf viele Arten zubereiten. Sowohl gebraten als auch pochiert oder im Ofen gegart, schmeckt er gleichermaßen delikat. Geräucherte Lachsseiten stellen einen Genuß besonderer Art dar und werden hoch bezahlt.

Ein wichtiges Merkmal der Lachse ist die Fettflosse, ein kleines, rundliches Gebilde, das auf dem Rücken kurz vor dem Schwanzstiel steht. Die Rückenflosse selbst ist kurz und sitzt etwa in der Mitte zwischen Kopf und Schwanz. Das Fleisch der Lachse ist intensiv rot. Der Rücken ist bläulich gefärbt, die Flanken silbrig mit x-förmigen dunklen Flecken, meist oberhalb der Seitenlinie. Diese »Blanklachse« werden im Süßwasser zu sogenannten »Buntlachsen«, indem die Flanken grün bis braun werden und eine rötliche und dunkle Fleckung aufweisen. Bei den Männchen wird der Unterkiefer hakenartig (Hakenlachs). Die Maximallänge beträgt 1,5 m mit einem Gewicht bis zu 36 kg, meist bleibt es aber bei maximal 1 m. Das Verbreitungsgebiet umfaßt den gesamten kalten und kaltgemäßigten Nordatlantik von der Barentssee bis Nordportugal sowie die nordamerikanische Atlantikküste (Kanada, USA). Er lebt als kräftiger Raubfisch im Freiwasser und ernährt sich hauptsächlich von kleineren Fischen und Krebsen. Dabei wächst er, und sein Fleisch reichert Fettreserven an. Im Alter von 3–6 Jahren, je nach Standort und Nahrungsangebot, wandern die Lachse in kleineren Trupps in Flüsse ein, in deren Oberläufen sie laichen. Während der Laichwanderungen nehmen sie keine Nahrung auf, und viele, besonders die Männchen, sterben nach dem anstrengenden Fortpflanzungsgeschäft ab. Die übrigen gelangen ins Meer zurück und können noch einmal an Laichwanderungen teilnehmen. Die aus den Eiern geschlüpften Jungfische bleiben 2–3 Jahre im Süßwasser und wandern dann als Blanklachse ins Meer. Sie kehren später mit untrüglicher Genauigkeit zum Laichen in die Gewässer zurück, in denen sie aus den Eiern schlüpften. Lachse werden im Meer hauptsächlich mit Treibnetzen oder treibenden Langleinen (Lachsketten) gefischt. In Flüssen geschieht dies während der Laichwanderungen mit Stell- und Treibnetzen. Früher waren Lachse auch bei uns ein wichtiges Objekt der Flußfischerei. Seit der Verschmutzung aller größeren Fließgewässer Mitteleuropas wird überhaupt kein Lachs mehr in Binnengewässern gefangen. Die meisten Lachse unseres Marktes stammen aus skandinavischen Zuchten. Durch die erfolgreiche Zucht ist dieser wohlschmeckende Fisch auch wieder erschwinglicher geworden. Wildlachse werden entsprechend höher bewertet.

Adriatischer Lachs
Salmothymus obstusirostris

kroat. mekousna pastrmka.

Ein kleiner Verwandter des Atlantischen Lachses mit maximal 50 cm Länge. Der langgestreckte, etwas hochrückige, seitlich abgeflachte Körper ist mit kleinen Schuppen besetzt und hat einen kleinen Kopf mit stumpfer Schnauze und breitem, kurzem Oberkiefer. Die Färbung ist grünlich bis bräunlich, die Flanken sind heller mit dunkleren, auch kleinen roten Punkten, die Bauchseite ist weißlich. Kommt in kühlen, sauerstoffreichen Fließgewässern an der dalmatinischen Küste und im Ochrid-See vor. Seine wirtschaftliche Bedeutung ist gering, lokal wird er aber gefischt und angeboten.
Verwendung: Wie Forellen.

Die **Pazifischen Lachse**, zu denen die folgenden 5 Arten gehören, unterscheiden sich vom europäischen Lachs durch eine wesentlich längere Afterflosse. Als Wanderfische steigen sie in die Zuflüsse des nördlichen Pazifik und des Eismeeres auf.

Der King Salmon oder Chinook ist der absolute Favorit an der amerikanischen Westküste. Er wird auch nach Europa exportiert. Kenner ziehen ihn dem Atlantischen Lachs vor. Der geringere Fettgehalt wirkt sich vor allem beim Dämpfen und Pochieren positiv aus. Sein Filet schmeckt in der Folie gegart besonders fein.

Königslachs

Oncorhynchus tschawytscha

engl. king salmon, chinook salmon; franz. saumon royal; ital. salmone reale; span. salmón chinook, salmón real; neuseel. quinnat.

Er ist mit maximal 1,6 m und einem Durchschnittsgewicht von 4–10 kg der größte unter den Pazifischen Lachsen. Sein relativ hoher Körper hat einen sehr kleinen Kopf, einen gepunkteten Rücken und eine große, kräftige Schwanzflosse. Er kommt im gesamten Westpazifik vor. Auf dem amerikanischen Kontinent wird er von Alaska bis Kalifornien gefangen. Der Königslachs wurde mit Erfolg auch in neuseeländischen Gewässern eingebürgert. Mit seinem Fettgehalt von 11,6 % ist er zwar etwas magerer als der Atlantische Lachs, doch sein muskulöses Fleisch ist in der Regel von so ausgewogenem Geschmack. Mit weitem Abstand ist er der feinste und beliebteste Pazifiklachs, was sich natürlich im Preis niederschlägt.

Verwendung: Wegen seines geringen Fettgehalts wird er am besten pochiert oder gedämpft. Delikat gelingt er auch in der Folie.

Keta-Lachs

Oncorhynchus keta

engl. chum salmon, dog salmon; franz. saumon chien, saumon keta; ital. salmone keta; japan. sake.

Laichreife Männchen sind hochrückig und haben Querbinden. Das Verbreitungsgebiet umfaßt die Küstengewässer

des Eismeers, des Nordpazifik entlang der asiatischen Küste von der Lenamündung bis Korea und Nordjapan sowie der amerikanischen Küste bis San Francisco. Der als Wanderfisch lebende Keta-Lachs kann bis zu 1 m lang und 6 kg schwer werden.

Verwendung: In Tranchen geschnitten, wird er gebraten oder gegrillt und ist auch zum Räuchern geeignet. In Japan wird er luftgetrocknet.

Welcher der bessere ist, darüber ließe sich wohl streiten. Sicher der muskulöse Wildlachs *(Salmo salar,* oben) mit all den Stärken und Schwächen eines echten Naturprodukts. Die absolut gleichbleibende, wenn auch nicht bessere Qualität garantiert heutzutage der Zuchtlachs (unten). Durch modernste Fütterungsmethoden können Geschmack und Farbe seines Fleisches praktisch im voraus festgelegt werden.

Ein wichtiger Konsumfisch aus der pazifischen Lachsgruppe ist der **Sockeye Salmon** *(Oncorhynchus nerka),* zwar nicht gerade von überragender Qualität, aber er wird in großen Mengen gefangen und ist als »Industriefisch« recht begehrt. Er hat einen relativ schlanken Körper und kommt von Alaska bis etwa Oregon vor.

Buckellachs

Oncorhynchus gorbuscha

engl. pink salmon, humpback salmon; franz. saumon rose; ital. salmone rosa; span. salmón rosado; japan. kaofuimasu.

Der gedrungene, im Alter sehr hochrückige Körper mit schlankem Schwanzstiel ist von ganz kleinen Schuppen besetzt. Die Seitenlinie ist gut sichtbar. Das Verbreitungsgebiet erstreckt sich von den Küstengewässern des Eismeeres, besonders an der asiatischen Küste des Nordpazifik von der Lenamündung bis Korea und an der amerikanischen Küste bis Kalifornien, auch im Weißen Meer. Die Laichzeit in den Flüssen ist von August bis Oktober. Der Buckellachs ist der kleinste der Pazifiklachse und wird im Durchschnitt etwa 2 kg schwer.

Verwendung: Wie der Keta-Lachs eignet er sich zum Braten und Grillen.

Silberlachs, Coho-Lachs

Oncorhynchus kisutch

engl. coho salmon, silver salmon; franz. saumon argenté; ital. salmone argentato; span. salmón coho, salmón plateado.

Der Körper ist weniger hochrückig als der des Keta-Lachses. Die Flanken und der obere Teil des Schwanzes tragen dunkle Flecken. Das Durchschnittsgewicht beträgt etwa 3,5 kg. Das Verbreitungsgebiet umfaßt das nördliche Eismeer und die asiatische und amerikanische Pazifikküste. Auch die Bestände des Silberlachses sind durch Überfischen und Verbauung der Laichgründe (Wehre usw.) stark zurückgegangen. Daher werden allein in British Columbia in Zuchtanstalten jährlich bis zu 30 Millionen Coho-Lachse herangezogen. Außerdem werden Laichkanäle und Laichbuchten gebaut, um die Fische wieder in die Nähe ihrer alten Plätze zu ziehen. In Europa wird der Coho-Lachs seit einigen Jahren in Teichwirtschaften gehalten, besonders in der Normandie. Entwichene Exemplare haben sich in normannischen Gewässern halten können, und es kam auch schon zu Fängen in diesem Gebiet rund um die britischen Kanalinseln. Wie sich die Art in Europa einbürgern wird, bleibt abzuwarten. Kulinarisch ist er nach dem Keta-Lachs wohl der zweitbeste unter den Pazifiklachsen.

Verwendung: Sein schmackhaftes Fleisch eignet sich für alle Zubereitungsarten, vor allem aber zum Pochieren und Braten. Geräuchert ist es eine Delikatesse.

Die geschützten Fjorde Norwegens mit dem vom Golfstrom temperierten Wasser des Atlantik bieten alle Voraussetzungen für eine erfolgreiche Fischzucht. Die Haltung der Lachse in schwimmenden Netzgehegen hat sich dort als besonders effektiv erwiesen. Sie macht auch das Abfischen relativ einfach: Der Netzboden des Geheges wird angehoben, und die so an die Wasseroberfläche gedrängten Lachse werden mit Keschern herausgeholt.

Fishfarming – Fischerei mit Zukunft

Die Bedeutung der Fischzucht für die gesamte Fischerei ist weltweit nicht hoch genug einzuschätzen. Bislang steht dabei die Lachszucht unangefochten an erster Stelle. Mit keinem anderen Fisch wurden so große Erfolge erzielt. Man kann geradezu von einem Lachs-Boom sprechen, der sich inzwischen auch auf die Preise ausgewirkt hat. Lachs wurde wieder erschwinglich.

Von Gourmets wird allerdings beklagt, der edle Lachs sei zum Massenprodukt verkommen. Je stärker der Farmlachs den Markt beherrscht, um so größeres Ansehen genießt daher der frische Wildlachs im Feinkosthandel und auf Speisekarten. Meist zwar mit einer seriösen Herkunftsbezeichnung (schottisch oder irisch) versehen, doch das oft genug – wie peinlich – auch außerhalb der Fangzeiten.

Man sollte den Lachs ruhig beim Namen nennen, denn Farmlachs muß keineswegs zweite Qualität bedeuten. Schon deshalb nicht, weil nicht jeder Wildlachs unbedingt erste Qualität sein muß – und nicht sein kann. Schließlich ist der Wildlachs ein echtes Naturprodukt, seine Qualität ist Schwankungen unterworfen. Da kauft man sozusagen das Risiko mit. Und da kommt das entscheidende Plus vom Farmlachs ins Spiel: konstant bleibende Qualität und ständige Verfügbarkeit.

Gezüchtet wird in Europa der Atlantische Lachs *(Salmo salar)*. Produzent Nummer eins in Europa ist mit weitem Vorsprung Norwegen.

Gefüttert wird überwiegend mit Fertigfutter aus Fischmehl und pflanzlichen Rohstoffen. Die Zusammensetzung des Futters ist von ausschlaggebender Bedeutung für die »Fischmast«, denn bereits nach 18 Monaten sollen die Lachse schlachtreif sein. Daß sich dieses Tempo auch auf die Qualität auswirkt, dürfte unbestritten sein. Doch für den Handel und die Industrie hat die konstante Qualität Vorrang.

Seite für Seite gleich groß und von gleicher Farbe. Für die verarbeitende Industrie, wie beispielsweise die Räuchereien, sind die Farmlachse mit ihren gleichbleibenden Eigenschaften von unschätzbarem Vorteil.

Mit seiner langen Küste, den geschützten Fjorden und dem vom Golfstrom temperierten Atlantik bietet es die idealen natürlichen Voraussetzungen für eine erfolgreiche Fischzucht. Die norwegischen Fachleute haben mittlerweile die größte Erfahrung und Praxis in der Lachszucht, doch auch an der amerikanischen Pazifikküste ist man längst über das Versuchsstadium hinaus. Dort wird vor allem der King Salmon *(Oncorhynchus tschawytscha)*, der größte der fünf nordamerikanischen Lachsarten, gezüchtet.

Das Schlüsselproblem bei der künstlichen Zucht des Atlantischen Lachses besteht vor allem in der natürlichen Anpassung der Lachse an einen meist zwei- bis vierjährigen Aufenthalt im Süßwasser, bevor sie in das Meer abwandern. Erst im Meerwasser beschleunigt sich das Wachstum beträchtlich. Für die Zucht kommt es also darauf an, die Dauer des natürlichen Aufenthalts im Süßwasser zu verkürzen, bevor man die jungen Lachse in die marinen Zuchtanlagen einsetzt. Das gelingt dadurch, daß man die Jungfische unter künstlich veränderter Lichtintensität, Tageslänge und Wassertemperatur in abgekürzten Jahreszeiten aufwachsen läßt. So können sie bereits nach ein bis zwei Jahren in den Gehegen als Speisefische verkauft werden.

Konstante Qualität wird garantiert – nicht nur beim Versand frischer ganzer Lachse, sondern auch bei filetierten Fischen. Die geschlachteten Lachse werden von Fachkräften sorgfältig zerlegt und küchenfertig vorbereitet. So können die frischen Lachsseiten in der Küche nach den unterschiedlichsten Garmethoden zubereitet oder von Großverbrauchern in Räucherlachs »verwandelt« werden.

Wohlverpackt auf Eis gelangen die frischen Lachse zum Versand, und zwar auf dem schnellsten und kürzesten Weg: per Lkw im europäischen Raum, mit dem Flugzeug in die Vereinigten Staaten und nach Japan. Der frisch geschlachtete Lachs ist dann nach längstens 2–3 Tagen beim Verbraucher. Diese Zeitspanne braucht der Fisch ohnehin zum Reifen und Entfalten seines vollen Aromas.

Die Forellen sind dank intensiver Zuchtmethoden zum »chicken« der Süßwasserfische geworden – einmal von der Quantität her, denn es werden ungeheure Mengen auf den Markt gebracht, teils aber auch von der Qualität her. In jedem Fall sind sie preislich zum billigen Konsumfisch abgerutscht. Doch sind sie weiterhin ein gefragter, weil bestens distribuierter Süßwasserfisch, vor allem tiefgefroren. Von oben: Regenbogenforelle (Zuchtfisch von etwa 50 cm); Goldforelle (eine besonders schön gefärbte Regenbogenforelle) und Bachforelle (Portionsfisch von etwa 350 g); sie gehört, auch als Zuchtfisch, zu den besseren Forellen und wird vorwiegend frisch angeboten. Als Tiefkühlfisch kommt vor allem die Regenbogenforelle auf den Markt.

Regenbogenforelle

Oncorhynchus mykiss

engl. rainbow trout; franz. truite arc en ciel; ital. trota iridea; span. trucha arco iris; port. truta arco-iris; bulg. daggova pastarva; finn. kirjolohi; griech. iridisusa pestrofa; kroat. kalifornijska pastrmka; niederl. regenboogforel; norw. regnbueørret; poln. pstrang reczowy; rumän. păstrăv cücürbeü; russ. radužnaja forel; schwed. regenbåge; ung. szivárványos pisztrángi.

Die Regenbogenforelle unterscheidet sich von der Bachforelle durch das Fehlen der roten Augenflecken und durch ein rotes Band auf den Flanken. Dieses Band läßt auch die als »Lachsforellen« gehandelten großen und rotfleischigen Exemplare als Regenbogenforelle erkennen und von der echten Meerforelle unterscheiden. Bei der Regenbogenforelle handelt es sich um einen aus Flüssen der Pazifikküste Nordamerikas stammenden Fisch, der seit 1880 bei uns eingeführt wurde und seither besonders in Teichwirtschaften gehalten wird. Er ist schnellwüchsiger als die Bachforelle und toleriert auch wärmeres Wasser, so daß die Haltung einfacher und der Ertrag höher ist. Dadurch ist die Regenbogenforelle bei uns zur wirtschaftlich wichtigsten Forellenart geworden. Sie wird frisch und als Tiefgefrierware angeboten.

Der Huchen ist nicht nur der Eleganteste unter den Salmoniden. Er wird von Gourmets auch als der Beste der Familie geschätzt. Man muß allerdings schon großes Glück haben, einen Huchen zu erstehen, denn die Bestände haben durch Flußverbauungen und Wasserverschmutzung erheblich abgenommen.

Verwendung: Sie entspricht der der Bachforelle. Regenbogenforellen haben aber einen größeren Anteil an Unterhautfett und eignen sich daher besser für Zubereitungsarten, bei denen sie stark erhitzt werden, wie zum Beispiel das Garen im Ofen oder das Braten der Filets.

Meerforelle, Lachsforelle

Salmo trutta trutta

engl. sea-trout, salmon-trout; franz. truite de mer; span. trucha del mar; port. truta marisca; dän. laksörred; niederl. zeeforel; norw. ørret, aure; schwed. laxöring; tschech. pstruh mořskyi.

Die Lachsforelle sieht dem Lachs ähnlich, mit dem sie am nächsten verwandt ist. Die schwarzen Flecken auf den Flanken sind aber bei ihr rundlich und sowohl ober- als auch unterhalb der Seitenlinie reichlich. Das Fleisch ist von ähnlich roter Farbe wie das des Lachses. Die Maximallänge beträgt 1,4 m. Das Verbreitungsgebiet reicht von der Barentssee bis Nordspanien. Im Mittelmeer gibt es isolierte Populationen in Nordspanien, Südfrankreich, Norditalien und in der nördlichen Adria. Eine weitere Rasse (**Schwarzmeerforelle,** *Salmo trutta labrax)* lebt im Schwarzen Meer.

In der Farbe des Fleisches muß eine Zuchtforelle dem Lachs nicht nachstehen, wie dieses Exemplar aus einer norwegischen Zucht beweist, das nach der Lachsmethode gezüchtet wurde. In Süß- und Salzwasser gehalten und mit entsprechendem Futter versorgt, werden bei Forellen mit dem Lachs vergleichbare Zuchterfolge erzielt.

Die Meerforelle ist wie der Lachs ein Wanderfisch, der in die Flüsse aufsteigt, um zu laichen. Das erfolgt im Alter von 3–4 Jahren. Die Jungfische bleiben 2–5 Jahre im Süßwasser und wandern dann ins Meer ab. Die Fischerei ist ähnlich der auf den Lachs. Die meisten auf dem Markt angebotenen Lachsforellen stammen aber aus skandinavischen Zuchten. Bei den bei uns als »Lachsforelle« angebotenen Fischen handelt es sich meist nicht um diese Art, sondern um große, besonders ernährte und daher rotfleischige Regenbogenforellen. Sie sind in der Qualität nicht mit den echten Meerforellen zu vergleichen und werden auch zu wesentlich niedrigeren Preisen gehandelt.
Verwendung: Dieser Fisch läßt sich ähnlich zubereiten wie Lachs und steht ihm im Geschmack kaum nach. Sehr gut schmecken kleinere Lachsforellen, in einer eingefetteten Form im ganzen im Ofen gegart.

Bachforelle

Salmo trutta fario

engl. brook trout; franz. truite; ital. trotta fario; span. trucha; port. truta; bulg. balkanska pastarva; dän. baekørred; finn. puro taimen; griech. agria pestrofa; kroat. pastrmka; niederl. beekforel; norw. bekkeørret; poln. pstrag potokowy; rumän. păstrăv; russ. rutschevnaja forel; schwed. bäckforell; tschech. pstruh potočni; türk. alabalığı; ung. sebes pisztrang.

Die Bachforelle ist keine eigene Art, sondern eine zeitlebens im Süßwasser lebende Rasse der Lachsforelle. Dementsprechend ist sie nach äußeren Merkmalen schwer von letzterer zu unterscheiden. Am sichersten gelingt dies noch durch die Färbung, da die Bachforelle auf und unter der Seitenlinie hell umrandete rote Augenflecken aufweist. Das Fleisch ist weiß, nie rot. In der Praxis spielen diese Unterscheidungsmerkmale keine Rolle, da beide Fische aus unterschiedlichen Gewässern kommen und daher nicht verwechselt werden können. Die Maximallänge der Bachforelle beträgt 50 cm. Sie ist damit deutlich kleiner als die marine Rasse. Ihr Verbreitungsgebiet erstreckt sich über alle nordwesteuropäischen Bäche. Sie ist an sauerstoffreiche, schnell fließende Gewässer gebunden und laicht auch dort. Kulinarisch gehört die Bachforelle zu den besseren Forellen. Sie wird heute auch gezüchtet, aber weit weniger als die Regenbogenforelle. Daher ist es auch nicht einfach, in Fischgeschäften an diese Art heranzukommen. *Verwendung*: Sie schmeckt sowohl pochiert (»blau«) als auch gebraten (»Müllerinart«) vorzüglich.

Zwei weitere Forellenarten, die aus dem Westen der USA stammen, sind in europäischen Gewässern bekannt: Die **Cutthroat-Forelle** *(Salmo clarki),* mit einem langen roten Streifen beiderseits der Kehle, und die goldglänzende **Golden Trout** *(Salmo aguabonita).*

Huchen

Hucho hucho

engl. huchen; franz. huchone; kroat. mladica; niederl. Donauzalm; norw. Donaulaks; poln. glowacica; rumän. lostarită; russ. dunaiskii losos; schwed. huchen; slowak. hlavátha; tschech. hlavatka podunajská; ungar. dunai galóca.

Der Huchen ist unter den Lachsfischen des Süßwassers an seiner schlanken, im Querschnitt fast runden Körperform zu erkennen. Alle anderen ähnlichen Arten sind seitlich abgeplattet. Die Körperschuppen sind sehr klein. Der Rücken ist dunkel, meist mit bräunlichen Tönen, die Flanken sind rötlich, mit kleinen dunklen Flecken übersät, der Bauch ist weiß. Die Maximallänge beträgt 1,5 m bei einem Gewicht von über 50 kg. Das Verbreitungsgebiet ist eng umgrenzt und umfaßt klare, sauerstoffreiche Gewässer im Bereich des Mittel- und Oberlaufs der Donau. Dort geht er auch dem Laichgeschäft nach. Die Huchenbestände sind durch Verschmutzung der Donau und Begradigungen stark zurückgegangen, so daß der Fisch heute kaum noch angeboten wird. Wer ihn bekommt, sollte zugreifen. *Verwendung*: Alle Zubereitungen, die den feinen Geschmack dieses delikatesten Lachsfisches nicht überdecken (etwa scharfes Würzen, starkes Braten), sind geeignet.

Der dem Huchen verwandte **Taimen** *(Hucho taimen)* ist in Rußland von wirtschaftlicher Bedeutung. Er lebt in den Stromgebieten der oberen Wolga, des Urals, in den Zuflüssen des Eismeers von Ob bis Lena und besonders im Einzugsgebiet des Amur. Er wird bis 1,60 m lang.

Bachsaibling

Salvelinus fontinalis

engl. brook trout; franz. saumon, omble de fontaine; ital. salmerino di fontana; span. salvelino; port. truta das fontes; bulg. siven; dän. kildeørred; finn. puronieriä; kroat. potočna zlatovcića; niederl. bronforel; norw. bekkerøye; poln. pstrag Zródlany; schwed. bäckröding; rumän. fîntînel; russ. amerikanski goletz; ung. pataki galóca; tschech. siven americky.

Unter den forellenartigen Lachsfischen sind die Saiblinge an ihrer während der Laichzeit bunten Färbung und am Vorhandensein eines strahlendweißen Längsbandes am Vorderrand der Brust- und Bauchflossen leicht zu erkennen. Der Bachsaibling hat außerdem als besondere Kennzeichen orange gefärbte Brust-, Bauch- und Afterflossen sowie eine dunkel marmorierte Rückenflosse. Die Maximallänge beträgt etwa 45 cm, meist sind die Tiere aber viel kleiner. Ursprünglich war diese Art nur in Nordamerika verbreitet, von wo aus sie 1884 nach Europa eingeführt wurde. Sie wurde in geeignete, sauerstoffreiche Gewässer eingesetzt und in Teichwirtschaften gehalten. Freilebende Bestände kommen in den meisten europäischen Ländern vor. Da die meisten vermarkteten Tiere aus Forellenteichen stammten und die robustere Regenbogenforelle den Markt völlig erobert hat, wird der Bachsaibling kaum noch angeboten.
Verwendung: Er ist viel schmackhafter als die Regenbogenforelle und eignet sich für alle klassischen Forellenrezepte.

Einen Bachsaibling kann man heutzutage auch von Teichwirtschaften beziehen. Dieser feine Salmonide wurde Ende des letzten Jahrhunderts aus seiner Heimat Nordamerika in europäische Gewässer gebracht. Er stellt hohe Ansprüche an die Wasserqualität und ist deshalb stark rückläufig.
Er wird daher verstärkt in Aquakulturen gezüchtet.

Der Seesaibling ist, wie seine Verwandten, zu Recht ein hochbegehrter Speisefisch, für den die feinste Garmethode gerade gut genug ist. Er verträgt sich, wenn er pochiert oder gedünstet wurde, besonders gut mit zarten, anspruchsvollen Saucen. In Butter gebratener Rötel – so heißt der Saibling in der Schweiz – ist eine Delikatesse aus der Gegend von Zug.

Die Kleine oder Zwergmaräne wird in Rußland auch häufig mariniert – wie ein Hering mit saurer Sahne und Zwiebeln.

Auch den **Amerikanischen Seesaibling** oder **Namaycush** *(Salvelinus namaycush;* amerikan. lake trout), der über 1 m lang und bis 8 kg schwer wird, hat man mit Erfolg in verschiedenen europäischen Seen (Schweiz, Schweden) eingesetzt. Er stammt aus den tiefen, großen kanadischen Seen bis Labrador und den Neu-England-Staaten. Der olivgrün gefärbte Fisch ist mit unregelmäßigen hellen Flecken übersät. Im nordpazifischen Raum ist die Saiblingart **Dolly Varden** *(Salvelinus malma)* von wirtschaftlicher Bedeutung.

Seesaibling
Salvelinus alpinus salvelinus

engl. char; franz. omble chevalier; ital. salmerino alpino; port. salvelino ártico; dän. fjeldørred; finn. nieriä; kroat. jezerska zlatovčica; niederl. riddevis, arktische zalmforel; norw. røye; russ. goletz; schwed. röding.

Der Seesaibling unterscheidet sich vom Bachsaibling durch rot gefärbte Brust-, Bauch- und Afterflossen. Auch ist die Rückenflosse einheitlich gefärbt, eine Marmorierung fehlt. Die Maximallänge ist je nach Standort sehr verschieden und schwankt zwischen 15–75 cm. Der Seesaibling ist eine stationäre Rasse des **Wandersaiblings** *(Salvelinus alpinus)*, der in den Küstengebieten des nördlichen Eismeeres lebt und zum Laichen in die Zuflüsse aufsteigt. Stationäre, nicht mehr wandernde Rassen leben in tiefen, kalten Seen der Britischen Inseln, der Alpenländer (bis in 2000 m Höhe), Skandinaviens, Islands, Nordrußlands, Japans und Nordamerikas. Die hier behandelte Rasse ist die bei uns bedeutendste, da sie in den bayerischen und österreichischen Seen des Alpen- und Voralpengebiets vorkommt. Saiblinge brauchen kaltes und sauerstoffreiches Wasser, um gut gedeihen zu können. Entsprechend fein ist auch ihr festes, zart lachsfarbenes Fleisch. Seesaiblinge werden in Mitteleuropa lokal angeboten und sind wegen ihres feinen Fleisches sehr geschätzt.
Verwendung: Auch für sie taugen alle klassischen Forellenrezepte.

Renken, Felchen oder Maränen (Familie Coregonidae) sind schlanke, silberglänzende Fische mit seitlich etwas abgeflachtem Körper, größeren Schuppen (als bei Forellen und Saiblingen), einer Fettflosse und tief eingeschnittener Schwanzflosse. Eine Unterscheidung der Arten ist aufgrund des übergroßen Formenreichtums und der vielen regional entstandenen Formen äußerst schwierig. Generell unterscheidet man Schwebrenken, das sind Freiwasserfische, die sich von Plankton ernähren, und Bodenrenken, die dicht über dem Boden der Gewässer leben und sich von kleinen Bodentieren ernähren. Wie auch bei den Lachsfischen gibt es Wanderformen (vom Brackwasser der Küsten in die Flüsse) und stationäre Fluß- und Seenbestände. Als Süßwasserfische sind sie im mittleren und nördlichen Europa, über Rußland, Sibirien (bis zur asiatischen Küste) und im gesamten Norden des nordamerikanischen Kontinents in reichem Maß vertreten.

Felchen und Renken, überhaupt alle Coregonen, gehören zu den wichtigsten Speisefischen in den Ländern auf der nördlichen Halbkugel. Sie werden bevorzugt gebraten und geräuchert, doch auch als Grillfisch liebt man diese Lachsverwandten. Gedünstet schmeckt dieser Fisch hervorragend. Auch geräucherte Felchen sind sehr delikat.

Die Große Maräne, wie sie in den holsteinischen und mecklenburgischen Seen sowie in Polen gefangen wird, ist von ebenso guter Qualität wie ihre Verwandten.

Kleine Maräne, Zwergmaräne
Coregonus albula

engl. white fish, vendace; franz. petite marêne; corégone blanc; dän. heltling; finn. muikku; norweg. lagesild; poln. sielawa; rumän. coregon-mic; russ. europeiskaya ryapushka; schwed. siklöja, småsik; slowak. und tschech. maréna malá.

Die Kleine Maräne gehört zu den Renken mit oberständigem Mund, das heißt, der Unterkiefer steht weiter vor als der Oberkiefer. Dadurch ist sie auch leicht von der Verwandtschaft der Blaufelchen und Großen Maränen zu unterscheiden. Ihre Körperlänge erreicht meist etwa 20 cm, lokal auch bis zu 45 cm. Sie ist im gesamten nördlichen Europa einschließlich England und Schottland beheimatet, in Deutschland in holsteinischen und mecklenburgischen Seen, durch Besatz auch in süddeutschen (zum Beispiel im Waginger See in Bayern), französischen und südrussischen Seen. Sie lebt in der nördlichen und östlichen Ostsee (Bottnischer und Finnischer Meerbusen) auch als Wanderfisch, der zum Laichen in die Küstenflüsse aufsteigt, sonst aber standorttreu als Schwarmfisch. Sie ernährt sich von Planktonkrebsen, vor allem von Wasserflöhen und Hüpferlingen.
Verwendung: Kleine Maränen schmecken sowohl pochiert als auch gebraten (dann aber nicht bei zu großer Hitze) sehr gut. Geräuchert sind sie eine Delikatesse.

Blaufelchen, Große Schwebrenke
Coregonus lavaretus

engl. pollan; franz. lavaret du Bourget; ital. coregone lavarello; dän. helt; finn. vaellussiika; niederl. grote marene; norweg. sik; poln. sieja; rumän. coregon; russ. prokhodskoi sig; schwed. sik; slowak. und tschech. maréna velká.

Das Blaufelchen gehört zur Gruppe der Großen Renken, die durch den unterständigen Mund von den Kleinen Renken unterschieden sind. Die Unterscheidung von ihren Verwandten ist nicht einfach und gelingt sicher nur durch anatomische Merkmale, zumal sich die Blaufelchen aus unterschiedlichen Gewässern zum Teil erheblich in der Körperform unterscheiden können. Sie haben relativ große Schuppen. Die Flanken sind silbrig gefärbt. Die Maximallänge beträgt 70 cm, meist werden aber Fische von 20–30 cm Länge angeboten. Das Verbreitungsgebiet umfaßt englische und schottische Seen, die Ostsee, Skandinavien, Nordrußland und die Seen des Voralpengebietes. Ein wichtiges Fanggebiet ist der Bodensee, aus dem die meisten bei uns angebotenen Felchen stammen.

Weitere Arten sind die **Kleine Bodenrenke** *(Coregonus pidschian*; engl. humpback whitefish; finn. pohjasiika, russ. ledovitomoskje sighi; schwed. storsik), die entlang der arktischen Grenze in Sibirien, Nordrußland, Finnland und Norwegen bis Alaska vorkommt, aber auch in Mittelschweden und in Seen des Alpengebietes (Bodensee, Ammersee, Chiemsee, Thunersee, Genfer See), und die **Große Bodenrenke, Sandfelchen, Große Maräne** *(Coregonus nasus*; amerikan. lake whitefish; franz. palée du Léman; dän. helt; finn. karisiika; russ. tschir; schwed. älvsik). Sie kommt von Neu-England nach Norden bis zur kanadischen Arktis, in Skandinavien und in allen Flüssen und Seen Nordrußlands und Sibiriens, auch in zahlreichen Seen Norddeutschlands und des Alpengebietes vor. Lebt im arktischen Einzugsgebiet als Wanderfisch, sonst standorttreu. Sie wird in Sibirien bis zu 86 cm lang und 16 kg schwer, in den deutschen Alpenseen bleibt es jedoch bei 50–60 cm und etwas über 1 kg.

Kleine Schwebrenke, Nordseeschnäpel, Edelmaräne

Coregonus oxyrhynchus

engl. houting; franz. bondelle; ital. coregona bondella; dän. snaebel; finn. järvisiika; niederl. houting; schwed. planktonsik.

Besonderes Kennzeichen ist die dunkelblaue bis schwärzliche, nasenförmig verlängerte Schnauze (»Schnäpelnase«), die aber nicht in allen Populationen deutlich ist. Beheimatet von Alaska über Sibirien bis Nordeuropa. Diese Art ist auch im Salzwasser viel verbreiteter als andere Renken. Der Fisch kommt in der Ostsee und küstennahen Gewässern der Nordsee vor und steigt zum Laichen in die Flüsse auf. In den Voralpenseen ist er zum Teil standorttreu und wird dort als »Gangfisch« bezeichnet. Aus dem Bodensee steigt er zum Laichen in den Rhein auf.
Verwendung: Dünsten und Braten sind geeignet.

Wichtige nordamerikanische Renken sind der **Mountain** oder **Rocky Mountain Whitefish** *(Prosopium williamsoni)*, der von den Rocky Mountains bis zum Missouri und den kanadischen Seen vorkommt, und der **Round Whitefish** oder **Menominee Whitefish** *(Prosopium cylindraceum)*, der von den Great Lakes bis Alaska beheimatet ist.

Die Äschen (Thymallidae) umfassen insgesamt 5 Arten, die durch ihre hohe und lange Rückenflosse gekennzeichnet sind. Sie sind in Nordamerika und Nordasien beheimatet und kommen in Europa nur mit einer Art vor.

Äsche

Thymallus thymallus

engl. grayling; franz. ombre; ital. temolo; port. peixe sombra; dän. stalling; finn. harjus; kroat. lipljen; niederl. vlagzalm; norw. harr; poln. lipień; rumän. lipan; russ. kharius; schwed. harr; tschech. lipan podhorní; ung. pénzes per.

Die Äsche ist durch die Fettflosse leicht als Angehörige der Lachsfische zu erkennen. Unter diesen erkennt man sie an der ausgesprochen kurzen Mundspalte, die nur bis zum vorderen Augenrand reicht, und an der sehr langen Rückenflosse. Sie ist silbrig gefärbt, wobei der Rücken deutlich dunkler ist als der Bauch und die Flanken. Die maximale Körperlänge beträgt 60 cm bei 2,5 kg Gewicht. Solche kapitalen Tiere gibt es heute aber kaum noch, meist bleibt es bei etwa 30 cm und 250 g. Verbreitungsgebiet: vor allem von Frankreich, Norditalien und dem nördlichen Balkan bis zu den Zuflüssen des Weißen Meeres. Innerhalb ihres Verbreitungsgebiets sind die Vorkommen sehr unregelmäßig und lokal verteilt, da die Äsche nur saubere und sauerstoffreiche Gewässer besiedelt. Äschen spielen wirtschaftlich kaum eine Rolle. Die Bestände sind durch Verschmutzung der Flüsse vielerorts stark zurückgegangen. Aber auch vorher war eine geregelte Vermarktung nicht möglich, da sich die empfindlichen Äschen nicht in Aquarien und Teichen hältern lassen. Auf den Markt kamen und kommen geangelte Einzelstücke, die zu Recht sehr hoch bewertet werden.

Die Äsche erscheint zwar kaum auf dem Markt, doch sie gehört zum Feinsten, was unsere Flüsse zu bieten haben. Ihr festes, mageres weißes Fleisch duftet und schmeckt tatsächlich nach frischem Thymian (daher ihre lateinische Bezeichnung *Thymallus).* Gedämpft oder pochiert entfaltet das feine Äschenfilet sein Aroma am besten.

Die Hechte (Familie Esocidae) haben als besonderes Kennzeichen eine lange Schnauze, die einem Entenschnabel ähnlich ist.

Hecht

Esox lucius

engl. pike; franz. brochet; ital. luccio; span. lucio; port. lúcio; dän. gedde; finn. hauki; griech. turna; kroat. štuka; niederl. snoek; norw. gjedde; poln. sczupak; rumän. stiuča; russ. shtschuka; schwed. gädda; tschech. štika; türk. turna.

Der Hecht ist leicht an seinem entenschnabelähnlichen Kopf und dem flachen Querschnitt zu erkennen. Die Grundfarbe ist, je nach Standort, grünlich oder bläulich. Die Flanken und der Bauch sind heller, der ganze Körper ist mit unregelmäßigen helleren Flecken bedeckt. Die Maximallänge beträgt 1,5 m, solche Exemplare wiegen 35 kg. Das Verbreitungsgebiet erstreckt sich von Westeuropa einschließlich Südfrankreich, aber nicht der Iberischen Halbinsel, bis nach Kamchatka, ebenso in Nordamerika von der kanadischen Atlantikküste bis zum Pazifik, Teile Alaskas eingeschlossen. Der Hecht lebt sowohl in Fließ- als auch stehenden Gewässern als lauernder Jäger.

Hechte können auf alle Arten zubereitet werden. Größere Exemplare werden meist zu Farcen verarbeitet (Hechtklößchen). Das feste weiße Fleisch ist sehr wohlschmeckend. Unangenehm sind die zahlreichen, gabelartig verzweigten Fleischgräten, die bisweilen den Genuß etwas schmälern.

Der Flußbarsch wird als Speisefisch sicher nicht hoch genug eingeschätzt. Vielleicht, weil er nicht gerade selten ist und auch kein attraktives Gewicht auf die Waage bringt. Tatsächlich aber gehört er zu den feinsten Süßwasserfischen. Er eignet sich gut für alle Garmethoden. Die Filets mit der Haut, in Butter gebraten, sind – so pur genossen – ein kulinarisches Erlebnis.

wird er sowohl mit Netzen als auch mit Angeln. Flußbarsche sind sehr schmackhaft, werden aber recht selten zum Kauf angeboten. Dies steht in Zusammenhang mit ihrer geringen Größe.
Verwendung: Gebraten oder gedünstet ist der Flußbarsch eine wahre Delikatesse.

Kaulbarsch

Gymnocephalus cernua

engl. ruffe, pope; franz. grémille; ital. acerina; bulg. biban; dän. hork; finn. kiiski; kroat. balavac; niederl. pos; norweg. hork; poln. jazgarz; rumän. ghibort; russ. ersh; schwed. gärs; slowak. hrebenačka obyčajná; slowen. okun; tschech. ježdik òbecný; ung. durbincs.

Kennzeichen sind ein gedrungener Körper, dicker Kopf, stumpfe Schnauze mit Schleimgruben an der Unterseite, Kiemendeckel mit langem Dorn, ungeteilte Rückenflosse. Die Körperlänge kann maximal 25 cm erreichen. Das Verbreitungsgebiet umfaßt Europa nördlich der Pyrenäen und der Alpen bis Sibirien und zum Schwarzen und Kaspischen Meer. Er fehlt auf dem Balkan, in Irland, Schottland und Norwegen. Der Kaulbarsch ist sehr widerstandsfähig gegen Gewässerverschmutzung. Er lebt in großen Flüssen, in Seen und Haffen und ernährt sich von Kleintieren und Insektenlarven, Weichtieren und Fischlaich. Kaulbarsche sind nur in Gebieten, in denen sie massenhaft auftreten, von wirtschaftlicher Bedeutung (Ostseehaffe, Niederelbe).
Verwendung: Sie werden als ganzer Fisch gebraten oder zu Suppe (klassischer Name »Stuhrensuppe«) verarbeitet.

Der Kaulbarsch ist unter dem Süßwasserfisch-Angebot eine kleine Delikatesse. Klein deshalb, weil er meist mit einer Durchschnittslänge von nur 15 cm auf den Markt kommt. Leider aber viel zu selten, wohl wegen seiner unwirtschaftlichen Größe. Im ganzen gebraten, schmeckt er übrigens am besten.

Zander

Stizostedion lucioperca

engl. pike perch; franz. sandre; ital. sandra; port. lucioperca; bulg. biala ribba; dän. sandart; finn. kuna; kroat. smudj; niederl. snoekbaars; norw. gjors; poln. sandacz; rumän. saláu; russ. šudak; schwed. gös; tschech. candát; türk. sudak; ung. fogas süllö.

Der Zander ist nicht so hochrückig wie der Flußbarsch. Die erste Rückenflosse trägt keinen dunklen Fleck, sondern längs verlaufende Punktreihen. Die Flossen der Bauchseite sind grau und nicht rot gefärbt. Die Maximallänge beträgt 1,3 m, solche Stücke sind aber sehr selten, meist bleibt es bei 40–50 cm. Das Verbreitungsgebiet erstreckt sich von Deutschland aus nach Osten nördlich der Alpen und des Balkans bis zum Aralsee. In den skandinavischen Ländern werden nur die Ostseezuflüsse besiedelt. Durch Besatz ist er aber auch in weitere Länder Europas gekommen. Er lebt in größeren Seen und Flüssen und stellt hohe Ansprüche an den Sauerstoffgehalt. Er ernährt sich von kleineren Fischen. Auch in Teichwirtschaften wird dieser wertvolle Nutzfisch gehalten und gezüchtet. Das magere und feste weiße Fleisch des Zanders ist von höchster Qualität und erzielt gute Preise.

Die Wolfsbarsche (Moronidae) wurden bereits auf Seite 55 behandelt. In Nordamerika gibt es 4 Süßwasserarten, die kommerziell wichtig sind und regelmäßig auf den Märkten angeboten werden.

Der Amerikanische Streifenbarsch ist in den USA sehr populär und wird wegen seines zarten Fleisches hoch geschätzt.

Ein Zuchtfisch für die Zukunft

Die Familie der Buntbarsche (Cichlidae) ist überaus groß. Mit etwa 1000 Arten ist sie in den Gewässern der tropischen und subtropischen Gebiete von Afrika, Madagaskar und Südamerika sowie mit einer Gattung auch in Asien vertreten. Ihr Verbreitungsschwerpunkt liegt eindeutig in Afrika, wo etwa 700 Arten vorkommen, viele davon in den großen ostafrikanischen Seen. Die Körperformen variieren von hechtähnlich bis scheibenförmig. Die meisten, ob größere oder kleinere, sind Raubfische. Aufgrund ihres hochdifferenzierten Verhaltens sind sie interessante Aquarienfische und Objekte wissenschaftlicher Untersuchung. Alle betreiben ausgeprägte Brutpflege, manche sind Maulbrüter.

Als Speisefische finden nur die größer werdenden Arten der Gattungen *Tilapia* (Bodenbrüter) und *Sarotherodon* (Maulbrüter) Verwendung. Diese Buntbarsche, besonders der **Natal-Buntbarsch** *(Sarotherodon mossambicus)*, werden in Aquakulturen gezüchtet. Sie gehören zu den erfolgreichsten Zuchtfischen der letzten Jahrzehnte. Als Fische der tropischen und subtropischen Gewässer wurden sie vor allem in den Ländern der Dritten Welt gezüchtet, aber auch in vielen anderen Ländern. Besonders erfolgreich lassen sie sich auch im Kühlwasser von Industrieanlagen, zum Beispiel Atomkraftwerken, halten. Ihr kulinarischer Wert hält sich in Grenzen. Am besten schmecken sie gebraten.

Amerikanischer Streifenbarsch
Morone americana

engl. white perch; franz. bar américain.

Der Rücken ist grünlich gefärbt, manchmal auch dunkler, die Flanken sind blasser, der Bauch weißlich. Er wird maximal 48 cm lang und erreicht etwas über 2 kg. Das Verbreitungsgebiet erstreckt sich auf die zum Atlantik entwässernden Gewässer Kanadas und der USA bis nach Nordflorida. Er gehört zu den wichtigen Sportfischen und wird regelmäßig auf den Märkten angeboten.
Verwendung: Sein weißes und zartes Fleisch kommt am besten zur Geltung, wenn man ihn dünstet. Er kann aber auch gebraten oder gegrillt werden.

Die Glas- oder Nilbarsche (Centropomidae) wurden bereits unter den Meeresfischen behandelt. Auch im Süßwasser kommt diese Familie mit einer Reihe von Arten vor.

Nilbarsch, Viktoriaseebarsch
Lates niloticus

engl. nile perch; franz. perche du Nil; dän. nilaborre; niederl. nijlbaars, victoriabaars.

Der Nilbarsch ist hochrückig und mit kräftigen Schuppen versehen. Die Rückenflosse ist in einen vorderen stachelstrahligen und einen hinteren weichstrahligen Teil getrennt. Die Schnauze ist spitz ausgezogen und weist leicht nach oben. Die Körperlänge kann 2 m erreichen und das Gewicht 80 kg. Ursprünglich war diese Art auf die Stromgebiete des Nil, Niger und Senegal beschränkt. Die Aussetzung des Nilbarsches im Viktoriasee, von wo die bei uns angebotenen Filets stammen, kam einer ökologischen Katastrophe gleich. Die Artenzahlen der nur von dort bekannten Buntbarsche gingen drastisch zurück, und eine erhebliche Verarmung setzte ein. Heute ist der Nilbarsch das hauptsächliche Fischereiobjekt in den ostafrikanischen Seen.
Verwendung: Die angebotenen Filets eignen sich hervorragend zum Braten. Sie sind zart, fest und von hoher Qualität.

Die Sonnenbarsche oder Sonnenfische (Centrarchidae) sind eng mit den Echten Barschen verwandt. Sie bevölkern mit etwa 50 Arten die Flüsse und Seen Nordamerikas. Einige Arten sind auch in Europa eingebürgert worden, etliche Arten sind als beliebte Aquarienfische bekannt.

Forellenbarsch
Micropterus salmoides

engl. black bass, largemouth bass; franz. perche d'Amérique à grande bouche.

Der gestreckte Körper hat einen sehr großen, seitlich zusammengedrückten Kopf mit sehr großen Augen und sehr großem Mund. Der Fisch ist auf dem Rücken olivgrün, an den Flanken heller und am Bauch weißlich gefärbt, dazu ein dunkles Längsband entlang der Seitenlinie, am Kopf befinden sich mehrere dunkle Schrägstreifen. Er kann in Amerika bis zu 90 cm lang und 10 kg schwer werden, in Europa bleibt es bei 60 cm. Der Forellenbarsch wurde ab 1883 an einigen Stellen in Europa (Süddeutschland, Österreich, Südrußland) ausgesetzt.

Ebenfalls in Europa eingebürgert wurde der **Schwarzbarsch** *(Micropterus dolomieui)*, mit einem etwas spindelförmigen Körper und gelblich-grünlicher Grundfärbung mit dunklen Querbinden. Er wird maximal 50 cm lang.

Sonnenbarsch
Lepomis gibbosus

engl. pumpkinseed; franz. perche soleil; ital. persico sole; port. perca sol; dän. solbars; kroat. sunčanica; niederl. zonnebaars; norw. rodgjellet solabbor; rumän. biban-soare; russ. soletschnaja ryba; tschech. slunečnice pestrá; ung. naphal.

Der Sonnenbarsch ist sehr hochrückig, die Außenkontur des Körpers rundlich. Die Rückenflosse ist einheitlich vorn mit Stachel- und hinten mit Weichstrahlen versehen. Der Körper ist olivbraun gefärbt und trägt eine sehr variable bunte Fleckung. Am Hinterrand des Kiemendeckels liegt ein deutlicher dunkler Fleck. Die maximale Länge beträgt 30 cm, meist bleibt es aber bei 15 cm. Ursprünglich stammt dieser Fisch aus Nordamerika, wo er weit verbreitet ist. 1887 wurde er nach Europa eingeführt und kommt seitdem in Mittel- und Südeuropa vor.

Weitere amerikanische Sunfishes: der **Bluegill** *(Lepomis macrochirus)* aus den östlichen und zentralen Regionen der USA, der heute aber fast überall vorkommt; ein guter, aber kleiner Sonnenfisch ist der **Longear Sunfish** *(Lepomis megalotis)*, der in den zentralen und südlichen Gebieten lebt; der **Redbreast Sunfish** *(Lepomis auritus)*, auch **Sun Perch**, **Yellow Belly Sunfish** genannt, ist vom St.-Lorenzstrom und den Great Lakes bis Florida verbreitet. Der **Redear Sunfish** oder **Shellcracker** *(Lepomis microlophus)* ist ein begehrter, hervorragender Speisefisch. Er ernährt sich vorwiegend von Muscheln, die er zermalmt. Besonders beliebt sind der **Black Crappie** *(Pomoxis nigromaculatus)* und der **White Crappie** *(Pomoxis annularis)*, zwei Arten, die im Frühjahr in Texas, Missouri, Mississippi und in Florida das reinste Fisch- und Anglerfieber auslösen (»Crappie Fishing«); der **Flier** *(Centrarchus macropterus)*, ein ebenfalls sehr guter Speisefisch, der von Virginia bis Texas und vom Mississippi bis Illinois vorkommt; und der **Rock Bass** *(Amblaplites rupestris)* aus den Gewässern des südlichen Kanada, heute fast überall in Nordamerika ausgesetzt.

Der Zander genießt als Speisefisch regional höchstes Ansehen. Vor allem in Österreich und Ungarn (da heißt er Fogosch) ist er äußerst beliebt, dort kennt man auch viele spezielle Zubereitungsarten für ihn. Im allgemeinen ist er ein feiner, magerer Speisefisch mit sehr festem weißem Fleisch. Mit einem mittleren Gewicht von 1–1,5 kg eignet er sich gut zum Füllen. Sehr fein schmeckt er, wenn er unter einer Salzkruste im Ofen gegart wird.

Die Sonnenbarsche (oben Black Crappie, unten Redbreast Sunfish) sind eng verwandt mit den Barschen und gehören in den USA mit zu den beliebtesten Süßwasserfischen, vor allem auch bei Sportfischern. Kulinarisch erreichen sie vielleicht nicht ganz die Qualität eines Barsches, aber sie haben ein ganz spezielles Aroma, das etwas süßlich ist und an frischen Staudensellerie erinnert. Beim Bluegill ist dieses Sunfish-Aroma besonders ausgeprägt.

Japanische Sardellen beim Trocknungsprozeß. Die getrockneten Fischchen werden in Japan als Suppengrundlage verwendet. Dafür müssen sie zusammen mit Algen 1 Minute in Wasser kochen. Sie werden abgesiebt, aus der aufgefangenen Brühe werden Suppen gekocht.

Fischprodukte und ihre Herstellung

Für die Verarbeitung in »Fischfabriken« wird sowohl Frischfisch als auch Frostfisch verwendet. Die hohe Qualität des Frostfisches bleibt am besten erhalten, wenn der tiefgefrorene Fisch in Kühlräumen bei hoher Luftfeuchtigkeit und Temperaturen bis 8 °C relativ langsam aufgetaut wird. Zu Hause sollte man tiefgefrorenen Fisch immer langsam (über Nacht) im Kühlschrank auftauen. Zum schnelleren Auftauen kann auch kaltes Wasser verwendet werden. Das ist aber immer nur eine Notmaßnahme und beeinträchtigt die Qualität. Um ein zu starkes Auslaugen des Fleisches zu vermeiden, sollte dann die Wassermenge das Vierfache des Fischgewichtes nicht überschreiten oder der Fisch in der geschlossenen Verpackung aufgetaut werden. Eine Verarbeitung der Fische zu speziellen Produkten kann durch Trocknen, Salzen, Säuern, Räuchern und durch Hitzesterilisierung zu Vollkonserven erfolgen. Mit der Verarbeitung ist eine Verlängerung der Haltbarkeit verbunden. Sie ist am längsten, wenn die Produkte nach der Verarbeitung eingedost werden. Dabei werden Fischhalbkonserven bei Temperaturen unter 100 °C pasteurisiert, Fischvollkonserven durch Erhitzen über 100 °C sterilisiert. Bei den Fischprodukten, die nicht zu den Halb- oder Vollkonserven zählen, kann eine Verlängerung der Haltbarkeit durch Zusatz von Konservierungsstoffen erreicht werden.

Erlaubte Konservierungsmittel für Fischerzeugnisse:

Sorbinsäure
Kennzeichnung
E 200–203

Benzoesäure
Kennzeichnung
E 210–213

PHB-Ester
Kennzeichnung
E 214–219

Ameisensäure
Kennzeichnung
E 236–238

Getrocknete Fische

Die bekanntesten Produkte sind »Stockfisch« und »Klippfisch«. Dazu nimmt man Kabeljau, Seelachs, Schellfisch, Leng oder Lumb (Brosme). Nach dem Köpfen und Ausnehmen werden die Fische an der Luft getrocknet. Stockfisch ist ungesalzen. Der Klippfisch wird nach Herausschneiden der Wirbelsäule und oft auch der seitlichen Gräten gesalzen und erst nach Erlangen der Salzgare getrocknet. Das Fleisch des Stockfisches soll trocken und hart sein. Das Fleisch des Klippfisches ist wasserreicher als das des Stockfisches, aber trotzdem fest. Zu beanstanden sind Fische, deren Fleisch nicht einheitlich hellgelb bis weißlich ist, sondern rötliche oder rote Stellen aufweist.

La Boqueria – so heißen die Markthallen von Barcelona. Hier kann man bei frischen Fischen wählen, ob man einen Fisch im ganzen, eine Seite oder nach Wunsch zugeschnittene Filetstücke haben möchte. Und nicht nur bei Frischfisch fällt die Wahl schwer: Manche Stände haben sich auf Stockfische spezialisiert, den es in vielen Variationen gibt, andere bieten gesalzenen Fisch oder konservierten Rogen beziehungsweise Milch. Hier erhält man einfach alles, was zur spanischen Fischküche gehört.

Das Trocknen von Fischen ist eine uralte Konservierungsmethode. In Asien wird eine Vielzahl von Fischen auf diese Weise konserviert, auch sehr kleine Arten, die zermahlen als Gewürz verwendet werden. Dazu gehören auch der Crevally und Trevally aus der Familie der Carangidae (▲▲), die in großen Mengen gefangen und getrocknet werden. Eine hochbezahlte Spezialität in Asien sind die getrockneten Haifischflossen (▲)

Gesalzene Fische

Beim Salzen wird dem Fisch Wasser entzogen. Der Fisch schrumpft, und mit der Aufnahme einer gewissen Salzmenge gerinnt das Fischeiweiß. Durch fischeigene und Bakterienenzyme können sich im Salzfisch typische Aromastoffe entwickeln. Dies ist besonders bei fettreichen Fischen der Fall. Aus diesem Grund gehören Heringe, Sardellen, Makrelen und Lachse zu den bevorzugten Fischen für die Salzung. Magere Fische, zum Beispiel die stark gesalzenen Sardellen, sind nach Salzung für mehrere Jahre haltbar, besonders wenn sie kühl und unter Luftabschluß gelagert werden. Nicht sehr stark gesalzene Fettfische, wie etwa die Heringe, können aber schon nach einigen Monaten weich werden und beginnen dann tranig oder auch »süßlich« zu schmecken.

Heringe werden vor dem Salzen für die meisten Produkte gekehlt, wobei die Eingeweide einschließlich Herz und Kiemen entfernt werden. Milch und Rogen bleiben beim Kehlen im Fisch. Die höchste Qualität haben seegekehlte und seegesalzene Heringe. Die meisten Salzheringe werden jedoch an Land gekehlt und gesalzen. Im Gegensatz zur Trockensalzung bei Magerfischen mit abwechselnden Lagen von Fisch und Salz bevorzugt man bei Fettfischen die Naßsalzung in Fässern oder Bassins. Salzheringe kommen unter verschiedenen Namen in den Handel: Für **Matjesheringe** sind jugendliche Heringe das Rohprodukt oder solche, die zumindest keinen äußerlich erkennbaren Ansatz von Milch oder Rogen aufweisen. Matjesheringe sind daher besonders fettreich. Der Hering wird in Fässern, vor allem solchen aus Eichenholz, »mildgesalzen«. Der Salzgehalt im Gewebewasser sollte zwischen 6 und 21 % liegen. Beim **Fetthering** handelt es sich, wie der Name sagt, um einen fetten Hering. Er hat ebenfalls keinen erkennbaren Ansatz von Milch oder Rogen. Im Gegensatz zum Matjeshering ist er aber »hartgesalzen«, das heißt, sein Salzgehalt liegt erheblich höher als beim Matjes. Auch **Vollheringe** sind hartgesalzen und oft ungekehlt. Milch und Rogen sind bei ihnen gut erkennbar. **Ihlen** ist die Bezeichnung für einen abgelaichten Hering. Auch sie sind hartgesalzen. Eine Spezialität aus Skandinavien sind die **Kräuterheringe**. Zu ihrer Herstellung sind die fetten und großen Atlanto-skandischen Heringe, wie die »Isländer« und »Norweger« besonders geeignet. Dem Salz werden Gewürze, oft auch Zucker zugegeben.

Hueva seca, ein spanisches Produkt aus Fischeiern vom Seehecht, Kabeljau, Thunfisch oder Steinbeißer. Die rohen Fischeier werden zunächst gesalzen, dann gewaschen, gepreßt, luftgetrocknet und vakuumverpackt. Sie werden roh gegessen – mit Mandeln oder Trockenfrüchten. Dazu wird ein trockener spanischer Weißwein oder Sherry serviert.

Gesalzene Heringe in jeder Form, darauf verstehen sich die Schweden besonders gut. Die verschiedenen Marinaden enthalten neben Gewürzen und Kräutern relativ viel Zucker. Reifen läßt man die Heringe in Holzfässern, die in weit in die Berge getriebenen Stollen lagern. Bevor sie wieder ans Tageslicht kommen, werden sie noch einmal geprüft.

Anchosen: Auch der Kräuterhering gehört zu den Anchosen. Im weiteren Sinne werden aber Produkte aus anderen Fischarten, vor allem aus Sprotten, als Anchosen bezeichnet, wenn sie mildgesalzen und gekräutert sind. Besonderer Beliebtheit erfreuen sich die süß-sauren Anchosen aus Skandinavien, zu deren Herstellung gewürzter Essig verwendet wird. Der Name **»Anchovis«** wird unterschiedlich verwendet, in romanischen Ländern generell für Sardellenartige Fische, in Deutschland für kräutergesalzene Sprotten oder auch für Sardellen. Die Filets der Sprotten sind als »Appetitsild« bekannt. Gesalzene Sardellen kommen hauptsächlich aus Holland, Portugal und Spanien. Nach dem Entfernen von Kopf und Eingeweiden werden die Sardellen unter Zugabe großer Mengen von Salz in Eichenfässer gepackt. Alle zwei Wochen wird die sich bildende fettreiche Lake über den Fischen abgeschöpft. Das typische Aroma für echten Anchovis aus gesalzenen Sardellen braucht 1 bis 2 Jahre zur vollen Entfaltung. Die Reifung von Anchovis aus Sprotten dauert etwa 3 Monate.

Gesalzene Sardellen bringen den besten Geschmack mit, wenn sie im ganzen gesalzen werden. Leider sind sie bei uns schwer zu bekommen, wohl aber in italienischen Spezialgeschäften.

Grüne Heringe, Essig und Kräuter, dies sind etwa die Grundbestandteile für die beliebtesten Fischmarinaden. Die skandinavischen Länder sind in der Produktion dieser Fischspezialitäten absolute Spitze in Qualität und Quantität.

Lachs, Seelachs und Makrelen: Mildgesalzener Lachs ist das Ausgangsprodukt für den Räucherlachs. Die beste Qualität mit der Bezeichnung »prime« stammt von besonders fettreichen, möglichst rotfleischigen Lachsen. Lachs mit der Bezeichnung (T) ist mager, mit der Bezeichnung (TT) sehr mager. Die filetierten Seiten des Lachses werden in große Fässer gepackt und jeweils mit einer Lage Salz bedeckt. Zur Herstellung von geräuchertem »Seelachs« in Scheiben, meist in Öl, wird wie beim Räucherlachs vom Salzfisch ausgegangen. Die lachsähnliche Farbe erhält der Seelachs durch Zugabe von Farbstoffen. »Seelachs« als Lachsersatz sollte grätenfrei sein.

Für gesalzene Makrelen besteht in den USA ein großer Bedarf. Trotz beträchtlicher Makrelenanlandungen reicht die eigene Produktion der USA an Salzmakrelen nicht aus, so daß größere Mengen, vor allem aus Norwegen, importiert werden müssen.

Gesäuerte Fische

Besonderer Beliebtheit erfreuen sich die Marinaden. Die Bezeichnung Marinaden ist heute auf gesäuerte Produkte beschränkt, die vorher weder gekocht noch gebraten wurden. Marinaden werden vor allem aus Heringen hergestellt. Aber auch andere Fischarten können zu Marinaden verarbeitet werden. Die filetierte Rohware wird zunächst für 4 bis 6 Tage zum Garen in ein Essig-Salz-Bad gelegt. Hierfür benutzt man Fässer oder größere Becken. Durch das Salz wird das Fischeiweiß »denaturiert«, das heißt, von dem rohen in den genußfertigen Zustand gebracht. Während das Salz dem Fleisch Wasser entzieht und es fester macht, hat die Essigsäure einen entgegengesetzten Effekt: Sie macht das Fischfleisch zarter.

Die Menge des Salzes und die Essigkonzentration hängen wesentlich von der Rohware, besonders von ihrem Fettgehalt ab und müssen daher sorgfältig aufeinander abgestimmt sein, um eine gute Qualität der Marinade zu erreichen. Danach kommen die Heringe in ein neues Garbad. Für die Herstellung von Feinmarinaden werden diesem Bad Gewürze und Zucker zugegeben.

Marinaden sollen bei guter Qualität von heller, weißgrauer Farbe, fest im Fleisch, saftig und nicht zäh sein. Die Produktpalette aus Marinaden ist besonders reichhaltig: **Marinierte Heringe** sind ausgenommene, nicht entgrätete Heringe ohne Kopf. **Bismarckheringe** sind, im Gegensatz zum marinierten Hering, entgrätet. **Kronsild** oder **Kronsardinen** sind keine Sardinen, sondern kleine, entgrätete Heringe ohne Kopf. Für die Herstellung von **Rollmöpsen** werden entgrätete Heringe ohne Kopf und Schwanzflosse verwendet. Den besonderen Geschmack erhalten Rollmöpse durch eingelegte Gewürze. Auch Koch- und Bratfische werden für verschiedene Produkte gesäuert, gelegentlich unter Gewürzzugabe zum Essig. Das ist zum Beispiel beim Bratrollmops der Fall.

Matjes in feiner Marinade. Matjesheringe, die jugendlichen Heringe ohne Milch oder Rogen, sind besonders fett und zart im Fleisch und deshalb besonders gefragt für feine Fischmarinaden. Pur – nur gesalzen – sind sie während der Fangsaison, die im Mai beginnt, in Nordeuropa, ganz besonders aber in Holland, ein beliebter Leckerbissen.

Gebratene und gekochte Fische, Fischvollkonserven

Als Rohware finden sowohl frische als auch gefrorene Fische, vor allem Heringe, Verwendung. Die Gare wird bei diesen Produkten durch Erhitzen erzielt. Gebratene Fische werden meist eingedost und bei einer Temperatur unter 100 °C pasteurisiert. Diese Halbkonserven sollten ohne besondere Kühlung mindestens 6 Monate haltbar sein. Beim »Kochen« bleibt die Temperatur mit 80 bis 90 °C unter dem Siedepunkt des Wassers. Der Gewichtsverlust der Rohware beträgt etwa 15 bis 20 %. Gekochte Fischprodukte werden, oft mit einer Geleeschicht überdeckt, zur Verlängerung der Haltbarkeit in Dosen oder anderen Behältnissen pasteurisiert. Vollkonserven werden in luftdicht verschlossene Dosen verpackt und bei 100 und 120 °C sterilisiert. Sie enthalten keine Zusätze von Konservierungs- oder Farbstoffen und müssen mindestens 1 Jahr haltbar sein.

Surimi – oder »gewaschene Fischmasse«

Den beim Tiefkühlen eintretenden Qualitätsverlust versucht man, durch Zugabe von Salz, Zucker, Polyphosphat und Sorbitol wettzumachen. Das moderne Surimi ist eine fast völlig geruchs- und geschmacksfreie, dazu blütenweiße Masse. Ein Grundprodukt, so manipulierbar, wie sich's die Industrie nur wünschen kann. Es ist zum Beispiel die Grundlage von sogenanntem »Fisch-Crabmeat«, das mittlerweile auch in Europa angeboten wird. Über den Anteil an Krebsfleisch wird der Verbraucher allerdings im unklaren gelassen. Nach Deklarationsvorschrift erfährt er aber immerhin, daß auch Hühnereiweiß, Wasser, Stärke, Sorbit und pflanzliches Eiweiß mit dabei sind. Dieses Produkt wird in Form von Stäbchen, kleinen Stücken oder gar zu Krabbenscheren geformt angepriesen – selbst von einer sehr seriösen Restaurantkette in Deutschland als »Seafood-Spezialität aus Japan«.

Zu Surimi wird vorwiegend der Alaska-Pollack verarbeitet, zum großen Teil bereits direkt auf Fabrikschiffen. Die Ausbeute für Surimi beträgt 25 bis 30 %, der Rest ist Abfall. Surimi wird keineswegs mehr nur von Japan hergestellt, auch die USA sind unterdessen zu einem bedeutenden Produzenten und Verbraucher der schockgefrosteten Fischmasse geworden.

Kaviar – der Inbegriff von Luxus

Über Kaviar zu informieren, sollte bedeuten, so objektiv und »cool« wie möglich alle Fakten aufzuzählen. Denn diese Luxus-Delikatesse ist mit so viel Mythos befrachtet, daß alles andere zur Polemik geriete. Zwischen den unbeirrbaren Verehrern, für die es einfach Kaviar sein muß – koste es (und das tut's), was es wolle -, und denen, die ihn (ob nun Beluga oder der gefärbte »Ersatz« vom Seehasen) höchstens als Dekoration für russische Eier tolerieren, ist jedenfalls kein Konsens herzustellen. Sicher ist, daß beim »Echten Caviar« nicht allein der reale Wert zählt (und bezahlt wird), sondern auch – und das keineswegs zuletzt – sein Symbolwert.

Wenn man es jedoch ganz nüchtern betrachtet, dann ist Kaviar nichts anderes als präparierter Fischrogen. Der kann, rein theoretisch, von jedem Fisch sein, sofern er nicht giftig ist – wie zum Beispiel die Keulenfische, zu denen der berühmt-berüchtigte Fugu zählt. Im Laufe der Jahrhunderte hat sich jedoch herausgestellt, daß der Rogen vom Stör eben doch der feinste ist. Und daß sich die Russen und die Perser – mit ihren inzwischen zwar dezimierten, aber doch immer noch reichlichen Störvorkommen im Kaspischen Meer – am besten auf die Zubereitung dieses Luxusprodukts verstehen.

Natürlich produzieren auch andere Länder Kaviar, wie zum Beispiel China, wo die Störe in den großen Flüssen der Kaviar-Lieferant sind. Und in Kalifornien produziert ein Schwede recht erfolgreich einen sehr feinen »russischen Kaviar« von amerikanischen Stören.

Die Russen nehmen allerdings, und wohl mit Recht, für sich in Anspruch, den feinsten Kaviar zu produzieren. Die größte Erfahrung haben sie jedenfalls – schließlich sitzen sie an der Quelle. Denn nur vom lebendfrischen Stör gibt es guten Kaviar. Wenn die Störweibchen zum Ablaichen aus dem Kaspischen Meer in die Flußarme des Wolgadeltas aufsteigen, werden sie gefangen, in großen Aquarien an Bord der Boote gehältert und in die Verarbeitungsfabriken am Wolgaufer oder zu Fabrikschiffen gebracht. Zur Entnahme des Rogens werden die Fische betäubt. Von der Entnahme des Rogens bis zur Verpackung des fertigen Kaviars in Dosen vergehen nur etwa 10 Minuten. Frischer geht es wirklich nicht!

Surimi – ein Fischprodukt, das in Japan auf eine jahrhundertealte Tradition zurückgeht. Reines Fischfleisch ohne Haut und Gräten wurde durch Kneten und wiederholtes Auswaschen zu einer glatten weißen Masse verarbeitet, die nach Würzung und Stärkezugabe geformt und dann gekocht oder gebacken wurde. Dieses Traditionsprodukt ist von der Tiefkühlindustrie entdeckt worden.

Die ideale Verpackung für frischen Kaviar ist immer noch die innen beschichtete Stülpdeckeldose von 1,8 kg Inhalt. Mit dem Deckel wird die überschüssige Lake herausgedrückt. Verschlossen wird die Dose mit einem breiten Gummiring, so daß keine Luft hineinkommt. In der ungeöffneten Dose bleibt der Kaviar bei bester Qualität bis zu einem Jahr genießbar.

Osietra-Kaviar – russisch ossiotr – der Favorit für die Kaviar-Kenner. Das Korn ist deutlich kleiner als das vom Beluga, auch hartschaliger und unempfindlicher. Man sagt ihm einen nußartigen Geschmack nach, und tatsächlich ist sein sehr spezielles Aroma mit keinem der anderen Kaviarsorten vergleichbar. Der Osietra-Stör kann 200 kg schwer werden, sein Durchschnittsgewicht liegt jedoch bei etwa 70 kg.

Beluga – der Kaviar der Superlative: der feinste, der teuerste und, mit 3,5 mm Durchmesser pro Korn, der größte. Auch ist der seltene Beluga-Stör der größte seiner Familie. Er erreicht eine Länge von 4 m und kann bis zu 1200 kg schwer werden. Etwa 12 % davon sind Kaviar, eine stattliche Ausbeute.

Sevruga-Kaviar kommt vom kleinsten Mitglied der Stör-Familie. Der Sevruga oder Sternhausen wird bis zu 1,50 m lang und wiegt selten mehr als 25 kg. Das Gewicht des Rogens liegt zwischen 1 und 3 kg pro Fisch. Der Kaviar ist sehr dünnschalig und entsprechend empfindlich, doch Kenner loben sein besonders kräftiges und würziges Aroma. Er ist mittel- bis stahlgrau; die Farbe hat jedoch keinerlei Einfluß auf den Geschmack des Kaviars.

Die Qualität des Kaviars bestimmen aber nicht allein Frische, Geschmack und Beschaffenheit des Rogens, sondern vor allem auch der Gehalt an Salz, das den frischen Kaviar haltbar macht. Die für den russischen Kaviar berühmte Bezeichnung »Malossol« steht für »wenig Salz«; die besten Qualitäten werden gerade nur so viel gesalzen, wie es für die ohnehin begrenzte Haltbarkeit notwendig ist. Moderne Kühl- und Transportmöglichkeiten machen es dennoch möglich, frischen Kaviar an jeden beliebigen Ort der Welt zu schaffen. Angeboten wird der frische Kaviar immer noch in den bekannten innen beschichteten Blechdosen von je etwa 1,8 kg Inhalt, die mit einem roten Gummiband verschlossen werden. Aus diesen Dosen werden dann die gewünschten Portionen abgefüllt.
Frischer Kaviar ist empfindlich. Er sollte stets bei einer Temperatur von –2 °C gelagert werden. Keinesfalls sollten –4 °C unterschritten werden, dann würden Geschmack und Konsistenz der Körner völlig verloren gehen. In einem normalen Haushalt ist eine so vorschriftsmäßige Lagerung sicher nicht ganz einfach. Wohl schon deshalb hat sich der pasteurisierte Kaviar in Gläsern durchgesetzt – von Kaviar-Verehrern schlicht als Konserve abgelehnt. Die Technik des Pasteurisierens wurde inzwischen aber so perfektioniert, daß die Qualität wesentlich verbessert werden konnte. Das soll heißen, besser ein gut pasteurisierter Kaviar aus Gläsern als unbedingt frischer Kaviar, der vielleicht durch unsachgemäße Lagerung nicht mehr so ganz frisch ist. Serviert wird Kaviar jedenfalls immer kalt, möglichst auf einem Eissockel.
Übrigens ist die Luxus-Delikatesse mit 16 % Fettgehalt und etwa 270 Kalorien pro 100 g nicht eben mager zu nennen. Der Eiweißgehalt liegt zwischen 25 und 30 %.
Neben dem echten Kaviar – von dem es drei Sorten gibt, benannt nach den Störarten, von denen sie stammen – wird heutzutage schon recht feiner Ersatz angeboten. Man muß dabei nicht gleich an die pechschwarzen Seehaseneier denken. Denn es gibt ja auch den Keta-Kaviar vom Lachs oder den Forellenrogen. Besonders letzterer wird immer beliebter; er schmeckt angenehm kräftig und sieht zudem sehr appetitlich aus. Der Keta-Kaviar mit seinen roten Perlen hat schon seit Jahren einen hohen Marktanteil. Unter dieser Bezeichnung kommt übrigens aller Lachsrogen – gleichgültig, von welchem Lachs er stammt – auf den Markt. Die größten Produzenten sind Rußland und die USA, wo er an der Westküste produziert wird. Der wichtigste Lieferant ist der Chum Salmon oder Keta-Lachs. Sein Rogen ist zwar von leicht blasserer Farbe als der vom Pink Salmon und vom Coho, wird aber von Kennern bevorzugt; vor allem die Ware aus Rußland. Die Rogenkörner vom Pink Salmon oder Buckellachs und vom Coho sind etwas kleiner, haben aber eine dunklere Färbung. Der Rogen vom Chinook oder King Salmon ist wegen seiner geringen Haltbarkeit zumindest für den Export nicht gefragt. Deutsche, aber auch polnische und dänische Teichwirtschaften beliefern zunehmend den Markt mit Forellenrogen.
In ungleich größeren Mengen wird jedoch der Seehasenrogen gehandelt, der im Urzustand rosa bis gelblich ist, dann aber rot oder schwarz eingefärbt wird. Er ist zwar ohne kulinarischen Wert, wird aber in großen Mengen für Dekorationszwecke in der kalten Küche verwendet.
Neben Kaviar gibt es eine Reihe von Rogenprodukten, die in Asien, insbesondere in Japan, als lukullische Spezialität gelten. Kazunoko-Kombo setzt sich zusammen aus einem Tangblatt, an dem eine dicke Schicht befruchteter Heringseier klebt. In Japan wird diese Delikatesse in 6 verschiedenen Qualitätsgraden angeboten.

Geräucherte Fische

Das Räucherverfahren wird weitgehend von der Rohware bestimmt. Das übliche Verfahren für gefrostete und frische Fische ist die »Heißräucherung«, für Salzfische die »Kalträucherung«. Der Unterschied zwischen beiden besteht vor allem in der Temperatur beim Räuchern und in der Räucherdauer. Bei beiden Verfahren muß der Fisch vor dem Räuchern in bewegter Luft vorgetrocknet werden, um ein festes Fleisch, appetitliches Aussehen und eine möglichst lange Haltbarkeit zu erreichen.
Die relativ lange Haltbarkeit von Räucherfischen ist vor allem darauf zurückzuführen, daß das Fischfleisch aus dem Rauch Stoffe mit bakterizider Wirkung aufnimmt. Generell sind kaltgeräucherte Fischwaren länger haltbar als heißgeräucherte. Bei sachgemäßer, kühler Lagerung kann man davon ausgehen, daß die Haltbarkeit bei kaltgeräucherten Salzfischen wenigstens 14 Tage, bei heißgeräucherten, frischen Fischen 4 bis 8 Tage beträgt. Vakuumverpackte Produkte sind bis zu 6 Wochen haltbar.

Niemals mit Silber an den Kaviar gehen! Denn Silber oxidiert und verleiht dem Kaviar einen fischigen Geschmack. Auch mit Edelstahl sollte er nicht in Berührung kommen. Auf dem Markt sind geschmacksneutrale Bestecke aus Perlmutt, aber auch Löffel aus Horn, Schildpatt und sogar Holz taugen zum Verzehr der teuren Körner. Wer's ganz stilvoll wünscht, der verwende einen Löffel aus Gold.

Keta-Kaviar wird der appetitlich-rote Rogen vom Keta-Lachs oder Chum Salmon aus dem Pazifik genannt. Das Keta-Korn ist besonders groß, aber sehr empfindlich. Kulinarisch und preislich ist Keta-Kaviar ein guter Kompromiß zwischen echtem Kaviar und Kaviar-Ersatz. Zwar ist er teurer als der Seehasenrogen, aber doch viel billiger als der echte vom Stör.

Forellen-Kaviar wird immer populärer. Der präparierte Rogen der Forellen, vor allem der großen Exemplare, ist dem Lachs-Kaviar geschmacklich durchaus ebenbürtig. Man kann ihn auch genauso verwenden. Wie beim echten Kaviar, schmeckt der frische, nur leicht gesalzene und nicht konservierte Forellen-Kaviar am besten.

Kaviar vom Seehasen, die billigste aller Kaviar-Sorten, wird unter verschiedenen Bezeichnungen gehandelt. So zum Beispiel als »Deutscher Kaviar«. Der Rogen des Seehasen *(Cyclopterus lumpus)* ist feinkörnig und fest. Er kommt, stark eingesalzen, aus Island, Norwegen oder Dänemark, wird dann schwarz oder rot eingefärbt und gewürzt. Der Seehasen-Kaviar wird vor allem als Dekorationsmittel in der kalten Küche verwendet.

Bornholmer Räucherkammer. Mit ihren unverwechselbaren Kaminen ist sie sofort als solche zu erkennen.

Farbe und Aroma des geräucherten Fisches werden besonders von der Art des verwendeten Holzes bestimmt. Für das Räuchern von Fischen nimmt man Scheite, Briketts oder Sägespäne aus Laubholz.

Kalträucherung: Salzfische müssen vor dem Räuchern gewässert werden, am besten in fließendem Wasser. Die Temperatur in den Öfen wird so geregelt, daß sie im Bereich des Räuchergutes möglichst zwischen 15 und 20 °C liegt. Der Räuchervorgang erstreckt sich – dies ist abhängig von der Fischart – über einen Zeitraum von 1 bis 6 Tagen. Bevorzugte Fische für die Kalträucherung sind Lachs, Meerforelle und Lachsforelle.

Unter der Bezeichnung **Räucherlachs** kommen sowohl Produkte aus Lachsen als auch solche aus Meerforellen in den Handel. Die zarteste Qualität wird erzielt, wenn man frischen Lachs verwendet, der direkt vor dem Räuchern für etwa 12 Stunden in eine milde Salzlake eingelegt wurde. Allerdings ist dieser Räucherlachs nicht so lange haltbar wie ein Produkt aus gewässertem Salzfisch.

Frisch aus dem Rauch wird ein Ostseehering, nur mit Salz und Brot genossen, zur Delikatesse.

Auch aus Heringen und Makrelen können schmackhafte kaltgeräucherte Produkte hergestellt werden. Für **Lachshering** werden große und möglichst fette, unausgenommene Salzheringe mit Kopf geräuchert. Die Rohware für **Lachsbückling** entspricht der für Lachshering. Er wird jedoch vor dem Räuchern ausgenommen und für einzelne Produkte nachträglich geköpft (Delikateßlachsbückling) und filetiert (Lachsbücklingfilet). **Kipper** (auch **englische Kipper** genannt) sind kaltgeräucherte, frische Fettheringe. Vor dem Einlegen in Salzlake werden die geköpften Heringe vom Rücken her gespalten. Die beiden Hälften hängen dann nur noch an den Bauchseiten zusammen. Dieser »gefleckte« Hering wird nur wenige Stunden, längstens 1 Tag geräuchert und ist daher nur kurze Zeit haltbar. Zum Verzehr wird der Kipper in der Regel gebraten.

Heißräucherung: Vor der Heißräucherung werden die gewaschenen und von Schuppen befreiten Fische für etwa 1 Stunde in eine milde Salzlake eingelegt. Die Gare erhalten sie aber erst im Räucherofen bei einer Temperatur von über 60 °C. Meist liegt die Temperatur im Ofen bei 70 bis 90 °C. Das appetitliche goldgelbe Aussehen sowie das besondere Raucharoma erhält der Fisch vor allem gegen Ende des Räucherprozesses in der »Dämpfphase«, in der die Luftzufuhr gedrosselt und das bis dahin brennende Räuchermaterial mit feuchten Spänen zugedeckt wird, so daß ein dichter, schwelender und feuchter Rauch entsteht. Die Heißräucherung dauert maximal 4 Stunden, die Dauer ist abhängig von der Fischart und der Größe der Räucherstücke.

Zur Heißräucherung eignet sich unter den Seefischen vor allem der Hering. Besonders geschätzt beim Verbraucher ist der **Bückling.** Rohware sind traditionsgemäß vor allem Nord- und Ostseeheringe. Sie werden zum Räuchern nicht ausgenommen und haben als Räucherfisch vor allem im Sommer eine hervorragende Qualität, weil sie dann besonders fettreich sind. In zunehmendem Maße deckt die deutsche Fischindustrie ihren Heringsbedarf aber jetzt aus Importen von Dänemark, den Niederlanden, Norwegen und Kanada. Ausgangsprodukt für **Kipper auf norwegische**

Große Auswahl an Räucherlachs. Der Verbraucher kann heute unter mindestens fünf Räucherlachssorten wählen – wenn auch nur theoretisch. Denn inzwischen beherrscht der Farmlachs (Zuchtlachs) aus Norwegen, Schottland oder Kanada den Markt fast total. Die fünf Sorten Räucherlachs, die sich hier präsentieren, stammen von folgenden Lachsarten (von links nach rechts): Den beiden pazifischen Arten Coho (Silver Salmon) und Chum Salmon, mit relativ niedrigem Fettgehalt und entsprechend geringer Qualität; dem King Salmon, von mittlerem Fettgehalt (etwa 11 %) und sehr gutem, kräftigem Geschmack; dem Atlantischen Wildlachs, mit 13–14 % Fett, dem begehrtesten und feinsten aller Lachse; und dem norwegischen Farmlachs, inzwischen ein Massen-Markenartikel mit weiter steigenden Produktionszahlen. Das große Angebot hält den Preis erfreulich niedrig.

Kipper aus Schottland – ein vom Rücken her gespaltener Hering, der kaltgeräuchert wurde.

Art ist ein »gefleckter«, das ist ein vom Rücken her gespaltener Hering, wie er auch zur Kalträucherung verwendet wird. Im Gegensatz zum englischen Kipper wird er jedoch schwach heißgeräuchert. Besonders große Heringe wie die Atlantischen Heringe von Norwegen und Island kommen bei entsprechender Verarbeitung auch als **Fleckheringe** in den Handel. **Räucherrollmops** wird aus gerolltem Heringsfilet unter Zugabe von Gewürzen hergestellt.
Neben den Heringen werden in der Fischindustrie zahlreiche andere Seefischarten zu heißgeräucherten Produkten verarbeitet. Eine Spezialität sind geräucherte **Ostseesprotten.** Im Gegensatz zu den Heringen haben Sprotten in den Herbst- und Wintermonaten die beste Qualität zum Räuchern. Sprotten werden vor dem Räuchern nicht ausgenommen. Makrelen vertranen wegen ihres hohen Fettgehaltes besonders leicht, vor allem dann, wenn die Rohware nicht ganz fangfrisch war. **Fleckmakrelen** sind wie Fleckheringe vom Rücken her gespalten, ausgenommen und geräuchert.
Einige geräucherte Produkte aus Seefischen haben einen speziellen und oft auch irreführenden Namen. Dazu gehören die **Schillerlocken.** Das sind enthäutete und in Streifen geschnittene Stücke vom Dornhai. Geräucherte Rückenstücke des Dornhais kommen als **Seeaal** in den Handel. Vom Heringshai stammt der **Kalbfisch,** der meist in scheibenförmigen Stücken angeboten wird. Knorpelfreie, geräucherte Stücke vom Grauhai liefern den **Speckfisch.** Ein leichter Geruch nach Ammoniak ist für Haifischfleisch nicht ungewöhnlich. Er entsteht bei einer chemischen Umsetzung des Harnstoffes, der typisch ist für das Fleisch der Haie und Rochen.
Auch fettreiche Süßwasserfische eignen sich vorzüglich zum Räuchern. Dabei denkt man an erster Stelle an den **Aal.** Der zum Räuchern bestimmte Aal wird heute vielfach durch elektrischen Stromschlag getötet, anschließend durch Abreiben mit Salz vom Schleim befreit und dann ausgenommen. Das Räuchern dauert 1 bis 3 Stunden. Die **Maräne** (Renke, Felchen) ist besonders im Sommer außerordentlich fettreich und dann vorzüglich zum Räuchern geeignet. Der Fisch wird vor dem Räuchern ausgenommen. **Geräucherte Forellen** erfreuen sich zunehmender Beliebtheit, vielleicht deshalb, weil sie nicht so kalorienreich sind wie die meisten anderen Räucherfischprodukte. Verarbeitet werden ausgenommene Regenbogenforellen aus Teichwirtschaften. Das Filet wird nach dem Räuchern von der Haut gelöst, aber im zusammengeklappten Fisch belassen. Eine Spezialität vor allem im norddeutschen Raum sind wacholdergeräucherte Forellen.

Die professionellen Lachs-Räucherer, wie hier die Firma Friedrichs in Hamburg, tun ihr Bestes, diesem Anspruch gerecht zu werden. Da wird nichts dem Zufall überlassen. Vom Zerlegen übers Salzen bis zum Räuchern – jeder Handgriff sitzt.

Fisch-Küchenpraxis

Für die gute Fischküche sind Frische und beste Qualität der Produkte ebenso notwendig wie das Wissen um die richtige Zubereitung. Und frischer Fisch, so er nicht bereits fein säuberlich in Filets zerlegt vom Händler erworben wird, muß erst einmal richtig vorbereitet werden. Dafür ist eine gewisse Praxis notwendig. Das fängt an beim fachgerechten Ausnehmen frischer Fische und gilt weiter für das Zerlegen und Filetieren der Fische, wobei für die unterschiedlichen Fischarten wie Rundfisch oder Plattfisch verschiedene Methoden angewendet werden müssen. Auch ist es beispielsweise nicht gleichgültig, wie die Gräten ausgelöst werden, wenn ein Fisch zum Füllen vorbereitet wird. Und genauso verlangen auch die verschiedenen Garmethoden nach unterschiedlichen Vorbereitungen. Die detaillierten Bildfolgen in diesem Kapitel sollen helfen, die dazu nötigen Handgriffe leicht zu erkennen und zu beherrschen.

Qualität und Frische

Zwei Voraussetzungen, ohne die eine gute Fischküche unmöglich wäre. Frische – bei Süßwasserfischen sicher kein Thema, weil sie beim Fischhändler in Bassins gehältert werden – ist das entscheidende Kriterium beim Meeresfisch, gleichgültig, ob er in Küstenregionen angeboten wird oder weite Wege ins Binnenland zurücklegen muß. Er wird in jedem Fall in totem Zustand gehandelt, und es kann Stunden oder Tage dauern, bis er zum Verbraucher kommt. Grund genug, beim Einkauf auf die hier beschriebenen Frischemerkmale zu achten und Haut, Augen, Flossen und Geruch genau zu prüfen. Aus diesen Einzelergebnissen kann man eine Entscheidung treffen. Im Zweifelsfall sollte man sich für die Frische entscheiden, also lieber einem wirklich frischen, weniger edlen Fisch den Vorzug geben als einem Prestige-Fisch, der schon leicht riecht.

Topfrisch – oder der optimale Geschmack

Der Fisch macht nach dem Fang oder Schlachten eine Totenstarre durch. Dabei entsteht durch den Abbau von Milchzucker Milchsäure. Die Totenstarre beginnt in der Kopfregion und dehnt sich von dort über den ganzen Körper aus. Die typischen Merkmale der Totenstarre – hartes Fleisch, schwer beweglicher Körper, abgespreizte Kiemendeckel – dauern bei den einzelnen Arten unterschiedlich lange und gehen in der Regel nach einigen Stunden zurück. Nach der Totenstarre wird das Fleisch wieder elastisch. Mit zunehmender Dauer der Lagerung – auch auf Eis – wird das Fischfleisch dann immer weicher.
Geschmacklich ist das Fleisch am besten nach der Totenstarre, während der sich durch Abbau des ATP (Adenosintriphosphat) noch Aromastoffe bilden. Bei Fischen, die auf Eis gelagert sind, ist das am zweiten oder dritten Tag nach dem Fang der Fall. Die Verarbeitung zu Filet an Bord der Fang- und Fabrikschiffe erfolgt meist noch vor der Totenstarre und den mit ihr verbundenen Reifeprozessen für den Geschmack des Fleisches. Das ist die Ursache dafür, daß tiefgefrorene Ware im Vergleich zu auf Eis gelagerten Fischen fade schmecken kann.

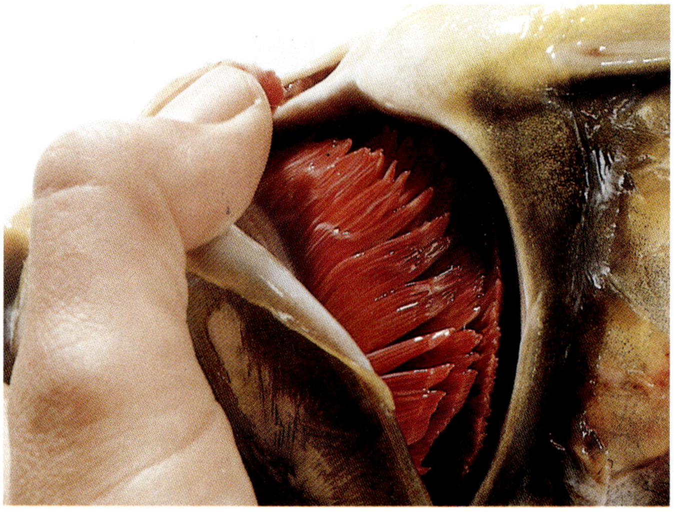

Leuchtendrote Kiemen gehören zu den wichtigsten und eindeutigsten Frischekriterien. Die einzelnen Kiemenblättchen müssen klar und deutlich zu erkennen sein. Sie dürfen weder fleckig noch verschleimt aussehen.

Klare Augen gehören zu den untrüglichsten Kennzeichen eines frischen Fisches. Das Beispiel eines fangfrischen Stöckers (engl. horse mackerel, Bild oben) zeigt es deutlich. Das Auge ist prall und glasklar. Ganz im Gegensatz zu dem trüben und verschleierten Auge eines Stöckers, der nicht mehr die gewünschte Frische zeigt (Bild unten). Wenn er entprechend kühl gelagert wurde, kann er aber durchaus noch angenehm riechen. Man sollte also einen Fisch immer auf alle Kriterien hin prüfen.

Sozusagen ein Gütesiegel stellt dieser verplombte Plastikring dar. So werden in den USA teilweise die Striped Basses, hochpreisige Wanderfische, mit laufender Nummer und Fangtag versehen. Für den Kunden eine gewisse Garantie für Qualität und Frische. Diese Art der Kennzeichnung könnte Vorbild für die Vermarktung anderer Edelfische werden.

Die Haut soll natürlichen Glanz und Farbe aufweisen, nicht verblaßt, ohne Druckstellen sowie ohne Beschädigung und, entsprechend der Fischart und der Fangmethode, normal beschuppt sein. Hering, Makrele und andere pelagische Schwarmfische verlieren beim Fang fast stets die meisten Schuppen. Das ist bei diesen Fischarten »normal«. Bei Fischen guter

Qualität ist der Schleim auf der Haut klar und durchsichtig.
Das Aussehen der Haut wird beanstandet, wenn sie unnatürlich gelb oder grau verfärbt, trüb oder gar schmierig blutig ist. Trockene Haut ist ein Zeichen dafür, daß der Fisch bereits längere Zeit an der Luft gelegen hat.

Die Flossen sollten gut erhalten sein. Beschädigungen sind häufig die Folge langer Schleppdauer und sehr voller Netze. Bei starkem Schleimen, was besonders bei unsachgemäßer Lagerung der Fische auftritt, können die Flossen verkleben.

Die Augen fangfrischer Fische sind prall und klar, nicht eingesunken oder trüb.

Das Aussehen der Kiemen ist für die Beurteilung des Frischegrades ein besonders wichtiges Kriterium. Am frischesten ist der Fisch, wenn die Kiemen leuchtend rot, die einzelnen Kiemenblättchen klar und deutlich zu erkennen, nicht verschleimt und nicht verklebt sind. Grauweiße, hellgelbliche, braune, verklebte oder schleimige Kiemen weisen darauf hin, daß der Fisch seit längerer Zeit tot oder, zum Beispiel als Folge einer Unterbrechung der Kühlkette, schlecht gelagert ist. Diese Symptome können aber auch bei kranken Fischen auftreten, was gelegentlich bei Fischen aus Zuchtanstalten der Fall sein kann.

Die Bauchhöhle bei ausgenommenen Fischen sollte sauber ausgeweidet und weitgehend geruchslos sein. Blutreste müssen leuchtend rot sein.

Die Eingeweide bei nicht ausgenommenen Fischen weisen scharfe Konturen auf. Je länger der Fisch tot ist, um so undeutlicher sind die Umrisse zu erkennen, bis sie sich schließlich mit zunehmend breiiger Konsistenz der Eingeweide ganz auflösen. Der bei frischen Fischen nicht unangenehme Geruch der Eingeweide wird dabei mehr und mehr faulig.

Der Geruch des Fisches läßt sich besonders gut hinter dem abgespreizten Kiemendeckel wahrnehmen. Ein frischer Fisch hat keinen sehr ausgeprägten Geruch. Der charakteristische Fischgeruch entsteht erst durch chemische Umwandlung von Trimethylaminoxid und dessen Verbindung mit Fettsäuren aus dem biologischen Abbau der Fette und Fischöle. Der »typische Fischgeruch« ist daher nicht typisch für fangfrischen Fisch. Auf keinen Fall darf Fisch faulig oder säuerlich oder gar tranig riechen.

Auf Vorrat tiefgefroren

Daß frischer Fisch, und um ihn geht es in diesem Buch in erster Linie, auch durch den feinsten tiefgefrorenen Fisch nicht zu ersetzen ist, dürfte bekannt sein. Doch wird es immer wieder mal passieren, daß man von dieser, übrigens besten Konservierungsmethode für Fisch Gebrauch machen muß. Selten wird dies bei Meeresfischen der Fall sein, denn zum Einfrieren eignen sich nur wirklich frische,

Glacierte Fische halten besser. Diese Methode, Fische vor dem Einfrieren mit einer dünnen Eisschicht zu überziehen, schützt die Fische während der Lagerung noch zusätzlich. Die vorbereiteten Fische auf Alufolie und lose abgedeckt vorfrieren. In eiskaltes Wasser tauchen und, sobald sie mit einer Eisschicht überzogen sind, den Vorgang wiederholen. Die so präparierten Fische in Alufolie wickeln und im Tiefkühlgerät lagern.

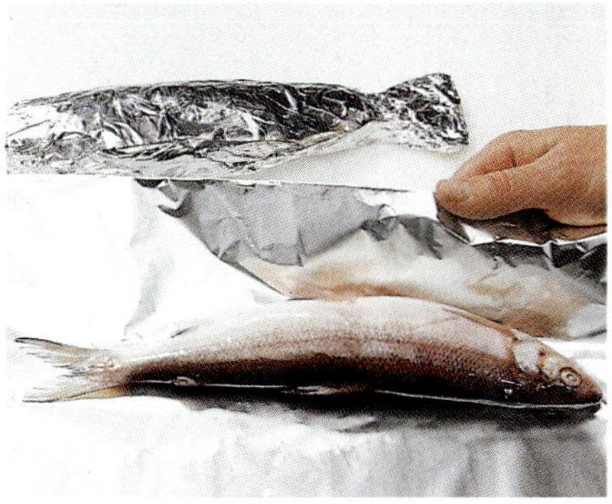

also fangfrische Fische. Daß man aber mehr Süßwasserfische bekommt, als man momentan verbrauchen kann, wird schon eher einmal vorkommen, und da empfiehlt es sich, sie so schnell wie möglich einzufrieren. Dabei hängt es bei großen Fischen von der möglichen späteren Verwendung ab, ob man sie im ganzen oder gleich in Portionen einfriert. Auf jeden Fall sollten die Fische vorher ausgenommen und die Bauchhöhle unter fließendem Wasser gereinigt werden. Je nach Fischart können sie auch vorher geschuppt werden. Die Fische sind nun vorbereitet, um, wie in der Bildfolge gezeigt, glaciert zu werden. In jedem Fall aber – auch ohne Glacieren – ist korrektes Verpacken notwendig, wenn die Fische die Lagerzeit ohne Mängel überstehen sollen. Kleine Fische (wie Sardinen) werden erst einzeln vorgefroren, bevor man sie zusammen verpackt.
Als Verpackungsmaterial eignen sich sowohl Kunststoff- als auch Alufolie. Fischstücke, zum Beispiel Filets, sollten durch Folienblätter voneinander getrennt werden.
Übrigens: Die maximale Lagerzeit für Frischfisch wird vom Deutschen Tiefkühlinstitut mit 3 bis 8 Monaten angegeben – natürlich ausschließlich bei −18 °C und darunter.
Tiefgefrorene Kleinfische oder Filets muß man vor der Verwendung nicht unbedingt auftauen lassen, aber antauen, wenn sie gewürzt oder paniert werden sollen, damit die Panade haften bleibt. Große Fische sollte man im Kühlschrank oder Mikrowellengerät auftauen, bevor man sie verwendet. Halb aufgetaut lassen sie sich oft besser portionieren, zum Beispiel mit einem Fischsägemesser in Scheiben beziehungsweise Tranchen schneiden.

Einen Rundfisch vorbereiten

Am Beispiel eines Zanders wird hier genau beschrieben und gezeigt, wie man einen lebendfrisch gekauften, nicht ausgenommenen Fisch küchenfertig vorbereitet. Das Ergebnis sind zwei sauber ausgelöste Filets einerseits sowie Kopf, Skelett, Flossen und Haut andererseits. Das Skelett und die Abgänge (Parüren) sind die Grundlage für einen frisch zubereiteten, würzigen Fischfond.

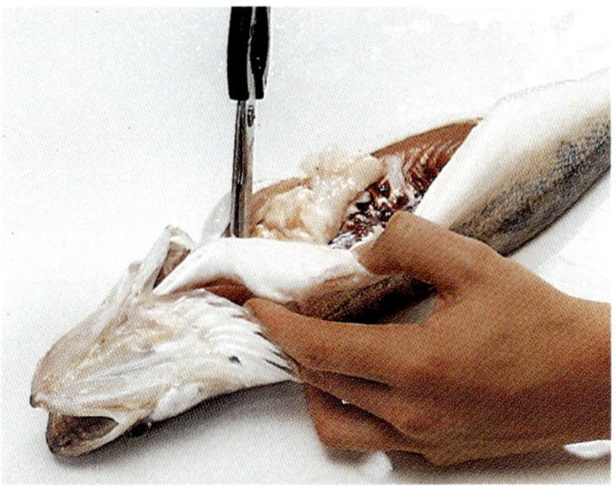

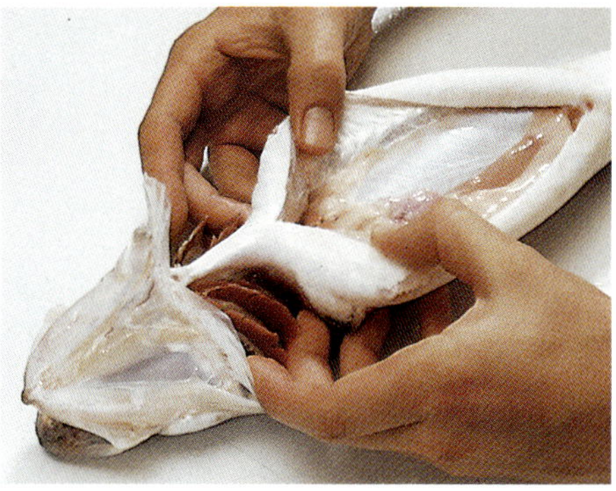

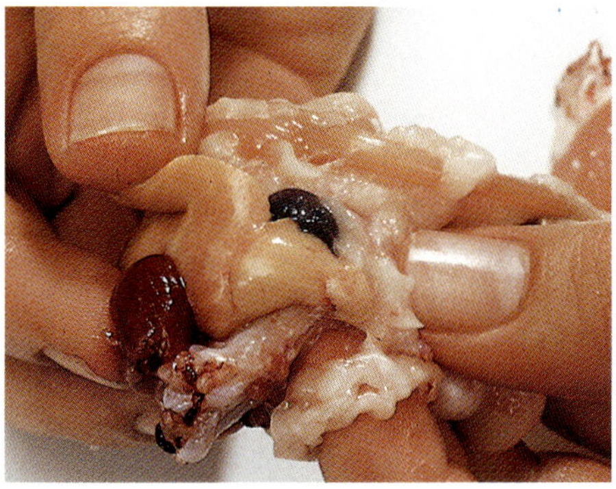

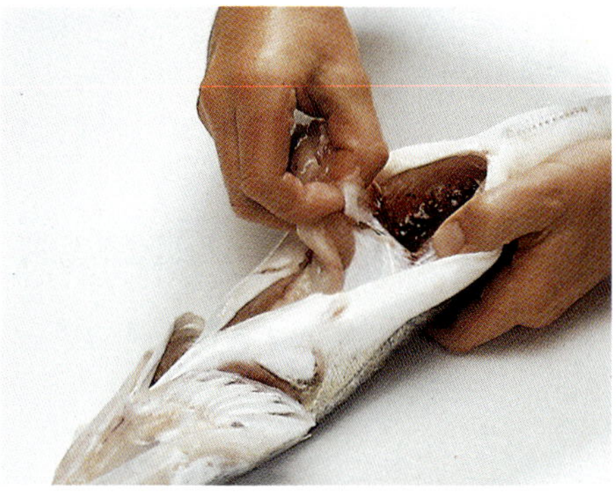

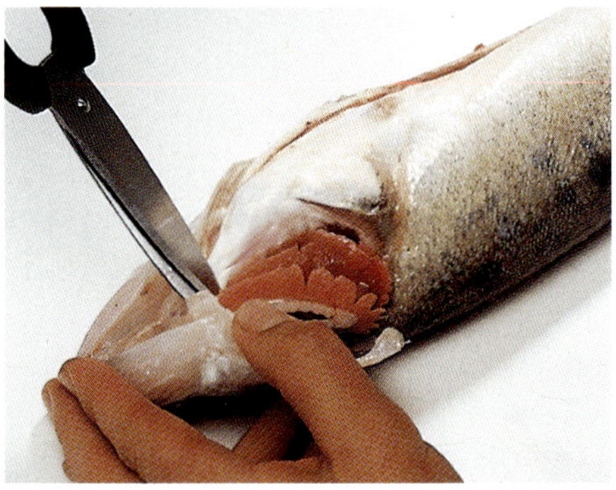

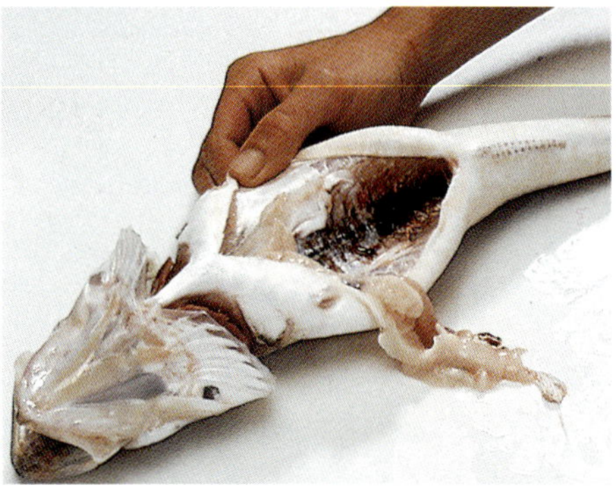

1 **Zum Ausnehmen vorbereiten.** Den Fisch mit einem Tuch am Schwanzende festhalten und in Richtung Kopf die Flossen abschneiden; sie stellen sich dabei wie von selbst auf. Anschließend den Fisch schuppen. Dafür mit einem speziellen Fischschupper oder einem großen Messer die Schuppen in Richtung Kopf abschaben. Jetzt den Fisch in die linke Hand nehmen und mit einem spitzen Messer von der Afteröffnung zum Kopf hin die Bauchhöhle vorsichtig aufschneiden. Das Messer möglichst flach führen, damit die Eingeweide nicht verletzt werden.

2 **Den Fisch ausnehmen.** Das letzte feste Stück vor dem Kopf mit einer Schere aufschneiden. Zieht man jetzt die Bauchseiten etwas auseinander, sind deutlich die weiße Schwimmblase und die Innereien zu erkennen. Mit den Fingern die Eingeweide an der Afteröffnung lösen und vorsichtig nach vorn herausziehen. Die an der Wirbelsäule entlanglaufende, unter einer dünnen Haut liegende schlauchartige dunkelrote Niere wird jetzt sichtbar. Sie wird zum Schluß – am besten mit einem kleinen Löffel – herausgeschabt und gewaschen.

3 **Die Kiemen entfernen.** Die Eingeweide am Schlund vorsichtig mit der Schere abschneiden und herausnehmen. Deutlich ist die an der Leber hängende schwarzgrüne Galle zu sehen. Aufpassen, daß sie nicht verletzt wird! Die Gallenflüssigkeit kann den Fisch ungenießbar machen. Schnell und gründlich auswaschen, falls es doch einmal passiert. Die Kiemen an den Ansatzstellen abschneiden und herausziehen. Die Bauchhöhle gründlich unter fließendem Wasser säubern. Dabei die Niere mit einem Löffel oder dem Daumennagel herausschaben.

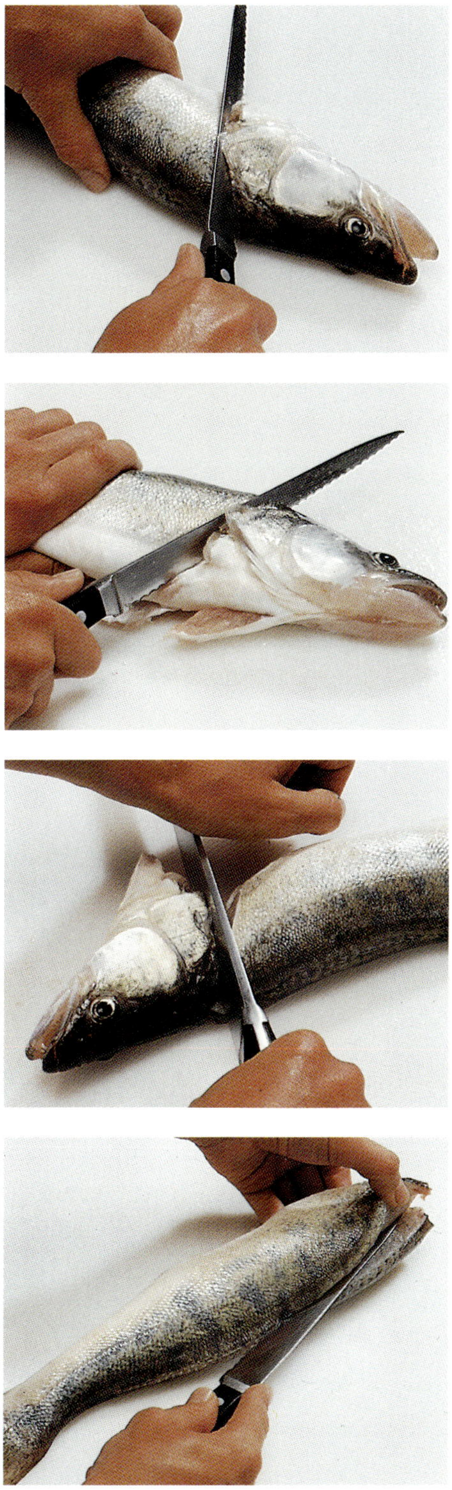

4 Den Kopf abschneiden. Mit einem scharfen Messer – es darf mit Wellenschliff sein – direkt hinter der Kiemenöffnung schräg zum Kopf hin bis auf die Mittelgräte einschneiden. Den gleichen Schnitt auf der anderen Seite wiederholen. Das Messer – es muß recht stabil sein – in den Schnitt auf die Mittelgräte setzen und diese mit kräftigem Druck durchtrennen. Jetzt muß noch die Mittelgräte entfernt werden. Dafür mit einem dünnen, sehr scharfen Messer den Rücken direkt neben der Rückenflosse der Länge nach einschneiden.

5 Die Mittelgräte auslösen. Den Schnitt am Rücken vom Kopfende bis zum Schwanz und bis auf die Mittelgräte fortführen. Den Fisch wieder flach auf die Seite legen, das Messer quer am Kopfende unter das obere Filet schieben und dieses in Richtung Schwanz direkt über der Mittelgräte abschneiden. Das geht im vorderen Teil nicht ganz leicht, weil dabei die Bauchhöhlengräten mit durchgetrennt werden müssen. Nun auf der anderen Seite des Flossenansatzes den Rücken einschneiden, die Mittelgräte freilegen und samt dem Schwanz abheben.

6 Die Filets parieren. Zuerst die Bauchhöhlengräten entfernen: Ein Messer in der Mitte des Filets unter die Gräten führen und die Gräten zum Rand hin ganz flach über dem Filet wegschneiden. Die verbliebenen kleinen Fischgräten mit einer Pinzette oder Grätenzange entfernen. Die Haut ablösen: Am Ende des Filets etwas Fleisch über der Haut wegschneiden. Das freiliegende Hautende festhalten, ein Messer zwischen Haut und Fleisch führen und das Filet direkt auf der Haut in Richtung Kopfende abschneiden. Das andere Filet ebenso enthäuten.

Die Niere entfernen. Wenn ein Fisch ausgenommen wird, bleibt die Niere zunächst immer in der Bauchhöhle, denn sie liegt schlauchartig direkt unter der Wirbelsäule und ist durch ein weißes Häutchen geschützt. Es gibt zwar keinen kulinarischen Grund, die Niere zu entfernen, doch aus ästhetischen Gründen ist dies meist erwünscht. Bei durch die Bauchhöhle ausgenommenen Fischen geht das ganz einfach: Mit einem spitzen Messer die weiße Haut aufritzen und die darunterliegende Niere mit einem Teelöffel, besser noch mit dem Daumennagel, herauskratzen. Unter fließendem Wasser alle Reste herausspülen.

Zum Spalten den Karpfen flach hinlegen und mit der linken Hand am Kopf festhalten. Von der Bauchseite her, direkt hinter dem Kopf, ein spitzes Sägemesser bis zur Wirbelsäule führen und diese durchstechen. In einem einzigen Schnitt den Fisch der Länge nach bis zum Schwanz durchtrennen. Dann den Karpfen mit dem Maul auf eine rutschfeste Unterlage stellen, eine Hälfte festhalten und mit dem Schlagmesser auch den Kopf durchtrennen.

Einen Karpfen spalten

Wer gern geräucherten Karpfen ißt oder frischen Karpfen in Bierteig oder paniert fritieren möchte, wer ihn vielleicht auch – ganz rustikal – in größeren Stücken mit Haut und Gräten in Eintöpfen zubereiten möchte, sollte den Karpfen spalten. So ist er leicht zu handhaben. Zum Räuchern ist diese Portioniermethode ohnehin unerläßlich. Dazu muß der Karpfen zunächst geschuppt, ausgenommen und unter fließendem Wasser abgespült werden. Dann teilt man ihn in zwei Hälften, wie in der Bildfolge gezeigt. Das ist einfacher, als es vielleicht auf den ersten Blick aussieht. Die Wirbelsäule läßt sich relativ leicht durchtrennen. Ja, sie dient geradezu als Führung für den langen horizontalen Schnitt, wenn man mit etwas Fingerspitzengefühl vorgeht.

Die beiden Karpfenhälften müssen vor der Weiterverarbeitung sorgfältig von allen Blutresten befreit werden. Am besten unter fließendem kaltem Wasser gut abspülen und trockentupfen.

Wieviel verwertbares Fleisch hat ein Fisch?

Beim Einkauf von Fisch ist es wichtig, einen Anhaltspunkt darüber zu haben, welches Verhältnis zwischen verwertbarem Fleisch und Abfällen besteht. Das kann bei den verschiedenen Fischarten sehr unterschiedlich sein.
Die in der nachfolgenden Tabelle aufgeführten Fische haben alle handelsübliche Größen. Mit der Größe ändern sich natürlich diese Relationen. So hat zum Beispiel ein kleiner Steinbutt von etwa 1 kg, prozentual gesehen, einen geringeren Filetanteil als ein großer von 4 bis 5 kg. Die Tabelle kann daher nur Richtwerte geben.

Fisch, Bruttogewicht	**Fisch, küchenfertig**		**Verwertbare Abgänge, zum Beispiel für Fonds (wie Kopf, Haut, Gräten, Flossen)**	**Filetgewicht (ohne Haut, sauber pariert)**
	Nettogewicht	**Nicht verwertbare Abfälle**		
Zander, 1000 g	900 g/90,0 %	100 g	460 g/46,0 %	440 g/44,0 %
Aal, 670 g	450 g/67,2 %	220 g	70 g/10,5 %	380 g/56,7 %
Wildlachs, 2670 g	2500 g/93,5 %	170 g	1000 g/37,4 %	1500 g/56,1 %
Karpfen, 985 g	810 g/82,2 %	175 g	480 g/48,7 %	330 g/33,5 %
Tilapia, 800 g	630 g/78,8 %	170 g	390 g/48,8 %	240 g/30,0 %
Loup de mer/ Wolfsbarsch, 860 g	815 g/94,8 %	45 g	425 g/49,4 %	390 g/45,3 %
Dorade rose, Brassen, 390 g	350 g/90,2 %	40 g	190 g/48,9 %	160 g/41,3 %
Lotte/Seeteufel, 730 g (ohne Kopf)	470 g/64,2 % (enthäutet)	-- --	360 g/49,4 %	370 g/50,6 %
Petersfisch/St. Pierre, 650 g	500 g/77,0 %	150 g	330 g/50,8 %	170 g/26,2 %
Seezunge, 525 g	495 g/94,2 %	30 g	280 g/53,8 %	215 g/40,4 %
Steinbutt, 2700 g	2640 g/97,8 %	60 g	1790 g/66,4 %	850 g/31,4 %
Ganzer Rochen, 7000 g	6650 g/95,0 %	350 g	4900 g/70,0 %	1750 g/25,0 %
Rochenflügel, 2320 g	--	---	1310 g/56,5 %	1010 g/43,5 %

Einen Rundfisch durch den Rücken entgräten

Der Wunsch nach besserer Optik stand vielleicht Pate, als zum ersten Mal – sicher von einem Profi – ein Fisch durch den Rücken entgrätet wurde und sich so appetitlich und dekorativ darbot, wie es auf dem letzten Foto der Bildfolge zu sehen ist. Am Beispiel eines Loup de mer (Wolfsbarsch) wird gezeigt, wie man es macht, daß die beiden entgräteten Filets nur noch von Kopf und Schwanz zusammengehalten werden. Für diese Methode bieten sich Fische an, die ihrer Größe nach für ein Zwei-Personen-Gericht geeignet sind, wie hier der Loup de mer. Der entscheidende Vorteil ist, daß der relativ große, aber eben ganz ausgelöste Fisch in kürzester Zeit und gleichmäßig gar wird. Man kann den Fisch dämpfen und füllen, zum Beispiel mit einem feinen Ragout. Er kann aber auch roh mit Butterbröseln bestrichen und unter dem Grill gratiniert werden. Im übrigen sind so entgrätete Fische ideal zum Räuchern.

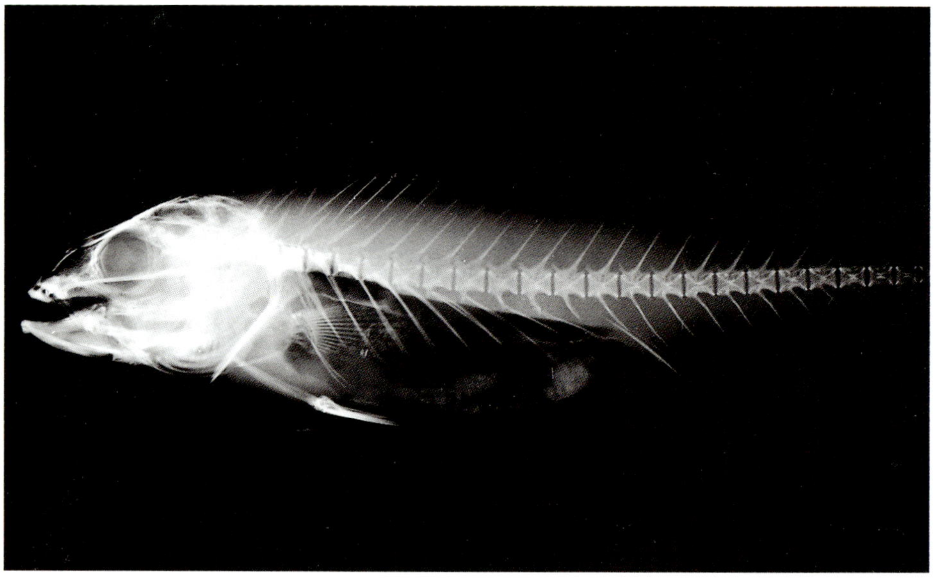

Loup de mer – durchleuchtet. Die Röntgenaufnahme verdeutlicht den beschriebenen Arbeitsgang. In der Mitte die fest mit dem Kopf verbundene Wirbelsäule (Mittelgräte), deren einzelne Wirbel wie eine Sanduhr geformt sind, mit den oben und im Schwanzteil auch unten fest verbundenen Knochen oder Dornfortsätzen (Gräten). Die Bauchgräten (Rippen) sind so gewölbt, daß sie die Bauchhöhle mit den Eingeweiden schützend umschließen. Die eigentlichen Gräten – die mit dem Skelett nichts zu tun haben – sind feine Verknöcherungen im Muskelfleisch, auf dem Röntgenbild nicht zu erkennen.

1 **Das erste Filet lösen.** Den geschuppten, ausgenommenen und von Kiemen und Flossen befreiten Fisch flach auf die Arbeitsfläche legen. Mit einem kurzen, scharfen Messer am Rücken direkt neben dem Rückenflossenansatz so tief einschneiden, daß das Messer auf die Mittelgräte stößt. Diesen Schnitt vom Kopf bis zum Schwanz führen. Mit einem scharfen Sägemesser ganz dicht am Rückgrat die gewölbten Bauchgräten (Rippen) durchtrennen. Da der Fisch bereits ausgenommen ist, besteht keine Gefahr, empfindliche Eingeweide zu verletzen.

2 **Das zweite Filet freilegen.** An der unten liegenden Seite auf der anderen Seite des Rückenflossenansatzes wieder bis zur Mittelgräte einschneiden, ebenfalls vom Kopf bis zum Schwanz. Auch auf dieser Seite die gewölbten Bauchgräten mit dem Sägemesser direkt an der Mittelgräte durchtrennen. Die Gräten bleiben zunächst im Fleisch. Die Mittelgräte mit dem im Schwanzteil noch daran befindlichen Knochen liegt jetzt frei zwischen den beiden Filets.

3 **Das Rückgrat (Mittelgräte) entfernen.** Wenn man die beiden Filets etwas auseinanderdrückt, kann man die Mittelgräte festhalten und ein wenig herausziehen. Sie wird so nah wie möglich am Kopf mit einer kräftigen Schere abgeschnitten. Vom Kopf her zieht man das lose Ende heraus und schneidet die Mittelgräte direkt vor dem Schwanz ebenfalls mit der Schere ab.

Das Rückgrat freilegen. Mit einem kurzen, scharfen Messer den Rücken beiderseits des Rückenflossenansatzes der Länge nach tief einschneiden – direkt neben der Wirbelsäule und den daran befindlichen Gräten. Die gewölbten Bauchhöhlengräten dabei nicht durchtrennen.

Das Rückgrat entfernen. Zuerst den Schnitt über der Wölbung der Bauchgräten (Rippen) weiterführen, bis das ganze Skelett mit Knochen und Rippen freiliegt. Das Rückgrat hinter dem Kopf und vor dem Schwanz abschneiden und herausnehmen. Vorsicht, damit keine Eingeweide verletzt werden!

Den Fisch ausnehmen. Die jetzt freiliegenden Eingeweide werden vorsichtig herausgehoben und hinter dem Kopf abgeschnitten. Jetzt müssen noch die in den Filets verbliebenen kleinen Fischgräten entfernt werden. Das geht am besten mit einer Pinzette oder einer Grätenzange.

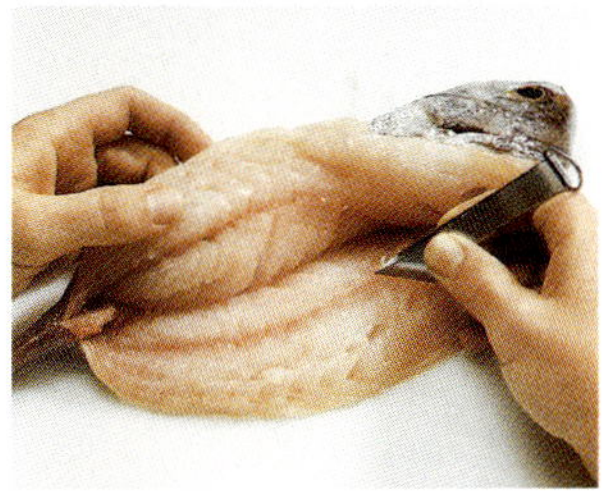

Den Fisch füllen. Die vorbereitete Füllung kann jetzt ganz einfach mit Hilfe eines Löffels in die Öffnung gestrichen werden. Damit der Fisch beim Garen seine Form behält und die Füllung nicht austritt, wird er mehrere Male in kurzen Abständen mit Fäden umwickelt, die man über dem Rücken verknotet.

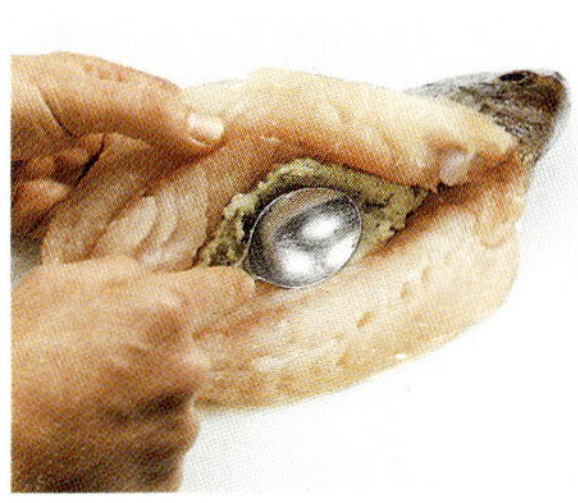

Einen Rundfisch zum Füllen vorbereiten: Durch den Rücken entgräten, ausnehmen und füllen

Wer einen Fisch füllen möchte, kauft ihn am besten ganz, also nicht ausgenommen. Dann kann man ihn durch den Rücken entgräten und ausnehmen. Zum Füllen ist das ideal, denn der Bauch bleibt geschlossen, und es entsteht eine schöne, große Öffnung, die viel Farce aufnehmen kann – viel mehr als die relativ kleine Bauchhöhle.

Hier wurde ein Graubarsch oder Pagre zubereitet. Seine eher rund-mollige Körperform bietet besonders viel Platz für eine reiche Füllung. Vor dem Entgräten muß man den Fisch natürlich schuppen und die Flossen abschneiden.

4 **Den Fisch sauber parieren.** Nachdem der Fisch ausgenommen wurde, die festen, knochigen Teile zwischen Bauch und Unterseite des Kopfes bis hinter die Kiemendeckel wegschneiden. Das geht am besten mit einer Schere. Jetzt den Fisch auf den Rücken legen und die Filets auseinanderklappen. An der innenliegenden Seite des Filets ein Sägemesser ganz flach unter die Gräten schieben und nach außen hin wegschneiden. Beim zweiten Filet ebenso verfahren. Verbliebene Gräten mit der Pinzette herauszupfen. Den Fisch wieder umdrehen.

Einen Rochenflügel filetieren

Nur kleine Rochen werden in der Regel im ganzen angeboten. Von größeren Exemplaren kommen – schon der hohen Frachtkosten wegen – nur die »Flügel«, das sind die stark vergrößerten Brustflossen, in den Handel. Sie sind ohnehin der größte eßbare Teil des Rochens mit dem gewichtigsten Fleischanteil. Sie haben keine Gräten, sondern ein knorpeliges Skelett.

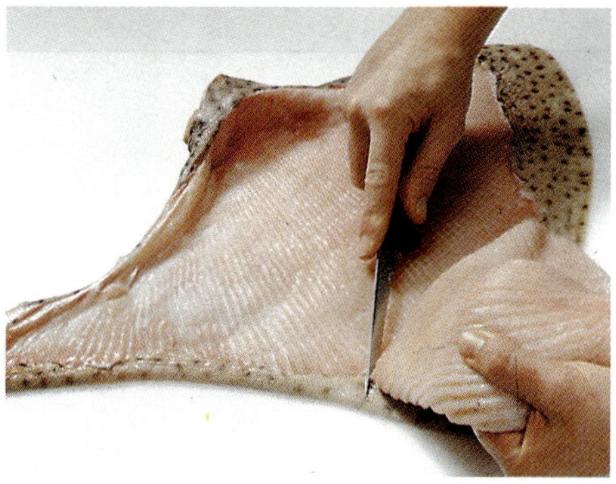

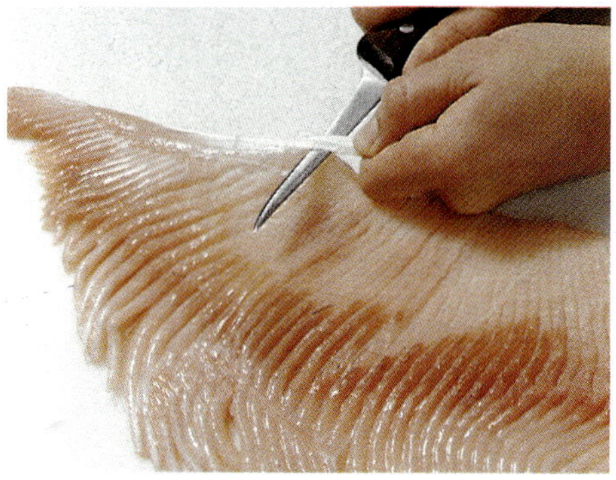

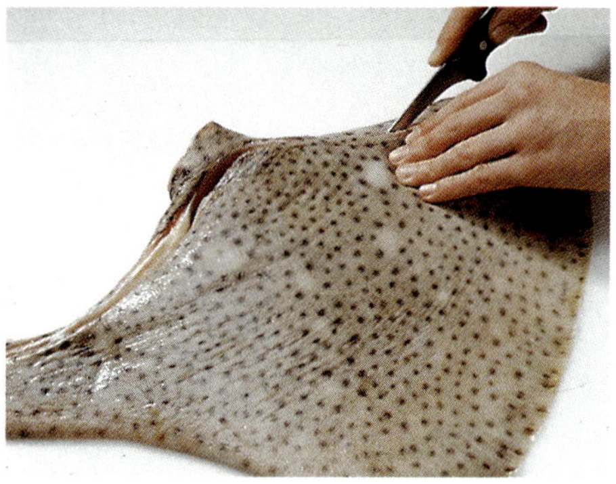

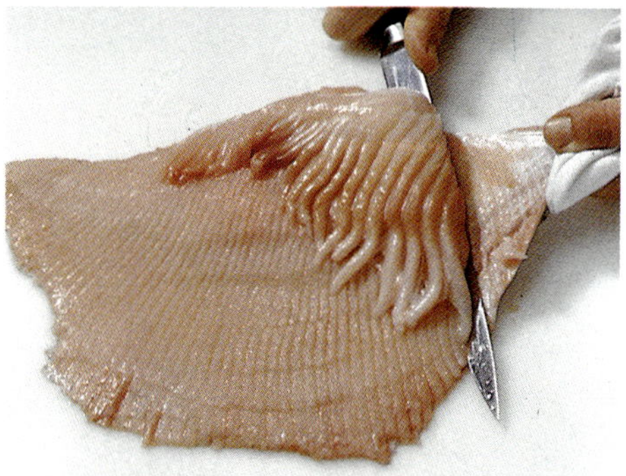

1 **Mit einem stabilen, spitzen Messer** die zähe, ledrige Haut und das Fleisch einschneiden, und zwar unmittelbar hinter der hohen, dicken Seite, wo der »Flügel« mit dem Körper verwachsen war. Nun das Filet mit einem scharfen Messer flach von dem knorpeligen Skelett lösen (Bild unten).

2 **Das Filet rundum lösen** bis zum knorpeligen Rand. Den Rochenflügel umdrehen und das untere, dünnere Filet genauso auslösen. **Zum Enthäuten** die Filets flach hinlegen, an einer Stelle die Haut etwas lösen und mit einem Tuch gut festhalten. Mit einem langen, biegsamen Messer das Filet von der Haut schneiden.

3 **Die Sehnen entfernen.** Sie befinden sich an der dicken Seite des Filets und müssen vor dem Zubereiten weggeschnitten werden. Deutlich ist nun die für das Fleisch der Rochenflügel charakteristische Struktur zu erkennen. Die einzelnen Muskelstränge werden von feinem Bindegewebe zusammengehalten.

Einen Rundfisch portionieren

Zuerst den Kopf abtrennen. Den Darm an der Afteröffnung lösen (wie bei der Forelle rechts) und mit den Eingeweiden vorn herausziehen. Mit einem kräftigen Messer Scheiben von 2,5 bis 3 cm Dicke schneiden, am Kopfende beginnend bis zum Ende der Bauchhöhle. Bis dahin werden die Scheiben korrekt als »Darnes« bezeichnet. Das Schwanzstück wird anderweitig verwendet. Die Nierenteile aus den »Darnes« lassen sich leicht entfernen.

Durch die Kiemen ausnehmen

Allgemein ist es üblich, einen Fisch durch die Bauchhöhle auszunehmen. Das ist einfach und in vielen Fällen auch praktisch. Will man aber einen ganzen Fisch mit einer aromatisierenden Füllung versehen, ist es in jedem Fall besser, wenn die Bauchhöhle geschlossen bleibt. Der Fisch wird dann am besten durch die Kiemen ausgenommen. Diese nicht sehr verbreitete Methode sollte viel öfter praktiziert werden. Eine so vorbereitete Lachsforelle beispielsweise, mit frischen Kräutern und einem Stück Butter gefüllt und auf dem Grill gegart, wird zu einem unvergleichlichen Genuß. Denn in der geschlossenen Bauchhöhle, aus der nichts entweichen kann, gehen die feinen Aromen von Fisch, Kräutern und Butter eine köstlich-duftende Verbindung ein. Die Geschmacksstoffe bleiben nicht nur voll erhalten, sondern werden intensiviert.
Will man so ausgenommene Fische allerdings mit einer Farce füllen, sollten es nur Portionsfische sein. Im ganzen serviert, tranchiert sie sich jeder bei Tisch selbst. Bei einem großen Fisch ergäben sich Probleme, denn der durch die Kiemen ausgenommene Fisch enthält ja noch alle Gräten, kann also nicht in saubere Portionen geteilt werden.
Empfehlenswert ist das Ausnehmen durch die Kiemen bei großen Fischen auch dann, wenn man vom Mittelstück Scheiben (Darnes) schneiden will, die – etwa für eine Füllung – an der Bauchseite noch geschlossen sind (siehe linke Seite unten).
Am Beispiel einer Regenbogenforelle wird in der nebenstehenden Bildfolge demonstriert, wie das Ausnehmen durch die Kiemen am besten gelingt.

1 **Den Darm lösen.** Mit einem spitzen, scharfen Messer den Darm am After rundum vom Muskelfleisch trennen. Dadurch wird verhindert, daß der Darm beim Herausziehen durch die Kiemenöffnung abreißt. Darauf achten, daß der Schnitt nicht zu groß gerät. Eine Lachsforelle wie diese muß vorher geschuppt werden.

2 **Die Kiemen freilegen.** Die Kiemendeckel wegklappen. Mit einer Schere die nun freiliegenden Kiemen zuerst am oberen Ende, wo sie festgewachsen sind, abschneiden. Bei den verschiedenen Fischarten unterscheiden sich die Kiemen kaum, und auch für Ungeübte gibt es bei dieser Prozedur keine Probleme.

3 **Die Kiemen vollständig entfernen.** Auch das untere Ende abschneiden und die Kiemen herausziehen. Auf dem Bild sind deutlich die roten, mit Blut durchflossenen Kiemenblättchen, die weißen Kiemenreusen und die knorpeligen Kiemenbögen, an denen beide befestigt sind, zu erkennen.

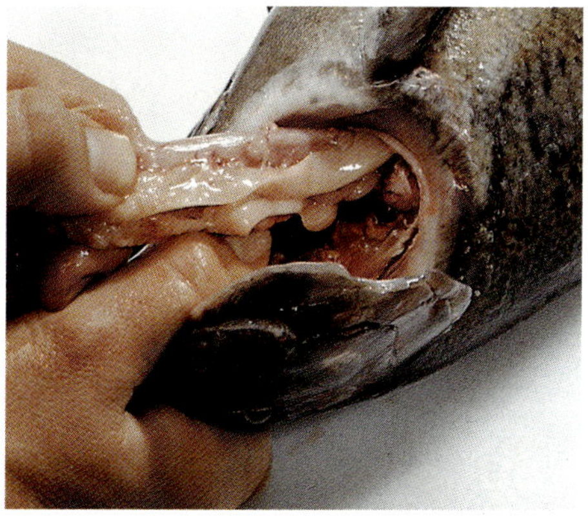

4 **Die Eingeweide herausziehen.** Mit Daumen und Zeigefinger in die Kiemenöffnung greifen. Den Schlund mit den daranhängenden Innereien packen und herausziehen, und zwar vorsichtig, damit der Darm nicht reißt. Durch leichtes Ziehen zunächst feststellen, ob der Darm am After vollständig gelöst wurde.

5 **Richtig ausgenommen.** Ganz ohne Risse und Verletzungen sollten die herausgezogenen Eingeweide aussehen. Sobald beim Herausziehen die Leber sichtbar wird, vorsichtig weiterarbeiten, damit die anhängende Galle nicht verletzt wird. Ihre Flüssigkeit kann das Fleisch ungenießbar machen.

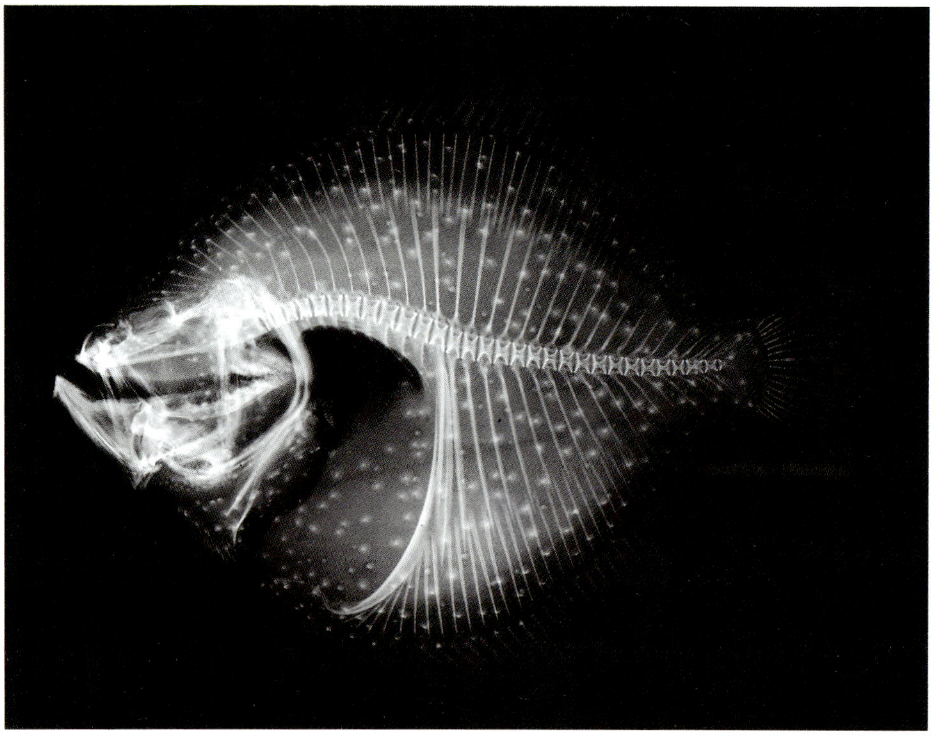

Das Steinbutt-Röntgenbild macht den beschriebenen Arbeitsgang anschaulich. Deutlich zu erkennen sind die Kopfkapsel, die Wirbelsäule (Mittelgräte) mit den Dornfortsätzen und den Rippen (Gräten) sowie die Flossenträger. Die hellen Punkte sind die steinartigen Verknöcherungen auf der dunklen, schuppenlosen Augenseite, die dem Steinbutt seinen Namen gegeben haben.

Einen Plattfisch filetieren – am Beispiel eines Steinbutts

Steinbutt und Seezunge – köstlich und kostbar, nämlich wohlschmeckend und hochpreisig zugleich – sind begehrte Delikatessen. Ihr edles, würziges Fleisch hat »Biß«, ist aber gleichzeitig zart und saftig. In der gehobenen Gastronomie spielen beide eine wichtige Rolle. Kleine Plattfische wie Seezunge, Rotzunge, Flunder und Scholle können sowohl im ganzen als auch filetiert zubereitet werden. Bei großen Exemplaren wie Steinbutt, Heilbutt und Glattbutt ist es meist unerläßlich, sie zu filetieren. In der nebenstehenden Bildfolge ist es ein Steinbutt. Genauso wird mit allen anderen Plattfischen – großen wie kleinen – verfahren. Nur: Kleine Fische werden erst gehäutet und dann filetiert, bei großen Fischen häutet man die ausgelösten Filets.

1 **Das Fleisch einschneiden.** Mit der farblosen, sogenannten Blindseite liegt der Steinbutt auf der Arbeitsfläche. Der erste Schnitt – mit einem spitzen, stabilen, scharfen Messer – setzt direkt über den Augen am Rand des Kopfes an, genau da, wo der Flossensaum beginnt, und führt am Kopf entlang zur Mitte. Auf der sichtbaren Seitenlinie, also direkt auf der Mittelgräte beziehungsweise der Wirbelsäule, wird er bis zum Schwanz weitergeführt. Der Schnitt durchtrennt Haut und Fleisch bis zum Knochen und teilt das Rücken- vom Bauchfilet.

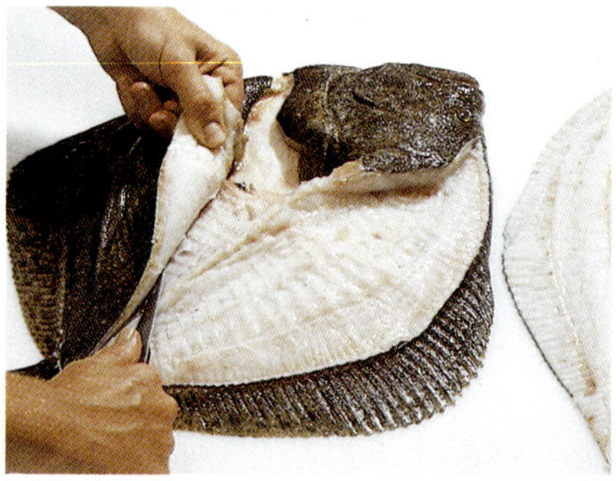

2 **Das obere Filet lösen.** Bevor man damit beginnt, müssen Haut und Fleisch entlang dem Flossensaum eingeschnitten werden, sonst läßt sich das Filet samt Haut nicht abheben. Dann hebt man an der Einschnittlinie in der Mitte mit der linken Hand zunächst das obere (Rücken-) Filet etwas an und führt mit der rechten Hand das Messer unter dem Fleisch ganz flach direkt auf den Gräten zum Rand, bis das ganze Filet abgelöst ist. Das Filet bei diesem Vorgang mit der linken Hand nach oben wegziehen und halten. Bei dem unteren Filet beginnt man genauso.

3 Die anderen Filets herausschneiden. Beim Lösen des unteren, über der Bauchhöhle liegenden Filets kann – wenn der Fisch in der entsprechenden Jahreszeit gefangen worden ist – ein Rogensack zum Vorschein kommen. Deshalb Vorsicht beim Schneiden; er sollte nicht verletzt werden. Den Fisch umdrehen und auf der Blindseite die Filets genauso wie auf der dunklen Seite herauslösen. Danach läßt sich auch der Rogensack leicht ganz herausziehen. Nicht wegwerfen – man kann daraus leckere Appetithappen zubereiten.

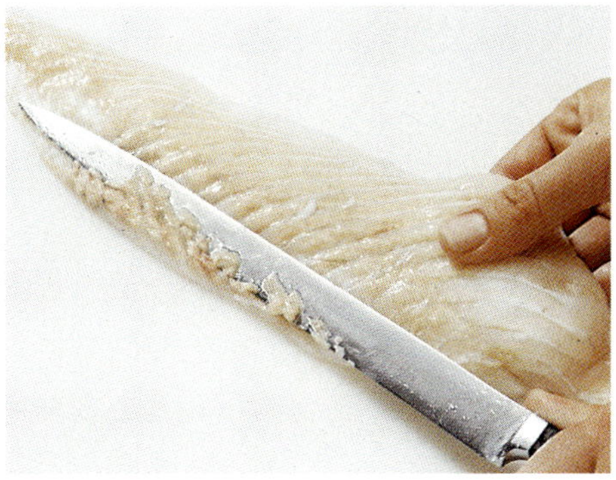

4 Die Filets parieren. Das Filet mit der Haut nach unten auf die Arbeitsfläche legen. Am hinteren Ende zwischen Haut und Fleisch einschneiden, jedoch so, daß die Haut nicht verletzt wird. Das freiliegende Hautende festhalten. Mit der anderen Hand das Messer ganz flach unter das Fleisch führen und das Filet vorsichtig von der Haut trennen, dabei die Messerklinge auf der Haut führen. Nun noch den fransigen Flossenrand und eventuell vorhandenes braunes Gewebe wegschneiden; es ist sehr fetthaltig und schmeckt streng.

Große Plattfische portionieren

Am Beispiel eines Glattbutts wird gezeigt, wie größere Plattfische in Portionsstücke beziehungsweise Tranchen geteilt werden. So ganz einfach, wie es zunächst aussieht, ist das nicht, denn die Mittelgräten großer Fische sind stark. Man muß also mit »Nachdruck« arbeiten und immer darauf achten, gleichmäßig dicke Scheiben zu schneiden. Das Fleisch am Kopf- und Schwanzende ist für Farcen gut geeignet.

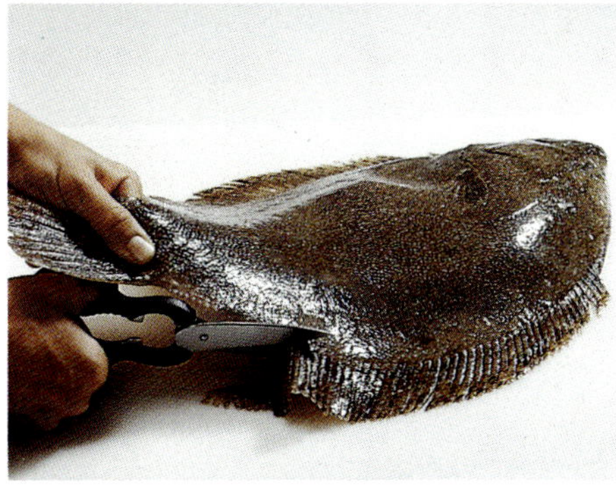
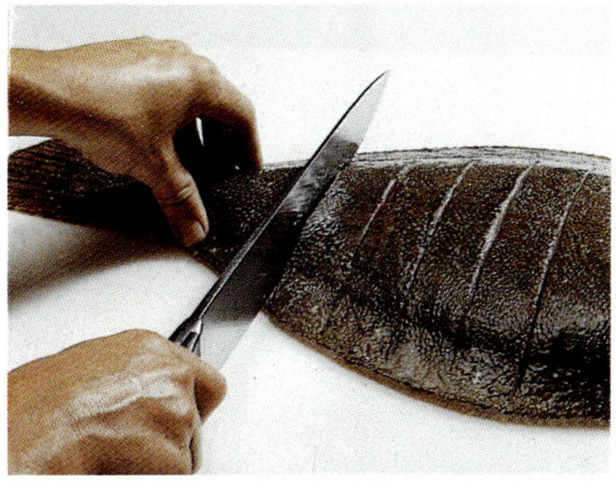

Den Glattbutt in Tranchen schneiden. Den ausgenommenen und geschuppten Fisch am Schwanz festhalten und mit einer Schere die Flossen abschneiden – wie immer in Richtung Kopf, also gegen den Strich. Den Fisch mit einem stabilen, scharfen Messer quer in gleichmäßig dicke Tranchen (Scheiben) schneiden. Da die Tranchen aus der Mitte des Butts sehr groß sind, werden sie noch einmal in der Mitte geteilt. Dazu die Tranche flach hinlegen, ein stabiles, großes Messer auf den Knochen setzen und die Scheibe mit kräftigen Druck halbieren.

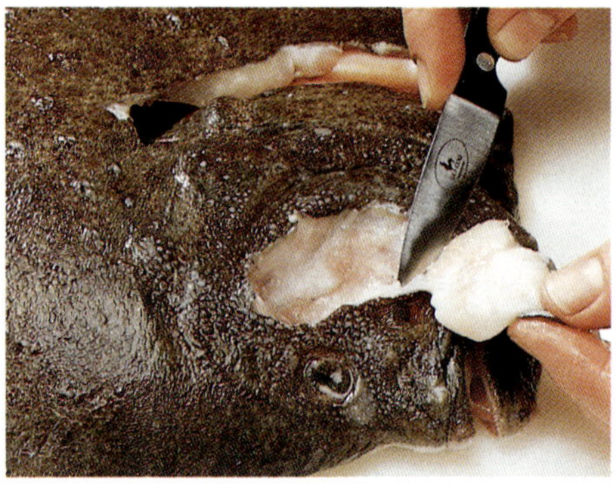

Die »weichen Bäckchen« lassen sich auf dem knochigen Kopf leicht ertasten. Mit einem kleinen Spitzmesser entlang dem Knochen, beginnend unter dem Auge, herausschneiden.

Die Bäckchen vom Steinbutt

Nicht bei allen Fischen, aber doch bei den meisten lohnt es sich, nach den Bäckchen zu forschen, die vor den Kiemendeckeln versteckt sind. Wohlvertraut sind uns die Bäckchen der Forelle, die dem gegarten Fisch leicht entnommen werden können. Beim rohen Fisch, wie hier beim Steinbutt, macht es schon etwas Mühe, sie herauszuschneiden. Man wird dafür aber mit einem ganz hervorragenden Stückchen Fisch entschädigt, das man dämpfen, pochieren oder ganz kurz in Butter braten kann. Übrigens eine ideale Vorspeise, so man genügend Bäckchen hat.

Einen Aal vorbereiten

Wenn es darum geht, einen Aal für Topf oder Pfanne vorzubereiten, ist es unbedingt erforderlich, die Haut abzuziehen, denn sie ist dick, glatt und ziemlich schleimig. Nur bei jungen Aalen und bei zum Räuchern bestimmten Exemplaren kann sie daranbleiben. Dann wiederum muß unbedingt der Schleim entfernt werden, und zwar sehr sorgfältig. Auf der Haut verbleibende Schleimreste sehen nämlich, vor allem nach dem Räuchern, grau und unansehnlich aus.
Frische Aale kommen fast immer lebend in den Handel und werden in Tanks gehältert. Hierzulande verkauft man sie unter der Bezeichnung »grüner Aal«. Wie man einen frischen Aal enthäutet und entschleimt, wird ausführlich in den Bildfolgen beschrieben.
Auf dieselbe Weise werden übrigens auch Neunaugen (Lamprete) vorbereitet, die mit dem Aal die dicke, schleimige Haut gemein haben.

Einen Aal entschleimen. Den gesamten Aal rundum mit grobkörnigem Meersalz einreiben, 2 bis 3 Minuten einwirken lassen und anschließend das Salz mit dem daranhaftenden Schleim gründlich abstreifen. Darauf achten, daß keine Schleimreste auf der Haut zurückbleiben. Den Aal gründlich unter fließendem Wasser abwaschen.
Die noch ziemlich verbreitete Methode des Entschleimens mit Salmiaklösung ist recht aggressiv und kann den Geschmack beeinträchtigen, wenn der Aal an einer Stelle verletzt ist oder gar schon ausgenommen wurde. Daher soll sie hier unberücksichtigt bleiben.

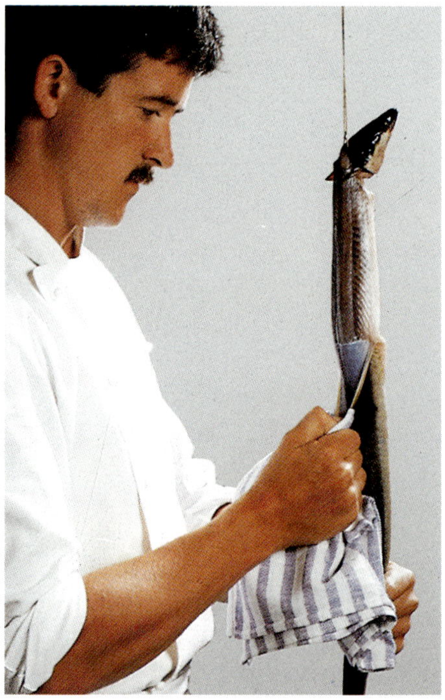

Auch so kann man einen Aal abziehen. Eine Methode, die ebenso gebräuchlich ist wie die in der Bildfolge rechts gezeigte. Hierbei wird die Haut hinter dem Kopf und den Brustflossen rundum eingeschnitten und vorsichtig etwas vom Fleisch gelöst. An der Einschnittstelle wird um den Aal ein kräftiger Bindfaden gebunden und gut verknotet. Am langen Ende der Schnur wird der Aal aufgehängt. Das kann an einem kräftigen Haken in der Wand sein oder aber einfach an einem Fenstergriff. Die an der Schnittstelle bereits etwas abgelöste Haut mit Hilfe eines Tuchs fest zwischen Zeigefinger und Daumen fassen und mit Kraft nach unten wegziehen. Mit der linken Hand dabei den Aal am Schwanz straff halten.

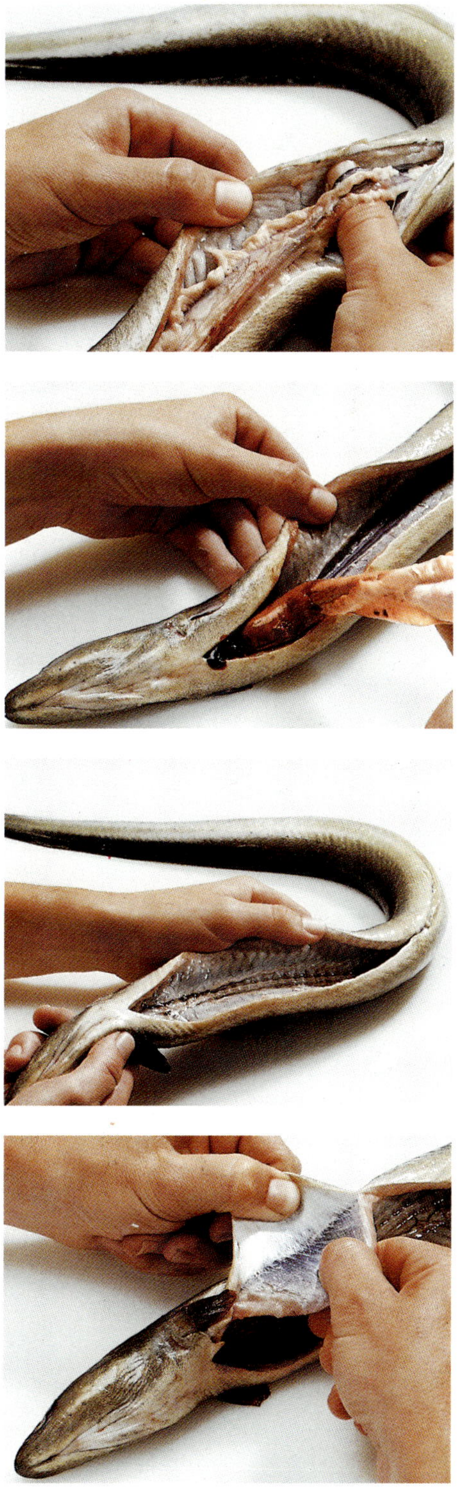

1 **Den Aal aufschneiden**. Mit dem Bauch nach oben in die linke Hand nehmen. Ein kurzes, spitzes Messer an der Afteröffnung einstechen und die Bauchdecke in Richtung Kopf aufschneiden. Das Messer möglichst flach führen, damit keine Eingeweide verletzt werden. Den Aal umdrehen und den Schnitt in Richtung Schwanz noch 4 bis 5 cm weiterführen. Beim Aal befindet sich hier der letzte Teil der Niere, die sogenannte Schwanzniere. Die Eingeweide (Herz, Leber, Darm) liegen jetzt frei.

2 **Den Aal ausnehmen**. Die Eingeweide mit dem Daumen vorsichtig lösen, zum Kopf hin herausziehen und direkt hinter den Kiemen abschneiden. Nun die unter der Bauchhaut direkt am Rückgrat liegende schlauchartige Niere entfernen. Dazu die Haut einritzen und unter fließendem Wasser, am besten mit dem Daumennagel, Haut und Niere herausschaben. Darauf achten, daß die Schwanzniere mitentfernt wird. Jetzt wird die Haut abgezogen. Zuerst ein Stück Haut seitlich hinter dem Kopf etwas lösen.

3 **Den Aal enthäuten**. Mit dem Daumen der rechten Hand an der gelösten Stelle unter die Haut fahren und bis zur anderen Seite lösen. So entsteht eine Schlaufe oder ein »Griff«, den man gut festhalten kann. Zuerst die Haut nach vorn über den Kopf wegziehen. Das jetzt lose Hautende mit Hilfe eines Tuchs festhalten und nach hinten über den Schwanz ganz abziehen. Haut und Fleisch sind fest genug – sie reißen nicht. Zum Schluß mit einer Schere die Flossen in Richtung Kopf, also gegen den Strich, abschneiden.

Fonds und Saucen

Edler Fisch, sanft und schonend auf den Punkt gegart, wäre ein unvollkommener Genuß ohne die harmonisch abgestimmte, feine Sauce. Hier im Bild, zum zart gedämpften Filet vom Loup de mer, ist es eine Sauce au vin blanc, mit Champagner abgeschmeckt und mit kostbarem Kaviar veredelt. Doch schon die pure Weißweinsauce ist ein Genuß. Sie ist die in der feinen Fischküche wichtigste Sauce überhaupt. Aber sie wäre nichts, wenn ihr die Basis fehlen würde, nämlich der feinwürzige Fischfond. So ist es auch mit den anderen Saucen, die in der modernen, leichten Fischküche ihren festen Platz haben. Ohne Fischfond keine Rotwein- oder Hummersauce, keine Beurre blanc. Eine Ausnahme macht da lediglich die Sauce hollandaise.

Würziger Fischfond ist zudem auch die unerläßliche Grundlage für Suppen; von der feinen Consommé bis zur rustikalen Fischsuppe – und im übrigen der ideale Pochierfond für zarte Fischfilets. Für weniger empfindliche Fischstücke und für ganze Fische ist das vorzugsweise eine Court-bouillon, je nach Fischart und Zubereitung mit Gemüse, Wein, Essig oder Milch und Zitrone zubereitet.

FISCHFOND

FUMET DE POISSON

Ob nun ein Fisch garziehen soll oder ob Fischsaucen und -suppen gekocht werden, in der Fischküche ist der Fond, das Fumet de poisson, unentbehrlich. Fischfond ist die unverzichtbare Ausgangsbasis für edle Kreationen. Im Grunde handelt es sich beim Zubereiten um einfache Arbeitsvorgänge. Doch sollte sich niemand täuschen: Nur wer sich die Mühe gibt, genau zu arbeiten, wird ein gutes Ergebnis erzielen. Das beginnt mit der Auswahl der Fischkarkassen: Nur magere weißfleischige Fische von äußerster Frische – wie zum Beispiel Steinbutt, Zander, Trüsche, Scholle, Glattbutt, Seezunge oder Petersfisch – sind gefragt. Das endet beim Weißwein, der vom Besten sein darf. Soll aber der Fond wirklich Klasse haben, muß auch darauf geachtet werden, daß Gemüse und Kräuter frisch und saftig und die Gewürze nicht zu alt sind.

Für 2 1/2 Liter
1 kg Fischkarkassen
60 g Butter
3 bis 4 Schalotten
80 g Lauch (nur das Weiße)
1/2 Fenchelknolle
100 g Petersilienwurzeln
80 g Stangensellerie
1/2 l trockener Weißwein
2 l kaltes Wasser
1 Lorbeerblatt
2 bis 3 Zweige Thymian
1/2 TL weiße Pfefferkörner

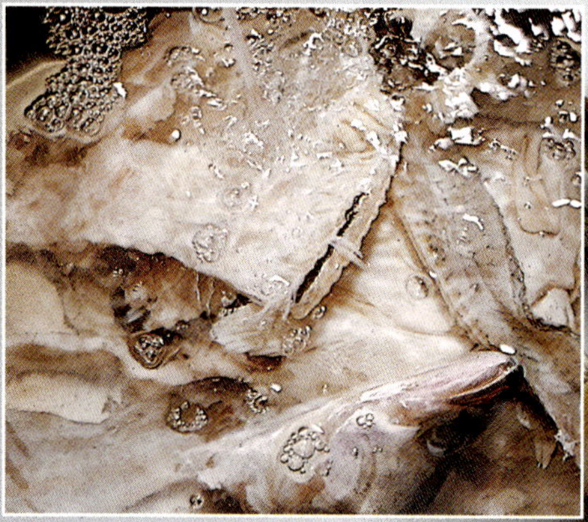

1 **Fischkarkassen (Gräten, Köpfe) vorbereiten.** Zuerst die Kiemen aus den Köpfen entfernen; sie würden den Fond bitter machen. Die Karkassen grob zerkleinern, in einer Schüssel unter fließendem Wasser etwa 20 Minuten gründlich ausspülen, bis das Wasser glasklar und frei von Trübstoffen ist.

2 **In Butter andünsten.** Die Karkassen sorgfältig in einem Sieb abtropfen lassen. Die Butter in einem weiten Topf zerlassen und die Karkassen darin langsam und unter Wenden in 3 bis 4 Minuten anziehen lassen, ohne daß sie Farbe annehmen. So entwickeln sich die Geschmacks- und Aromastoffe.

3 **Das Gemüse zugeben.** Es wird vorher geputzt und in gleichmäßig kleine Stücke geschnitten, die Schalotten werden fein gewürfelt. Hier wurde bewußt auf Möhren verzichtet, um den Fond möglichst hell zu halten. Ihre geschmackliche Aufgabe übernehmen die fast weißen Petersilienwurzeln.

4 **Den Weißwein angießen.** Es empfiehlt sich, einen trockenen, recht jungen, spritzigen Wein zu verwenden, der noch genug Säure hat und einen klaren, aber nicht zu ausgeprägten Geschmack. Den Wein angießen, sobald die Gemüsemischung köchelt. Ein mild-aromatischer Fond entsteht.

5 **Mit kaltem Wasser aufgießen.** Ob Wein oder Wasser, beides muß beim Zugießen kalt sein. Wird nämlich die Flüssigkeit langsam warm, werden Geschmacks- und Aromastoffe besser aufgeschlossen. Denn beim Fond kommt es darauf an, daß sie in die Flüssigkeit abgegeben werden.

6 **Die Gewürze zugeben.** Hier sind es nur 1 Lorbeerblatt, 2 oder 3 Zweige Thymian und einige weiße Pfefferkörner. Doch mehr an zusätzlicher Würze ist nicht nötig, denn die Aromaten sollen den Fond nur abrunden, sie dürfen auf gar keinen Fall alles überdecken und vorschmecken.

7 **Mit der Schaumkelle abschäumen.** Zuvor wird die Brühe aufgekocht. Dabei bindet geronnenes Eiweiß Trübstoffe und Schwebepartikel und steigt als grauweißer Schaum an die Oberfläche. Dieser Schaum muß während des Kochens mehrmals abgeschöpft werden, damit der Fond klar bleibt.

8 **Die Brühe abseihen.** Nach 20 bis 30 Minuten leisen Köchelns ist der Fond fertig. Nicht länger kochen lassen, sonst wird er leimig. Ein Spitzsieb in einen Topf hängen, mit einem Passiertuch auslegen und den Fond hineinschöpfen. Gut ablaufen lassen, die im Sieb bleibenden festen Teile aber nicht ausdrücken.

Fischfond auf Vorrat

Nicht immer sind in der Fischküche Karkassen zur Hand, um den unentbehrlichen Fond jedesmal frisch kochen zu können, zumal der Fischhändler nur an bestimmten Tagen wirkliche Frische bieten kann. Wer diese Tage herausfindet, kann sich Karkassen von fangfrischen Fischen besorgen – für einen Fischfond auf Vorrat, denn er läßt sich hervorragend einfrieren. Fischfond kann man zwar auch einige Tage – sorgsam abgedeckt – im Kühlschrank aufbewahren. Sicherer aber ist das Gefriergerät. Darin bleibt er absolut frisch und hält sich, ohne Qualität einzubüßen, bis zu drei Monate (bei längerer Lagerung kann sich der Geschmack unangenehm verändern).

Zwei Einfriermethoden sind praktisch:

1. Man legt rechteckige Gefrierdosen mit Gefrierbeuteln aus und füllt sie mit dem abgekühlten Fond, schließt die Beutel und friert sie in den Dosen ein. Danach nimmt man die Beutel heraus und lagert sie im Gefriergerät. Die »Quader« lassen sich gut stapeln, und die Dosen sind für anderweitigen Gebrauch frei. Nimmt man Dosen von 1/2 Liter Inhalt, entspricht der gefrorene Beutelinhalt (400 ml) genau der Menge, die für die Sauce au vin blanc (Rezept Seite 142), eine der wichtigsten Saucen der Fischküche, benötigt wird. Es empfiehlt sich aber, auch einen Vorrat in Dosen von 1/4 Liter Inhalt einzufrieren, denn bei vielen Rezepten sind kleinere Mengen Fischfond gefragt.

2. Man reduziert den Fischfond zunächst, indem man ihn auf etwa 1/4 der ursprünglichen Menge einkocht. Diese sogenannte »Glace de poisson« füllt man in Eiswürfelschalen, friert sie – abgedeckt – ein, löst die Würfel heraus und lagert sie, möglichst einzeln verpackt, im Gefriergerät. Mit den konzentrierten Würfeln kann man hervorragend Saucen abschmecken oder zubereiten und dünne Brühen verbessern.

Gefrierbeutel, die während des Einfrierens in rechteckige Gefrierdosen gestellt werden, sind ideal zum Einfrieren größerer Mengen Fischfond. Die »Quader« lassen sich im Gefriergerät gut stapeln.

Eiswürfelschalen mit ausreichend großen Flächen nehmen kleine Portionen von reduziertem Fond auf. Die konzentrierten Würfel sind ideal zum Nachwürzen.

Geliert, schön hell und transparent, so muß ein korrekt gekochter Fischfond nach dem Erkalten aussehen. Er läßt sich einige Tage im Kühlschrank aufbewahren oder auch einfrieren.

1 Die Zutaten nacheinander in den Topf geben. Zuerst die Schalottenscheibchen, darauf den Weißwein gießen. Den Noilly Prat angießen und die Mischung zum Kochen bringen. Sobald sie aufkocht, kommt der Fischfond dazu. Die gesamte Flüssigkeit wird bei mittlerer Hitze auf 1/3 reduziert. Die Sahne, für die feine, samtige Konsistenz sorgend, wird hinzugefügt und alles vorsichtig aufgekocht. Dabei muß häufig umgerührt und die Hitzezufuhr möglichst niedrig gehalten werden.

2 Auf die richtige Konsistenz einkochen. So lange kochen, bis die Sauce sämig ist und die gewünschte Konsistenz hat. Vorsicht dabei – Sahne kocht leicht über! Die störenden Schalottenstücke werden entfernt, indem man die Sauce durch ein feines Sieb passiert. Jetzt wird noch die in Stücke geteilte Butter eingerührt und die Sauce mit dem Stabmixer sorgfältig aufgemixt – sie wird so »luftiger«. Zum Schluß vorsichtig mit Salz, Cayennepfeffer und Zitronensaft abschmecken.

Auf Vorrat gekochte Weißweinsauce hält sich im Kühlschrank 2 bis 3 Tage, ohne daß sie an Geschmack einbüßt. Beim Lagern kann sich der gelierte Fischfond zwar am Boden absetzen, doch beim erneuten Erhitzen verbindet sich alles wieder zur feinen Sauce. 1 Eßlöffel steifgeschlagene Sahne, zum Schluß unter die erhitzte Sauce gezogen, verleiht ihr mit Sicherheit wieder sämig-luftige Leichtigkeit.

WEISSWEINSAUCE

SAUCE AU VIN BLANC

Die klassische Sauce au vin blanc ist die in der Fischküche wichtigste Sauce überhaupt. Mit ihrem mildwürzigen, feinen Aroma paßt sie ideal zum zarten Fischfleisch. Zudem ist sie sehr verwandlungsfähig. Durch Zugabe von beispielsweise Garnelen- oder Krebsbutter oder von Kräutern kann man ihr verschiedene Geschmacksrichtungen geben. Die Basis der Weißweinsauce ist der Fischfond. Ein guter Wermut, am besten Noilly Prat, und Weißwein verleihen ihr das feine Aroma, Sahne und Butter die zarte Konsistenz.

Für etwa 1/4 Liter
1 Schalotte
100 ml trockener, spritziger Weißwein
2 EL Noilly Prat
400 ml Fischfond (Rezept Seite 140)
1/4 l Sahne
20 g eiskalte Butter
Salz, Cayennepfeffer
einige Tropfen Zitronensaft

Die geschälte Schalotte in feine Scheibchen schneiden. Das Zwiebelaroma wird mild und delikat, wenn man die Scheibchen kurz unter fließendem Wasser abspült. Wie es weitergeht, zeigt die nebenstehende Bildfolge.

Das ist noch wichtig: Der verwendete Wein sollte nur von allerbester Qualität sein – am besten der gleiche, der auch zum Essen serviert wird.

HUMMERSAUCE

SAUCE DE HOMARD

Auch die Hummersauce ist eine klassische Begleitung zu feinen Fischgerichten. Sie paßt, wie die Weißweinsauce, zu allen gedünsteten, gedämpften, pochierten oder braisierten Fischen. Wegen ihres ausgeprägten Eigengeschmacks ist sie zwar nicht so vielseitig zu variieren. Doch gerade der charakteristische, fast ein bißchen nußartige Röstgeschmack verleiht feinen Fischgerichten eine überaus edle Würze.

Für etwa 200 Milliliter
Karkassen von 2 gekochten Hummern
1 EL Olivenöl, 30 g Butter
2 Schalotten, 80 g Möhren
10 g Knollensellerie
1 Knoblauchzehe, ungeschält
2 EL Cognac oder Weinbrand
1 EL Tomatenmark
1 Stengel Petersilie
je 1 Zweig Thymian und Estragon
1 Messerspitze Kümmelsamen
5 EL Weißwein, 150 ml Wasser
150 ml Fischfond (Rezept Seite 140)
150 g Crème fraîche
Salz, eventuell frisch gemahlener Pfeffer

Von den Hummerkarkassen müssen Gewebe- und weißgelbliche Chininteile sorgfältig entfernt werden. Auch das nicht zu grobe Zerkleinern ist wichtig. Die Karkassenstücke in dem heißen Olivenöl kräftig anbraten, bis sich am Boden ein hellbrauner Satz bildet und die Stücke trocken knistern. So entwickeln sie Aroma.

So wird die Hummersauce zubereitet. Jeweils von links nach rechts: Die Butter zu den angerösteten Karkassenstücken geben. Darauf das kleingeschnittene Gemüse und die mit der Schale zerdrückte Knoblauchzehe, sanft anbraten und mit Cognac oder Weinbrand ablöschen • Das Tomatenmark unterrühren, Kräuter und Kümmel zufügen, mit dem Weißwein ablöschen. Das Ganze mit Wasser und Fischfond auffüllen, aufkochen und 20 Minuten bei geringer Hitze köcheln lassen • Crème fraîche unterrühren und 2 bis 3 Minuten durchköcheln lassen. Alles durch ein feines Sieb passieren, die zurückbleibenden Karkassenstücke gut ausdrücken. Die Sauce mit dem Stabmixer aufschlagen, das gibt ihr die schaumig-cremige Konsistenz. Zum Schluß mit Salz abschmecken. Pfeffer ist meist nicht nötig, da die Hummerschalen bereits ein leicht pfeffriges Aroma vermitteln.

Filet vom St. Pierre, zart gedünstet, und luftig-cremige, würzige Hummersauce sind eine delikate Kombination.

WEISSE BUTTERSAUCE

SAUCE BEURRE BLANC

Wer Beurre blanc sagt, weiß, wovon er spricht – von einer Sauce, die raffiniert einfache Gerichte zum vollendeten Genuß macht. Ihre Konsistenz und samtige Fülle verdankt sie dem reichlichen Anteil an frischer Butter mit dem feinen Eigengeschmack, der andere Aromen aufzunehmen vermag. Diese Sauce läßt sich geschmacklich fabelhaft variieren. Ideal sind frische Kräuter wie Sauerampfer, Schnittlauch, Basilikum, aber auch Knoblauch, Rosmarin oder Thymian.

Für etwa 200 Milliliter
2 Schalotten, fein gewürfelt
150 ml trockener Weißwein
100 ml Fischfond (Rezept Seite 140)
2 EL feinster Essig
160 g eiskalte Butter in Scheiben
einige Tropfen Essig, Salz, Pfeffer
1 EL steifgeschlagene Sahne

3 **Die Sahne unterziehen.** Die Sauce mit einigen Tropfen Essig, Salz und Pfeffer abschmecken und mit dem Stabmixer aufschlagen. Zum Schluß die geschlagene Sahne unterziehen; sie macht die Sauce noch stabiler.

1 **Weißwein, Fischfond und Essig angießen.** Zuvor die Schalottenwürfel in den Topf füllen. Der zugegossene trockene Weißwein, der aromatische Fischfond und der Essig gehen mit dem Schalottenaroma eine würzige Verbindung ein, die der Sauce die Geschmacksgrundlage gibt. Die braucht sie zur späteren Vollendung. Man läßt die Mischung bei relativ starker Hitze rasch aufkochen und reduziert die Flüssigkeit, und zwar so stark, daß nur noch 4 Eßlöffel davon übrig bleiben.

2 **Die Butter einmontieren.** Zunächst läßt man die Reduktion durch ein Sieb in eine Kasserolle ablaufen, damit die Schalottenwürfel zurückbleiben. Die Reduktion wieder erhitzen und die eiskalten Butterscheiben nacheinander mit dem Schneebesen einrühren. So lange rühren, bis die Butter geschmolzen und eine homogene Verbindung mit der Reduktion eingegangen ist. Nicht mehr kochen lassen!

ROTE BUTTERSAUCE

SAUCE BEURRE ROUGE

Butter gehört natürlich in jedem Fall in die Sauce beurre rouge. Aber sie kann auf zweierlei Weise in die Reduktion gelangen: einmal pur und feinaromatisch, wie sie von Natur aus ist, oder aber in Form einer exzellenten Sauce hollandaise, und zwar in gleicher Menge wie die Butter. Beides macht die Beurre rouge vorzüglich, doch Kenner sagen: Mit der Hollandaise ist sie eine Offenbarung!

Im nachfolgenden Rezept ist der Möhrenanteil relativ groß. Und dies aus gutem Grund, denn der Zuckergehalt der Wurzeln mildert den Einfluß der im Rotwein enthaltenen Gerbsäure. Im übrigen sollte man sehr genau darauf achten, daß der Fond nicht länger als 25 Minuten simmert. Andernfalls kochen die Gräten zu sehr aus, und der Fond wird leimig.

Für etwa 150 Milliliter
20 g Butter
50 g Möhren, 30 g Schalotten
30 g Lauch
30 g Petersilienwurzel
10 g Fenchelknolle
1/4 Lorbeerblatt
350 g Gräten von Magerfischen
400 ml nicht zu herber Rotwein
400 ml Wasser
1 Zweig Thymian
120 g eiskalte Butter

1 **Das Gemüse anziehen lassen.** Die Butter in einem Topf erhitzen. Das Gemüse, in Scheiben geschnitten, und das Lorbeerblatt darin anziehen lassen. Die gut gewässerten Gräten (unter dem fließenden Kaltwasserhahn) dazugeben und ebenfalls anziehen lassen. Dabei bildet sich Flüssigkeit, die vollkommen eingekocht werden muß. Gemüse und Gräten müssen also zu braten beginnen; Farbe dürfen sie jedoch nicht annehmen.

2 **Mit dem Rotwein ablöschen.** Das Wasser zugießen, alles aufkochen und mit einer Schöpfkelle häufig abschäumen. Die Hitze reduzieren und den Fond etwa 25 Minuten simmern lassen, auf keinen Fall länger! Durch ein feines Sieb in eine Kasserolle ablaufen lassen. Den Thymianzweig einlegen und den Fond auf etwa 100 ml reduzieren. Thymian wieder entfernen und die in Scheiben geschnittene Butter mit dem Schneebesen einrühren. Nicht aufmixen! Die Sauce verliert sonst ihre appetitliche Farbe.

1 **Tintenfisch-Gemüse-Mischung anbraten.** Die gut durchgezogene Mischung aus dem Kühlschrank nehmen und in einem Sieb gut abtropfen lassen. Das Öl in einem Topf erhitzen und die Mischung kräftig darin anbraten. Dabei bildet sich schnell eine ganze Menge Flüssigkeit, die bei starker Hitze eingekocht wird, bis die Stücke wieder braten. Bei niedriger Hitze leicht bräunen lassen. Mit dem restlichen Rotwein ablöschen und noch etwas reduzieren. Den Fischfond einrühren und bei geringer Hitze langsam zum Kochen bringen.

2 **Die Sauce vollenden.** Die Saucenmischung muß noch etwa 25 bis 30 Minuten köcheln. Zwischendurch den sich auf der Oberfläche bildenden Schaum mit einer Schaumkelle immer wieder abschöpfen. Nun die dunkle rotbraune Sauce von den Gemüse- und Tintenfischstücken trennen, in dem man sie durch ein feines Sieb in eine Kasserolle ablaufen läßt. Die kalte Butter in Stücke schneiden, zugeben und mit dem Schneebesen gut einmontieren. Vorsichtig mit Salz und Pfeffer abschmecken – fertig ist die Sauce de seiche au vin rouge.

ROTWEIN-TINTENFISCH-SAUCE

SAUCE DE SEICHE AU VIN ROUGE

Eine delikate Sauce, mit dem eigenwilligen Aroma der Tintenfische. Das können Kalmare oder die kleinen Kraken *(Octopus vulgaris)* sein. Am besten schmeckt die Sauce aber, wenn sie mit Sepien zubereitet wird.

Für etwa 200 Milliliter

250 g Tintenfische
je 30 g Möhren- und Schalottenwürfel
30 g Lauch, grob geschnitten
1/4 Lorbeerblatt
1 Zweig Thymian
400 ml Rotwein
2 EL Öl
150 ml Fischfond (Rezept Seite 140)
40 g kalte Butter
Salz, frisch gemahlener Pfeffer

Zuerst den Tintensack aus den Tintenfischen entfernen. Die Tintenfische sorgfältig auswaschen und in Stücke schneiden. Zusammen mit dem Gemüse, dem Lorbeerblatt und dem Thymian in eine Schüssel füllen, vermischen und mit 150 ml Rotwein übergießen. Die Mischung abgedeckt im Kühlschrank mindestens 4 Stunden, am besten über Nacht, durchziehen lassen. Weiterverfahren, wie in der Bildfolge beschrieben.

Die kräftige Sauce eignet sich vor allem für geschmacksintensive Fische, zum Beispiel für gegrillte Rotbarben wie in dem Rezeptbeispiel oben. Dazu 4 ausgenommene Rotbarben von je 350 g durch den Rücken entgräten (siehe Seite 130). Mit Öl einstreichen, salzen, pfeffern und auf geölter Alufolie unter dem Grill in 4 bis 5 Minuten garen. Die Sauce de seiche au vin rouge separat dazu servieren.

SEEIGELCREME

CRÈME D'OURSIN

Die feincremige Sauce mit ihrem ausgeprägten Seeigelaroma ist ein hervorragender Begleiter zu pochierten oder gedämpften Edelfischen wie Seezunge, Steinbutt oder Petersfisch. Sie paßt auch sehr gut zu feinen Klößchen, Timbales oder Soufflés.

Für etwa 200 Milliliter
4 frische Seeigel
10 g Butter, 1 Schalotte, fein gewürfelt
150 ml Weißwein oder Champagner
1/4 l Fischfond (Rezept Seite 140)
2 Eigelbe
2 EL Crème fraîche
Salz, frisch gemahlener Pfeffer

Die Seeigel aufschneiden, wie in der Bildfolge beschrieben. Der aufgefangene Seeigelsaft und die vom Fachmann als Zungen bezeichneten Gonaden (Keimdrüsen) geben der Sauce das besondere Aroma.
Auch die Sauce nach der Bildfolge zubereiten. Die legierte Sauce darf auf keinen Fall mehr kochen, damit das Eigelb nicht gerinnt. Beim vorsichtigen Erhitzen darum ständig aufschlagen. Abschmecken und erst kurz vor dem Servieren die Seeigelzungen unterheben.

1 **Die Seeigel öffnen.** Mit einem Tuch in die linke Hand nehmen, die flache Unterseite nach oben. Mit der Schere ein kreisrundes Stück ausschneiden, herausziehen und – mit den anhängenden Innereien und Eßwerkzeugen – wegwerfen. Den Saft durch ein Sieb in eine Schüssel abgießen. Die sogenannten Zungen vorsichtig mit einem Löffel herausheben.

2 **Die Sauce zubereiten.** Die Butter in einer Kasserolle erhitzen und die Schalottenwürfel darin anziehen lassen. Den Wein oder Champagner zugießen und auf die Hälfte reduzieren. Den Fischfond und den Seeigelsaft angießen, wieder auf die Hälfte reduzieren. Die mit den Eigelben glattgerührte Crème fraîche unter Rühren in die warme Reduktion mischen, mit Salz und Pfeffer abschmecken. Die legierte Sauce durch ein Sieb passieren und mit dem Stabmixer aufschlagen. Unmittelbar vor dem Servieren die Seeigelzungen in die Sauce geben.

Eine Hollandaise fachgerecht zubereiten. Jeweils von links nach rechts: Zutaten und Geräte bereitstellen. Alle Zutaten für die Reduktion in eine Kasserolle füllen, aufkochen und auf 1/4 reduzieren • Für das Wasserbad einen Topf zu 1/4 mit Wasser füllen, ein Förmchen hineinstellen, auf dem die Schüssel stehen kann, die so vor direkter Hitze geschützt ist. Die Reduktion durch ein feines Sieb in eine Schüssel gießen und diese ins Wasserbad stellen. Sofort die Eigelbe zugeben • Mit dem Schneebesen aufschlagen, bis die Creme die Konsistenz einer gut angeschlagenen Sahne hat. Die Schüssel dabei häufig drehen, damit die Sauce nicht ausflockt. Die Schüssel aus dem Wasserbad nehmen und auf ein feuchtes Tuch stellen. Die Creme leicht abkühlen lassen, dabei ständig schlagen. Die flüssige Butter erst tropfenweise, dann in dünnem Strahl einrühren. Abschmecken.

SAUCE HOLLANDAISE

Kaum eine andere Sauce hat einen so überragenden internationalen Ruf wie die Hollandaise. Kaum eine ist so beliebt, aber auch kaum eine von so natürlicher Schlichtheit und gleichzeitig vorzüglichem Geschmack. Sie ist der ideale Partner für zartaromatische Speisen, wie zum Beispiel pochierten Fisch. Wegen ihres äußerst hohen Anteils an Butter entspricht die Hollandaise zwar nicht unbedingt den Grundsätzen der modernen Ernährungslehre, ihr Wohlgeschmack aber ist unbestritten.

Für 4 bis 6 Portionen
Für die Reduktion:
1 Schalotte, fein gewürfelt
1 Stengel Petersilie, 1 Zweig Estragon
1/4 Lorbeerblatt
4 bis 5 weiße Pfefferkörner, zerdrückt
2 EL Essig, 2 EL Wasser
8 EL Weißwein
Außerdem:
3 Eigelbe
180 g Butter, zerlassen
Salz, Cayennepfeffer, Zitronensaft

Alle Zutaten vorher bereitstellen, denn während der Zubereitung ist keine Zeit mehr, vom Herd wegzugehen.
Die Basis der Sauce ist die Reduktion. Die Zutaten dafür werden in einer Kasserolle aufgekocht und die Flüssigkeit auf 1/4 reduziert. Die fertige Reduktion wird durch ein feines Sieb in eine Schüssel gegossen.
Die Butter für die Bindung sollte man zur gleichen Zeit zerlassen und so lange bei sanfter Hitze köcheln lassen, bis sich die Molke absetzt, größtenteils verdampft ist und hellbraune »Grieben« entstanden sind. Wenn sie zum Schluß eingerührt wird, muß die Butter die gleiche Temperatur wie die Eigelbcreme haben.
Die fertige Sauce wird mit Salz, Cayennepfeffer und einigen Tropfen Zitronensaft abgeschmeckt.

Aromatische Fonds zum Garen: Courts-bouillons

Puristen und elitäre Feinschmecker, die in den Gourmet-Tempeln dieser Welt zu Hause sind, könnten in einen grundsätzlichen Streit darüber geraten, ob nun pures Meerwasser oder ein Fumet de poisson beim Pochieren dem zarten Aroma des Fisches am meisten entgegenkommt. Das wird jedoch nicht zu klären sein, weil beide Gruppen immer ihre Methoden bis aufs Fischmesser verteidigen werden. Uns geht es deshalb hier nur darum aufzuzeigen, welche Pochierflüssigkeiten generell für Fische geeignet sind. Da mag jeder durch Probieren entscheiden, was er bevorzugt – Meerwasser, Court-bouillon oder Fischfond.
Was das Meerwasser angeht, so entspricht die darin enthaltene Salzmenge perfekt der Salzdosis, die der Fisch als Würze braucht. Die Schwierigkeit ist nur, an hygienisch einwandfreies Meerwasser zu kommen und auch noch sicher zu sein, daß es von keinem Umweltgift getrübt ist. Die Franzosen haben es da gut. In und um Paris können sie bretonisches Meerwasser in Supermärkten kaufen. Anderswo muß man sich mit normalem Trinkwasser behelfen, das mit echtem Meersalz gesalzen wird.
Nun kann man ein übriges tun und diesen Fond mit ausgewählten Gemüsesorten anreichern, ihn damit abrunden und geschmacklich an begleitende Speisen anpassen. Das Gemüse muß jedoch von der Menge her genau aufeinander abgestimmt sein, damit keine Sorte als Solist hervortritt. So entsteht ein guter Gemüsefond, der landläufig als Court-bouillon bezeichnet wird.
Fischen von kräftigerem Geschmack tut oft noch ein Schuß feiner Weinessig gut, dessen zurückhaltende Säure zum Beispiel dem eher deftigen Karpfen einen Hauch von Eleganz geben kann. Beim Blaukochen verstärkt Essig außerdem die Farbintensität. Allerdings muß er bei Forellen, besonders bei Zuchtforellen, vorsichtig dosiert werden, weil ihr zartes Aroma von der Säure leicht übertönt werden kann.
Wer nun aber ganze Filets oder Filetstücke pochieren möchte, sollte das in gesättigter Garflüssigkeit tun, nämlich im Fischfond (Rezept Seite 140), so daß dem Fisch keinerlei Geschmacksstoffe entzogen werden. Die drei wichtigsten Courts-bouillons in der Fischküche sollen hier vorgestellt werden.

NR. 1: COURT-BOUILLON MIT GEMÜSE

1 mittelgroße Möhre, 1 Stange Lauch
1 Schalotte, 1 Petersilienwurzel
3 l Wasser, 50 g Salz
1 Stengel Petersilie
2 Zweige Thymian
1 Lorbeerblatt, 2 Wacholderbeeren
15 weiße Pfefferkörner

Das geputzte Gemüse klein schneiden und in einen großen, flachen Fischkessel füllen. Das Wasser zugießen. Salz, Petersilie, Thymian, Lorbeerblatt und Wacholderbeeren zufügen und alles eine gute halbe Stunde kochen lassen. Zum Schluß die angedrückten Pfefferkörner einstreuen; zu lange mitgekocht, würde die Brühe bitter.
Diesem Gemüsefond können Sie durch die Zugabe von Weißwein eine besondere Geschmacksnuance geben.

NR. 2: FOND ZUM BLAUKOCHEN

Zutaten wie beim Gemüsefond
zusätzlich 100 ml feiner Weinessig

Genauso wie den Gemüsefond, jedoch mit Zugabe von Weinessig zubereiten.
Ob Forellen oder Karpfen, also Fische, deren Haut von glasklarem Schleim überzogen ist, sie färben sich zwar auch im Gemüsefond blau, werden aber durch die Zugabe von etwas Essig wesentlich farbintensiver.
Je frischer die Fische sind, um so schöner wird ihre Farbe. Wichtig beim Blaukochen ist auch, daß die Haut der Fische nicht verletzt wird. Man faßt sie deshalb so wenig wie möglich an, beläßt aus diesem Grund auch die Kiemen und nimmt die Fische nur vorsichtig aus.

Nur die Zugabe von Weinessig unterscheidet den Fond zum Blaukochen vom Gemüsefond. Feiner Weinessig gibt gerade den nicht so edlen Fischen eine interessante Note. Außerdem verfärbt sich die den Fischen anhaftende Schleimschicht dadurch intensiv blau und macht sie so besonders appetitlich.

Milch und Zitronenscheiben kommen in den Pochierfond, der zum Garziehen von Fischkoteletts oder -tranchen bestimmt ist. Beide Zutaten halten das Fischfleisch schön weiß. Außerdem sorgt die Milch noch für geschmackliche Milde. Fischportionen ungehäutet garen, die Haut schützt das zarte Fleisch vor dem Auslaugen.

NR. 3: POCHIERFOND FÜR PORTIONEN

3 l Wasser, 1/2 l Milch
60 g Salz
1 unbehandelte Zitrone, in Scheiben

Diesen Fond verwendet man vor allem zum Pochieren von Fischportionen wie Tranchen und Darnes. Alle Zutaten in einem großen, flachen Topf aufkochen. Nur zwei Fischstücke auf einmal einlegen, damit der Fond nicht zu stark abkühlt. Die Energiezufuhr so halten, daß der Fond stets simmert.

Die mild-würzige Gemüse-Court-bouillon ist ein idealer Garsud für alle Arten von Fisch. Sie muß mindestens 30 Minuten köcheln, damit sich die Aromen von Gemüse und Gewürzen der Brühe ganz mitteilen können.

Pochieren und Dämpfen

Wenn es um die sanftesten Garmethoden für Fisch geht, dann kann nur vom Pochieren und vom Dämpfen die Rede sein. Fischliebhaber, die den puren Geschmack schätzen, werden diesen schonenden Zubereitungsarten den Vorzug geben.

Zum Pochieren sind vor allem ganze Fische, noch geschützt durch ihre Haut, prädestiniert. Denn beim Garen in Fischfond, Court-bouillon oder einfach Salzwasser werden Aromastoffe, Vitamine und Mineralstoffe an den Pochierfond abgegeben – Geschmack und Nährwert also, wenn auch gering, beeinträchtigt.

Dämpfen ist daher die bessere Methode, wenn es um zarte Fischfilets oder nicht mehr von Haut umschlossene andere Fischportionen geht. Da machen uns die Chinesen schon seit Jahrhunderten etwas vor. Sie haben das Dämpfen – in den typischen Bambuskörben, oft in mehreren Etagen übereinander – zur Perfektion gebracht. Doch auch mit unseren Dämpftechniken lassen sich perfekte Ergebnisse erzielen. Wie, darüber gibt – unter anderem – dieses Kapitel Aufschluß.

1 **Die Kiemen entfernen**. Dazu den Kiemendeckel anheben und mit einer Schere die Kiemen rundum lösen. Wo sie fest verwachsen sind, mit einem kräftigen Schnitt abtrennen und sauber entfernen; mitgegarte Kiemenreste sehen unappetitlich aus. An der Unterseite ebenso verfahren.

2 **Die Flossen abschneiden.** Das geht am besten und am einfachsten, wenn man am Schwanzende beginnt und in Richtung Kopf schneidet. Die stacheligen Flossen richten sich wie von selbst auf und lassen sich ohne Mühe abschneiden. Auf diese Weise Rücken- und Bauchflossen entfernen.

3 **Der zurechtgeschnittene Fisch.** Die herausgeschnittenen Kiemen und die Flossen kommen in den Abfall – sie eignen sich nicht besonders gut für ein Fumet. Soll der Fisch im ganzen serviert werden, macht es sich gut, wenn die Schwanzflosse ausgeschnitten wird.

4 **Die Bauchhöhle säubern.** Dazu die Bauchhöhle etwas einschneiden, mit einem spitzen Messer das dünne Häutchen entlang der Mittelgräte einritzen und mit Hilfe des Daumennagels die schlauchartige braunrote Niere herauskratzen. Die Bauchhöhle unter fließendem Wasser gründlich ausspülen.

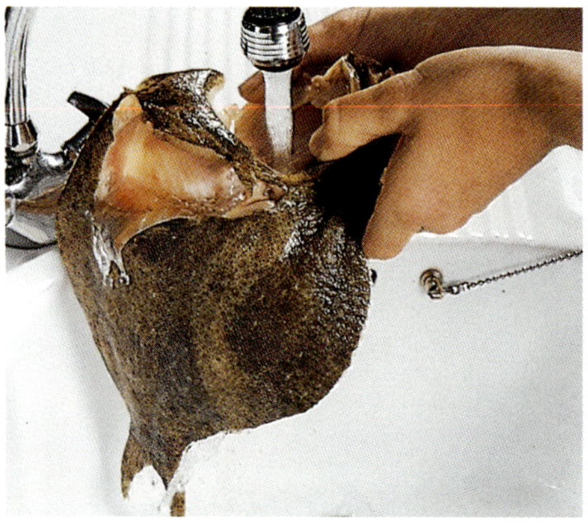

5 **Die Kiemenöffnungen ausspülen.** Falls jetzt noch Kiemenreste oder sonstige Reste von Innereien sichtbar werden, diese sorgfältig herausschneiden und entfernen. Den Fisch innen nochmals gut unter fließendem Wasser ausspülen. Nun ist der Babysteinbutt fertig zum Pochieren.

Pochieren am Beispiel eines Babysteinbutts

Zwar ist das Pochieren die einfachste, nicht aber gleichzeitig die problemloseste Methode, Fische zu garen. Was man dazu unbedingt braucht, ist allerdings rasch aufgezählt: einen Topf, siedendes Wasser und natürlich Salz, denn ohne Salzzugabe würde der Fisch im Wasser auslaugen.

In einem solchen Sud läßt man vorzugsweise ganze Fische – ungehäutet – garziehen. Mit Haut deshalb, weil sie das Fleisch vor dem Auslaugen schützt und durch die darunterliegende Fettschicht zugleich für ein geschmacklich gutes Ergebnis sorgt. Ein gutes Ergebnis hängt aber auch davon ab, daß der Fisch gleichmäßig und auf den Punkt gegart wird. Das ist das Problem beim Pochieren, das aber durchaus zu lösen ist. Und zwar so: Kleine Portionsfische wie der hier verwendete Babysteinbutt werden immer in die bereits heiße Flüssigkeit gelegt. Darin garen sie innerhalb weniger Minuten. Soll jedoch ein größerer Fisch pochiert werden, setzt man ihn in kalter Flüssigkeit an und erhitzt diese langsam bei geringer Energiezufuhr. Würde man den großen Fisch in den heißen Sud legen, wären die äußeren Schichten zerkocht, bevor der Fisch innen gar ist.

Wichtig ist in jedem Fall: Der Fisch darf niemals kochen! Dabei würden nicht nur die äußeren Zellschichten zerfallen und trocken werden, sondern auch ein großer Teil der Geschmacksstoffe würde an den Sud abgegeben. Also immer sanft, eben unter dem Siedepunkt garziehen lassen.

Das alles beweist: Ganze Fische sind am besten geeignet, pochiert zu werden. Will man aber zum Beispiel Fischkoteletts oder gar ein »Darne de saumon« (Mittelstück vom Lachs) pochieren, ist es wichtig, daß an den Fischstücken die Haut verbleibt; denn je kleiner die ungeschützte Fläche ist, desto saftiger und geschmackvoller bleibt das zarte Fischfleisch. Das ist auch der Grund, warum man Filets möglichst nicht pochieren sollte.

Übrigens ist die Garflüssigkeit in den seltensten Fällen nur Salzwasser. Meist wird eine mit Gemüse und Kräutern gewürzte Court-bouillon, oft auch mit Wein oder etwas Essig ergänzt (siehe Seite 149), verwendet. Allerdings: Zu viele Geschmacksgeber sollten nicht verwendet werden, sonst geht der feine Eigengeschmack des Fisches in der Fülle der Aromen unter.

6 Die Court-bouillon kochen. In einen breiten, möglichst niedrigen Topf (der Fisch läßt sich dann leichter herausheben) Wasser, Gemüse, Aromaten und Salz füllen und eine Court-bouillon kochen, wie auf Seite 149 beschrieben. 8 bis 10 Minuten leise köcheln, dann leicht abkühlen lassen.

7 Den Fisch einlegen. Und zwar immer so, wie man ihn später servieren möchte. Der gegarte Fisch läßt sich nämlich beim Herausnehmen nur schwer umdrehen, ohne daß er beschädigt wird. Im Fall des hier verwendeten Babysteinbutts kommt die dunkle Oberseite nach oben.

8 Den Fisch pochieren. Die Court-bouillon mit dem Fisch bis zum Siedepunkt erhitzen, kurz aufwallen lassen und die Hitze sofort zurücknehmen. Ist der Fisch nicht ganz von der Court-bouillon bedeckt, den Topf mit einem Leintuch abdecken. In wenigen Minuten langsam garziehen lassen.

9 Die Garprobe machen. Nach 4 bis 5 Minuten (je nach Größe des Fisches etwas länger oder kürzer) den Fisch etwas aus dem Sud heben und versuchen, eine Gräte aus dem Rücken zu ziehen. Läßt sie sich ohne Widerstand herausziehen, ist der Fisch gar. Sofort anrichten und servieren.

Die Garzeit vieler Fische ist erheblich kürzer als die Zeit, die für die Zubereitung der begleitenden Sauce benötigt wird. Dies trifft ganz besonders beim Pochieren und Dämpfen zu. Darum empfiehlt es sich, die Zubereitungszeiten genau zu planen und aufeinander abzustimmen – also so rechtzeitig mit der Sauce zu beginnen, daß sie zusammen mit dem Fisch fertig wird und beides gleichzeitig und heiß serviert werden kann.

Den Garfond zubereiten. Eine Court-bouillon Nr. 2 (Rezept Seite 149) ist jetzt der richtige Sud. Der zugesetzte Essig sollte mindestens von mittlerer Güte sein; minderwertiger Essig würde mit seiner stechenden Säure jede feine Geschmacksnuance regelrecht erschlagen.

Die Forelle binden. Mit Hilfe einer kräftigen Näh- oder Dressiernadel einen doppelten Faden durch Schwanz und Kiemendeckel ziehen. Zunächst ein Ende mit einem Zahnstocher, zwischen die zusammengeknoteten Fadenenden gelegt, sichern, dann Kopf und Schwanz zusammenziehen und das zweite Fadenende mit einem Zahnstocher befestigen. Die Zahnstocher verhindern, daß der Faden beim Garen ausreißt.

Ein untrügliches Zeichen für Frische! Die Forelle im oberen Bild ist nach dem Blaukochen gebogen und an den Seiten leicht aufgerissen – beides Zeichen dafür, daß sie erst unmittelbar vor dem Zubereiten aus dem Bassin geholt wurde. Die Forelle im unteren Bild wurde mit Sicherheit Stunden vor dem Zubereiten getötet. Sie biegt sich dann beim Garen nicht. Bei der Zubereitung »auf Müllerinart« (also in der Pfanne gebraten) ist das allerdings ein Vorteil. Der Fisch liegt flach in der Pfanne und wird gleichmäßig braun.

Blaukochen

Auch wenn sich der Begriff »Blaukochen« so eingebürgert hat – Fisch wird niemals gekocht. Blaukochen ist eine Möglichkeit, Fisch zu pochieren, ihn schonend in einem Sud garziehen zu lassen. Hier geht es allerdings um ganz spezielle Fische, nämlich solche, deren Haut von einer glasklaren Schleimschicht umgeben ist, wie etwa bei der Forelle, dem klassischen Fisch »au bleu«, aber auch bei Schleien, Welsen, Karpfen, jungen Hechten, Felchen und Saiblingen. Beim Garziehen im Sud, meistens in einer Court-bouillon, wird die Schleimschicht leicht blau. Diese Blaufärbung wird noch intensiver, wenn man der Court-bouillon etwas Essig zusetzt. Es versteht sich von selbst, daß man nicht irgendeinen Essig, sondern möglichst den besten verwendet. Minderwertige Essige sind ohne Aroma und eigentlich nur imstande, auch den derbsten Fisch mit Leichtigkeit absolut sauer zu machen. Um eine schöne, gleichmäßige Färbung zu erreichen, ist es wichtig, daß die empfindliche Schleimschicht intakt bleibt. Das bedeutet: Man darf den Fisch beim Vorbereiten nur so wenig wie unbedingt nötig und so vorsichtig wie möglich anfassen. Das ist auch der Grund, warum beispielsweise Forellen nur vorsichtig ausgenom-

PETERSFISCH IM EIGENEN SUD

ST. PIERRE À LA NAGE

Ausnahmen bestätigen die Regel. In diesem Falle die, daß Fischfilets möglichst nicht pochiert werden sollten, weil sie – ohne schützende Haut – im heißen Sud leicht auslaugen. Wer jedoch einen besonders kräftigen Fischfond zum Garen verwendet und die Filets darin serviert, kann schon mal eine Ausnahme machen.

1 l Fischfond (Rezept Seite 140)
4 Filets vom Petersfisch, je 80 bis 100 g
80 g Möhren
60 g Navets (weiße Rübchen)
80 g Stangensellerie, 20 g Butter
Salz, frisch gemahlener Pfeffer
2 Stengel glatte Petersilie
60 g Zuckerschoten

Zuerst den Fischfond auf 600 ml reduzieren, damit er schön kräftig wird. Die Fischfilets – sie werden von 2 Fischen mit je etwa 600 Gramm Gewicht abgelöst – sauber parieren. Die Möhren und Navets in Scheibchen, den Stangensellerie in feine Julienne schneiden. Die Butter in einem Topf zerlassen und das Gemüse darin kurz andünsten. Mit dem Fischfond auffüllen und kochen, bis das Gemüse gar ist, aber noch Biß hat. Mit Salz und Pfeffer abschmecken. Die Fischfilets, die gewaschene Petersilie und die Zuckerschoten einlegen und die Filets auf den Punkt garziehen lassen. Das dauert je nach Dicke etwa 2 bis 3 Minuten.
Die Filets auf vorgewärmte Teller anrichten, das Gemüse darauf verteilen und alles mit der Brühe umgießen.

men, die Kiemen aber dabei nicht entfernt werden.
Nun kann man den Fisch, so wie er gewachsen ist, zum Garen in die Courtbouillon legen. Man kann ihn aber auch zu einem Ring binden – bei Forellen eine nicht selten angewendete Technik. Das geschieht zum einen, um sie in eine zum Servieren ansprechende Form zu bringen, zum anderen aber einfach deshalb, weil kein Fischkessel zur Hand ist und der Fisch in einem kleineren, runden Topf gegart werden muß.
Doch Vorsicht: Manchmal soll auf diese Weise Frische vorgetäuscht werden. Denn es ist eine Tatsache, daß sich nur ganz frische Fische, die erst kurz vor der Zubereitung getötet wurden, im heißen Sud biegen. Köchen, die durch das Dressieren den Gast täuschen wollen, kommt man aber sofort auf die Schliche, denn die Löcher, die beim Durchziehen des Fadens durch den Schwanz und die Kiemendeckel entstehen, bleiben beim servierten Fisch sichtbar. Zudem gibt es ein weiteres, untrügliches Zeichen für Frische: Die Fische reißen beim Garziehen, während sie sich biegen, an den Seiten leicht auf.

Im Fond schwimmend, also à la nage, fein abgerundet durch zartes Gemüse und Kräuter, präsentieren sich die Filets vom Petersfisch oder Heringskönig, wie er auch genannt wird. Noch vor Jahren verkannt und ungeschätzt, gehört er heutzutage zu den hochbezahlten Edlen in der großen Fischfamilie. Mit seinem mageren, festen Fleisch ist er in der feinen Fischküche sehr begehrt.

Fischfarce für Klößchen

Von der fachgerechten Zubereitung der Farce für die Klößchen soll hier zuerst die Rede sein. Ihre Bindung stammt ausschließlich vom fischeigenen Eiweiß. Daher muß so viel Eiweiß wie möglich freigelegt werden. Und das wiederum erreicht man, indem man das Fischfleisch durch den Wolf treibt, also stark zerkleinert.
Die zweite Voraussetzungen ist eine ausreichende Kühlung, und zwar aller Zutaten und Geräte, denn: Eiweiß ist extrem wärmeempfindlich. Beim Herstellen der Farce entsteht jedoch Reibungswärme, und dies schon, wenn das Fleisch durch den Wolf getrieben wird, und auch, wenn die Farce später gerührt wird. Das empfindliche Eiweiß kann bereits bei geringer Wärme ausflocken und damit seine Bindekraft verlieren. Wenn aber der Fleischwolf, die Geräte und die Zutaten gut gekühlt sind und in einer Schüssel auf gestoßenem Eis gearbeitet wird, ist die zarte Konsistenz der Farce garantiert. Das folgende Rezept ist für 8 bis 10 Portionen als Hauptgericht oder 12 bis 14 Portionen als Vorspeise berechnet.

HECHTKLÖSSCHEN IN DILLSAUCE

QUENELLES DE BROCHET À L'ANETH

Für die Sauce:

1/2 l Sauce au vin blanc (Rezept Seite 142)

1 kleines Bund Dill

2 EL geschlagene Sahne

1 **Das Fischfilet durch den Wolf treiben.** Vorher muß es etwa 1 Stunde abgedeckt gekühlt werden. Das gilt auch für das Schneidgerät des Fleischwolfs: Schnecke, Messer, Ring und Scheibe müssen in den Kühlschrank. Wichtig: Nur einwandfrei arbeitende Geräte mit scharfen Messern verwenden – egal, ob mit Fleischwolf, Mixer oder Cutter gearbeitet wird. Denn das Fischfleisch muß zerschnitten, es darf nicht gequetscht werden. Das gekühlte und erst dann mit Salz und Pfeffer gewürzte Fleisch wird durch die mittlere Scheibe des Fleischwolfs getrieben.

2 **Die Farce zubereiten.** Das so zerkleinerte Hechtfleisch in einer Schüssel auf gestoßenes Eis stellen, damit es während der weiteren Verarbeitung ausreichend kühl bleibt. Die Hälfte der gekühlten flüssigen Sahne hinzugießen und mit einem Löffel unterrühren. Die Masse portionsweise im Mixer fein pürieren. Zurück in die Schüssel füllen, auf Eis stellen und wieder kalt werden lassen. Anschließend mit einem Spatel durch ein feines Sieb streichen. So kann man sicher sein, daß grobe Bestandteile oder Grätenreste entfernt werden.

3 **Der Farce die richtige Konsistenz geben.** Mit Salz und frisch gemahlenem weißem Pfeffer abschmecken und die restliche flüssige Sahne unterrühren. Jetzt die leicht angeschlagene Sahne unterziehen; sie macht die Farce besonders locker, darf allerdings nicht steif geschlagen sein, sonst würde die Farce körnig. Während aller Arbeitsphasen bleibt die Schüssel auf Eis. Die Farce ist jetzt von luftig-cremiger Beschaffenheit und fast blütenweiß. Nun können die Klößchen geformt werden, am besten mit zwei in kaltes Wasser getauchten Eßlöffeln.

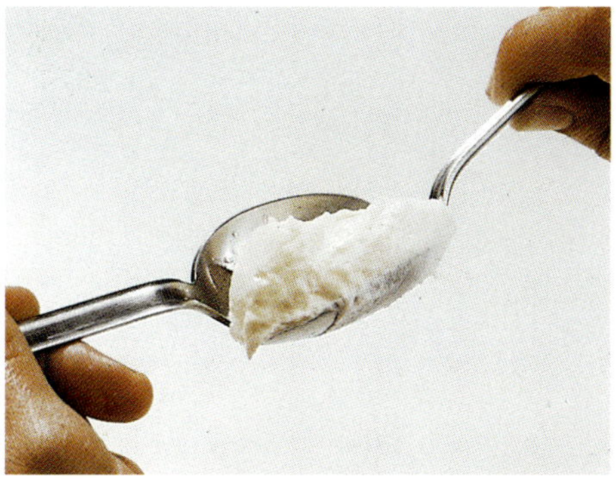

Für die Farce:

800 g schieres Hechtfleisch, 12 g Salz

1/2 TL frisch gemahlener weißer Pfeffer

800 ml flüssige Sahne, gekühlt

100 ml angeschlagene Sahne, gekühlt

Für den Pochierfond:

1 1/2 l Fischfond (Rezept Seite 140)

1/2 l Weißwein, 2 l Wasser, 60 g Salz

1 Zweig Dill

Außerdem:

Dillsträußchen zum Garnieren

Zuerst die Sauce au vin blanc zubereiten, wie auf Seite 142 beschrieben, jedoch mit der doppelten Menge der Zutaten. Warm stellen. Das Hechtfleisch kann von zwei kleineren Hechten mit je 800 bis 900 g oder einem großen Hecht mit 1,6 kg gewonnen werden. Den Fisch schuppen, ausnehmen und die Filets auslösen. In kleine Stücke geschnitten, werden sie abgedeckt in den Kühlschrank gestellt. Das ist noch wichtig: Zum Kühlen während der Zubereitung der Farce muß eine ausreichende Menge Eiswürfel zur Verfügung stehen.

Das gut gekühlte Hechtfleisch mit Salz und Pfeffer würzen und durch den Fleischwolf treiben. Die Farce herstellen, wie in der Bildfolge beschrieben, und daraus die Klößchen formen. Bei großen Mengen wie in diesem Rezept legt man die geformten Klößchen auf ein geöltes Pergamentpapier, damit dann alle zusammen zum Garziehen fertig sind. Bei kleineren Mengen (wenn man das Rezept beispielsweise halbiert) läßt man die Klößchen direkt vom Löffel in den Pochierfond gleiten.

Die Zutaten für den Pochierfond in einem flachen Topf aufkochen und die Hechtklößchen nacheinander darin garziehen lassen. Die Sauce erhitzen, den feingeschnittenen Dill einstreuen und die geschlagene Sahne unterziehen. Die Hechtklößchen mit der Sauce anrichten, mit Dill garnieren.

Probeklößchen. Um Konsistenz und Geschmack der Farce zu prüfen und – wenn nötig – korrigieren zu können, werden Probeklößchen gegart. Dazu nimmt man etwas Farce auf einen Teelöffel, streicht sie glatt und streift sie mit dem Zeigefinger vom Löffel in siedendes Wasser. Nach 3 bis 4 Minuten sind die Probeklößchen gar. Jetzt können Sie prüfen, ob sie zart genug sind oder ob sie durch Beigabe von mehr Sahne lockerer gemacht werden müssen.

4 **Die Klößchen formen und garen.** Etwas Farce mit einem Löffel herausnehmen und mit Hilfe eines zweiten Eßlöffels zu Klößchen formen. Die Löffel immer wieder ins kalte Wasser tauchen. Die Klößchen auf ein geöltes Pergamentpapier setzen und erst garen, wenn alle fertig geformt sind, oder – bei kleineren Mengen – direkt vom Löffel in den Pochierfond gleiten lassen. In 8 bis 10 Minuten garziehen lassen.

Fischfarce mit Panade

Bei der puren Fischfarce wird Sahne als Lockerungsmittel eingesetzt. Es gibt aber noch einige andere Zutaten, die Fischfarcen lockern können. Davon ist eingeweichtes Weißbrot so einfach, wie es Eier sind, die zugleich binden und lockern. Aufwendiger ist die Panade. Eine Mischung aus Milch, Butter und Mehl wird zum Kloß gekocht, den man zunächst abbrennt; anschließend werden Ei und Eigelb eingearbeitet. Es handelt sich also um einen Brandteig. Er lockert die Farce angenehm auf, bindet durch den Mehlanteil aber stärker. Wird also zuviel Panade verwendet, können Klößchen oder Füllungen leicht klebrig werden. Sparsam damit umgegangen, hat die Panade einen anerkannten Platz in der Farcenzubereitung. Eines ist gewiß: Die Panade gibt auch dem Ungeübten die Garantie, daß seine Farce gelingt.

HECHTFARCE MIT PANADE

Für die Panade:
1/8 l Milch, 30 g Butter, 5 g Salz, Pfeffer
60 g Mehl, 1 Ei, 1 Eigelb
Außerdem:
350 g Hechtfleisch (1 Hecht von 700 g)
Salz, frisch gemahlener weißer Pfeffer
350 ml Sahne, gekühlt

1 **So wird die Panade gekocht.** Jeweils von links nach rechts: Milch, Butter und Salz in einem Topf zusammen aufkochen. Pfeffer in die Mischung mahlen. Das Mehl auf einen Bogen Pergamentpapier sieben, die Seiten des Papiers zusammennehmen und das Mehl unter Rühren auf einmal in die kochende Flüssigkeit schütten. Kräftig weiterrühren • Es bildet sich ein Kloß, den man abbrennt, also bei starker Hitze ständig umrührt, bis er sich vom Topfboden löst und eine weiße Schicht den Topfboden überzieht. Den Kloß in eine Schüssel geben und leicht abkühlen lassen. Ei und Eigelb zufügen und so lange rühren, bis die Masse das Ei vollständig aufgenommen hat und geschmeidig ist.

2 **Panade und Fisch mischen.** Das kleingeschnittene, gut gekühlte Hechtfleisch salzen und pfeffern, durch den Wolf treiben, mit 175 ml Sahne mischen und fein pürieren. Von der Panade 70 g abwiegen (die restliche Panade anders verwenden) und, gut gekühlt, in die Schüssel geben, die auf gestoßenem Eis kühl gehalten wird. Immer darauf achten: Zutaten und Geräte müssen stets gekühlt werden.

3 **Die Farce fertigstellen.** Die Panade mit dem Hechtfleisch sorgfältig verrühren und durch ein feines Sieb streichen. Die restliche Sahne einarbeiten, abschmecken und Probeklößchen garen (siehe Seite 157).

Lachsroulade mit Hechtfarce. Jeweils von links nach rechts: Aus den blanchierten Salatblättern die dicken Rippen bis zur Mitte herausschneiden, die anderen Rippen mit einem Löffel flachklopfen. Die Salatblätter übereinanderlappend auslegen und mit einem Teil der Hechtfarce bestreichen • 40 g von der Hechtfarce mit dem gehackten Spinat und dem gehackten Austernfleisch mischen und das eingeschnittene Lachsfilet damit füllen. Das Filet auf die Blätter mit der Hechtfarce legen und mit der restlichen Farce bestreichen. Die Blätter einschlagen, so daß eine schöne Roulade entsteht. Im Dampftopf 8 bis 10 Minuten garen.

LACHSROULADE MIT AUSTERNCREME

PAUPIETTE DE SAUMON

Für die Roulade:

3 bis 4 große Blätter Römischer Salat

200 g Lachsfilet aus der Mitte

200 g Hechtfarce mit Panade

1 EL blanchierter, grobgehackter Spinat

4 Austern

Für die Sauce:

20 g Lauch, gewürfelt

20 g Butter, Salz, 1 feste, reife Tomate

4 Austern

Sauce au vin blanc (1/2 Rezept Seite 142)

1 EL geschlagene Sahne

1 TL Schnittlauch, fein geschnitten

Die Salatblätter blanchieren, in Eiswasser abschrecken, trockentupfen. Das Lachsfilet der Länge nach an der Seite auf-, jedoch nicht ganz durchschneiden. Weiterarbeiten, wie in der Bildfolge links gezeigt.
Für die Sauce die Lauchwürfel in der heißen Butter anziehen lassen, salzen und mit Wasser bedeckt garen. Die gehäutete Tomate vierteln, Samen entfernen, das Fruchtfleisch würfeln und zum Lauch geben. Die Austern öffnen. 2 Eßlöffel vom Austernwasser mit der Sauce au vin blanc in die Gemüsemischung rühren, die grobgehackten Austern zugeben. Erhitzen, aber nicht kochen. Sahne und Schnittlauch unterziehen, abschmecken. Die Lachsroulade in Scheiben schneiden und mit der Sauce anrichten. Als Vorspeise servieren.

SOUFFLIERTER STEINBUTT MIT HUMMERSAUCE

Für den Nudelteig:

50 g blanchierter Spinat

8 g Salz, 1 TL Öl, 2 Eier

210 g Mehl

Außerdem:

80 g gekochtes Hummerfleisch

200 g Lachsfarce mit Panade (Seite 158)

4 Steinbuttfilets, je 80 g, Salz

Butter für den Siebeinsatz

Hummersauce (1/2 Rezept Seite 143)

Den Spinat kräftig ausdrücken. Mit Salz, Öl und Eiern im Mixer fein pürieren. 5 Minuten ruhen lassen. Nochmals kurz aufmixen und in eine Schüssel füllen. Nach und nach das gesiebte Mehl einrühren, dann kräftig einkneten. Abgedeckt 1 Stunde ruhen lassen. Nochmals durchkneten. 4 Teigrechtecke von 12 bis 15 cm Länge und 6 bis 8 cm Breite ausrollen. (Das Rezept ergibt das Dreifache der benötigten Menge. Zu kleine Mengen würden sich im Mixer verlieren. Rest einfrieren.)
Das Hummerfleisch fein hacken, mit der Lachsfarce (wie die Hechtfarce links, aber mit Lachs zubereitet) mischen und auf die Teigbahnen streichen. Jeweils auf ein Ende ein Steinbuttfilet legen und mit den anderen Enden einschlagen, die Ränder zusammendrücken. Im sorgfältig mit Butter eingefetteten Siebeinsatz über leicht gesalzenem Wasser 5 bis 6 Minuten dämpfen. Mit der Hummersauce anrichten.

Mit feiner Farce gefüllt. Statt Hecht- oder Lachsfleisch, wie in diesen beiden Gerichten, kann für die Farce ebensogut Forelle, Zander, Merlan oder anderer Fisch mit zartem Aroma verwendet werden. Nicht geeignet sind die Deftigen: Hering und Makrele.

Dämpfen nach chinesischer Art

Man könnte meinen, diese Garmethode sei eigens für Fisch erfunden worden, denn sie ist wie für ihn geschaffen. Beim Dämpfen wird der Fisch wirklich geschont, er laugt nicht aus, und das Aroma bleibt im Fisch konzentriert erhalten. Die chinesische Küche hat diese sanfte Garmethode perfektioniert und dafür die feinsten und zugleich einfachsten Gerichte entwickelt.
Die besten Ergebnisse erzielt man mit ganzen Portionsfischen, weil die Haut den Fisch schützt, sollte er etwas zu lange im Dampf bleiben. Bei Tranchen und Filets muß man dagegen sehr sorgfältig auf die Garzeit achten. Dennoch: Eine Minute mehr oder weniger ist beim Dämpfen nicht so entscheidend wie beispielsweise beim Braten in der Pfanne. Abstimmen muß man auch die eventuell unterschiedlichen Garzeiten von Fisch und den übrigen Zutaten. Während 15 bis 20 Minuten – das ist in etwa die Garzeit für einen ganzen Fisch von 600 bis 700 g Gewicht – wird auch feingeschnittenes Gemüse gar. Bei kleinen Fischtranchen oder Filets, die zum Garen manchmal nur 5 bis 6 Minuten brauchen, sollte man das Gemüse vorgaren, es sei denn, man wünscht es besonders knackig.

DORADE AUF FENCHELGEMÜSE

(Abbildung Seite 150/151)

2 Goldbrassen (Dorade Royale), je 600 g
Salz, frisch gemahlener schwarzer Pfeffer
4 Zweige Thymian
2 Stengel Petersilie
1 Fenchelknolle (etwa 150 g)
40 g Möhre
50 g Lauch
1/2 TL Ingwerpulver
60 g Butter

Die vorbereiteten Brassen auf beiden Seiten mehrmals quer einschneiden (ziselieren), innen und außen salzen und ganz leicht pfeffern. Jeweils einen Thymianzweig und Petersilienstengel in die Bauchhöhlen legen und die Oberseite der Fische mit einem Thymianzweig spicken. Das vorbereitete Gemüse in feine Streifen schneiden und auf dem Dämpfgitter verteilen. Mit Salz, Pfeffer und Ingwerpulver würzen und die präparierten Fische darauflegen. Die eiskalte Butter in kleine Würfelchen schneiden und auf den Fischen verteilen. Dämpfzeit etwa 15 bis 20 Minuten.

GEDÄMPFTE POMFRETS MIT AUSTERNPILZEN

Silver Pomfrets sind hochbezahlte Speisefische in den Ländern des indopazifischen Raums. Hierzulande könnte man sie durch See- oder Rotzunge ersetzen.

4 Silver Pomfrets, je 400 bis 500 g
Salz
Cilantro (Koriandergrün)
Pfefferminzblättchen
150 g Austernpilze
1 kleine rote Paprikaschote
60 g Bambussprossen
1 Tomate
30 g frische Ingwerwurzel
1 frische Chilischote
2 EL dunkle Sojasauce
2 EL feines Pflanzenöl

Die vorbereiteten Pomfrets an der Oberseite einige Male einschneiden (ziselieren) und innen und außen sehr sparsam salzen. In die Bauchhöhle einige Blättchen Cilantro und Pfefferminze geben und die Fische auf das Dämpfgitter legen. Die gewaschenen Austernpilze, die von Samen und Scheidewänden befreite Paprikaschote und die Bambussprossen in möglichst gleichmäßige, feine Streifen schneiden und über die

Fische verteilen. Die Tomate kurz in heißes Wasser tauchen, unter kaltem Wasser abschrecken und enthäuten, die Samen entfernen, das Fruchtfleisch in kleine Würfel schneiden und ebenfalls über die Fische verteilen. Den Ingwer schälen und fein hacken. Die Chilischote von Samen und Scheidewänden befreien und fein würfeln. Ingwer und Chilischote ebenfalls über die Fische streuen. Mit der Sojasauce und dem Öl beträufeln. Die Fische 15 bis 20 Minuten dämpfen. Wenn nötig, nachsalzen.

FILET VOM GLATTBUTT, AUF GEMÜSE GEDÄMPFT

4 Glattbuttfilets, je etwa 200 g

Salz, frisch gemahlener weißer Pfeffer

40 ml trockener Sherry, 200 g Gemüse

4 Stengel frische Petersilie

Die Filets parieren und auf eine Platte mit Rand legen. Leicht mit Salz und Pfeffer würzen und mit dem Sherry beträufeln. Mit Folie bedecken und 1 Stunde durchziehen lassen. Das vorbereitete Gemüse – zu gleichen Teilen Möhren, Lauch und Stangensellerie – in feine Stifte schneiden und mit der Petersilie auf dem Dämpfgitter verteilen. Die Filets darauflegen, die entstandene Würzflüssigkeit darübergießen. 5 bis 6 Minuten dämpfen. Wünscht man das Gemüse weicher, muß man es 5 bis 6 Minuten vorgaren. Sofort servieren. Dazu paßt sehr gut eine Sauce au vin blanc (Seite 142) oder eine Hollandaise (Seite 148).

Dünsten und Schmoren

Zarter, aromatischer Fisch – wie dieser Rouget, der sich hier in einer luftig-leichten Safransauce präsentiert – wird mit Vorliebe gedünstet. Das heißt, er wird fast ganz im eigenen Saft unter Zugabe von nur wenig Fett und Flüssigkeit äußerst schonend gegart. Und das in kürzester Zeit, denn hier wird die Hitze auf zweierlei Weise gleichzeitig wirksam: Von unten gart der Fisch sanft in dem sich bildenden Fond, von oben in dem Dampf, der sich im geschlossenen Topf bildet. Und bei alldem nicht zu vergessen: Der würzige Fond, der beim Dünsten entsteht, ist zugleich die ideale Grundlage für eine feine Sauce, die gedünsteten Fisch immer begleiten sollte.

Beim Schmoren sind es gar drei Methoden, die zusammenwirken. Denn zunächst wird der Fisch im offenen Geschirr angebraten, bevor er dann im geschlossenen Topf von unten gar dünstet und von oben im Dampf gart. Allzu schonend ist das allerdings nicht, weshalb man das Schmoren auch den deftigeren Fischen vorbehält.

Dünsten

Feinschmecker haben allen Grund, als Garmethode für feinen Fisch das Dünsten vorzuziehen, weil das zarte Fischfleisch dabei äußerst schonend gegart und sein Geschmack voll erhalten, ja sogar intensiviert wird. Denn beim Dünsten werden nur wenig Flüssigkeit und etwas Fett verwendet, und es wird bei 100 °C gegart, und zwar immer im abgedeckten Geschirr (am vorteilhaftesten mit gebuttertem Pergamentpapier), was – ein Zusatzeffekt – die Garzeit verkürzt. Im den Boden des Geschirrs eben bedeckenden Sud bleibt der Fisch an der Unterseite saftig. Für die saftige Konsistenz auf der Oberseite sorgt der Dampf im abgedeckten Gefäß. Der Unterschied zum Dämpfen besteht also wesentlich darin, daß sowohl Flüssigkeit als auch Dampf ihre Hitze auf den Fisch übertragen und ihn dadurch gemeinsam garen. Was also besonders wichtig ist: Beim Dünsten bildet sich ein würziger Fond, der die ideale Grundlage für eine feine Sauce ist, die den Fisch begleiten soll. Wenn die verwendete Garflüssigkeit zudem noch ein Fumet ist, das aus der Karkasse und den Abschnitten des zu dünstenden Fisches zubereitet wurde, ergänzt die aus dem Dünstfond zubereitete Sauce den Eigengeschmack des Fisches in geradezu perfekter Harmonie.
Der gesundheitliche Aspekt ist aber auch nicht außer acht zu lassen. Denn:
- dünsten heißt kurz garen und damit Vitamine erhalten;
- der Dünstfond wird mitverzehrt. Es gehen also weder wasserlösliche Vitamine noch in den Fond übergegangene Mineralstoffe verloren.

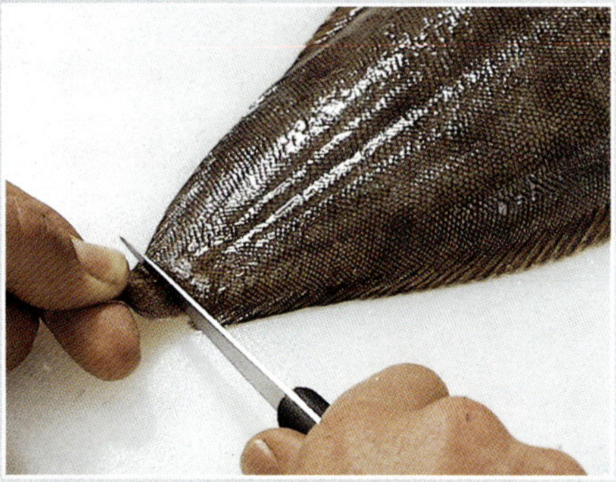

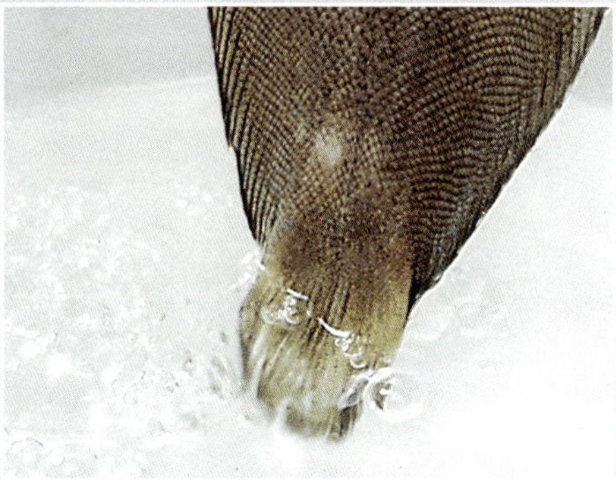

1 **Die Haut zum Abziehen lösen.** Man kann – wie im oberen Bild gezeigt – die Haut mit einem spitzen Messer zwischen der Schwanzflosse und dem Schwanzende quer einschneiden und mit der Messerspitze so weit lösen, daß sie mit Daumen und Zeigefinger gut anzufassen ist. Oder man hält das Schwanzende 1 bis 2 Sekunden in siedendes Wasser (Bild unten). Danach läßt sich die Haut ganz einfach losrubbeln. Sie darf jedoch nicht zerkochen, sonst reißt sie beim Festhalten ab.

Fischarten zum Dünsten

Eine ideale Garmethode für Filets, aber empfehlenswert ebenso für ganze Fische. Besonders Plattfische bis etwa 350/400 Gramm eignen sich, schon ihrer Form wegen, gut zum Dünsten. Mit Haut, versteht sich. Aber auch kleine Rundfische, vor allem, wenn man mehrere zusammen in einer Form gart, sind ideal für diese Methode.

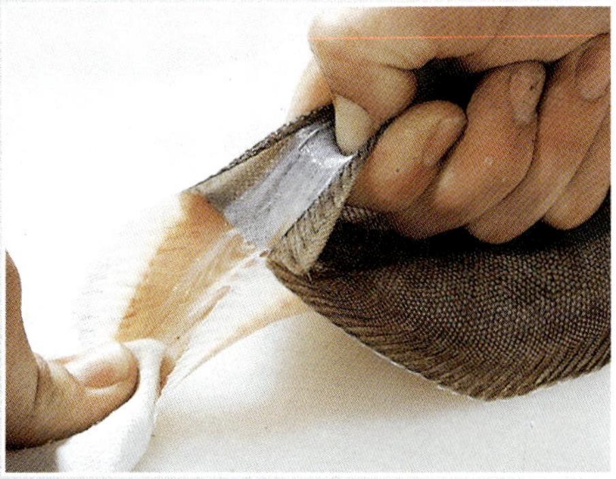

2 **Die Haut abziehen.** Mit einem Tuch die Schwanzspitze auf die Arbeitsfläche drücken. Das Hautende anheben, festhalten und mit energischem Ruck abziehen. Die Unterseite genauso häuten. Den Kopf mit einem geraden Schnitt abtrennen. Eventuell vorhandenen Rogen an der Öffnung der Länge nach mit der Schere freilegen und vorsichtig mit dem Messer auslösen. Er kann noch verwertet werden. Den Flossensaum in Richtung Kopf abschneiden. Flossen und Kopf für den Fond beiseite legen.

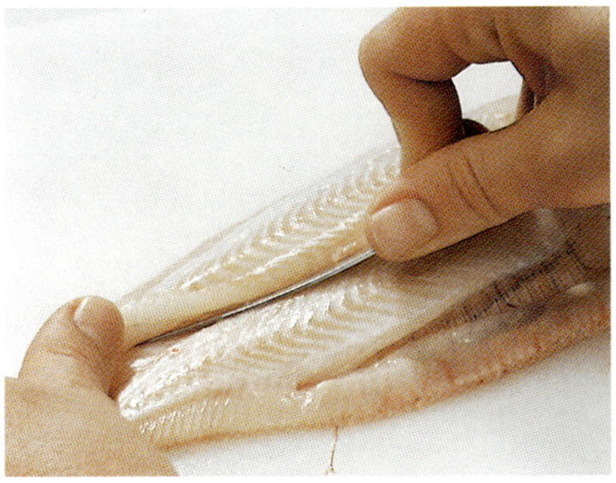

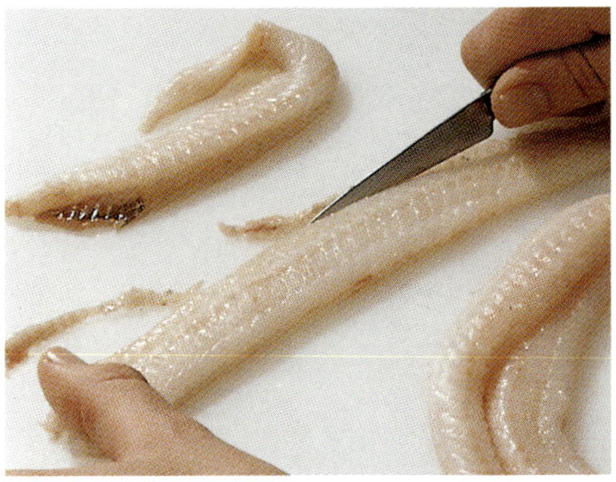

3 **Die Filets herausschneiden.** Die Seezunge mit einem spitzen, biegsamen Messer entlang der Mittelgräte vom Kopf bis zum Schwanz einschneiden. Dabei die Messerklinge zwischen Filet und Gräten zum Rand hin führen und das Filet vorsichtig herausschneiden. Die drei anderen Filets genauso auslösen. Die Karkasse für den Fond beiseite legen. Die Filets sauber parieren und in der Mitte falten. Dazu mit dem dünnen Häutchen nach oben auf die Arbeitsfläche legen, es zieht sich beim Garen zusammen. Die Faltstelle mit dem Messerrücken klopfen.

SEEZUNGENFILETS IN CHAMPAGNERSAUCE

FILETS DE SOLE AU CHAMPAGNE

Schon der Name dieses klassischen Rezepts zergeht einem sozusagen auf der Zunge. In der gehobenen Fischküche gehört es zum Standard-Repertoire.

Für 2 Portionen als Vorspeise
1 Seezunge von etwa 400 g
10 g Schalotte, 30 g Butter
1 cl trockener Wermut, 50 ml Champagner
150 ml Fischfond (Rezept Seite 140)
Salz, frisch gemahlener Pfeffer
80 ml Sahne, 20 g eiskalte Butter
1 EL geschlagene Sahne
1 Spritzer Champagner

Die Seezungenfilets vorbereiten, wie in der Bildfolge beschrieben. Die Qualität des Garsuds ist – wie immer beim Dünsten – von entscheidender Bedeutung. Der Fond muß kräftig sein. Wer mag, kann noch Champignonstiele mitverwenden, deren Aroma den Geschmack des Gerichts zusätzlich abrundet.
Die sauber parierten, gefalteten und mit Salz und Pfeffer gewürzten Filets in den Fond legen. Mit gebuttertem Pergamentpapier abdecken und bei geringster Hitze in 3 bis 4 Minuten auf den Punkt gar dünsten. Die Filets vorsichtig mit der Schaumkelle aus dem Geschirr heben, mit dem Pergamentpapier abdecken und warm stellen. Den Dünstfond durch ein feines Sieb (Teesieb) in eine Stielkasserolle laufen lassen und rasch einkochen. Die Sahne zugeben und noch etwas einkochen. Die kalte Butter in Stückchen schneiden und mit dem Schneebesen einschwenken. Jetzt noch die geschlagene Sahne und den Spritzer Champagner einrühren und die Sauce mit dem Stabmixer aufmontieren. So wird sie leicht und elegant.
Ein Wort noch zur Sauce: Es ist wichtig, den Dünstfond ausreichend zu reduzieren. Geschieht das nicht, wird die Sauce wäßrig und fade. Würde man nach Zugabe von Sahne und Butter nochmals reduzieren, ginge deren frischer Geschmack verloren. Die Sauce würde nur noch fett schmecken. Sollte es aber doch einmal passieren, daß die fertige Sauce reduziert werden muß, erreicht man mit einigen Tropfen Zitronensaft und etwas Champagner in den meisten Fällen noch ein respektables Ergebnis. Zum Schluß die Sauce nochmals aufmixen.

4 **Den Garsud vorbereiten.** Zuerst eine feingeschnittene (nicht gehackte) Schalotte in heißer Butter ohne Farbe anziehen lassen. Mit einem Spritzer trockenem Wermut ablöschen und die Flüssigkeit reduzieren. Wichtig: Der Alkohol muß verdampfen, sonst würde er in der Sauce vorschmecken. Den Champagner angießen, er gibt der Sauce die entscheidende Geschmacksnuance. Nun wird der aus der Karkasse und den Abschnitten der Seezunge gekochte Fischfond angegossen. Diese Mischung kocht man auf und läßt sie 2 bis 3 Minuten leise köcheln. ▶

5 Die Filets einlegen, aber zuvor mit Salz und weißem Pfeffer würzen (schwarzer Pfeffer würde farblich stören). Die Form mit gebuttertem Pergamentpapier abdecken, denn beim Dünsten wird zugleich in der Flüssigkeit und im entstehenden Dampf gegart. Sobald die Filets auf den Punkt gegart sind – sie sollen noch etwas glasig sein –, aus der Form nehmen, warm stellen und sofort wieder mit dem Papier abdecken. Den Fond durch ein feines Sieb passieren, damit Schalotten und geronnenes Eiweiß zurückbleiben.

6 Die Sauce zubereiten. Den passierten Fond reduzieren, falls nötig. Nicht ausreichend reduzierter Fond macht die Sauce wäßrig. Die Sahne einrühren und eventuell noch etwas reduzieren (bei Crème double statt Sahne ist das nicht nötig). Die eiskalte Butter in Stückchen in die Sauce geben und mit dem Schneebesen einmontieren. Abschmecken. Jetzt noch die geschlagene Sahne und den Champagner dazu und die Sauce schaumig aufmixen, bevor sie über die angerichteten Filets verteilt wird.

SEEZUNGE GEFÜLLT

SOLE FARCIE

2 gekochte Taschenkrebse
Krebssauce (wie Hummersauce Seite 143)
4 Seezungen, je 300 g
1 Schalotte, 20 g Butter
100 ml Weißwein
400 ml Fischfond (Rezept Seite 140)
Für die Füllung:
1 Schalotte, 20 g Butter
das ausgelöste Krebsfleisch
120 ml Sahne
1 TL frisch gehackte Kräuter
Salz, frisch gemahlener Pfeffer
Für die Beilage:
20 g Butter
320 g Blattspinat, blanchiert
Salz, frisch gemahlener Pfeffer

Die Taschenkrebse auslösen. Das Fleisch und, falls vorhanden, den Corail mischen und grob hacken. Für die Füllung beiseite stellen. Mit den Krebskarkassen die Krebssauce zubereiten und warm stellen.

Die Seezungen vorbereiten, wie in der Bildfolge beschrieben. Die Schalotte schälen und fein würfeln. In einem großen, flachen Geschirr die Butter erhitzen und die Schalottenwürfel darin anziehen lassen. Den Weißwein angießen, aufkochen, den Fischfond zugießen, ebenfalls aufkochen. Die Seezungen nebeneinander in den Sud legen. Ist ein so großes Geschirr nicht vorhanden, das Ganze in zwei Formen verteilen. Mit gebuttertem Pergamentpapier abdecken und die Seezungen bei geringer Hitze in 4 bis 5 Minuten gar dünsten. Vorsichtig herausheben, den Flossensaum entfernen, die Fische auf einem Teller mit dem Pergamentpapier bedecken und warm stellen.

Für die Füllung die geschälte und feingewürfelte Schalotte in der heißen Butter glasig werden lassen. Das Krebsfleisch kurz darin sautieren. Mit der Sahne ablöschen. So lange reduzieren, bis das Ragout bindet. Die gehackten Kräuter (Petersilie, Estragon, Basilikum) einrühren, mit Salz und Pfeffer würzen, warm stellen.

Die Butter zerlassen und den blanchierten Spinat darin erwärmen. Die Krebssauce ebenfalls erwärmen, mit dem Stabmixer schaumig aufschlagen, salzen, pfeffern. Die Seezungen auf vorgewärmte Teller legen, die Filets in der Mitte etwas auseinanderziehen und das Ragout einfüllen. Mit dem Spinat und der Krebssauce anrichten.

1 **Die Seezunge zum Füllen vorbereiten.** Die gehäutete, von Kopf und Flossen befreite Seezunge auf der Mittelgräte der Länge nach mit einem kleinen, spitzen Messer einschneiden, am Kopf- und Schwanzende jedoch etwa 2 cm geschlossen lassen. Die beiden Filets vorsichtig von den Gräten lösen, bis vor den Flossensaum. Die Mittelgräte – sie liegt jetzt frei – wird mit kräftigem Knick gebrochen.

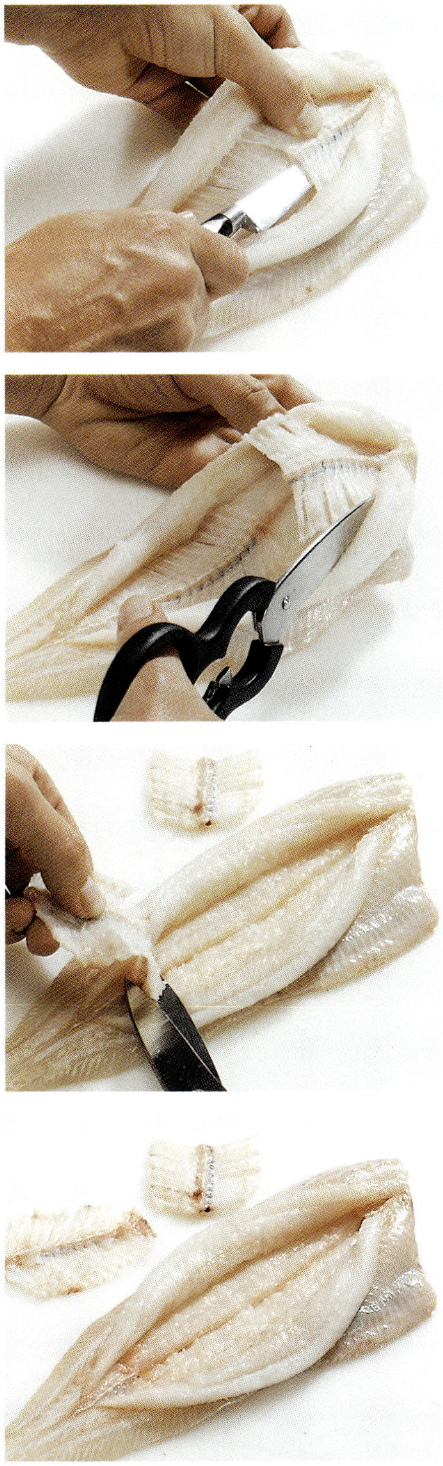

2 **Die Gräten entfernen.** Ein Messer an der Bruchstelle unter die Mittelgräte führen und diese mit den angewachsenen Gräten anheben. An den Seiten mit der Schere abschneiden. Die Mittelgräte vor dem Kopfende mit der Schere abschneiden und ganz herausheben. In der unteren Hälfte die Gräten genauso entfernen. So ist eine große Öffnung entstanden, in die später die Füllung verteilt wird. Die ausgelöste Seezunge ist jetzt fertig zum Dünsten.

Schmoren

Schmoren ist, genau betrachtet, eine Kombination von Braten und Dünsten. Der Fisch oder die Fischstücke werden zuerst rundum angebraten; der Hitzeschock in dem heißen Fett sorgt dafür, daß Saft, Aromen und Nährstoffe »eingeschlossen« werden. Dann erst wird Flüssigkeit zugegeben, die das eigentliche Schmoren in Gang setzt. Im geschlossenen Topf (auf dem Herd) oder im Ofen entwickelt sich dabei Dampf, der zusätzlich beim Garen hilft. Übrigens ist der Schmorfond – wie beim Dünsten – immer die Grundlage für die Sauce. Zum Schmoren eignen sich vor allem größere ganze Fische oder große Fischstücke (Schwanzstücke zum Beispiel). Für kleinere Stücke sollten unbedingt festfleischige Fische verwendet werden wie Wels, Karpfen, Schleie oder Seeteufel. Aal mit seinem festen, fetten Fleisch eignet sich besonders gut.

GESCHMORTER AAL MIT KRÄUTERN

ANGUILLE BRAISÉE AUX HERBES

1 Aal von 1 bis 1,2 kg
10 bis 12 kleine Frühlingszwiebeln
20 g Butter, 1 EL Öl
Salz, frisch gemahlener Pfeffer
1/4 l Fischfond (Rezept Seite 140)
10 g Mehl, 1 EL saure Sahne
1 EL frisch geschnittene Kräuter

1 Die Aalstücke anbraten. Zunächst den Aal häuten (siehe Seite 136/137) und in 4 bis 5 cm lange Stücke schneiden. Die Frühlingszwiebeln putzen. 10 g Butter und das Öl in einer schweren Kasserolle aufschäumen lassen und die Aalstücke unter Wenden kurz darin anbraten. Die Frühlingszwiebeln zugeben und beides zusammen etwas Farbe annehmen lassen. Mit Salz und Pfeffer kräftig würzen. Gelegentlich mit dem Holzspatel wenden. Die Frühlingszwiebeln besonders gut beobachten, sie werden leicht zu dunkel und schmecken dann bitter.

2 Den Fischfond angießen, aufkochen und bei verminderter Hitze im geschlossenen Topf 5 bis 6 Minuten köcheln lassen. Die Aalstükke mit einer Fleischgabel oder Schaumkelle aus der Kasserolle heben, auch die Frühlingszwiebeln. Zum Binden der Sauce eine Beurre manié zubereiten. Dazu die restliche Butter und das Mehl verkneten und kurz kalt stellen. Stückchenweise mit dem Schneebesen in den kochenden Fond einrühren. 3 bis 4 Minuten köcheln lassen, bis eine glatte, leicht sämige Bindung erreicht ist.

3 Die Sauce vollenden. Falls sie zu dick ist, noch etwas Fischfond angießen. Die Sauce durch ein feines Sieb in einen Topf passieren und wieder aufkochen. Die saure Sahne mit dem Schneebesen kräftig einrühren und die Sauce abschmecken. Die Aalstücke mit den Frühlingszwiebeln – auch den Saft, der sich inzwischen gebildet hat – wieder hineingeben und alles vorsichtig erhitzen. Direkt vor dem Servieren die frischen Kräuter (Petersilie, Dill und etwas Salbei) untermischen.

HECHTTRANCHEN MIT ZWIEBELN UND KRÄUTERN

DARNES DE BROCHET AUX OIGNONS ET AUX HERBES

4 Tranchen vom Hecht, je 160 bis 180 g
Salz, frisch gemahlener Pfeffer
Zitronensaft, Mehl zum Bestauben
2 EL geklärte Butter
1 mittelgroße Zwiebel, fein gewürfelt
5 EL Weißwein
150 ml Fischfond (Rezept Seite 140)
25 g Butter, 1 EL gehackte Petersilie
Außerdem:
25 g Butter
320 g Brokkoli, blanchiert, Salz

Die gesäuberten und trockengetupften Hechttranchen (Mittelstück) mit Salz, Pfeffer und Zitronensaft würzen und mit Mehl bestauben. Die geklärte Butter in einer schweren Pfanne erhitzen und die Hechtstücke darin auf beiden Seiten anbraten. Die Zwiebelwürfel dazugeben und goldgelb anziehen lassen. Mit dem Weißwein ablöschen. Aufkochen und mit dem Fischfond auffüllen. Nochmals aufkochen, Deckel auflegen und im vorgeheizten Ofen bei 220 °C in 5 bis 7 Minuten garen. Die Pfanne wieder auf den Herd stellen, die Hechttranchen herausheben und die Knochenstücke mit den Gräten herauslösen. Den Fisch warm stellen.

Die Butter in Flöckchen in die Pfanne geben. Die Pfanne kreisförmig schwenken und so die Butter in die Sauce einmontieren. Die Petersilie unterrühren und mit Salz, Pfeffer und Zitronensaft abschmecken.

Die Butter für den Brokkoli in einem Topf aufschäumen lassen und den blanchierten Brokkoli darin bei schwacher Hitze vorsichtig anbraten; sein nußartiges Aroma wird dadurch noch intensiver. Leicht salzen. Auf vorgewärmte Teller anrichten.

WALLER MIT PAPRIKASAUCE

SILURE À LA SAUCE AUX POIVRONS ROUGES

8 Koteletts vom Waller, je 80 bis 90 g
16 kleine Frühlingszwiebeln
1 große rote Paprikaschote
2 Schalotten, 40 g Butter
2 Zweige Thymian, 1 Knoblauchzehe
800 ml Fischfond (Rezept Seite 140)
Salz, frisch gemahlener Pfeffer
Außerdem:
2 EL Öl, 40 g kalte Butter für die Sauce

Die Wallerkoteletts säubern und trockentupfen. Die Frühlingszwiebeln putzen. Die Paprikaschote vierteln, Samen und Scheidewände entfernen, das Fruchtfleisch grob würfeln. Die geschälten Schalotten in Scheiben schneiden und in 20 g Butter glasig werden lassen. Paprikawürfel, Thymian und die angedrückte Knoblauchzehe zugeben. Mit 3/4 des Fischfonds auffüllen, aufkochen und bei geringer Hitze in etwa 15 Minuten weich kochen. Knoblauch und Thymian entfernen. Den Paprikafond im Mixer aufschlagen, bis die Paprikawürfel püriert sind. Durch ein feines Sieb in einen Topf passieren und warm stellen.

Die Wallerkoteletts salzen und pfeffern. In einer schweren Pfanne die restliche Butter aufschäumen lassen, das Öl zugeben und die Fischkoteletts darin auf beiden Seiten goldbraun anbraten. Die Frühlingszwiebeln einlegen, anziehen lassen, salzen und pfeffern. Etwas vom restlichen Fond zugießen. Reduzieren, bis alles wieder zu braten beginnt. Wieder etwas Fond zugießen und vollständig reduzieren. So lange wiederholen, bis der Fond verbraucht ist. Der Fisch ist gar, sobald er und die Zwiebeln glänzen. Die Paprikasauce erwärmen, die Butter in Scheiben mit dem Stabmixer einmontieren. Abschmecken, anrichten.

Im Ofen geschmort

Mit Fisch, der im Ofen geschmort wird, hat es seine Bewandtnis. Er wird nicht wie bei der klassischen Schmormethode auf dem Herd stark, sondern allenfalls leicht angebraten. Oder auch gar nicht. Flüssigkeit gehört aber auf jeden Fall dazu. Dabei kann es sich um Wein, Fischfond oder Sahne handeln.

Nun kommt es darauf an, welchen Bräunungsgrad und welche Flüssigkeitsreduktion man erzielen möchte. Soll der fertiggegarte Fisch goldbraun sein, kommt er im offenen Geschirr in den Ofen. Beim offenen Garen wird zugleich die Flüssigkeit stark reduziert. Wünscht man den Fisch nur leicht gebräunt, deckt man ihn während der Hälfte der Garzeit mit Alufolie ab. Und für den Fall, daß er gar nicht bräunen soll, bleibt der Fisch während der gesamten Garzeit im abgedeckten Geschirr.

Genaugenommen handelt es sich bei den folgenden Rezepten – mit Ausnahme des Wallers – um eine Kombinationsmethode: Auf dem Herd beginnen, im Ofen garen. Sie zeigt verschiedene Möglichkeiten auf, im Ofen zu schmoren. Wie man Fisch außerdem noch im Ofen zubereiten kann, dafür gibt es im folgenden Kapitel eine Menge empfehlenswerter Anregungen.

Für den Waller in Rotwein die Hahnenkämme, Pilze und Wallerstücke mit den Schalotten in eine Form schichten. Darauf gießt man gebundenen Rotwein und gart alles mit dem Thymian in der geschlossenen Auflaufform. Die tournierten Kartoffeln werden auf dem Herd in Butter gebraten und auf das fertige Gericht gelegt.

WALLER IN ROTWEIN

Für 4 bis 6 Portionen

100 g Hahnenkämme
150 g Austernpilze
100 g Winterchanterelles (Eierschwämme)
8 Stücke vom Waller, je 80 g
60 g Butter
100 g Schalotten, geschält
Salz, frisch gemahlener Pfeffer
1/2 l Rotwein
30 g Pfeilwurzelmehl (Arrowroot)
4 Zweige Thymian
12 tournierte Kartoffeln

Die gesäuberten Hahnenkämme in kochendem Wasser 3 Minuten blanchieren, die Haut abrubbeln. Die beiden Pilzarten putzen. Die Wallerstücke mit Küchenpapier trockentupfen. Eine passende Auflaufform mit Butter einstreichen.

Hahnenkämme, Pilze, Wallerstücke und Schalotten leicht mit Salz und Pfeffer würzen, locker gemischt in die Form schichten. Den Rotwein in einem Topf erhitzen, mit dem angerührten Pfeilwurzelmehl binden. Den Thymian zufügen, mit Salz und Pfeffer abschmecken. In die Auflaufform gießen und mit Alufolie abdecken. In den vorgeheizten Ofen stellen und bei 200 °C 15 bis 20 Minuten schmoren.

Inzwischen die tournierten Kartoffeln in der restlichen Butter goldgelb braten und salzen. Auf das fertige Fischgericht verteilen und sofort servieren.

LACHS IN SAHNE

4 Lachsfiletstücke, je 150 bis 180 g
1 Tomate
1 Knoblauchzehe
30 g Butter
1 Schalotte, fein gewürfelt
Salz, frisch gemahlener weißer Pfeffer
1/4 l Sahne
1 Messerspitze Kümmelpulver

Die Lachsfiletstücke sauber parieren und mit Küchenpapier abtupfen. Die Tomate blanchieren, kalt abschrecken, häuten, die Samen entfernen und das Fruchtfleisch in feine Würfel schneiden. Eine passende Auflaufform mit der Knoblauchzehe leicht einreiben. Die Butter in der Form zerlassen und die Schalottenwürfel bei schwacher Hitze auf dem Herd darin andünsten. Die Tomatenwürfel zugeben.

Die Lachsfiletstücke mit Salz und Pfeffer würzen und gleichmäßig in die Form legen. Die Sahne mit Salz und Kümmelpulver würzen und über die Lachsstücke gießen. Die Form mit Alufolie abdecken, in den auf 220 °C vorgeheizten Ofen stellen und den Fisch 6 bis 10 Minuten schmoren. Nach der Hälfte der Garzeit die Folie entfernen. Nach Wunsch auch während der gesamten Garzeit offen lassen.

Die ideale Beilage ist Blattspinat.

SEELACHSFILET IM REISBLATT

4 Reisblätter von mindestens 22 cm Ø
120 g Möhrenstifte, 80 g Lauchstreifen
80 g Butter, Salz, frisch gemahlener Pfeffer
1/2 TL Haselnußöl, 400 g Seelachsfilet
20 g zerlassene Butter, 1 Knoblauchzehe
1/4 l Fischfond (Rezept Seite 140)

Die Reisblätter (aus einem Asienladen) einzeln zwischen angefeuchtete Küchentücher legen, bis sie weich und gut formbar sind. Inzwischen die Hälfte der Möhrenstifte und Lauchstreifen in 30 g Butter und wenig Wasser etwa 3 Minuten dünsten. Mit Salz, Pfeffer und Haselnußöl abschmecken. Das Seelachsfilet in etwa 1,5 cm kleine Würfel schneiden, leicht salzen und pfeffern und zu dem Gemüse geben. 2 bis 3 Minuten mit dem Gemüse erhitzen. Die Mischung etwas auskühlen lassen und auf die Reisblätter verteilen. Sorgfältig einwickeln, mit der flüssigen Butter bestreichen. Eine Auflaufform mit der angedrückten Knoblauchzehe ausreiben. Das restliche Gemüse darin verteilen, den Fischfond angießen, die Rolle auf das Gemüse legen. Die restliche feste Butter in Flöckchen darauf verteilen. Die Form mit Alufolie abdecken und in den auf 220 °C vorgeheizten Ofen stellen. Den Fisch in 8 bis 10 Minuten garen, nach der Hälfte der Garzeit die Folie entfernen.

THUNFISCH, IN ROTWEIN MARINIERT

4 Thunfischkoteletts, je 180 bis 200 g
Für die Marinade:
1/2 l guter Rotwein
1 Schalotte, 1 Zweig Rosmarin
2 Zweige Thymian, 4 Blättchen Salbei
2 Lorbeerblätter, 4 Knoblauchzehen
Außerdem:
je 80 g rote, grüne, gelbe Paprikaschote
je 80 g Zucchini, Aubergine, Schalotten
6 EL Olivenöl, Salz, Pfeffer
1/2 Bund Petersilie, fein gehackt
1/4 l Fischfond (Seite 140), 30 g Butter

Die Thunfischkoteletts in der aus den angegebenen Zutaten bereiteten Marinade 6 Stunden zugedeckt kalt stellen.
Das Gemüse fein würfeln, in 4 EL Olivenöl anbraten, salzen, pfeffern, die Kräuter und den Knoblauch aus der Marinade zugeben. Zugedeckt in etwa 10 Minuten weich dünsten. Die Petersilie einstreuen, abschmekken, in eine Auflaufform füllen. Den trokkengetupften Fisch salzen, pfeffern, in dem restlichen Öl anbraten, auf das Gemüse legen. Den Fischfond zugießen. Abgedeckt im vorgeheizten Ofen bei 220 °C 6 bis 8 Minuten schmoren. Den Fisch herausnehmen und warm stellen. Den Schmorfond mit der Butter binden, abschmecken.

KABELJAU GESCHMORT

Für 3 bis 4 Portionen
Schwanzstück vom Kabeljau (etwa 1 kg)
2 TL feiner Tafelsenf
Salz, frisch gemahlener Pfeffer
80 g Butter
1/4 l Fischfond (Rezept Seite 140)
Saft von 1/2 Zitrone
30 g Semmelbrösel
1 Stengel Petersilie

Das Schwanzstück schuppen, abspülen, trockentupfen und auf beiden Seiten mit Senf bestreichen. Mehrmals einschneiden (ziselieren) und mit Salz und Pfeffer würzen. In einer Auflaufform 20 g Butter erhitzen und den Fisch etwa 5 Minuten bei schwacher Hitze auf beiden Seiten sanft anbraten. Mit dem Fischfond und dem Zitronensaft übergießen und mit den Semmelbröseln bestreuen. Die restliche Butter in Flöckchen darauf verteilen und den Petersilienstengel einlegen. Die Form mit Alufolie abdecken und den Fisch im vorgeheizten Ofen bei 180 °C in 20 bis 25 Minuten garen. Nach halber Garzeit die Folie entfernen.
Passende Saucen dazu: Zerlassene Butter, Sauce hollandaise (Seite 128), Senfbutter oder Sauce au vin blanc (Seite 142) mit Kräutern. Oder einfach den Garfond mit Eigelb und Sahne legieren.

Fisch aus dem Ofen

Ob von einer schützenden Hülle umgeben oder selbst delikate Hülle für eine feine Füllung – zum Garen im Ofen eignen sich vor allem ganze Fische, wie beispielsweise der Seewolf, der sich hier »en papillote« und mit frischen Kräutern appetitanregend darbietet. Oder die gefüllte Dorade von Seite 174/175, in deren Bauchhöhle eine mit Gemüse und Kräutern zubereitete Füllung ihr köstliches Aroma entfaltet.

Eine äußere Hülle – sei es eine knackige Semmelbrösel-Mandel-Mischung, zart knuspriger Blätterteig oder eine Salzkruste – bewirkt, daß der Fisch saftig bleibt und sein Aroma durch die rundum einwirkende trockene Hitze des Ofens intensiviert wird. Wo die Hülle eßbar ist wie bei Blätterteig, Mürb- oder Hefeteig, ist das doppelte Geschmackserlebnis gewährleistet: saftig-frischer Fisch, kombiniert mit dem feinen Geschmack von goldbraun gebackenem, auf der Zunge zergehendem Teig. Ganz besonders saftig und intensiv aromatisch aber gelingt Fisch, der in der Salzkruste im Ofen gebacken wird. Der so zubereitete Babylachs in diesem Kapitel ist ein besonders gutes Beispiel dafür.

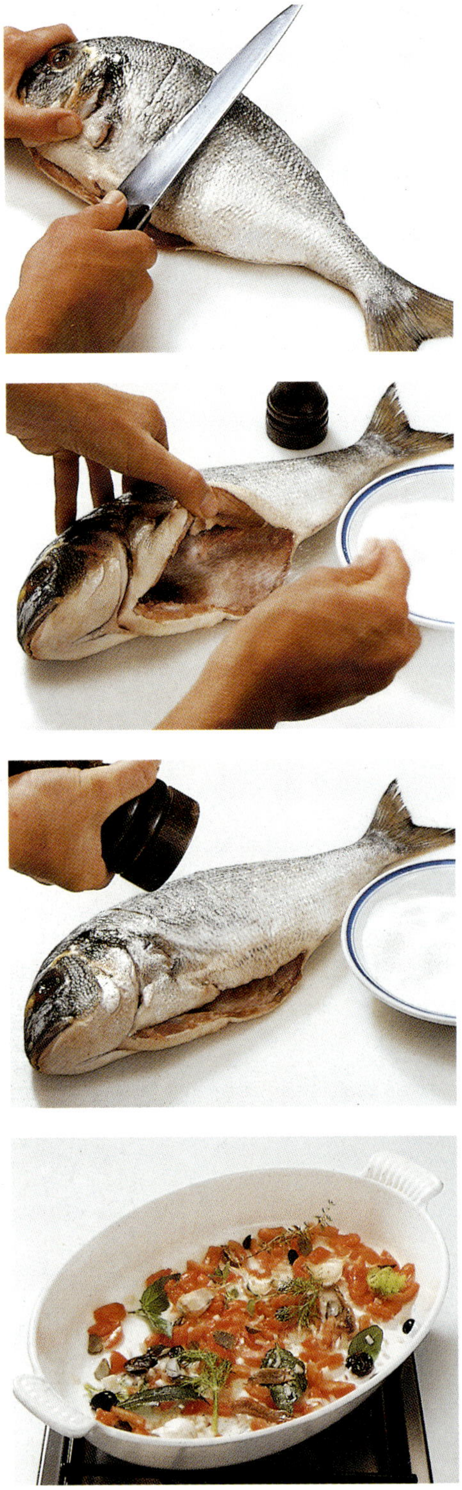

DORADE AUS DEM OFEN

Sehr schmackhaft und saftig zubereiten lassen sich größere, ganze Fische, wenn man sie in den Ofen schiebt. Ob man den Fisch dabei – um ihn vor dem Austrocknen zu schützen – »nur« in Butter langsam brät und dabei öfter mit der Butter übergießt, oder ob man ihn mit etwas zugefügtem Fischfond von Zeit zu Zeit beschöpft – das Ergebnis ist in jedem Fall ausgezeichnet, wie dieser mit frischen Kräutern gefüllte Goldbrassen (Dorade Royale) zeigt.

- *1 Goldbrassen von 800 bis 1000 g*
- *Salz, frisch gemahlener Pfeffer*
- *3 Tomaten, gehäutet, ohne Samen*
- *je 3 grüne und schwarze Oliven, entsteint*
- *2 Schalotten, 3 Knoblauchzehen*
- *2 Sardellenfilets*
- *2 EL Olivenöl*
- *3 Basilikumblätter, gehackt*
- *1 Zweig Thymian, gehackt*
- *feingehacktes Kraut von 1 Fenchelknolle*
- *300 ml Fischfond (Rezept Seite 140)*
- *30 g Butter*
- *Basilikumblättchen zum Garnieren*

1 **Die Dorade vorbereiten.** Die Flossen bis auf die Schwanzflosse abschneiden. Die Dorade schuppen, ausnehmen, gut abspülen und trockentupfen. An der dicksten Stelle ziselieren, also einige Male quer einschneiden. Dadurch gart der Fisch gleichmäßiger und viel kürzer. Innen und außen mit Salz und Pfeffer würzen. Die Tomaten, Oliven, Schalotten, Knoblauchzehen und die Sardellenfilets würfeln. 1 Eßlöffel Öl in der Form erhitzen, die gewürfelten Zutaten und die Kräuter dazugeben und anziehen lassen.

2 **Die Dorade im Ofen garen.** Die Dorade auf das Gemüsebett legen, mit dem restlichen Öl einstreichen. Den Fischfond bis zu 1/3 der Fischhöhe angießen, auf dem Herd aufkochen. Im vorgeheizten Ofen bei 225 °C in 15 bis 20 Minuten garen, dabei häufig mit dem Fond übergießen. Den Fisch anrichten. Den Schmorfond in einen Topf passieren, aufkochen, die Butter einrühren. Die Sauce abschmecken, anrichten und mit Basilikum garnieren. Oder die Dorade so servieren, wie sie aus dem Ofen kommt.

Prall gefüllt, umgeben von würzigem Gemüse, bietet sich die aufgeschnittene Dorade an. Die Brötchenfüllung mit Ei bezieht ihr köstliches Aroma aus Zwiebel, Stangensellerie, Möhre, Petersilie, Salbei und Basilikum und nicht zuletzt aus einer Knoblauchzehe. Auf Gemüse mit Fischfond gegart, wird aus der gefüllten Dorade ein Leckerbissen.

GEFÜLLTE DORADE

1 Dorade (Brassen) von 1,2 kg

Für die Füllung:

1 Semmel (Brötchen), 1/8 l Milch

1 Zwiebel

50 g Stangensellerie

50 g Möhre, 20 g Butter

1 Knoblauchzehe

1/4 TL abgeriebene Zitronenschale

2 TL gehackte Petersilie

je 1 Salbei- und Basilikumblatt, gehackt

1 Ei

Salz, frisch gemahlener Pfeffer

Außerdem:

50 g Zwiebeln

50 g Stangensellerie

50 g Möhre, 20 g Butter

50 ml Fischfond (Rezept Seite 140)

Salz, frisch gemahlener Pfeffer

Die Dorade durch den Rücken entgräten und ausnehmen (siehe Seite 131).
Für die Füllung die Semmel entrinden, in Scheiben schneiden und diese in der Milch einweichen. Zwiebel, Stangensellerie und Möhre putzen, fein würfeln und in der heißen Butter anziehen lassen. Die ungeschälte Knoblauchzehe andrücken und zugeben. Im geschlossenen Topf fast weich dünsten, nach Bedarf etwas Wasser angießen. Vom Herd nehmen und auskühlen lassen. Die Knoblauchzehe entfernen. Zitronenschale und Kräuter untermischen. Das Ei in einer Schüssel verquirlen. Mit der ausgedrückten Semmel und der Kräuter-Gemüse-Mischung vermengen und mit Salz und Pfeffer abschmecken. Die Dorade damit füllen und zubinden, wie auf Seite 131 beschrieben.
Die Zwiebeln und den Stangensellerie fein würfeln. Die geschälte, gewaschene Möhre in feine Stifte schneiden. Dieses Gemüse, die Butter und den Fischfond in einen flachen Schmortopf füllen. Die Dorade leicht mit Salz und Pfeffer würzen und auf das Gemüse legen. Mit gebuttertem Pergamentpapier bedecken und im vorgeheizten Ofen bei 180 °C in 20 Minuten garen.
Die gefüllte Dorade aus dem Topf heben, die Bindfäden vorsichtig entfernen und den Fisch in dicke Scheiben schneiden. Mit dem Gemüse und dem Fond auf vorgewärmte Teller anrichten.

TRÜSCHEN, MIT THYMIAN GEBRATEN

4 Trüschen, je 350 bis 400 g
2 Tomaten, 40 g Butter
4 Knoblauchzehen, 2 Sardellenfilets
1 kleines Bund Thymian
Salz, frisch gemahlener Pfeffer
Mehl zum Bestauben
Zitronensaft

Die Trüschen, auch Quappen oder Rutten genannt, vorsichtig ausnehmen. Ihre große cremefarbene Leber ist eine Delikatesse für sich. Daher sorgfältig von den anderen Innereien trennen, unter fließendem kaltem Wasser säubern und beiseite legen. Entweder zum Schluß für dieses Gericht mitbraten oder anderweitig verwenden (für Sauce, Suppen, Farcen, Appetithäppchen).

Die Fische innen und außen gut abspülen und trockentupfen. Die Köpfe mit einem stabilen Messer abtrennen. An der Schnittstelle die zähe, lederne Haut etwas vom Fleisch lösen und – ganz ähnlich wie beim Aal (siehe Seite 136/137) – mit einem kräftigen Zug vom Körper ziehen. Die Flossensäume abschneiden.

Die Tomaten enthäuten, Samen entfernen und das Fruchtfleisch in Würfel schneiden. Die Butter in einer Pfanne aufschäumen lassen. Die mit der Schale angedrückten Knoblauchzehen mit den Tomatenwürfeln hineingeben, dazu die grobgehackten Sardellenfilets und den grob zerkleinerten Thymian.

Die Trüschen mit Salz und Pfeffer würzen, mit Mehl bestauben, leicht abklopfen, in die Pfanne legen. Mit einigen Tropfen Zitronensaft würzen und im vorgeheizten Ofen bei 220 °C in 12 bis 15 Minuten garen.

ZANDER MIT POLENTAKRUSTE

300 g grober Maisgrieß (Polenta)
65 g Butter, Salz
200 g gut gewässertes Schweinenetz
1 Ei, 1 TL frischer Majoran
4 Zanderfiletstücke, je 150 g
4 Scheiben Gänsestopfleber, je 40 bis 50 g
frisch gemahlener Pfeffer
50 g Schalotten
1/8 l Weißwein

Für die Sauce:
60 g Möhren
je 30 g Lauch und rote Paprikaschote
30 g Butter, 1/8 l Sahne
1/8 l Hühnerbrühe
Salz, frisch gemahlener Pfeffer

Den Maisgrieß in der zerlassenen Butter kurz anziehen lassen. Mit 3/4 Liter Wasser ablöschen, aufkochen, leicht salzen und bei geringer Hitze in 15 bis 20 Minuten ausquellen lassen. Vom Herd nehmen und auskühlen lassen. Das Schweinenetz auf einem trockenen Tuch ausbreiten und trockentupfen. In 4 Teile schneiden und diese mit dem verquirlten Ei bestreichen. Den Majoran darauf verteilen, die Polenta darüberstreichen.

Die Fischfilets und die Leber leicht mit Salz und Pfeffer würzen, auf die Polentaflächen

Ganz eingehüllt in eine Kruste aus Polenta. So bleibt das Zanderfilet nicht nur schön saftig und zart, auch sein Aroma bleibt voll erhalten. Mit einem Schweinenetz gelingt das Umhüllen ganz problemlos.

legen und darin einschlagen. In eine feuerfeste Form setzen. Schalotten und Weißwein zugeben. Im vorgeheizten Ofen bei 220 °C in 20 bis 25 Minuten garen.

Für die Sauce das geputzte und in kleine Würfel geschnittene Gemüse in der heißen Butter anziehen lassen. Den Fond aus der Form, die Sahne und die Hühnerbrühe zugießen, durchkochen, aufmixen und mit Salz und Pfeffer abschmecken.

Die Polentapäckchen auf vorgewärmte Teller anrichten und mit der Sauce servieren.

Nicht nur ihr wohlschmeckendes Fleisch, sondern besonders auch ihre äußerst delikate Leber machen die Trüsche – weithin auch als Aalquappe bekannt – zu einem hochgeschätzten Speisefisch. Eine ideale Zubereitungsart ist das Garen im Ofen, wie es in diesem Rezept beschrieben wird.

Unter knuspriger Kruste

Fisch unter eine feste, knusprige Kruste zu stecken und im Ofen zu garen, ist eine beliebte und viel praktizierte Technik, die nicht zuletzt dem Fisch gut bekommt. Er bleibt auf diese Weise schön saftig. Und je nachdem, wie die Hülle beschaffen ist, kann sie auch zur geschmacklichen Ergänzung beitragen. Brösel und reichlich Butter sind wohl die einfachsten Zutaten für eine knusprige Kruste, doch das Ergebnis ist hervorragend, vor allem, wenn der Fisch mit der Haut verwendet wird. Den Bröseln kann man auch (wie im nebenstehenden Rezept) würzende Zutaten wie geriebene Nüsse, Mandeln oder ganze Pinienkerne beimischen. Eine sehr feine Kruste erhält man mit Cornflakes, wenn sie ganz leicht mit Ei gebunden und entsprechend fein gewürzt werden. Bei alledem nicht zu vergessen: frische Kräuter, die, fein gehackt unter die Brösel gemischt, der Kruste zusätzliches Aroma verleihen. Das kann eine Handvoll gemischter Kräuter sein oder zum Beispiel nur Thymian wie in dem nachfolgenden Rezept.

Den feinen Filets vom St. Pierre bekommt die schützende Kruste besonders gut. Während die Brösel schön braun und knusprig werden und die Kräuter ihren Duft entfalten, gart das Filet darunter genau auf den Punkt.

Ein wohlschmeckender Trick sind die geriebenen Mandeln in der Bröselmischung. Sie harmonieren geschmacklich bestens mit den zarten Rotbarben. Der Kontrast von knuspriger Kruste und saftigem Fischfleisch sorgt für ein vollkommenes Geschmackserlebnis. Wenn es paßt, kann man auch andere würzende Zutaten wie Walnüsse, Paranüsse, vor allem aber Pinienkerne für solche Kombinationen verwenden.

PETERSFISCH MIT THYMIANKRUSTE

4 Filets vom Petersfisch, je 160 g
Salz
60 g weiche Butter
1 EL gehackte Petersilie
1 Zweig Thymian, fein gehackt
60 g Weißbrotbrösel
frisch gemahlener Pfeffer
Zitronensaft
400 ml Fischfond (Rezept Seite 140)

Für die Sauce:
Weiße Buttersauce (Rezept Seite 144)
1 Tomate
1 kleiner Zucchino
10 g Butter

Die Fischfilets mit Küchenpapier trockentupfen und leicht salzen. Die Butter mit der Petersilie, dem Thymian und den Weißbrotbröseln mischen, mit Salz, Pfeffer und Zitronensaft abschmecken. Die Fischfilets damit bestreichen.
Den Fischfond in einer flachen Auflaufform aufkochen. Die Fischfilets hineinlegen und im Ofen unter dem vorgeheizten Grill in 4 bis 5 Minuten garen. Der Fond darf während des Garens auf keinen Fall kochen, sonst wird der Fisch fest.
Die Weiße Buttersauce zubereiten. Die gehäutete, von den Samen befreite Tomate und den geputzten Zucchino in kleine Würfel schneiden, in der Butter kurz andünsten und in die Buttersauce rühren. Die Fischfilets kurz auf ein Küchentuch legen, damit überschüssiger Fond aufgesogen wird. Auf vorgewärmte Teller anrichten und mit der Sauce umgießen.

ROUGETS MIT MANDELKRUSTE

Für 2 Portionen
2 Rotbarben (Rougets), je 350 g
60 g weiche Butter
40 g Weißbrotbrösel
20 g ungeschälte geriebene Mandeln
1 TL feingehackte Petersilie
Salz, frisch gemahlener Pfeffer
1 Spritzer Zitronensaft
2 Tomaten, 1 Zweig Zitronenthymian
20 g Butter
50 ml Fischfond (Rezept Seite 116)

Die Rotbarben schuppen, ausnehmen, kalt abspülen und trockentupfen. Die Butter mit den Weißbrotbröseln, Mandeln und der Petersilie mischen und mit Salz, Pfeffer sowie dem Zitronensaft abschmecken. Diese Mischung auf die Rotbarben streichen.
Die Tomaten enthäuten, die Samen entfernen und das Fruchtfleisch fein würfeln. In eine feuerfeste Form geben, dazu den Zitronenthymian, die Butter und den Fischfond. Die Rotbarben leicht mit Salz und Pfeffer würzen und in die Form legen. Im Ofen unter dem vorgeheizten Grill in 8 bis 10 Minuten garen.

Das Zanderfilet kreisförmig auflegen. Zunächst die Teller vorkühlen und mit je 10 g Butter einstreichen. Dann werden die Zanderfilets in 6 mm dicke, gleichmäßige Scheibchen geschnitten und von außen nach innen im Kreis auf die Teller gelegt (Foto oben und unten), mit geklärter Butter überzogen, gewürzt und mit Weißbrotbröseln bestreut. Nun übergrillt man das Gericht zu schöner Farbe, so daß das Filet unten am Teller noch etwas glasig ist und damit äußerst saftig. Dazu gibt es eine Trüffelbutter, mit der man die Viennoise umgießt. Vorzüglich!

GRATINIERTE LACHSSCHEIBEN

FILET DE SAUMON AU GRATIN

Zwei, die sich geschmacklich ganz hervorragend ergänzen, der kräftig schmeckende Lachs und die »Sauce au vin blanc«. Sie taugt bestens zum Gratinieren und gibt dem Ganzen dann eine delikate, gebräunte Oberfläche mit der zarten Sauce darunter.

200 ml Weißweinsauce (Rezept Seite 142)
20 g Butter für die Teller
Salz, frisch gemahlener Pfeffer
480 g Lachsfilet ohne Haut
24 Krebsschwänze, frisch gekocht
1 kleines Bund Dill
6 bis 8 EL geschlagene Sahne

Die Weißweinsauce zubereiten, jedoch mit 1/2 Liter Fischfond, dafür stärker reduziert, und mit nur 150 ml Sahne. 4 gekühlte Teller in der Mitte mit der Butter bestreichen, mit Salz und Pfeffer bestreuen. Das Lachsfilet senkrecht in 7 bis 8 mm dicke, gleichmäßige Scheiben schneiden und flach auf die gebutterten Teller legen. Jeweils 6 Krebsschwänze anlegen. Mit dem geschnittenen Dill bestreuen. Die steifgeschlagene Sahne unter die lauwarme Sauce heben. Die Sauce darf nicht mehr heiß sein, weil sie sonst im Ofen sofort kochen würde, ohne zu bräunen. Lachs und Krebsschwänze mit der Sauce überziehen und sofort unter dem vorgeheizten Grill oder bei Oberhitze gratinieren. Der Fisch ist gar, sobald die Sauce goldbraun ist.

Eine große Vorspeise zum Verwöhnen sind die gratinierten Lachsscheiben. Zarte, rohe Filets und feine, gekochte Krebsschwänze werden mit frischem Dill auf gebutterten Tellern mit einer speziell zubereiteten Weißweinsauce überzogen und übergrillt oder im Ofen gratiniert. Das feine Gericht eignet sich auch dazu, als kleiner Hauptgang serviert zu werden.

ZANDER IN TRÜFFELBUTTER

VIENNOISE DE SANDRE AU BEURRE DE TRUFFE

Es sollten frische schwarze Wintertrüffeln sein – konservierte taugen dafür nicht – oder die dreifache Menge Sommertrüffeln.

1 Schalotte, 20 g Butter, 4 EL Portwein
600 ml Fischfond (Rezept Seite 140)
40 g Butter für die Teller
Salz, frisch gemahlener Pfeffer
600 g Zanderfilet, 60 g geklärte Butter
200 g frische Weißbrotbrösel ohne Rinde
20 g Perigord-Trüffel, grob gehackt
20 g Butter, Zitronensaft

Die feingewürfelte Schalotte im Topf in der Butter anziehen lassen, ohne Farbe zu geben. Mit dem Portwein ablöschen und auf 2 Eßlöffel einkochen lassen. Den Fischfond zugießen und auf 1/4 einkochen. Passieren und zurück in den Topf gießen.

4 Teller in der Mitte mit Butter einfetten. Salzen und pfeffern. Das Zanderfilet in etwa 6 mm dicke, gleichmäßige Scheiben schneiden. Kreisförmig auf den Tellern anrichten. Die geklärte Butter darauf verteilen; so kann der Fisch beim Garen nicht austrocknen. Leicht mit Salz und Pfeffer würzen und mit den Weißbrotbröseln bestreuen. Daneben gefallene Brösel entfernen. Dem Gericht unter dem vorgeheizten Grill eine goldbraune Kruste geben. So gart das Filet auf den Punkt und bleibt auf der Unterseite noch etwas glasig. Das ist erwünscht. Aus dem Ofen nehmen und 1 1/2 bis 2 Minuten beiseite stellen.

Während der Fisch im Ofen gart, den Fond mit den Trüffeln kräftig durchkochen und anschließend mit der Butter binden. Dabei die Kasserolle kreisend bewegen und rütteln, damit eine gute Bindung entsteht. Mit Salz und ein paar Tropfen Zitronensaft abschmecken. Um den gegarten Fisch gießen und sofort servieren.

Bratfolie – für Fische ideal

Die moderne Technik macht es möglich, größere Fische problemlos in durchsichtiger Bratfolie zu garen und dadurch ein besonders schmackhaftes Ergebnis zu erzielen. Die geruchs- und geschmacksneutrale Folie aus Kunststoff kann bis zu 250 °C erhitzt werden. Die durchschnittliche Arbeitstemperatur liegt bei 200 bis 250 °C. Bei Fisch sollten jedoch 200 °C nicht überschritten werden. Man füllt das Gargut in die einseitig geschlossene Folie, schließt die andere Seite sorgfältig und legt das Paket in den Ofen, nachdem man mit einer Nadel mehrere Löcher in die Folie gestochen hat. Denn durch zu hohen Druck, der durch den Dampf beim Garen entsteht, kann die Folie im Ofen platzen. Die eingestochenen Löcher aber wirken wie Ventile.
Und das geht beim Garen in der Folie vor sich: Das Gargut ist praktisch luftdicht abgeschlossen und äußerlich geschützt. Durch das Erhitzen wird die Flüssigkeit aus Fisch, Gemüse und Aromaten abgegeben, die praktisch einem Dünstfond gleichkommt. Zugleich entwickelt sich Dampf, der die Folie ballonartig aufbläht, den Fisch umspielt und ihn durch seine Hitze gleichmäßig gart. Er wird also gedünstet und gedämpft.
Die Pluspunkte beim Garen in Folie: Der bindegewebs- und fettarme Fisch trocknet normalerweise beim Garen leicht aus. Das betrifft vor allem größere Exemplare mit längerer Garzeit. Es gilt also, sie entsprechend zu schützen und saftig zu halten. Die Bratfolie ist dazu ideal. Zusätzlicher Nutzen: In der luftdicht verschlossenen Folie können sich die Geschmacksstoffe von zerkleinertem Gemüse, Kräutern, Butter und Fisch besonders innig verbinden, was jedes Gericht delikater macht. Und noch ein Vorteil der Bratfolie: Das Gargut kann besonders sparsam gewürzt werden, weil die Geschmacksstoffe aller Zutaten in der Folie voll erhalten bleiben. Das gilt vor allem für Fisch, der möglichst nature, mit Salz, Pfeffer und vielleicht ein paar Kräutchen gegart und anschließend mit einer dezenten Sauce serviert werden sollte.

SCHELLFISCH AUS DER FOLIE

1 Schellfisch von 1,2 kg
1 Möhre, 1 kleine Stange Lauch
2 bis 3 Schalotten, 5 Stengel Petersilie
1 Lorbeerblatt, 3 Zweige Thymian
1 TL Pfefferkörner
2 bis 3 Wacholderbeeren
40 g Butter, Salz, frisch gemahlener Pfeffer

Den Schellfisch ausnehmen, Kopf und Flossen abschneiden. Den Fisch schuppen und sorgfältig innen und außen waschen. Die geschälte Möhre in Scheibchen, den geputzten und gewaschenen Lauch in Stücke schneiden. Die Schalotten schälen. Mit den Petersilienstengeln, dem Lorbeerblatt, dem Thymian, den Pfefferkörnern und den Wacholderbeeren mischen. Vom Bratbeutelschlauch ein Stück in der doppelten Länge des Schellfischs abschneiden. Eine Seite nach Packungsanweisung sorgfältig verschließen. Die vermischten Zutaten und die in Stückchen geteilte Butter einfüllen. Den Schellfisch mit Salz und Pfeffer würzen und auf das Gemüsebett in der Folie legen. Den Folienschlauch schließen und mehrmals oben mit einer Nadel einstechen. Das Paket auf den kalten Grillrost (niemals mit vorheizen!) legen und auf der mittleren Schiene in den vorgeheizten Ofen schieben. In 20 bis 25 Minuten bei 200 °C garen. Den Fisch mit dem Gemüse anrichten. Senfbutter und Salzkartoffeln dazu reichen.

In glasklarer Folie für den Ofen bereit. Den an beiden Enden sorgfältig verschlossenen Folienschlauch mehrere Male mit einer Nadel einstechen. So kommt das Paket in den vorgeheizten Ofen, und zwar immer auf den kalten Rost und so gelagert, daß die Folie nicht die Ofenwände berühren kann. Sonst schmilzt sie oder wird zumindest beschädigt.

HECHT IM SPECKMANTEL

Für 2 bis 3 Portionen

1 fangfrischer Hecht, etwa 800 g

Salz, frisch gemahlener Pfeffer

2 Schalotten

1 Bund frische Kräuter

40 g Butter

12 Scheiben Bauchspeck

Den Hecht schuppen, ausnehmen und abspülen. Die Bauchhöhle sorgfältig auswaschen und trockentupfen. Den Hecht innen und außen mit Salz und Pfeffer würzen. Die abgezogenen Schalotten in Scheiben schneiden. Die Kräuter (Petersilie, Koriander und Thymian) abspülen und trockenschwenken, einige Zweige beiseite legen. Den Hecht mit den übrigen Kräutern, den Schalottenscheiben und der Butter füllen und gleichmäßig mit den geräucherten Speckscheiben umwickeln (siehe Foto). Mit den restlichen gehackten Kräutern bestreuen, in Alufolie packen und die Folie sorgfältig schließen, damit kein Saft herausfließen kann. In 20 bis 25 Minuten im vorgeheizten Ofen bei 200 °C garen. Die vollkommen undurchlässige Alufolie sorgt – zusammen mit dem Speck – dafür, daß der extrem fettarme Hecht im eigenen Saft gart und dadurch saftig bleibt.

RED SNAPPER »EN PAPILLOTE«

Für 2 Portionen als Hauptgang
1 Red Snapper von etwa 800 g
Salz, frisch gemahlener Pfeffer
Öl zum Bestreichen
30 g Butter
3 bis 4 Knoblauchzehen
4 frische Salbeiblätter

Den Red Snapper (es kann auch eine Dorade sein) schuppen und die Kiemen entfernen. Den Fisch ausnehmen und abspülen. Die Bauchhöhle sorgfältig auswaschen und trockentupfen. Innen und außen kräftig mit Salz und Pfeffer würzen. Den Fisch an der dicksten Stelle ziselieren, also mit einem scharfen Messer einige Male einschneiden – eine Garantie dafür, daß er gleichmäßig gart. Ein ausreichend großes Stück Pergamentpapier ausbreiten. Den Fisch mit Öl einstreichen und auf das Papier legen. Die Butter in Stückchen darauf verteilen. Den Knoblauch, mit der Schale zerdrückt, und die Salbeiblätter zufügen. Zu einem luftdichten Päckchen locker verschließen. Die Papieroberfläche ebenfalls mit Öl bestreichen, dadurch bräunt das Papier nicht so stark. Den Ofen auf 200 °C vorheizen. Das Päckchen auf ein Backblech legen, in den Ofen schieben und den Fisch in 20 bis 25 Minuten garen. Aus dem Ofen nehmen. Das Päckchen mit einer breiten Palette auf eine Platte heben und servieren, es wird erst bei Tisch geöffnet. Das poröse Pergamentpapier verwendet man eigentlich für eher fette Fische. In der Papierhülle ist der Fisch gegen zu große Hitze geschützt; da aber ein Großteil des Dampfes entweichen kann, wird er gleichzeitig braun.

Präzisionsarbeit: Einen Loup de mer in Teig hüllen. Jeweils von links nach rechts: Die Hälfte des Pastetenteigs auf Mehl 2 bis 3 mm dick, oval und ausreichend groß ausrollen. Den vorbereiteten Fisch auflegen. Den Teigrand mit dem Messer abschneiden, so daß er beim Einschlagen nicht überlappt. Ein Stück Teig schmal ausrollen und in Fischform schneiden. Den Fisch in das große Teigstück einschlagen. Mit verquirltem Eigelb bestreichen • Mit der Teigplatte schließen. Umgedreht auf ein leicht geöltes Backblech legen. Den Teig am Schwanzende sauber ausschneiden und die Rillen der Schwanzflosse nachmodellieren. Die Oberfläche mit Eigelb bestreichen. Runde »Schuppen« aus dem restlichen Teig ausstechen und vom Schwanz zum Kopf hin auflegen • Zwei Streifen ausradeln, ein Auge formen und, wie auf den Fotos gezeigt, auflegen. Auch Rücken- und Bauchflossen aus Teig formen und anlegen. Die Garnituren mit Eigelb bestreichen.

In der Teighülle gebacken

Zwar gibt es Fische mit zartem und andere mit festem Fleisch, wie wir wissen, aber empfindlich sind sie beim Garen alle. Ob durch ihre eigene Haut, durch sanften Dampf, durch schonendes Dünsten oder durch Folie – sie müssen, trotz der kurzen Garzeiten, vor allzu großer und direkter Hitzeeinwirkung geschützt werden.
Da bietet es sich geradezu an, Fische auch mal in Teig einzuschlagen und sie im Ofen regelrecht zu backen. Der Vorteil liegt auf der Hand: Der Fisch ist durch den Teig vollkommen abgeschlossen und wird sozusagen im eigenen Saft durch die Hitze der backenden Teighülle sanft gegart. In dieser Umhüllung kann er – gewürzt, gefüllt oder ungefüllt – sein Eigenaroma voll entwickeln und mit dem Aroma der anderen Zutaten eine gute Liaison eingehen. Hinzu kommt, daß der Teig die Aromen in sich aufnimmt. Das Ergebnis: superzarter Fisch unter würziger, goldbraun-knuspriger Kruste, köstlichen Duft verströmend; das vollkommene Geschmackserlebnis, an dem Gaumen, Augen und Nase gleichermaßen teilhaben.
Geeignet für die Umhüllung sind Hefe- oder Pastetenteig, aber auch Blätterteig. Hier wird das Einhüllen einmal mit Pastetenteig, einmal mit Hefeteig demonstriert.

LOUP DE MER IN PASTETENTEIG

Für 2 Portionen als Hauptgericht

Für den Pastetenteig:

500 g Mehl, 250 g Butter, 1 Ei, Salz

2 bis 3 EL kaltes Wasser

Außerdem:

1 Loup de mer von etwa 600 g

Salz, frisch gemahlener Pfeffer

1 Bund Kräuter

30 g Butter, 1 Eigelb zum Bestreichen

Das Mehl auf die Arbeitsfläche sieben, in die Mitte eine Mulde drücken. Die Butter in kleine Stücke schneiden und auf dem Mehlrand verteilen. Das Ei, etwas Salz und zunächst 2 Eßlöffel Wasser in die Mehlmulde geben. Alles nach und nach mit dem Mehl verkneten. Je schneller das geht, um so eher wird verhütet, daß der Teig brandig wird, also keine homogene Masse bildet. Den dritten Eßlöffel Wasser noch unterkneten, falls der Teig zu fest sein sollte. Zur Kugel formen und, in Alufolie gepackt, 2 Stunden im Kühlschrank ruhen lassen.
Kurz vor Ende der Ruhezeit den Loup de mer (Wolfsbarsch) vorbereiten. Dazu die Rücken- und Bauchflossen, nicht aber die Schwanzflosse abschneiden. Den Fisch schuppen, ausnehmen, auch die Kiemen entfernen. Abspülen und die Bauchhöhle sorgfältig auswaschen. Trockentupfen. Außen und innen mit Salz und Pfeffer würzen. Die Kräuter (Petersilie, Dill und Thymian) waschen und trockenschwenken. In die Bauchhöhle füllen und die Butter in Stückchen hineingeben.
In der Bildfolge links ist beschrieben, wie der Loup de mer in den Teig gehüllt und garniert wird. Mit Eigelb bestrichen, kommt er in den auf 220 °C vorgeheizten Ofen. Bei dieser Temperatur wird er 10 Minuten angebacken und bei 180 °C in 20 Minuten fertiggebacken.

RENKEN IN HEFETEIG

Für den Hefeteig:

500 g Mehl, 200 ml Milch

60 g Butter, 30 g Hefe, Salz, 1 Ei

Für den Fisch:

2 Renken, je etwa 350 g

Für die Farce:

2 Saiblinge, je 300 g

1 Ei

Salz, frisch gemahlener weißer Pfeffer

25 g weiche Butter

1/4 l Sahne, 10 g Trüffel

Außerdem:

1 Eigelb zum Bestreichen

Das Mehl auf die Arbeitsfläche sieben und in die Mitte eine Mulde drücken. Milch und Butter im Stieltopf lauwarm werden lassen, die Hefe hineinbröckeln und auflösen. Salz und Ei in die Mehlmulde geben, die warme Hefemilch zugießen. Mit wenig Mehl zunächst verrühren, dann zu einem glatten Teig verkneten. Zugedeckt an einem warmen Ort 15 Minuten gehen lassen.
Renken und Saiblinge filetieren. Die 4 Renkenfilets abgedeckt im Kühlschrank aufbewahren. Die Saiblingfilets in kleine Stücke schneiden. Mit dem Ei, Salz und Pfeffer mischen und für kurze Zeit abgedeckt in den Kühlschrank stellen. Anschließend mit der weichen Butter und der Sahne im Mixer fein pürieren. Die feingehackte Trüffel untermischen, abschmecken.
Den Hefeteig in 4 Stücke teilen und diese 2 bis 3 mm dick ausrollen. Den Teig wie für den Loup de mer (links) zurechtschneiden und die Farce gleichmäßig darauf verteilen. Je ein gewürztes Renkenfilet auflegen und zur Fischform einschlagen. Aus dem restlichen Teig Augen, Mäuler und Streifen für die Trennungen von Kopf und Rumpf ausschneiden. Mit verquirltem Eigelb aufkleben. Die Schuppen vorsichtig mit der Küchenschere in den Teig »zwicken«. Mit Eigelb bestreichen und auf einem leicht gefetteten Backblech im vorgeheizten Ofen bei 200 °C 12 Minuten backen.

Seezungenfilets unter Blätterteig. Jeweils von links nach rechts: Die Filets in gleichmäßig große Streifen schneiden. Den Blätterteig 2 bis 3 mm dick ausrollen, die Form auflegen und mit dem Teigrädchen eine Teigplatte ausradeln, rundherum etwa 2 cm größer als die Form. Die mit Salz und Pfeffer gewürzten Seezungenfiletstreifen mit den zerkleinerten Champignons mischen und in die gebutterte Form füllen. Die vorbereitete, abgekühlte Hummersauce zugießen • Den Rand der Form mit verquirltem Eigelb bestreichen. Die Teigplatte auf ein Nudelholz rollen und auf die Form abrollen. Den überlappenden Rand fest andrücken. Die Teigplatte mit Eigelb bestreichen. Den restlichen Teig verkneten, ausrollen und Streifen ausradeln. Diese als Garnierung kreuzweise auf die Teigplatte legen, am Rand andrücken. Die Streifen ebenfalls mit Eigelb bestreichen. Mit einer Nadel mehrere Löcher in die Blätterteighaube stechen, damit sie beim Backen nicht reißt und der Dampf entweichen kann.

Ein luftiger Teig für zarte Fische

Frisch gebackener Blätterteig ist schon pur gegessen ein Genuß, vor allem der mit frischer Butter gemachte. Den gibt es zu entsprechenden Preisen im Delikatessengeschäft oder im Fachhandel für die Gastronomie oder – der sicherste Weg – man macht ihn selbst. Die Zubereitung ist zwar mit einigem zeitlichen Aufwand verbunden – aber geschmacklich liegen zwischen diesem »blättrig-buttrigen« Teig und dem üblichen tiefgefrorenen Margarineteig Welten. Da liegt es nahe, ihn mit zartem Fisch zu kombinieren und beispielsweise feine Seezungenfilets unter einer knusprigen Blätterteighaube zu garen. Eine äußerst schonende Garmethode, die auch für Steinbutt, Doraden, Snapper, Loup de mer und Rougets bestens geeignet ist. Natürlich auch für Süßwasserfische wie Forelle, Saibling, Felchen und Hecht.

Weitaus üblicher ist es, den Fisch nicht nur unter eine Haube zu stecken, sondern ihn ganz in Teig einzuhüllen. Blätterteig ist ideal dafür geeignet, allerdings nur für »kleine Fische«, die großen taugen nicht für diese luftige Hülle. Ist die Füllung nämlich zu schwer, kann der Teig an der Unterseite nicht aufgehen, die Teigschicht bleibt pappig und letztlich ungenießbar. Leider geschieht das noch oft. Also nur kleine Fisch-Portionen in Blätterteig hüllen und für ganze, größere Fische Mürb- oder Hefeteig vorziehen.

SEEZUNGENFILETS UNTER DER BLÄTTERTEIGHAUBE

Hummersauce (Rezept Seite 143)
1 kleiner Zweig Estragon, fein geschnitten
2 Seezungen, je 400 g
100 g frische Champignons
300 g Blätterteig
10 g weiche Butter für die Form
Salz, frisch gemahlener Pfeffer
2 Eigelbe zum Bestreichen

Die Hummersauce zubereiten. Den Estragon zufügen, aufkochen und abkühlen lassen.

Die Seezungen häuten, filetieren und sauber parieren, mit Küchenpapier abtupfen und dabei eventuelle Blutreste entfernen. In schräge Streifen schneiden und diese abgedeckt in einer Schüssel in den Kühlschrank stellen. Die Champignons putzen und grob zerkleinern. Weiterverfahren, wie in der Bildfolge beschrieben. 1 Stunde im Kühlschrank ruhen lassen. Anschließend im vorgeheizten Ofen 12 bis 15 Minuten bei 220 °C backen.

Unter der Blätterteighaube, goldbraun und äußerst appetitlich, verbirgt sich ein delikates Ragout aus Seezungenfilet und Champignons in feiner Hummersauce. Und da die Sauce mit etwas Estragon gewürzt wird, paßt als Garnierung natürlich auch Estragon. Blätterteig und Ragout ergänzen sich geschmacklich perfekt.

BABYLACHS IN DER SALZKRUSTE

2 Babylachse, je 600 bis 700 g
Für die Salzkruste:
3 kg grobes Meersalz
3 Eiweiße
150 bis 200 ml Wasser
Außerdem:
Öl für das Backblech
Kräuter nach Geschmack

Die Babylachse ausnehmen, auswaschen und mit Küchenpapier trockentupfen. Schuppen ist nicht nötig, weil die Haut nicht mitverzehrt wird.
Das Salz mit dem Eiweiß mischen und das Wasser nach und nach hineinrühren. Noch 2 Minuten rühren und etwas ruhen lassen. Die Salzmasse halbieren.
Aus mehrfach aufeinandergelegter Alufolie 2 Fischkonturen formen und auf geölte Backbleche legen. Je 1/3 der geteilten Salzmasse in die Formen füllen und glattstreichen.
Die Lachse mit einem Teil der gewaschenen Kräuter (zum Beispiel Petersilie, Dill, Estragon oder Basilikum) füllen. Die Lachse auf das Salz legen und die restlichen Kräuter darauf verteilen. Mit der übrigen Salzmasse abdecken und glattstreichen. Bei 200 °C im vorgeheizten Ofen in 15 bis 20 Minuten garen.

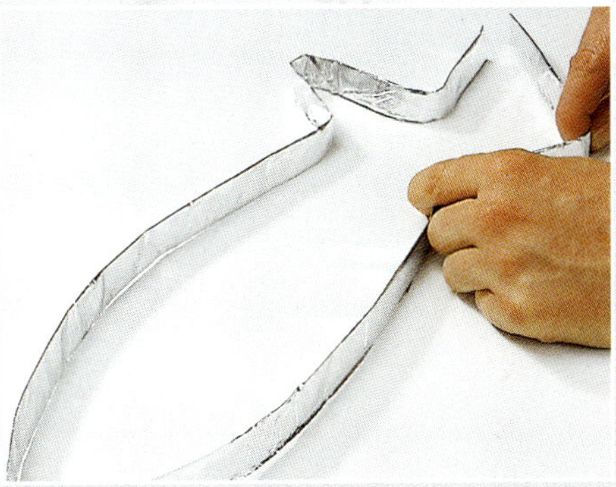

1 **Fischkontur und Salzmasse.** Für die Fischkontur die Folie mindestens sechsfach aufeinanderlegen, damit sie sich nicht verformt. Die Kontur muß groß genug sein, damit der Fisch hineinpaßt. Für die Salzmasse zu dem mit Eiweiß gemischten Salz unter Rühren das Wasser gießen und zu einer relativ geschmeidigen Masse vermischen. Weitere 2 Minuten rühren, damit sie zusammenhält, was durch das Eiweiß und die Wasserzugabe bewirkt wird. Anschließend ist die Masse beim Einfüllen gut zu handhaben.

2 **Die Fischkontur füllen.** 1/3 der Salzmasse einfüllen, aber vorher halbieren, weil sie für zwei Babylachse ausreichen muß. Glattstreichen. Den Fisch mit den Kräutern füllen und auf die Salzmasse legen. Mit ein paar zurückgelassenen Kräutern belegen und die restliche Salzmasse darauf verteilen. Diese gleichmäßig glattstreichen, damit der Fisch unter der Salzkruste nicht ungleichmäßig gart. Zum Glattstreichen nimmt man ein kleines Messer, damit ist leichter zu arbeiten. Den Fisch in den Ofen schieben.

Suppen und Eintöpfe

Zwischen den deftig-rustikalen, volkstümlichen Suppen und Eintöpfen sind die Grenzen oft fließend. Was so gerade eben noch Suppe ist, kann schon sättigende Mahlzeit aus einem Topf sein. Wo immer in der Welt Fisch frisch angelandet wird, bieten die Frauen ihren Familien und die Gastronomen ihren Gästen solche Gerichte an. Köstliche Kombinationen aus Fisch, Schal- und Krustentieren – manchmal mit Kartoffeln oder Reis, fast immer mit Gemüse. Oft auch mit einer Sauce, die zusammen mit Brot als Beilage serviert wird.

Genüsse, die auch den Gaumen des Feinschmeckers streicheln. Da nimmt er sogar die Mühe in Kauf, die darin enthaltenen Fischstücke selbst von den Gräten zu lösen. Denn Fischfilet wird für die kräftigen Gerichte nur selten verwendet.

In dieses Kapitel gehören aber auch die leichten, gebundenen Suppen und die edlen Consommés, die nur mit einer Spur von Kräutern oder so feinen Einlagen wie Hechtklößchen oder Ravioli daherkommen.

1 **Gemüse, Kräuter und Gewürze** braucht man, wenn der Fischfond fachmännisch geklärt werden soll. Möhren, Schalotten, Lauch und Stangensellerie werden in kleine Würfel geschnitten. Mit den geschälten Knoblauchzehen, den Kräutern und Gewürzen kommen die Gemüsewürfel in eine Schüssel.

2 **Fisch und Eiweiß in die Schüssel geben.** Auf keinen Fall darf auch nur eine Spur Eigelb mit hineingelangen, sonst wird der Fond trübe. Das Fischfilet wird zuerst durch die mittlere Scheibe des Fleischwolfs getrieben, bevor es zu den anderen Klärzutaten in die Schüssel kommt.

3 **Alle Zutaten miteinander verrühren,** bis sie sich gut vermischt haben. Nur so kann die Masse beim Klären alle Trübstoffe binden. Dabei kräftig rühren, denn das Eiweiß soll leicht schaumig werden und lockere Bläschen bilden, ähnlich wie mit dem Elektroquirl angeschlagenes Eiweiß.

4 **Die Klärmasse in einen Topf füllen.** Die Eiswürfel zugeben und den kalten, aber flüssigen Fischfond unterrühren und alles 15 Minuten durchziehen lassen. Zum Kochen bringen, dabei ständig – am besten mit einem Holzspatel – umrühren, damit das Eiweiß nicht am Topfboden ansetzt.

5 **Nicht mehr rühren,** sobald die Mischung zu kochen beginnt. Einmal kräftig aufkochen, dann die Hitze reduzieren und die Mischung 12 bis 15 Minuten simmern lassen. Das Eiklar und das Fischeiweiß haben die Trübstoffe gebunden und steigen nun als Schaum an die Oberfläche.

6 **Den Fond ablaufen lassen.** Ein Sieb mit einem Mulltuch auslegen und den Fischfond vorsichtig mit einer Schöpfkelle einfüllen. Von der Klärmasse darf nichts mit in die Consommé gelangen. Ohne nachzudrücken, durchlaufen lassen. Das Ergebnis ist eine kristallklare, würzige Consommé.

Fischfond klären

Wie man einen Fumet de poisson fachgerecht zubereitet, wird auf Seite 140 ausführlich erklärt. Hier geht es darum, diesen Fond zu klären, wenn aus ihm eine feine Consommé werden soll. Das Klären bewirkt nicht nur, daß der Fond kristallklar und zartgelb wird, er erhält auch zusätzliches Aroma von den Klärzutaten.

FISCHCONSOMMÉ

Für 1 Liter

je 50 g Möhren, Schalotten und Lauch
1 Stangensellerie, 2 Knoblauchzehen
2 bis 3 Zweige Thymian
1 Stengel Petersilie, 1/2 Lorbeerblatt
10 weiße Pfefferkörner
2 Wacholderbeeren
200 g Magerfischfilet (wie Merlan, Rotbarsch)
4 Eiweiße, 5 bis 6 Eiswürfel
1 1/4 l kalter Fischfond (Rezept Seite 140)

Die Consommé zubereiten und klären, wie in der Bildfolge beschrieben.

Feine Einlagen

Eine Consommé ist für sich schon ein Genuß, aber noch nicht das, was der Feinschmecker als einfallsreiche Vorspeise bezeichnen würde. Doch schon so einfache Einlagen wie feine Gemüse-Julienne, rohes und in kleine Stücke geschnittenes Fischfleisch oder ausgelöste Muscheln geben einer Fischconsommé Pfiff und zusätzliche Würze. Den Hauch des Besonderen allerdings verleihen ihr erst so feine Einlagen wie die in den nachfolgenden Rezepten vorgestellten.

KLÖSSCHEN MIT GERÄUCHERTEM WALLER

(Ohne Abbildung)

50 g geräuchertes Filet vom Waller (Wels)
2 Scheiben Toastbrot
40 g geklärte Butter
150 g rohes Wallerfilet
150 ml Sahne
Salz, frisch gemahlener Pfeffer

Das geräucherte Filet fein würfeln oder in feine Stückchen zupfen. Das Toastbrot entrinden, in ganz feine Würfel schneiden und in der geklärten Butter goldbraun rösten, auf Küchenpapier abtropfen lassen.

Das gut gekühlte Wallerfilet mit 2/3 der ebenfalls gekühlten Sahne im Mixer pürieren. Durch ein Sieb streichen und die restliche Sahne unterziehen. Salzen und pfeffern. Die Farce mit den geräucherten Filetstückchen und den Croûtons mischen, nochmals abschmecken. Ein Probeklößchen kochen (siehe Seite 157), um Konsistenz und Geschmack zu prüfen. Mit einem Teelöffel Klößchen formen und nacheinander in siedendem, mild gesalzenem Wasser garziehen lassen. In der Consommé anrichten. Sie passen auch gut in kräftigere Suppen.

SEEHECHTSTRUDEL

Für den Strudelteig:

1 Eigelb, 1 Prise Salz

65 ml lauwarmes Wasser

50 g flüssige Butter

135 g Weizenmehl Type 550

Für die Füllung:

300 g Farce mit Seehecht (Rezept Seite 158)

250 g Meerbohnen (Salicorne)

Für den Teig Eigelb, Salz und Wasser in einer Schüssel verrühren. Die lauwarme Butter untermischen und das gesiebte Mehl nach und nach einarbeiten. Den Teig so lange kneten, bis er glatt und seidig ist. In eine eingeölte Klarsichtfolie einschlagen und 1 Stunde an einem warmen Ort ruhen lassen.
Inzwischen die Fischfarce zubereiten. Die Meerbohnen in Wasser ohne Salz aufkochen und sofort kalt abschrecken. Abtrocknen und die holzigen Stiele entfernen.
Den Strudelteig in 4 gleich große Stücke teilen. Die Stücke auf der bemehlten Arbeitsfläche dünn ausrollen, auf bemehlte Tücher legen und hauchdünn auseinanderziehen. Die Fischfarce auf die Teigstücke verteilen, darauf die Meerbohnen. Die Teigstücke an den Seiten einschlagen und durch Anheben des Tuches einrollen. Die Strudel nebeneinander in eine Auflaufform legen und bei 200 °C im vorgeheizten Ofen 12 bis 15 Minuten backen. In Scheiben schneiden, auf vorgewärmte Teller verteilen und mit der heißen Fischconsommé auffüllen. Werden nicht alle Strudel benötigt, kann man sie nach dem Zusammenrollen sehr gut einfrieren.

LACHS-RAVIOLI

Für den Nudelteig:

2 Eier, 1 Prise Salz, 1 TL Öl

200 g Weizenmehl Type 405

Für die Füllung:

10 g Kräuter oder getrocknete Algen

150 g Farce mit Lachs (Rezept Seite 158)

40 g ausgelöste Garnelen, fein gehackt

Salz, frisch gemahlener Pfeffer

Außerdem:

1 Ei zum Bestreichen, Salz

Für den Teig die Eier, Salz und Öl in einer Schüssel glatt verrühren. Das gesiebte Mehl nach und nach einarbeiten. Den Teig mit dem Handballen 3 bis 4 Minuten durchwalken, bis er glatt und seidig ist. In Klarsichtfolie wickeln und an einem warmen Ort 30 bis 50 Minuten ruhen lassen.
Für die Füllung die Kräuter oder die in Wasser eingeweichten Algen fein hacken. Die Lachsfarce mit den angegebenen Zutaten gut vermischen und abschmecken.
Den Teig in 4 gleich große Stücke teilen. Auf bemehlter Fläche dünn zu länglichen Bahnen ausrollen. Mit einem Lineal die Größe der Ravioli auf zwei der Teigbahnen markieren. Das Ei verquirlen, die Teigbahnen damit bestreichen. Die Füllung mit einem Teelöffel oder dem Spritzbeutel auf die markierten Quadrate setzen. Die beiden übrigen Teigbahnen lose darauflegen und mit dem Zeigefinger zwischen den Füllungen vorsichtig andrücken. Aufpassen, daß keine Luft eingeschlossen wird; sie würde sich beim Kochen ausdehnen und die Ravioli zerreißen. Die Ravioli mit dem Teigrädchen auseinanderschneiden. Für 4 Portionen werden 12 Stück in sprudelnd kochendem Salzwasser in etwa 5 Minuten gegart. Abgetropft in die Consommé geben. Die restlichen Ravioli roh einfrieren.

So entsteht eine Velouté. Jeweils von links nach rechts: Das Mehl unter Rühren in der erhitzten Butter ohne Farbe anschwitzen. Den abgekühlten Forellenfond angießen und die Mischung unter ständigem Rühren mit dem Schneebesen aufkochen. 10 Minuten leicht köcheln lassen. Eigelbe und Sahne miteinander verquirlen und unter Rühren in die Velouté gießen, die nicht mehr kochen darf • Ein Sieb mit einem Tuch auslegen. Die Suppe einfüllen und ablaufen lassen. Mit dem Stabmixer aufschlagen, abschmecken und den in feinste Julienne geschnittenen Sauerampfer zugeben.

Fischvelouté

So manch überzeugter Gourmet tut die Velouté als nicht mehr zeitgemäß ab und verbannt diese »Mehlsuppe« rigoros aus seinem Speiserepertoire. Schade. Wir meinen, daß dieser samtig-cremig-sahnigen Kreation auch heute noch ein Platz in der guten Küche gebührt. Voraussetzung ist allerdings, daß sie korrekt zubereitet wird, wozu unabdingbar gehört, daß sie gut durchgekocht und ein ausgezeichneter Fond verwendet wird.

FORELLEN-VELOUTÉ MIT SAUERAMPFER

Für den Fond:
600 g Forellenabgänge
15 g Butter
50 g Schalotten
800 ml Wasser
300 ml trockener Riesling
12 g Salz, 1 Zweig Thymian
Für die Velouté:
20 g Mehl
30 g Butter
2 Eigelbe
200 ml Sahne
Außerdem:
20 g Sauerampfer

Die Forellenabgänge (Gräten, Köpfe und Abschnitte) gut wässern. Die Butter in einem halbhohen Topf zerlassen, die feingeschnittenen Schalotten darin glasig werden lassen; sie dürfen keine Farbe bekommen. Die Forellenabgänge zugeben und 2 Minuten anziehen lassen. Wasser und Riesling angießen. Salz und Thymian zufügen. Bei geringer Hitze aufkochen, den dabei aufsteigenden Schaum ständig abschöpfen. Nach 3 bis 4 Minuten Kochzeit die Forellenköpfe herausnehmen, die Bäckchen auslösen und beiseite stellen. Die Fischköpfe wieder in den Topf legen. Nach insgesamt 20 Minuten Kochzeit den Fond durch ein mit einem Tuch ausgelegtes Sieb abseihen. In einen sauberen Topf gießen und auf 3/4 Liter einkochen. Abkühlen lassen.

Weiterarbeiten, wie in der Bildfolge beschrieben. Außer dem Sauerampfer zum Schluß noch die Forellenbäckchen in die Suppe geben. Wer sie noch anreichern möchte, bereitet Forellenklößchen als Einlage zu. Sie werden wie die Hechtklößchen auf Seite 156 hergestellt, natürlich mit Forellenfleisch.

RUSTIKALE FISCHSUPPE

Dies ist das Basisrezept für eine kräftig-aromatische Fischsuppe, deren Fischzutaten äußerst variabel sein können. Magerfische machen sie ein bißchen feiner, Fettfische wie Karpfen, Lachs und Aal kalorienreicher und sättigender. Zu empfehlen sind Drachenkopf, Petermännchen, Knurrhahn, kleine Brassen, Rotbarbe, Wittling oder Meeraal; ein kleiner Teil sollten Krustentiere wie Taschenkrebse oder Krabben sein.

Für 4 bis 6 Portionen
1,5 kg Fische und Krustentiere, gemischt
3 EL Olivenöl, 2 EL Butter
1 mittelgroße Fenchelknolle
8 Schalotten, 4 Möhren
1 Stange Lauch, 2 Tomaten
2 mittelgroße Kartoffeln
3 Knoblauchzehen
3 Zweige Thymian, 1 Lorbeerblatt
2 TL Tomatenmark
1/4 l Weißwein
1 l Fischfond (Rezept Seite 140)
1 l Wasser
1 Prise Safran
1 TL Pernod oder Ricard

Die Suppe zubereiten, wie in der Bildfolge rechts gezeigt und beschrieben.

1 **Die geputzten, zerkleinerten Fische** und Krustentiere in einen schweren Bräter in heißem Olivenöl 5 Minuten unter Wenden anbraten. Mit dem Pfannenwender häufig vom Boden lösen. Die Butter darin schmelzen lassen. Das geputzte, gewaschene und kleingeschnittene Gemüse und die geschälten, gewürfelten Kartoffeln, die zerkleinerten Knoblauchzehen, Thymian, Lorbeerblatt und Tomatenmark untermischen.

2 **Die Fisch-Gemüse-Mischung** 5 Minuten kräftig durchschmoren. Die Hitze erhöhen und den Weißwein angießen. Reduzieren. Den Fischfond und das Wasser zugießen, sobald der Alkohol verdampft ist, also nur das angenehme Weinaroma zurückbleibt. Diese Mischung muß lange kochen, damit die Zutaten alle ihre Aromastoffe abgeben können und die Suppe schön würzig wird. Also bei geringer Hitze 75 Minuten köcheln lassen, dann hat die Suppe ihren vollen Geschmack entwickelt.

3 **Die Suppe passieren.** Das Gemüse ist jetzt ganz weich, und die Fischstücke sind zerfallen. Die Suppe durch ein Sieb laufen lassen, die festen Bestandteile mit der Schöpfkelle kräftig auspressen. Dadurch kommen püriertes Gemüse und kräftiger Fischsaft in die Suppe; sie wird sämig und noch geschmacksintensiver. Zum Schluß mit Safran und vorsichtig, tropfenweise, mit Pernod oder Ricard abschmecken. Als Beilage zu dieser gehaltvollen Suppe reicht man geröstetes Knoblauchbrot und Aïoli oder Rouille.

PROVENZALISCHE FISCHSUPPE

BOUILLABAISSE

Es ist nicht nur Frankreich für seine Fischsuppen berühmt – man denke nur an die venezianische Brodino di pesce oder die spanische Mallorquina –, doch die Bouillabaisse aus der Provence ist zweifellos die bekannteste unter den Berühmtheiten. Die köstlich-würzige Suppe lebt von der beneidenswerten Vielfalt des Fischangebots und der Phantasie der Köche, die immer wieder neue Kombinationen erdenken. Doch meist verwenden sie die möglichst kleinen Fische wie Rouget, Petermännchen, Drachenkopf, Seeteufel, Meeraal oder Knurrhahn, die durch ihren relativ hohen Anteil an Haut und Gräten in Fonds und Suppen mehr Geschmack ergeben.

Für den Fond:

1 kg kleine Fische
100 g Zwiebeln
2 EL Olivenöl
250 g Tomaten
1 Knoblauchzehe
1 mittelgroße Kartoffel
1/2 Fenchelknolle
2 Stengel Petersilie
2 Zweige Thymian
Salz, frisch gemahlener Pfeffer
20 Safranfäden

Für die Einlage:

800 g Stücke von Mittelmeerfischen

Die kleinen Fische für den Fond schuppen, ausnehmen, abspülen und in kleine Stücke schneiden. Die Zwiebeln schälen und klein schneiden. Das Olivenöl in einem weiten Topf erhitzen und die Zwiebelwürfel darin anziehen lassen. Die Fischstücke, die in Stücke geschnittenen Tomaten und die angedrückte Knoblauchzehe dazugeben. Alles bei geringer Hitze 8 bis 10 Minuten dünsten. Die geschälte, zerkleinerte Kartoffel mit der geputzten, in Stücke geschnittenen Fenchelknolle in den Topf geben. 1 1/2 Liter kaltes Wasser zugießen, aufkochen und abschäumen. 1 Stunde leise köcheln lassen, dabei mehrmals abschäumen. Nach 50 Minuten die Petersilie und den Thymian einlegen, salzen und pfeffern. In der Zwischenzeit die Fische für die Einlage vorbereiten. Dafür sollen die gleichen Fische verwendet werden wie für den Fond, auch Loup de mer darf dabeisein. Die Fische schuppen, ausnehmen, parieren und abspülen. In große Stücke schneiden. Den Fond durch ein feines Sieb in einen Topf ablaufen lassen, die festen Bestandteile dabei gut ausdrücken. Die Safranfäden einrühren, aufkochen und 5 Minuten ziehen lassen. Nun die Fischstücke in den Fond legen, und zwar zuerst die festen und großen mit etwas längerer Garzeit, danach die kleinen und zarten. In 5 bis 10 Minuten garziehen lassen, je nach Größe und Konsistenz der Fischstücke. Den Fisch vorsichtig herausheben und auf einer vorgewärmten Platte anrichten. Mit dem Fond servieren. Geröstetes Knoblauchbrot und Aïoli oder Rouille dazu reichen.

Bouillabaisse, die originale aus der Provence, ist meist ein echtes Hauptgericht. Der Fisch wird extra auf einer Platte angerichtet, die Suppe in tiefen Tellern, und beides wird gemeinsam serviert. Dazu gibt es die obligaten Saucen. Wer es aber einfach mag, kann natürlich alles in einem Teller servieren.

Kalte Saucen für feine Suppen

Eine Bouillabaisse oder eine Bourride (ebenfalls eine provenzalische Fischsuppe) ohne Rouille oder Aïoli würden nur den halben Genuß bedeuten. Die Aïoli hat ihre Würze ausschließlich von Knoblauch und Salz, sie ist also eher mild. Anders bei der Rouille. Sie erhält durch Chilischoten Schärfe und durch Safran ihr Aroma.

ROUILLE

Für 4 bis 6 Portionen

1 kleine rote Paprikaschote ohne Samen
2 kleine rote Chilischoten (Peperoni)
5 bis 6 Knoblauchzehen
1/2 TL grobes Meersalz
5 bis 6 Safranfäden
1 mittelgroße mehlige Kartoffel, gekocht
1 Eigelb, 150 ml feines Olivenöl

Die Paprikaschote vierteln. Die Chilischoten halbieren, Samen entfernen. Die Knoblauchzehen schälen, die Keime wegen ihres strengen Geschmacks entfernen. Weiterverfahren, wie in der Bildfolge beschrieben.

So entsteht die Rouille. Jeweils von links nach rechts: Die vorbereitete Paprikaschote blanchieren, dann häuten. Zusammen mit den zerkleinerten Chilischoten, den Knoblauchzehen, dem Salz und den Safranfäden im Mörser zu Brei verreiben. Die abgezogene gekochte Kartoffel mit dem Stößel sorgfältig einarbeiten • Das Eigelb unterrühren und die Masse in eine größere Schüssel umfüllen. Das Olivenöl – wie bei einer Mayonnaise erst tropfenweise, dann in dünnem Strahl – einlaufen lassen und mit dem Schneebesen unterrühren. Kräftig rühren, bis die Sauce die Konsistenz einer Mayonnaise hat.

AÏOLI

Für 6 bis 8 Portionen

2 Scheiben Weißbrot ohne Rinde
1/8 l Milch
6 bis 8 Knoblauchzehen
1/2 TL grobes Meersalz
1 Eigelb, 1/4 l Olivenöl
Zitronensaft

Das Weißbrot in der Milch einweichen. Die Knoblauchzehen schälen, halbieren und von den Keimen befreien, mit dem Salz im Mörser verreiben. Das ausgedrückte Weißbrot untermischen. Weiterverfahren, wie in der Bildfolge beschrieben. Falls die Paste nach der Eigelbzugabe zu dick wird, kann man sie mit etwas warmem Wasser sämig rühren.

Bei der Aïoli genauso vorgehen wie bei der Rouille: Unter die im Mörser zerstoßenen Zutaten wird das Eigelb so lange gerührt, bis eine glatte Paste entstanden ist. Die Paste etwas ruhen lassen, damit sich das Salz lösen kann. Dann in eine große Schüssel umfüllen und das Olivenöl wiederum erst tropfenweise, dann in dünnem Strahl einlaufen lassen und das Ganze zu einer dicken Sauce verrühren. Mit einigen Tropfen Zitronensaft abschmecken. Knoblauchliebhaber können der mild-würzigen Aïoli nicht widerstehen.

TOMATEN-STEINBUTT-SUPPE

4 Flaschentomaten
1 Schalotte
2 EL Olivenöl
1 l Fischfond (Rezept Seite 140)
60 g grüne Bandnudeln
Salz, frisch gemahlener Pfeffer
1 TL Basilikumstreifen
160 g Steinbuttfilet

Die Tomaten schälen, Samen entfernen und das Fruchtfleisch in Würfel schneiden. Schalen und Samen auspressen, den Saft auffangen. 1/4 der Tomatenwürfel zunächst beiseite stellen. Die Schalotte schälen und fein würfeln. Das Olivenöl in einem Topf erhitzen und die Schalottenwürfel darin anziehen lassen. Die Tomatenwürfel einrühren, mit dem ausgepreßten Tomatensaft ablöschen und mit dem Fischfond auffüllen. Aufkochen und auf 600 ml reduzieren. In der Zwischenzeit die Bandnudeln in Salzwasser al dente kochen.
Die Suppe mit Salz und Pfeffer abschmecken. Die beiseite gelegten Tomatenwürfel und die Basilikumstreifen in die Suppe einstreuen und das Steinbuttfilet, in mundgerechte Stücke geschnitten, in etwa 3 Minuten darin garziehen lassen. Zum Schluß die abgeseihten Nudeln dazugeben und die Suppe auf vorgewärmte Teller anrichten.

SCHARFE SUPPE MIT EDLEN FISCHEN

350 g Rouget (etwa 150 g Filet)
1 Dorade von 350 g (etwa 150 g Filet)
1 Seezunge von 400 g (etwa 200 g Filet)
1 l Fischfond (Rezept Seite 140)
3 EL bunte Paprikawürfelchen
2 EL Öl
1 Messerspitze Safranfäden
Salz, frisch gemahlener Pfeffer
Cayennepfeffer nach Geschmack

Die Fische filetieren, die Seezungenfilets auch häuten. Alle Filets in mundgerechte Stücke schneiden. Den Fischfond aufkochen und bei mittlerer Hitze auf 1/2 Liter reduzieren, dabei gelegentlich abschäumen. Die Paprikawürfelchen in dem erhitzten Öl anschwitzen. Die Safranfäden einrühren, mit dem reduzierten Fond auffüllen. 4 bis 5 Minuten simmern lassen, bis die Paprikastücke weich sind und der Safran genügend Farbe abgegeben hat. Die Suppe mit Salz und Pfeffer abschmecken und eventuell einen Hauch Cayennepfeffer hinzugeben. Die Fischfiletstücke in die Suppe einlegen und bei schwacher Hitze in etwa 4 Minuten garziehen lassen.

Matelotes

Sie gehören zum Feinsten der französischen Regionalküche und verlangen nach den besten und frischesten Zutaten. Wo immer man sie auf der Speisekarte findet (leider viel zu selten, denn sie gehören zur echten Hausmannskost), schmecken sie anders. Aber alle Matelotes haben zweierlei gemeinsam: frische Fische und reichlich Wein.
Ohne Wein kommen diese hervorragenden Fischragouts einfach nicht aus. Vielleicht hat sogar ihr Name etwas damit zu tun, denn »matelot« heißt nichts anderes als Matrose oder Fischer, und denen sagt man eine recht enge Beziehung nicht nur zum Fisch, sondern auch zum Wein nach.
Im gesamten nördlichen Teil Frankreichs, von der Touraine im Westen bis zum Elsaß im Osten, werden die Matelotes in ähnlicher Zusammensetzung zubereitet. Was wechselt, sind je nach Region die Fische oder der Wein. In der Normandie zum Beispiel wird der Wein auch durch den landesüblichen Cidre ersetzt. Meist sind es Süßwasserfische, die paradoxerweise für das Matrosengericht verwendet werden – oft die fettreichen Arten wie Aal und Karpfen, aber auch Barsch, Zander und Hecht. Auch werden Süßwasser- und Meeresfische gemischt. An der Küste sind Matelotes nur mit Meeresfischen üblich. Hier ein Rezept aus der Bourgogne.

MATELOTE MIT BURGUNDER

Für 4 bis 6 Portionen

1 Karpfen von etwa 600 g
1 Aal von 500 bis 600 g
Salz
frisch gemahlener Pfeffer
50 g durchwachsener Räucherspeck
200 g kleine, junge Zwiebeln
25 g Butter
2 Knoblauchzehen
75 g tournierte junge Möhren
1 Kräuterbündel
25 ml Weinbrand
1 l fruchtiger Burgunder
100 g kleine Champignons
30 g Beurre manié

Den Karpfen schuppen und ausnehmen. Gut auswaschen und mit Küchenpapier trockentupfen. In nicht zu kleine Stücke schneiden. Den Aal ausnehmen und häuten (siehe Seite 137). In 3 bis 4 cm lange Stücke schneiden.
Die Fischstücke mit Salz und Pfeffer würzen. Den Speck in Streifen schneiden; ist er sehr salzig, vorher kurz blanchieren. Die Zwiebeln sorgfältig schälen. Wenn sie mehr als 1 1/2 cm Durchmesser haben, sollten sie halbiert oder geviertelt werden.
Weiterarbeiten, wie in der Bildfolge gezeigt.

So wird die Matelote zubereitet. Jeweils von links nach rechts: In einem großen, flachen Topf die Butter erhitzen und aufschäumen lassen. Die Speckstreifen mit den vorbereiteten Zwiebeln darin leicht bräunen. Die Karpfen- und Aalstücke zusammen mit den ungeschält angedrückten Knoblauchzehen, den Möhren und dem Kräuterbündel (Petersilie, Thymian und Lorbeer) einlegen und alles bei starker Hitze, aber unter ständiger Bewegung etwa 1 bis 2 Minuten anziehen lassen, bis die Fischstücke sichtbar hell anlaufen. Den Weinbrand zugießen • Den Alkohol verdampfen lassen, bevor das Gericht mit dem Rotwein abgelöscht wird. Wieder aufkochen und anschließend etwa 2 Minuten simmern lassen, aber darauf achten, daß die Fischstücke nicht zu weich werden. Sie werden nun herausgenommen, am besten mit einem Schaumlöffel, dabei gut abtropfen lassen. Beiseite stellen. Die sorgfältig geputzten Champignons zugeben und etwa 5 bis 6 Minuten bei schwacher Hitze garen. Die Beurre manié (Mehlbutter) mit dem Schneebesen unterrühren und das Ganze nochmals kräftig aufkochen. Die Fischstücke wieder zufügen, alles zusammen langsam erhitzen und, wenn nötig, nachwürzen.

FISCHBEUSCHELSUPPE

Dieses vorzügliche Gericht aus der Wiener Küche wurde von Manfred Buchinger, Chef des Restaurants »Vier Jahreszeiten« im Vienna Inter-Continental, wiederentdeckt. Mit der ebenso originellen wie delikaten Suppe wird er den Neigungen der Österreicher – und auch der Bayern – gerecht, die Speisen aus Innereien sehr schätzen.
Hier geht es um das schlichte Originalrezept. Wer die Suppe noch etwas aufwerten will, läßt auch das Karpfenfilet ganz zum Schluß kurz im Fond garziehen, teilt es in Stücke und gibt sie als Einlage mit in die Suppe. Sie wird vor dem Servieren mit in Butter gerösteten Semmelwürfeln bestreut.

1 Karpfen von etwa 1 1/2 kg
200 g Möhren, 100 g Knollensellerie
Salz, 6 bis 8 Pfefferkörner
etwas Thymian, möglichst frischer
etwas Majoran, frisch gehackt
1 Lorbeerblatt, 1 l Wasser
40 g Mehl
40 g Schweineschmalz
50 g Zwiebel
etwa 1/8 l Weißwein
1 Spritzer Weißweinessig
1/8 l saure Sahne

Außerdem:
1 Semmel (Brötchen), etwas Butter

So entsteht die Beuschelsuppe. Jeweils von links nach rechts: Zuerst einen kräftigen Fond kochen. Die Karpfenkarkasse, das Beuschel, das grob zerkleinerte Wurzelwerk, die Gewürze und das Wasser in einem großen Topf aufwallen und 20 bis 30 Minuten köcheln lassen. Dabei häufig abschäumen. Für die Einbrenne das Mehl in das erhitzte Schmalz rühren und hellbraun anschwitzen • Das feingeriebene Wurzelwerk unter Rühren mitrösten. Die feingewürfelte Zwiebel zufügen und ebenfalls bräunen. Zunächst etwas von dem Fond durch ein Sieb in den Topf laufen lassen und die Einbrenne unter Rühren ablöschen. Den restlichen Fond in den Topf ablaufen lassen und 20 Minuten reduzieren • Den Rogen – falls vorhanden – in dem Weißwein mit dem Weinessig 1 Minute aufkochen. Herausnehmen und aus der Haut lösen. Er ist jetzt blendend weiß. Nun noch das Fleisch von den Gräten lösen und das Beuschel in kleine Stücke schneiden. Falls der Karpfen ein Milchner war, die Milch ebenfalls in Stücke schneiden. Alles in die Suppe geben. Abschmecken und mit der glattgerührten sauren Sahne vollenden.

Manfred Buchinger gibt den in Weißwein mit einem Spritzer Essig kurz aufgekochten Rogen, der jetzt ganz weiß ist, in die fertige Suppe und rührt ihn mit dem Schneebesen unter. Der Rogen verleiht der Suppe nicht nur zusätzliche Würze, sondern auch eine angenehm-reizvolle, feinkörnige Konsistenz.

Den Karpfen schuppen und vorsichtig ausnehmen. Die Galle entfernen. Die Eingeweide (Beuschel) gut wässern. Die Filets von den Karpfen lösen und beiseite legen. Als Einlage für die Beuschelsuppe oder anderweitig verwenden.
Die Karpfenkarkasse ebenfalls gut wässern. Den Karpfenrogen oder die Milch säubern.
Die Möhren und den Knollensellerie putzen. Die Hälfte grob zerkleinern, die andere Hälfte zu feinen Streifen reiben. Die beim Reiben zurückbleibenden Reste für den Fond mitverwenden. Das feingeriebene Wurzelgemüse beiseite stellen. Weiterarbeiten, wie in der Bildfolge beschrieben. Die Suppe in 4 vorgewärmte Teller verteilen und die Weißbrotcroûtons darüberstreuen. Dafür wird die altbackene Semmel in Würfel oder Streifen geschnitten und in der Butter geröstet.

WATERZOOI AUS GENT

In den flämischen Regionen Belgiens galt Waterzooi früher als Hausmannskost. Im Laufe der Zeit ist das traditionsreiche Gericht jedoch zur kulinarischen Spitze aufgestiegen. Auch galt früher der Grundsatz, nur Süßwasserfische dafür zu verwenden. Heute dürfen es auch Meeresfische sein. Ausschlaggebend ist allein die absolute Frische der verwendeten Fische, und die ist

bei dem hervorragenden und vielfältigen Fischangebot in Belgien garantiert.
Übersetzt heißt das flämische Wort übrigens Ragout. Doch je nach Rezeptvariante, von denen es im Lande eine Menge gibt, ist es manchmal mehr Suppe als Ragout. In jedem Fall ist die Grundlage eine gebundene Gemüsesuppe, in der die Fischstücke kurz mitgegart werden.

Für 4 bis 6 Portionen
1 Karpfen von etwa 900 g (300 g Filet)
1 Aal von etwa 600 g (300 g Filet)
1 Schleie von etwa 450 g (150 g Filet)
3/4 l Fischfond (Rezept Seite 140)
Salz, frisch gemahlener Pfeffer
80 g Butter
60 g Lauch (nur das Weiße), gestiftelt
60 g Stangensellerie, gestiftelt
60 g Petersilienwurzel, gestiftelt
60 g Zwiebel, halbiert, in Scheiben
1/4 l Weißwein, 1 Bouquet garni
3 Eigelbe, 200 ml Sahne
1 EL gehackte Petersilie

Die Fische ausnehmen, parieren und filetieren. Den Aal vorher enthäuten (siehe Seite 137). Mit den Karkassen und Abschnitten den Fischfond zubereiten. Die Fischfilets in mundgerechte Stücke schneiden und leicht mit Salz und Pfeffer würzen.

Die Butter in einem flachen, etwa 30 cm weiten Topf aufschäumen lassen. Die Gemüsestifte und die Zwiebelscheiben darin andünsten. Mit dem Weißwein ablöschen und 3 bis 4 Minuten köcheln lassen. Den Fischfond zugießen und weitere 3 bis 4 Minuten köcheln, damit das Gemüse gar wird und seine Aromen an den Fond abgeben kann.
Den Fisch und das Bouquet garni (Petersilie, Thymian und Lorbeerblatt) in den Fond einlegen, aufkochen und 1 bis 2 Minuten bei schwacher Hitze sanft köcheln lassen. Die Fischstücke und das Gemüse mit einer Schaumkelle aus dem Fond heben und warm stellen. Da der Fisch jetzt noch etwas nachgart, ist es wichtig, daß er in dem Fond nicht länger als 1 bis 2 Minuten köchelt.
Den Fond auf die gewünschte Geschmacksintensität reduzieren, eventuell noch etwas nachsalzen. Das Bouquet garni entfernen, die Hitze reduzieren. Die Eigelbe mit der Sahne verquirlen und diese Liaison in den Fond rühren. Langsam und unter ständigem Rühren erhitzen, bis eine gewisse Bindung erreicht ist. Die Petersilie einstreuen.
Die Fischstücke und das Gemüse in tiefen Tellern anrichten und die legierte Suppe darübergießen. Mit frisch getoasteten Weißbrotscheiben servieren.

So wird Waterzooi zubereitet. Jeweils von links nach rechts: Das in schäumender Butter angedünstete Gemüse mit dem Weißwein ablöschen und 3 bis 4 Minuten köcheln lassen. Den Fischfond zugießen, umrühren und das Gemüse in weiteren 3 bis 4 Minuten garen. Nun kommen die vorbereiteten Fischfiletstücke und das Kräutersträußchen in den Topf • Man läßt den Fisch bei schwacher Hitze nur kurz, in 1 bis 2 Minuten, garziehen, hebt ihn zusammen mit dem Gemüse aus dem Fond und stellt beides warm. Das Bouquet garni bleibt noch im Fond, während dieser auf die gewünschte Geschmacksintensität eingekocht wird. Schließlich gibt man dem Fond durch eine Liaison aus Eigelb und Sahne die gewünschte cremige Bindung.

Fisch aus der Pfanne

Wenn von Fischbraten in der Pfanne die Rede ist, dann meint man damit eine Garmethode, bei der zwei an und für sich krasse Gegensätze aufeinandertreffen: das sehr subtile, empfindliche Produkt Fisch einerseits und die starke, aggressive Hitze in der Pfanne andererseits. Dennoch bekommt das Braten in der Pfanne dem Fisch meist recht gut. Die Kunst dabei besteht darin, trotz dieser schwer zu vereinbarenden Gegensätze den Fisch genau auf den Punkt zu garen. Und dafür gibt es natürlich einige wichtige Regeln. Wer sie genau beachtet, kann mit ganz außergewöhnlich guten Ergebnissen belohnt werden.
Die »aggressive« Hitze bewirkt zunächst, daß das Eiweiß in den äußeren Schichten des Fischs gerinnt und sich eine schützende Schicht bildet, die Saft und Aroma einschließt und somit bewahrt. Das ist entscheidend für das gute Ergebnis beim Braten in der Pfanne wie auch beim Fritieren. Das Garen selbst ist dann nur noch eine Sache von wenigen Minuten; hierbei den richtigen Zeitpunkt abzupassen, ist die zweite wichtige Regel.
Ein weiterer, entscheidender Punkt sind – wie beim guten Kochen überhaupt – die frischen Zutaten. Beim Braten gehört dazu vor allem das Fett, das – vom Fritieren einmal abgesehen – in der Fischküche vorzugsweise frische Butter ist.
Die beiden Rotbarben links in der Pfanne haben übrigens mit ihren 350 Gramm pro Stück das ideale Gewicht für Fische, die im ganzen gebraten werden sollen.

In Mehl gewendet auf Müllerinart

Kein Wunder, daß die Müllerin bei allen Rezepten à la meunière – auf Müllerinart – Pate gestanden hat. Denn des Müllers Mehl ist bei dieser Zubereitungsart unerläßliche Zutat. Es ist verantwortlich für die typische knusprig-braune Kruste. Das klassische Rezept in der Gastronomie in aller Welt: Fisch wird in Mehl gewendet, in Butter goldgelb gebraten, angerichtet und mit schäumendef Butter übergossen. Das Mehl, die einfachste Panade, die es gibt, umschließt den Fisch und sorgt dafür, daß er beim Braten saftig bleibt. Weltweit bekannt ist die Seezunge auf Müllerinart. Man kann aber auch andere weißfleischige Fische auf diese Weise zubereiten.

Zum Braten sollte vorzugsweise geklärte Butter verwendet werden. Nur bei kleinen, flachen Fischen und Fischfilets darf es auch ungeklärte Butter sein; die kurze Garzeit verhindert, daß sie verbrennt und schwarz wird.

MERLAN AUF MÜLLERINART

MERLAN À LA MEUNIÈRE

2 Merlane (Wittlinge), je 600 g
Salz, frisch gemahlener Pfeffer
Mehl zum Wenden, 100 g Butter
Zitronenscheiben ohne Schale
1 gehäufter EL gehackte Petersilie
50 ml Fischfond (Rezept Seite 140)
Zitronensaft

Die Fische ausnehmen und die Filets von den Gräten lösen, die Haut aber nicht entfernen. Wie in der Bildfolge beschrieben, auf Müllerinart zubereiten.

1 **Merlanfilet in Mehl wenden.** Beim Auslösen läßt man die Haut an den Filets, die – fertig gebraten – köstlich schmeckt. Bevor man die Filets in gesiebtem Mehl wendet, müssen sie gesalzen und gepfeffert werden. Wichtig: Gesalzenen Fisch nie lange stehen lassen, sondern rasch zubereiten, denn das Salz entzieht dem Fisch Wasser und macht das Fleisch trocken. Auch in Mehl gewendeten Fisch sofort braten, denn das Mehl verbindet sich mit dem austretenden Wasser und wird dann kleistrig, was den Genuß erheblich beeinträchtigen würde.

2 **Die Filets in schäumender Butter braten.** Nachdem die Filets abgeklopft und damit von überschüssigem Mehl befreit wurden, läßt man die Butter in der Pfanne aufschäumen. Die Filets auf beiden Seiten anbraten, dann auf der Hautseite in 3 bis 5 Minuten auf den Punkt garen. Dabei häufig mit der Butter überschöpfen. Das Filet soll eine goldgelbe Farbe annehmen. So wird es – mit Zitronenscheiben belegt und mit Petersilie bestreut – angerichtet. Jetzt noch den Fischfond in die braune Butter rühren, mit Zitronensaft, Salz und Pfeffer abschmecken und die Butter über die angerichteten Filets gießen. Sofort servieren. Dazu reicht man Blattspinat, Möhren und tournierte Kartoffeln.

LACHSTRANCHEN MIT TRÜFFELN

TRANCHES DE SAUMON AUX TRUFFES

Weißweinsauce (Rezept Seite 142)
400 g Zuckerschoten
Salz, 20 g Butter
frisch gemahlener Pfeffer
1 EL geklärte Butter, 1 EL Öl
8 Lachstranchen, je 70 g
8 Scheiben Périgord-Trüffel
2 EL Trüffeljus

Die Weißweinsauce zubereiten. Von den Zuckerschoten die Spitzen und Fäden entfernen und die Schoten in kochendem Salzwasser in 1 bis 2 Minuten nicht zu weich, aber auch nicht zu knackig kochen. Sofort in Eiswasser abschrecken, damit sie ihre Farbe behalten und der Garprozeß gestoppt wird. Im Sieb abtropfen lassen. Die Schoten auseinanderziehen und die Hälften in feine, schräge Streifen (Julienne) schneiden. In der heißen Butter mit 1 Eßlöffel Wasser schwenken, mit Salz und Pfeffer abschmecken und auf vorgewärmte Teller verteilen. Gleichzeitig die geklärte Butter und das Öl in einer beschichteten Pfanne erhitzen. Die Lachstranchen salzen und pfeffern, vorsichtig in das heiße Fett legen und auf beiden Seiten etwas Farbe geben. Im Ofen bei 200 °C in 2 bis 3 Minuten auf den Punkt garen. Auf den Zuckerschoten anrichten.
Die Trüffelscheiben in dem Trüffeljus erhitzen und die Scheiben auf die Lachstranchen verteilen. Die Weißweinsauce in den Trüffeljus rühren, aufkochen, aufmixen, abschmecken und sofort anrichten.

GLATTBUTT MIT LAUCHSTROH UND BEURRE ROUGE

BARBUE AU BEURRE ROUGE

(Ohne Abbildung)
8 Glattbuttfilets, je etwa 90 g
Salz, frisch gemahlener Pfeffer
16 dünne Scheiben Frühstücksspeck
20 g geklärte Butter
1 Stange Lauch
Rote Buttersauce (Rezept Seite 145)
Fritierfett

Die sauber parierten Glattbuttfilets mit Küchenpapier trockentupfen und ganz leicht salzen und pfeffern. Kreuzweise in je 2 Scheiben milden Frühstücksspeck einschlagen. In einer beschichteten Pfanne die geklärte Butter erhitzen und die Filets darin bei schwacher Hitze etwa 4 Minuten sanft braten, so daß sie nur wenig Farbe annehmen.
Inzwischen die Lauchstange längs halbieren, in etwa 5 cm lange Stücke und diese in feine Julienne schneiden. In einem Sieb unter fließendem Wasser abspülen und mit Küchenpapier trockentupfen. Die Rote Buttersauce erhitzen und mit den Glattbuttfilets auf 4 vorgewärmte Teller anrichten.
Die Lauchjulienne in der Friteuse bei 180 °C in 30 bis 40 Sekunden knusprig braun fritieren, kurz auf Küchenpapier abtropfen lassen und auf die Teller verteilen. Sofort servieren.

Auf dem Herd angebraten, im Ofen vollendet

Nicht jeder Fisch, der in die Pfanne kommt, muß darin bis zu seiner Vollendung braten. Er kann auch im vorgeheizten Ofen fertiggaren, was ihm durchaus guttut. In der Pfanne angebraten, wird er nach kurzer Zeit knusprig, und mit der goldbraunen Kruste entwickeln sich die schmackhaften Röststoffe. Doch die Hitze – oft sehr aggressiv – kann nur punktuell auf das Gargut einwirken. Gibt man den Fisch aber nach dem Anbraten in den Ofen, so verläuft der endgültige Garprozeß unter gleichmäßiger und schonender Rundum-Hitzeeinwirkung. Schonend heißt, daß je nach Größe des Fischs 200 bis 220 °C nicht überschritten werden. Hier ein Rezept als Beispiel und Anregung.

SEETEUFEL MIT SARDELLEN

4 kleine Seeteufel, je 300 g
16 Sardellenfilets in Öl
je 60 g Möhren, Lauch und Navets
30 g Butter
1/4 l Fischfond (Rezept Seite 140)
2 EL Öl
Salz, frisch gemahlener Pfeffer
30 g Butter
4 Knoblauchzehen, geschält
1 TL gehackte glatte Petersilie

Außerdem:
2 mittelgroße Kartoffeln
Fritierfett
Salz
glatte Petersilie zum Garnieren

Die Fische (ausgenommen, ohne Köpfe) sauber parieren und mit je 4 abgetropften Sardellenfilets spicken. Möhren, Lauch und Navets (weiße Rübchen) in feine Würfel schneiden. Die Butter in einem kleinen Topf zergehen lassen und das Gemüse darin 1 bis 2 Minuten andünsten, ohne ihm Farbe zu geben. Mit dem Fischfond auffüllen und im geschlossenen Topf weich dünsten.
Das Öl in einer schweren Pfanne aus Kupfer oder Gußeisen erhitzen. Die Fische nur leicht mit Salz und Pfeffer würzen, da auch die Sardellen ihre Würze abgeben, und im heißen Öl anbraten. Die Hitze reduzieren, die Butter und die angedrückten Knoblauchzehen zugeben. In den vorgeheizten Ofen stellen und bei 200 bis 220 °C etwa 8 bis 10 Minuten braten, bis die Butter hellbraun ist. Die Fische aus der Pfanne nehmen und warm stellen.
Das Gemüse mit seinem Fond in den Bratensatz rühren und so lange kochen, bis sich die Flüssigkeit mit der braunen Butter verbunden hat und eine glatte, sämige Konsistenz erreicht ist. Den Knoblauch entfernen, die gehackte Petersilie einrühren und abschmecken.
Die Kartoffeln, in streichholzgroße Stifte geschnitten – Pommes alumettes –, in dem inzwischen auf 180 °C erhitzten Fritierfett knusprig goldbraun ausbacken. In ein Sieb geben und gut schütteln, damit überschüssiges Fett abtropfen kann. Salzen.
Fisch, Sauce und Pommes alumettes auf vorgewärmte Teller anrichten. Mit glatter Petersilie garnieren und sofort servieren.

»Hummer des kleinen Mannes« wird der Seeteufel auch genannt. In der Tat erinnert die Konsistenz seines festen, feinen und weißen Fleisches an die von Hummer oder Languste. Wegen seines bizarren Aussehens – der überproportional breite, flache Kopf mit dem von vielen gekrümmten Zähnen bewehrten, halbkreisförmigen Maul wirkt auf viele abstoßend – wird der edle Fisch hierzulande fast nur ohne Kopf und bereits ausgenommen angeboten. Dafür spielen mit Sicherheit auch die Transportkosten eine Rolle, denn der nicht verzehrbare Anteil ist beim Seeteufel unverhältnismäßig groß. In den Atlantik-Anrainerstaaten Portugal, Spanien und Frankreich kommt er natürlich auch ganz auf die Märkte.

SEETEUFELMEDAILLONS MIT MUSCHELN

Weißweinsauce (Rezept Seite 142)
2 Seeteufel, je 700 g
Salz, frisch gemahlener Pfeffer
Mehl zum Bestauben
2 EL geklärte Butter
300 g Spinat
30 g Butter
1 Schalotte, fein gewürfelt
1 TL mildes Currypulver
2 EL steifgeschlagene Sahne
4 Blättchen Basilikum
40 gedämpfte, ausgelöste Miesmuscheln

Die Weißweinsauce zubereiten (der Muschelsud kann dabei gut mitverwendet werden) und warm stellen.
Die Seeteufel (ausgenommen, ohne Köpfe) filetieren, sauber parieren und trockentupfen. In gleichmäßig große Stücke schneiden, diese auf die Schnittfläche legen und leicht flachdrücken. Salzen und pfeffern, mit Mehl bestauben, überschüssiges Mehl abklopfen. Die geklärte Butter in einer schweren Pfanne erhitzen. Die Medaillons darin bei starker Hitze auf beiden Seiten je etwa 2 Minuten braten. Auf ein trockenes Tuch oder Küchenpapier legen und warm stellen.
Den Spinat blanchieren und gut ausdrücken. 20 g Butter in einer Kasserolle aufschäumen lassen. Den Spinat darin erwärmen, mit Salz und wenig Pfeffer abschmecken. Die Schalottenwürfel in der restlichen Butter ohne Farbe andünsten und mit dem Currypulver bestauben, aber nur ganz kurz mit anziehen lassen. Die Weißweinsaue zugießen und aufkochen.
Den Spinat auf vorgewärmte Teller verteilen und die Seeteufelmedaillons darauf anrichten. Die Sauce mit dem Stabmixer aufschlagen, die steife Sahne, das in feine Streifen geschnittene Basilikum und die Muscheln unterziehen. Abschmecken und wieder erwärmen, aber nicht mehr kochen, sonst würden die Muscheln zäh werden. Auf die Teller verteilen.

SEETEUFELSCHEIBEN MIT RATATOUILLE

2 Seeteufel, je 300 g
Salz, frisch gemahlener Pfeffer
Mehl zum Bestauben
2 EL geklärte Butter
Für die Ratatouille:
1 kleine Aubergine
1 Zucchino
1 mittelgroße rote Paprikaschote
2 Schalotten
2 EL Olivenöl
2 Knoblauchzehen
1 Zweig Thymian
100 ml Fischfond (Rezept Seite 140)
4 Stengel Petersilie
4 Blättchen Basilikum
Außerdem:
Weiße Buttersauce (Rezept Seite 144)
1 Zweig Thymian

Die Seeteufel (ausgenommen, ohne Köpfe) sauber parieren und in etwa 1 1/2 cm dicke Scheiben schneiden. Das Rückgrat (die Mittelgräte) läßt sich mit einem schweren Messer leicht durchtrennen.
Das Gemüse für die Ratatouille putzen, die Schalotten schälen und alles in feine Würfel schneiden. In dem heißen Olivenöl anbraten. Die geschälten und feingewürfelten Knoblauchzehen und den Thymianzweig zugeben. Die Hitze reduzieren, den Fischfond zugießen. Die Ratatouille in 6 bis 7 Minuten garen. Petersilie und Basilikum fein schneiden und einstreuen.
Die Fischscheiben mit Salz und Pfeffer würzen und mit Mehl bestauben. Das ist wichtig, weil Seeteufel viel Flüssigkeit enthält, die beim Garen leicht austritt. In der heißen geklärten Butter scharf anbraten und bei mittlerer Hitze in etwa 3 Minuten fertigbraten. Den Fisch aus der Pfanne nehmen und warm stellen.
Die Weiße Buttersauce mit dem Thymianzweig erhitzen, den Thymian wieder entfernen. Die Sauce aufmixen. Die Seeteufelscheiben mit der Ratatouille und der Sauce auf vorgewärmte Teller anrichten und sofort servieren.

Rotweinschalotten zubereiten: Die geschälten Schalotten fein würfeln und in eine Kasserolle geben. Den Rotwein zugießen, aufkochen und bei mittlerer Hitze vollständig einkochen. Zum Antrocknen 1 Stunde bei kleinster Hitze warm stellen. Dabei trocknen sie so ein, daß sie keinen Rotwein mehr abgeben.

Rotweinschalotten

Ob sie einer Weißen Buttersauce – einer Beurre blanc –, einer Weißweinsauce oder einer anderen hellen Sauce zusätzlich Würze und Farbtupfen geben sollen, die Rotweinschalotten müssen besonders sorgfältig zubereitet werden. Die roten Tupfen sind zwar erwünscht, doch die Sauce sollen sie keinesfalls rot färben. Um das zu vermeiden, müssen sie genau so zubereitet werden, wie es die Bildfolge zeigt. Für ein 4-Portionen-Rezept braucht man 2 Schalotten und 1/4 Liter dunklen Rotwein.

ROCHENFLÜGEL MIT BEURRE BLANC

2 Schalotten

1/4 l dunkler Rotwein

Weiße Buttersauce (Rezept Seite 144)

1 Rochenflügel von etwa 1 kg

20 g Butter

1 EL Öl

Salz, frisch gemahlener Pfeffer

glatte Petersilie zum Garnieren

Die geschälten, feingewürfelten Schalotten mit dem Wein zu Rotweinschalotten kochen (siehe Bildfolge). Übrigens: Lassen Sie sich nicht dazu verleiten, die Schalotten in Fett angehen zu lassen, denn Butter und Öl nehmen die Farbe auf, verdampfen aber nicht und geben sie daher an die Sauce weiter. Diese würde rot werden.

Die Buttersauce zubereiten, während die Rotweinschalotten trocknen. Warm halten. Den Rochenflügel vorbereiten, wie auf Seite 132 beschrieben, und in 4 Stücke (je etwa 120 g) teilen. Butter und Öl in einer großen Pfanne aufschäumen lassen. Die Fischstücke mit Salz und Pfeffer würzen, im heißen Fett braten und dabei leicht Farbe annehmen lassen. Auf vorgewärmte Teller anrichten. Die Rotweinschalotten in die Buttersauce rühren und die angerichteten Rochenflügel mit der Sauce umgießen. Mit Petersilienblättchen garnieren und als Vorspeise servieren.

In Butter »gekocht«

Daß der Geschmack frischer Butter vorzüglich mit so gut wie allen Fischen harmoniert, ist bekannt. Für diese Garmethode bedarf es allerdings sehr viel Butter, denn der Fisch wird darin regelrecht »gekocht«. Der wohlbekannte Geschmack von brauner Butter, der sich beim Braten in der Pfanne entwickelt, ist hier unerwünscht. Wichtig ist, daß der Fisch in Butter schwimmen kann. Wieviel Butter dazu nötig ist, hängt ganz von der Größe der Pfanne ab. Je besser der Fisch die Pfanne ausfüllt, desto weniger Butter ist nötig. Doch bei aller Wirtschaftlichkeit, Sparen wäre hier unangebracht, denn eine große Menge Butter läßt sich gefahrloser erhitzen, ohne zu verbrennen, als ein kleines Stück, das schon beim Zerlaufen am Rand braun wird.

Für das »Kochen« in Butter eignen sich alle ganzen Magerfische. Ganz deshalb, weil die schützende Haut notwendig ist, damit nicht zuviel Butter eindringen kann. Aus diesem Grund sollen die Fische auch nicht zu klein sein, so zwischen 600 und 1000 Gramm liegt das Idealgewicht. Die Fische können aus dem Süß- oder Salzwasser kommen – nur frisch müssen sie sein, wie auch die Butter; dann ist fast jede Würzung überflüssig.

Für das folgende Rezeptbeispiel haben wir einen Redfish von der amerikanischen Ostküste verwendet – einen Fisch mit weißem Fleisch, exzellentem Aroma und wenig Gräten, der übrigens einen ebenso guten Verwandten in europäischen Gewässern hat: den Maigre, wie er in Frankreich heißt, oder Adlerfisch.

REDFISH IN BUTTER

Für 2 Portionen

1 Redfish von 800 g, 1 TL Zitronensaft, Salz
Butter je nach Größe der Pfanne
2 bis 3 Stückchen Peperoni
2 Stengel Petersilie

Den Redfish schuppen und ausnehmen. Auch die Niere herauskratzen und die Kiemen entfernen. Innen und außen mit kaltem Wasser abspülen und mit Küchenpapier trockentupfen. Die Bauchhöhle mit dem Zitronensaft einstreichen und salzen.

Die Butter in einer entsprechend großen Pfanne langsam erhitzen, bis sie aufschäumt. Währenddessen die Peperoni klein schneiden und mit der Petersilie in die Bauchhöhle füllen. Den Fisch auch außen würzen, dann in die schäumende Butter legen. Er sollte mindestens bis zu 1/3 seiner Höhe, besser noch bis zur Hälfte darin schwimmen. Die Hitze sofort etwas erhöhen, da die Butter durch den kalten Fisch abkühlt. Anschließend die Hitze konstant auf einer Temperatur halten, bei der die Butter leicht kocht, also Blasen wirft, aber nicht verbrennen kann. Den Redfish auf jeder Seite 6 bis 8 Minuten garen. Anrichten.

Die Butter mit Salz abschmecken und als Sauce zum Fisch reichen. Dazu passen mehlige Petersilienkartoffeln.

1 **Karpfenstücke mit Teig umhüllen.** Damit er locker und luftig wird, zieht man den Eischnee erst unmittelbar vor dem Ausbacken unter den Teig. Immer darauf achten, daß der Teig nicht zu flüssig ist, er würde sonst beim Fritieren reißen. Die marinierten Fischstücke sorgfältig trockentupfen. Nur so haftet der Teig gut daran. Leicht mit Salz und Pfeffer würzen. Jedes Stück einzeln auf eine Gabel nehmen, in den Teig tauchen und darin wenden, bis die Stücke rundherum vom Teig bedeckt sind. Mit der Gabel aus dem Teig heben und etwas abtropfen lassen. Ein Bierteig als Ausbackteig ist ein zusätzlicher Vorteil beim Fritieren von Fisch: Die leicht bittere Würze, die er durch das Bier erhält, paßt sehr gut zum Fischaroma.

KARPFENFILET IN AUSBACKTEIG

Ein Ausbackteig, egal welcher Art, hat im Grunde die gleiche Funktion wie die Folie beim Braten oder die Salzkruste beim Backen im Ofen. Er schützt das Gargut rundherum, so daß es nicht der direkten Hitze ausgesetzt ist und sanft im eigenen Saft garen kann. Der gewünschte Effekt: Der Fisch bleibt saftig und bewahrt seinen feinen Eigengeschmack. Und der Zusatzeffekt: Durch die goldbraune Teigkruste, die sich beim Ausbacken im heißen Fett bildet, wird er noch schmackhafter. In diesem Rezept werden Karpfenfilets in Bierteig fritiert. Es eignen sich auch andere Filets von festen, weißfleischigen Fischen.

Für 4 bis 6 Portionen

2 Schuppenkarpfen, je 750 g

Zitronensaft oder Sojasauce

Salz, frisch gemahlener Pfeffer

Für den Bierteig:

250 g Mehl, 200 ml Bier, 2 Eier, Salz

2 Eiweiße, gut gekühlt

Außerdem:

Fett zum Ausbacken

Zitronenscheiben zum Garnieren

Die Karpfen vorbereiten wie den Zander auf den Seiten 126/127. Die ausgelösten Filets in 3 bis 4 lange Stücke schneiden. Nach Geschmack mit Zitronensaft oder mit Sojasauce marinieren.
Für den Bierteig das Mehl in eine Schüssel sieben. Bier, Eier und etwas Salz sorgfältig einrühren, bis ein glatter Teig entstanden ist. Die Schüssel mit einem Tuch abdecken und den Teig 15 bis 20 Minuten quellen lassen. Nochmals kräftig durchrühren. Durch ein feines Spitzsieb laufen lassen, damit möglicherweise vorhandene Mehlklümpchen zurückbleiben. Die Eiweiße nicht zu steif schlagen und mit einem Holzlöffel locker unter den Teig ziehen. Weiterarbeiten, wie in der Bildfolge beschrieben.

2 **Im heißen Fett ausbacken.** Die mit der Gabel aufgenommenen Fischstücke ins Fett gleiten lassen, das auf 180 °C erhitzt ist. Wer keine elektrische Friteuse mit Regler hat, kann die Temperatur so prüfen: Etwas Teig oder einen Weißbrotwürfel ins Fett geben. Sprudelt es kräftig auf und bilden sich Bläschen, ist die Temperatur von 180 °C in etwa erreicht. Die Karpfenstücke so lange fritieren, bis sie goldgelb und knusprig sind. Das Fritiersieb hochstellen und die Fischstücke auf Küchenpapier abtropfen lassen. Sofort servieren.

Panieren. Dazu eignen sich am besten kleinere Fischstücke. Hier wurde Brachsenfilet vorbereitet, in fingerdicke Streifen geschnitten und mit Salz und Pfeffer gewürzt. In Mehl wenden, überschüssiges Mehl abklopfen. In verquirltem Ei wenden, anschließend in frischen, feingeriebenen Semmelbröseln. Nacheinander ins erhitzte Fett (180 °C) geben und in 2 bis 3 Minuten knusperig backen. Mit einem Schaumlöffel herausheben, auf Küchenpapier abtropfen lassen. Sofort servieren. Zitronenspalten und 3 bis 4 Sekunden fritierte Petersilie dazu anbieten.

Fritieren

So merkwürdig es klingt: Fritieren wird zu den »trockenen« Garmethoden gezählt. Aber wer im heißen Fett fachgerecht zu garen versteht, hat dennoch als Ergebnis einen besonders saftigen und aromatischen Fisch – vorausgesetzt, es werden die folgenden Grundregeln beachtet: Nur Fette verwenden, die kein Wasser enthalten und daher einen hohen Rauchpunkt haben, womit der Erhitzungsgrad benannt wird, bei dem Fett verbrennt. Vorteilhaft sind die im Handel erhältlichen speziellen Öle und Fritierfette, mit denen man in der Regel gute Ergebnisse erzielt. Die Gartemperatur muß natürlich stimmen. Sie darf 180 °C nicht übersteigen und nie unter 140 °C absinken. Grundsätzlich gilt im Hinblick darauf: Je größer die Fische oder Fischstücke sind, desto niedriger muß die Gartemperatur sein. Wäre sie zu hoch, würde das Gargut zwar rasch braun, wäre innen aber nicht gleichzeitig gar. Bei zu niedriger Temperatur saugt sich die schützende Hülle (Ausbackteig, Panade oder Mehl) voll Fett. Kleine Fische wie Sardinen oder Sprotten brauchen die höhere Temperatur, weil sie schnell gar werden.

In jedem Fall ist auch auf die Fischmenge zu achten. Zu viele Stücke oder gar ganze Fische – auf einmal ins heiße Fett gegeben – senken die Temperatur drastisch ab. Das Ergebnis wäre wiederum: Die Hülle saugt sich voll Fett, der Fisch kann nicht fachgerecht garen. Richtig ist: Nur wenige Stücke gleichzeitig ins heiße Fett geben.

Zum Fritieren eignen sich besonders gut feste, weißfleischige Fische. Große Fische wie Kabeljau oder Schellfisch werden in Koteletts oder Filets geteilt, kleine Fische wie Sardinen und Sprotten im ganzen gelassen. Ohne eine schützende Hülle sollte man jedoch Fisch nicht fritieren, weil das pure Fischfleisch viel zu zart ist. Die Umhüllung sorgt dafür, daß sich schnell eine feine Kruste bildet, die das Fleisch saftig und aromatisch hält. Diese Hülle kann aus einer einfachen, dünnen Mehlschicht bestehen, einer Panade aus Ei und Semmelbröseln oder aber einem richtigen Teigmantel.

Gewürzt werden Fisch oder Fischstücke vor dem Fritieren. Oft mariniert man sie auch mit Zitronensaft oder Sojasauce. In jedem Fall müssen sie zuerst trockengetupft und dürfen dann erst paniert werden, sonst hält die Panade nicht. Etwas größere Fische, die im ganzen fritiert werden sollen, kann man an den dicksten Stellen der Seiten leicht einschneiden (ziselieren). Dadurch dringt die Hitze gleichmäßig ein, die Fische garen insgesamt gleichmäßig.

In Mehl wenden. Kleine Fische wie diese Ährenfischchen werden ganz und möglichst »nature«, also in der einfachsten Panade fritiert, die es gibt. Zuerst in leicht gesalzene Milch tauchen und etwas abtropfen lassen. Dann die Fischchen in Mehl wenden, bis sie gleichmäßig bedeckt sind. In ein Sieb legen, vorsichtig schütteln und dadurch überschüssiges Mehl entfernen. Jeweils eine Handvoll Fischchen ins heiße Fett (180 °C) geben und in 2 bis 3 Minuten goldbraun backen. Auf Küchenpapier abtropfen lassen und gleich servieren.

Schollenfilets in Mehl wenden. Sie werden vorher mit Salz, Pfeffer und Zitronensaft gewürzt. Wichtig: Das Mehl sieben, damit es sich gleichmäßig auf dem Fischfleisch verteilt. Die beiden Eier aufschlagen, mit ein paar Tropfen Wasser verquirlen. Die Filets nacheinander kurz in das Mehl drücken, abklopfen und in den Eiern wenden. Ins Fritierfett geben, das inzwischen auf 180 °C erhitzt worden ist, und goldgelb ausbacken. Sobald der Teig eine schöne goldbraune Farbe hat, sind die Filets in ihrer zarten Hülle gar.

SCHOLLENFILETS FRITIERT

4 Schollen

Mehl zum Wenden

2 Eier

Fritierfett

Salz

frisch gemahlener Pfeffer

Zitronensaft

Die bereits ausgenommenen Schollen abspülen und trockentupfen. Die Filets auslösen, wie auf Seite 134/135 beschrieben. Die Filets enthäuten, sauber parieren und mit Küchenpapier trockentupfen.

Das Mehl auf einen Teller sieben. Die Eier auf einem zweiten Teller mit einigen Tropfen Wasser verquirlen. Alles zum Panieren bereitstellen, auch die Friteuse vorbereiten, denn jetzt muß zügig gearbeitet werden.

Zuerst die Filets mit Salz und Pfeffer würzen und mit Zitronensaft beträufeln. Gleich in Mehl wenden und überschüssiges Mehl abklopfen. Sofort in dem verquirlten Ei wenden. Bleiben die Filets zu lange mit dem Mehl liegen, würde sich das Mehl mit der Flüssigkeit des Fischfleischs verbinden, breiig werden und zu quellen beginnen.

Zügig geht es auch weiter. Die in Ei gewendeten Filets sofort in das auf 180 °C erhitzte Fritierfett geben und goldgelb ausbacken. Herausnehmen und auf Küchenpapier abtropfen lassen – und sofort servieren! Hält man die fertigen Filets nämlich länger warm, weicht die zarte, locker-knusprige Hülle auf, wird pappig, und das Geschmackserlebnis ist dahin.

STINT PANIERT

Der eher unscheinbare und kleine Stint ist ein äußerst wohlschmeckender Fisch. Sein Fleisch ist empfindlich und sehr zart und hat ein feines Aroma, das an frische Gurken erinnert. In der Pfanne gebacken und mit Zitrone oder einer säuerlich abgeschmeckten Dillmayonnaise serviert, ist er ein Genuß.

Für 1 Portion

300 bis 350 g Stinte

Salz, frisch gemahlener Pfeffer

Knusprig aus der Pfanne. In leichte Panade gehüllt und in der Pfanne goldgelb gebacken, das ist die ideale Zubereitungsart für frische Stinte. Mit etwas Zitronensaft beträufelt, sind sie ein Genuß.

Mehl zum Bestauben

1 Ei, Semmelbrösel

30 g Butter, 1 EL Öl

Die Stinte werden vorsichtig geschuppt und ausgenommen, die Kiemen mit einer kleinen Schere entfernt. Sehr kleine Stinte braucht man nicht auszulösen; die Gräten sind so zart, daß sie ohne weiteres mitgegessen werden können. Größere Exemplare wie hier werden durch den Rücken entgrätet (wie der Loup de mer auf Seite 130). Die vorbereiteten Fische abspülen, trokkentupfen und mit Salz und Pfeffer würzen.

Mit gesiebtem Mehl bestauben, überschüssiges Mehl leicht abklopfen. Durch das aufgeschlagene Ei ziehen, dann in feingesiebten Semmelbröseln wenden. Die Semmelbrösel leicht andrücken. Butter und Öl in einer Pfanne aufschäumen lassen und die Stinte darin auf beiden Seiten goldbraun backen, abtropfen lassen, servieren.

KNUSPRIGE ROTAUGENFILETS

Oder: Wie man feine Gräten genießbar macht

Wenngleich die Rotaugenfilets hier genauso wie andere Fischfilets paniert und fritiert werden, so verbirgt sich unter ihrer knusprigen Hülle doch ein Geheimnis. Die Gräten in den Rotaugenfilets sind nämlich äußerst klein und fein. Zudem sitzen sie sehr fest im Fleisch, so daß sie nur mit Schwierigkeiten entfernt werden können. Das macht den Fisch nicht eben beliebt, und er wird daher auch kaum gefangen, obwohl er in vielen Seen in großer Zahl vorhanden ist.

Da es aber Kenner gibt, die den Wohlgeschmack der Rotaugen sehr schätzen und deshalb auf ihren Genuß nicht verzichten wollen, kam es schließlich in der Schweiz zu der Entwicklung einer Maschine, die das Problem löst. Sie funktioniert wie ein »Steaker«, der bekanntlich die Fasern im Steakfleisch durchtrennt und es dadurch mürber macht. Bei der Maschine für das Rotaugenfilet funktioniert das so: Viele rasiermesserscharfe Messerchen durchtrennen in einem Abstand von etwa 1/2 cm die im Fleisch sitzenden Gräten in so kleine Stücke, daß sie absolut gefahrlos mitgegessen werden können. Noch besser: Man spürt sie nicht einmal mehr!

Profis mit reichem Fischangebot in ihrem Restaurant könnten durchaus überlegen, sich eine solche Maschine in ihrer Küche aufzustellen. Im Privathaushalt wäre das natürlich nicht rentabel. Dennoch muß man auch hier nicht auf die schmackhaften Rotaugenfilets verzichten: Man schneidet die Filets in Abständen von 1/2 cm mit einem superscharfen Messer quer ein, und zwar so, daß sie an der unten liegenden Hautseite noch zusammenhängen. So präpariert, sind die Gräten beim Essen nicht mehr zu spüren.

600 g Rotaugenfilets

Salz, frisch gemahlener Pfeffer

Zitronensaft, Mehl zum Wenden, 3 Eier

250 g Semmelbrösel, fein gesiebt

4 EL gehobelte Mandeln, Fritierfett

Die Filets, wie in der Bildfolge beschrieben, zubereiten und anrichten. Eine feinsäuerliche Mayonnaise oder eine Remoulade paßt gut dazu.

Die Rotaugenfilets panieren. Deutlich ist zu erkennen, daß die Filets ein-, aber nicht durchgeschnitten sind. Nach dem Einschneiden die Filets würzen, in Mehl und in verquirltem Ei wenden. Die feingesiebten Semmelbrösel mit den gehobelten Mandeln mischen und die Filets auch darin wenden. Diese Panade gut andrücken, damit sie fest haftet. Die Rotaugenfilets im auf 180 °C erhitzten Fett goldbraun ausbacken. Auf Küchenpapier abtropfen lassen, leicht mit Salz bestreuen und sofort servieren.

Grillen und Räuchern

Zwei Garmethoden sind es, nach denen in diesem Kapitel Fisch schmackhaft zubereitet wird. Das Grillen hat dabei Priorität. Schließlich ist es die älteste Garmethode überhaupt. Mit dem Rösten von Fleisch über dem offenen Feuer begann der Mensch, als er in der Lage war, ein Feuer zu entfachen. Er bediente sich dabei eines so einfachen Gerätes, wie es der Spieß ist. Darauf zog er große Fleischstücke und brutzelte sie drehend über dem Feuer. Erst später kam er auf die Idee mit dem Rost, auf dem er nun auch empfindliche, kleine Fleischstücke und zarten Fisch schonend, bekömmlich und wohlschmeckend zubereiten konnte.
An dem Prinzip – Garen durch Strahlungshitze – hat sich bis heute nichts geändert. Nur die Geräte haben sich, dem Stand der Technik entsprechend, weiterentwickelt. Mit ihnen ist heutzutage das Grillen eine problemlose Angelegenheit. Auch über der Holzkohlenglut im Freien – für viele Menschen ein untrennbar mit dem Sommer verbundener Freizeitspaß.
Den kann man sich aber auch durch das Räuchern verschaffen, die zweite in diesem Kapitel angesprochene Gar- und Konservierungsmethode. Und hier insbesondere durch das Heißräuchern in kleinen, leicht zu bedienenden modernen Geräten. Dabei wird der Fisch in relativ kurzer Zeit gleichzeitig gegart und geräuchert. Frisch aus dem Räucherofen serviert, noch warm und duftend, garantiert ein so zubereiteter Fisch unvergleichlichen Genuß.

Ein herzhafter Genuß: Lachskoteletts vom Grill. Alle größeren Fische schneidet man zweckmäßig zu Koteletts oder grillt die Filets. Kleine Fische, wie zum Beispiel Sardinen, werden im ganzen gegrillt. Wer dem Fisch eine besondere Würze geben möchte, mariniert ihn vorher in Grillöl, das man selbst zubereiten kann.

Beim Grillen ganzer Fische über Holzkohle ist auch der Abstand des Grillrosts zur Glut von entscheidender Bedeutung. Je größer und damit vor allem dicker der Fisch ist, um so größer muß der Abstand sein. So wird die Hitze reduziert, und der Fisch wird auch innen gar, ohne daß er außen bereits verbrennt.
Als Schutz vor allzu großer Hitze hat sich im übrigen Alufolie bewährt. Auf den Rost gelegt, kann man Fisch darauf grillen, ohne daß die Haut, wo sie auf den Stäben aufliegt, verbrennt. Zudem verhindert die Folie, daß Öl in die Glut tropft und Flammen entfacht.

Auf dem Rost grillen

Über die Vorzüge des Elektrogrills gegenüber dem Holzkohlengrill wurde schon viel diskutiert. Im Prinzip ist der Garvorgang bei beiden gleich: Man legt den Fisch auf den geölten, heißen Rost. Und da die Hitze nur von einer Seite, nämlich von unten, einwirken kann, muß der Fisch während des Garens gewendet werden.
Der Elektrogrill ist natürlich einfacher zu handhaben, nämlich durch Regler – im Gegensatz zum Holzkohlengrill, der zum Anfachen und zur Erhaltung der konstanten Hitze manchen Handgriff und ein bißchen Geschick erfordert. Die Holzkohle muß so lange brennen, bis sich die Stücke mit einer grauen Ascheschicht überzogen haben. Flammen dürfen nicht mehr aufzüngeln. Erst dann ist der Grill betriebsbereit. Zweckmäßig ist es, in die Mitte der Glut eine Fettauffangschale zu stellen. Man kann Aromaten wie Fenchel, Thymian oder Knoblauch, Rosmarin oder Wacholder hineingeben, deren aufsteigender Duft dem Fisch zusätzliches Aroma vermittelt.
Der Vorteil des Holzkohlengrills: Der Fisch wird würziger – auch ohne zusätzliche Aromaspender. Denn schon das Verbrennen der Holzkohle erzeugt Duftstoffe, die dem Grillgut ein ganz spezifisches Aroma verleihen. Der Nachteil: Wenn Holzkohle nachgefüllt werden muß, kann nicht eher weitergegrillt werden, bis diese mit Asche überzogen ist. Da kommt der Vorteil des Elektrogrills ins Spiel. Mit ihm läßt sich einfacher und auch sauberer arbeiten, weil weder Rauch noch Ruß entstehen.

SCHLEIENFILETS IN ALUFOLIE

Schonendes Garen ist – wie jeder weiß – bei Fisch mit seiner zarten Struktur oberstes Gebot. Da bietet sich die Alufolie als ideales Hilfsmittel geradezu an, zumal dann, wenn Fisch gegrillt werden soll. Sie schützt ihn vor der direkten, starken Strahlungshitze und bewirkt, daß er im eigenen Saft gart. Außerdem sorgt die luftundurchlässige Hülle dafür, daß Geschmacksstoffe voll erhalten bleiben.

2 Schleien, je 350 g
Salz, frisch gemahlener Pfeffer
80 g Butter, 4 Schalotten
4 Knoblauchzehen
4 Lorbeerblätter
4 Zweige Thymian
Kraut von 2 Fenchelknollen
Julienne von 1 Möhre

Die Schleien ausnehmen und filetieren, die Filets einmal durchschneiden. Mit Salz und Pfeffer würzen. 4 entsprechend große Stücke Alufolie mit je 10 g Butter bestreichen und je 2 Filetstücke darauflegen. Je 1 ungeschälte, geviertelte Schalotte, 1 geschälte Knoblauchzehe, 1 Lorbeerblatt, 1 Thymianzweig, das Fenchelkraut und die Möhrenjulienne darauf verteilen. Mit der restlichen Butter belegen, locker in die Folie einschlagen und fest verschließen. Auf dem vorgeheizten Grill in 8 bis 12 Minuten garen.

Schützend in Alufolie garen. Das verhilft zu einem genüßlichen Essen. Das Foto oben zeigt die Schleienfilets mit Kräutern, Gewürzen, Butter und Möhrenjulienne, bevor das Paket – fest verschlossen, aber die Zutaten locker umschließend – auf den Grill kommt. Und so saftig-appetitlich sieht es aus, wenn der lecker-würzige Fisch, sozusagen im eigenen Saft gegart, vom Grill genommen und serviert wird (Foto unten). Er hat die Aromen der Zutaten aufgenommen. Sein Geschmack ist überzeugend delikat.

GEGRILLTE SARDINEN

Wenn es einen kleinen Fisch gibt, der sich besonders gut zum Grillen eignet, dann ist es die Sardine. Da sie so klein ist, hat sie nur eine kurze Garzeit und kann deshalb im ganzen und mit ihrer schützenden Haut zubereitet werden. Außerdem haben Sardinen ein relativ fettreiches Fleisch. Haut und Fett schützen sie vor dem Austrocknen beim Grillen, geben ihnen aber gleichzeitig ihren typisch-saftigen Geschmack.

1/2 rote Paprikaschote

2 EL feingehackte Kräuter

1 Knoblauchzehe, 12 EL Olivenöl

16 Sardinen, je 70 bis 80 g

Salz, frisch gemahlener Pfeffer

Die geputzte Paprikaschote in feinste Würfelchen schneiden. Mit den Kräutern (Petersilie, Salbei, Rosmarin) in eine Schüssel geben, dazu die angedrückte Knoblauchzehe. Mit dem Olivenöl verrühren und abgedeckt 30 Minuten durchziehen lassen. Inzwischen die Sardinen vorsichtig schuppen und die Flossen, jedoch nicht die Schwanzflossen abschneiden. Die Sardinen ausnehmen. Zum Öffnen der Bauchhöhle eine kleine Schere verwenden; wenn man sie mit dem Messer aufschneidet, reißen die dünnen Bauchlappen allzu leicht ein. Die Sardinen unter einem dünnen Kaltwasserstrahl ausspülen und mit Küchenpapier trockentupfen. In eine flache Schüssel legen, mit dem Würzöl bedecken und zugedeckt 1 Stunde marinieren. Die Sardinen salzen und pfeffern und nacheinander auf dem heißen Rost in 2 bis 3 Minuten pro Seite garen. Heiß mit einer kalten, würzigen Sauce servieren.

Größere Fische wie hier die Makrelen werden beim Wenden auf dem Grillrost leicht verletzt oder fallen gar auseinander. Ein Grillkorb verhindert das. In ihm kann der Fisch während des Grillens mehrmals umgedreht werden, ohne daß er Schaden nimmt.

GEGRILLTE THUNFISCHKOTELETTS

Beim Grillen wird Fisch durch die Strahlungshitze hohen Temperaturen ausgesetzt. Dabei gerinnt das Eiweiß im äußeren Gewebe praktisch sofort, so daß sich die gewünschte, feste und schmackhafte Röstschicht bildet. Dieser knusprige Schutzschild bewirkt zweierlei: Es haben sich angenehm schmeckende Röststoffe gebildet, und das Grillgut bleibt innen saftig. Das Einhalten der vorgeschriebenen Garzeit ist dabei wichtig; wird der Fisch nämlich zu lange gegrillt, ist er außen ledrig und innen trocken. Auf Genauigkeit kommt es also an. Kommt noch hinzu, daß sich festfleischige, fetthaltige Fische zum Grillen besser eignen als solche mit zartem Gewebe und weniger Fett. Denn die kräftigere Struktur und das Fett verhindern, daß der Fisch austrocknet.

Saftig-appetitlich: Das Kotelett vom Roten Thunfisch muß 2 bis 3 Stunden in der Marinade durchziehen und häufig gewendet werden, damit die Aromastoffe gleichmäßig das feste Fischfleisch durchziehen können. Einen ganz spezifischen Geschmack vermittelt auch das verwendete Olivenöl, das von Kennern als ausgezeichnete Würze verstanden wird. Aber nur dann, wenn es sich um kaltgepreßtes Öl handelt.

Wer gern auch mal einen mageren Fisch grillen möchte, muß nicht unbedingt darauf verzichten. Er kann ihn während des Grillens häufiger mit Öl bestreichen oder vorher in gewürztem Öl marinieren.

Ganz gleich, ob Teilstücke von großen Fischen – wie Thun, Schwertfisch, Marlin (Speerfisch) oder Lachs – oder ganze Fische gegrillt werden sollen, die Haut läßt man zweckmäßigerweise daran, denn sie schützt vor dem Austrocknen und sorgt im übrigen für das intensivere Geschmackserlebnis. Was nun den festfleischigen und fetthaltigen Thunfisch angeht, so eignet er sich hervorragend zum Grillen. Ob man den Großen oder Roten Thunfisch bevorzugt oder den Albacore, also den Weißen Thun, auch Germon genannt –, beide werden von Kennern wegen ihres guten Geschmacks geschätzt.

200 ml Olivenöl

4 Salbeiblätter, 1 Lorbeerblatt

1 Zweig Rosmarin

2 Knoblauchzehen, 1 Schalotte

1 TL schwarze Pfefferkörner

1 TL Senfkörner

4 Thunfischkoteletts, je 200 g, Salz

Olivenöl, Salbeiblätter, Lorbeerblatt, den zerpflückten Rosmarin, die halbierten und angedrückten Knoblauchzehen, die in Scheiben geschnittene Schalotte, die grob zerdrückten Pfefferkörner und die Senfkörner zu einer Marinade mischen. Die Thunfischkoteletts darin wenden und zugedeckt 2 bis 3 Stunden marinieren. Salzen und sofort auf dem Holzkohlengrill in 8 bis 12 Minuten (pro Seite 4 bis 6 Minuten) garen.

So werden die gefüllten Weinblätter vorbereitet. Jeweils von links nach rechts: Zunächst den gesäuberten und enthäuteten Aal wie einen Rundfisch filetieren. Mit einem scharfen Messer zuerst das obere Filet von der Mittelgräte lösen, dann die Mittelgräte vom unteren Filet wegschneiden. Alle im Fleisch verbliebenen Gräten entfernen. Die Aalfilets in etwa 3 cm lange Stücke schneiden. Die Weinblätter flach ausbreiten und trockentupfen. Die holzigen Stiele abschneiden • Jedes Blatt mit zunächst einem Aalstück belegen. Die gewürzten Croûtons darauf verteilen, mit einem zweiten Aalstück bedecken und in die Blätter wickeln. Zuerst die vordere Blatthälfte, dann die beiden Seiten einschlagen und alles nach oben einrollen.

AAL IN WEINBLÄTTERN

Weinblätter eignen sich gut als schützende Hülle beim Grillen. Sie werden meist in gesäuerter Salzlake konserviert und – in Dosen oder Kunststoffbeuteln verpackt – im Handel angeboten. Damit sie sich gut voneinander lösen und nicht reißen, werden sie vorsichtig aus der Verpackung genommen und in eine Schüssel mit viel Wasser gelegt, aus dem man sie später einzeln herausnimmt. Dabei wird auch die oft sehr salzige Lake abgespült.

1 Aal von 1 kg oder 2 Aale von je 600 g

16 große Weinblätter

4 Scheiben Toastbrot, 40 g Butter

4 Salbeiblätter, fein gehackt

Salz, frisch gemahlener Pfeffer

Saft von 1/2 Zitrone

Aal und Weinblätter vorbereiten, wie in der Bildfolge beschrieben. Das Toastbrot entrinden und in kleine Würfel schneiden. Die Butter in einer Pfanne aufschäumen lassen und die Brotwürfel darin goldbraun rösten, dabei häufig umrühren. Auf Küchenpapier abtropfen lassen. Abgekühlt mit dem gehackten Salbei mischen. Mit Salz, Pfeffer und Zitronensaft würzen. Weiterarbeiten, wie in der Bildfolge beschrieben. Die gefüllten Weinblätter auf Spieße stecken und pro Seite 3 bis 4 Minuten grillen.

LACHSFORELLE VOM GRILL

Für 5 bis 6 Portionen

1 Lachsforelle von 2,4 kg
Salz, frisch gemahlener Pfeffer
Öl zum Bestreichen
1 Handvoll frische Kräuter
einige Pfefferkörner
1 Knoblauchzehe
120 bis 150 g Butter
1 Stückchen Baguette

Grillen im Freien

Über Holzkohlenglut im Freien zu grillen, ist ein beliebter sommerlicher Freizeitspaß. Wer es im eigenen Garten oder gar auf der Terrasse tut, braucht wegen der Rauchentwicklung sehr verständnisvolle Nachbarn. Außerdem natürlich besten Fisch und ein Grillgerät.
Bei den meisten Geräten befindet sich der Grillrost über dem Behälter für die Holzkohle. Sehr praktisch sind aber Grillgeräte, bei denen das Grillgut sozusagen vor der Glut gart. Der Rost steht senkrecht neben der Glut und läßt die Hitze sanft auf das davor plazierte Grillgut einwirken, das mit dem Rost direkt nicht in Berührung kommt.
Wer öfter Fisch auf dem Holzkohlengrill zubereitet, tut gut daran, sich spezielle Fischkörbe anzuschaffen. Sie haben überzeugende Vorteile: Man kann den Fisch problemlos wenden, ohne daß er dabei verletzt wird. Er bleibt zudem bestens in Form. Und zum Grillen vor der Glut – wie hier bei der Lachsforelle – ist ein solcher Grillkorb sogar unerläßlich. Neben Grillkörben für einzelne große Fische gibt es Wendebräter, in die in der Regel 6 bis 12 kleinere Fische wie Sardinen, Sardellen oder Sprotten passen. Das sind aufklappbare Metallgestelle mit entsprechend großen Mulden für die Fische. Wichtig ist, daß die Fische genau in die Mulden (oder in den Grillkorb) hineinpassen. Bei zu großen Fischen kann man eventuell den Kopf abschneiden. Schließlich gibt es noch Wendebräter ohne Mulden, in denen Koteletts oder Tranchen gegrillt werden können.
Vor dem Grillen müssen Korb und Wendebräter immer eingeölt werden, damit der Fisch mit seiner empfindlichen, eiweißreichen Haut nicht am Gitter hängenbleibt. Der Fisch wird ebenfalls vor dem Grillen mit Öl bestrichen. Auch während des Grillens empfiehlt es sich, vor allem fettarme Fische öfter mit Öl zu bepinseln. Und regelmäßiges Wenden verhindert, daß die Haut verbrennt und der Fisch nicht gleichmäßig gart.
Ganze Fische werden gewöhnlich vor dem Grillen ausgenommen, am besten durch die Kiemen, damit sie ihre Form behalten. Bei sehr kleinen Fischen wie Sardellen oder Sardinen kann man schon mal eine Ausnahme machen. Voraussetzung ist jedoch, daß die Fische topfrisch sind, am besten vom selben Tag.
Der fertig gegrillte Fisch wird vorsichtig aus dem Korb oder dem Wendebräter genommen und sofort, ganz heiß, serviert. Nur dann ist die Haut so herrlich knusprig, wie sie sein soll.

1 **Die Lachsforelle mit Öl einstreichen.** Zuerst die untere Seite des Fischs einstreichen und ihn in den unteren Teil des ebenfalls mit Öl bestrichenen Grillkorbs legen. Anschließend die Oberfläche des Fischs mit Öl bestreichen und ebenso den oberen Teil des Grillkorbs. Den geschlossenen Korb füllt die Forelle prall aus (großes Foto). Das Öl sorgt dafür, daß die Haut nicht am Korb kleben bleibt, gleichmäßig bräunt und knusprig wird.

Die Lachsforelle durch die Kiemen ausnehmen, wie auf Seite 133 beschrieben. Kalt abspülen und ohne Druck trockentupfen. Salzen, pfeffern und mit Öl einstreichen. Die Bauchhöhle mit den gewaschenen und trockengetupften Kräutern (Petersilie, Thymian, Dill und Estragon) füllen. Die Pfefferkörner, den feingehackten Knoblauch und die Butter in Stückchen zugeben. Den Schlund mit dem Baguettestückchen schließen, damit die Butter beim Grillen nicht herausfließen kann. Die Lachsforelle in den Grillkorb einschließen und in 20 bis 25 Minuten grillen.

Zu der Lachsforelle vom Grill paßt als Beilage frisches, knuspriges Weißbrot. Denn beim Servieren fließt die köstlich aromatisierte Butter aus dem Fisch, die mit dem Brot aufgenommen werden kann. Dazu ein spritziger Weißwein – und die Welt des Genießers ist rundherum in Ordnung.

2 **Rückenflosse herausziehen.** Wenn das leicht geht, ist die Lachsforelle gar (oberstes Foto). Dieses kapitale Exemplar braucht 20 bis 25 Minuten Garzeit und muß währenddessen ständig vor der Glut gedreht werden. Zum Grillvergnügen gehört also ein bißchen Arbeit und Geduld. Der fertiggegarte Fisch läßt sich zwar sauberer portionieren, wenn man die Haut abzieht (Foto darunter), aber die meisten werden wohl darauf bestehen, die Forelle mit Haut zu genießen – auch auf die Gefahr hin, daß die Portionen nicht exakt tranchiert sind, weil die Haut sich nicht so gut teilen läßt.

Heringsfilets vom Brett

Eine uralte, den Indianern abgeschaute Methode ist es, Fischfilets auf einem Brett festzunageln und dieses senkrecht vor das Feuer zu stellen. Mancher Pfadfinder wird sich an ein solch kulinarisches Lagerfeuererlebnis erinnern. Mit einem Grillgerät, wie es für die Lachsforelle links verwendet wird, geht das auch ohne Lagerfeuer.

Am besten eignen sich deftige, vor allem fetthaltige Fische wie Makrele und Hering. Durch die relativ lange Garzeit würden weniger fettreiche Fische austrocknen. Darum müssen die Filets trotz des Eigenfettgehalts auch während des Garens noch mit Öl bestrichen werden. Von frischen grünen Heringen die Köpfe entfernen, die Flossen außer den Schwanzflossen abschneiden. Die ausgenommenen Fische auseinanderklappen, die Mittelgräten entfernen und die kleinen Gräten mit einer Pinzette herauszupfen. Gesalzen und gepfeffert, mit Aluminium- oder Stahlnägeln auf ein geöltes Hartholzbrett (Eiche, Buche) nageln. Den Fisch mit Öl einstreichen und das Brett vor die Glut stellen. Nach halber Garzeit (20 Minuten insgesamt) das Brett umdrehen.

Hitze von unten: Grillen auf Stein

Eine uralte Garmethode – in der Mongolei, China und Japan bis heute praktiziert – setzt sich auch bei uns wieder durch: das Grillen auf heißem Stein. In vielen Restaurants brutzeln die Gäste ihr Essen auf diese Weise selbst.

Neben dem Spaß, den das in geselliger Runde bringt, hat diese Art des Garens echte Vorteile, besonders bei Fisch, denn er wird äußerst schonend gegart. Die Hitzeeinwirkung ist sanfter, es entwickelt sich kein unangenehmer Rauch, und das Geschmacksergebnis ist überragend gut.

Natürlich eignet sich nicht jeder Stein. Er muß vor allem hart sein, auf keinen Fall porös (sonst saugt er das Fett auf), und er muß die Wärme gut speichern. Mit einer Schieferplatte, wie auf dem Bild unten verwendet, geht es schon recht gut, am besten eignen sich aber Platten aus Granit.

Äußerst wichtig ist auch die richtige Pflege: Nur heißes, klares Wasser darf an die (mehrere Zentimeter dicken) Platten, kein Tropfen eines Spülmittels. Dessen Geschmack würde sich dem Stein sofort mitteilen. Dagegen nimmt er das Aroma der gegrillten Lebensmittel nicht an – richtige Pflege vorausgesetzt.

Wer zu Hause auf heißen Steinen grillen möchte, muß sie auf der Herdplatte oder über der Gasflamme erhitzen. Die Hitze im häuslichen Ofen reicht dazu nicht aus.

Ideal sind Brassen, Sardinen, Schollen und andere flache und kleine Fische, die schnell durchgaren. Auch Scheiben oder Filets, vor allem von etwas fetteren Fischen wie Makrelen oder Heringen, sind bestens geeignet für den heißen Stein.

Schonendes Garen auf heißem Stein. Die Hitzegrade sind zwar, zumindest in der Anfangsphase, genauso hoch wie beim Braten in der Pfanne, dennoch ist die Hitzeeinwirkung insgesamt sanfter. Und das bekommt den kleinen, feinen Fischen ausgesprochen gut.

ROTBRASSEN, AUF STEIN GEGRILLT

Rotbrassen (höchstens 400 Gramm, größere empfehlen sich nicht) schuppen, ausnehmen, unter kaltem Wasser abspülen, trockentupfen, innen und außen salzen. Die Bauchhöhle mit Kräutern nach Geschmack füllen, den Fisch rundherum mit Öl einstreichen. Auf den heißen Stein legen, 10 Minuten grillen, wenden und in 5 bis 6 Minuten fertiggaren. Wer will, kann mit Öl bestrichene Gemüsescheibchen mitgrillen.

HITZE VON OBEN

Moderne Elektro- und Gasherde sind ohne Grillvorrichtung schier undenkbar. Selbst bei preiswerten Modellen wird nicht darauf verzichtet.

Das Prinzip ist dasselbe wie beim Grillen über Holzkohlenglut auf dem Rost: Die Strahlungshitze bewirkt, daß das Eiweiß in den äußeren Schichten gerinnt und Saft, Aroma und Nährstoffe eingeschlossen werden. Es bildet sich sofort eine schützende Kruste.

Wenn die Hitze nun von oben einwirkt, kommen noch entscheidende Vorteile hinzu. Das Grillen ist insgesamt schonender. Da kein Fett auf die Hitzequelle heruntertropfen und dort verbrennen kann, entsteht auch nicht das in den Verbrennungsgasen enthaltene schädliche Benzpyren. Zudem gibt es keinen überhitzten Grillrost, der dem Fisch ein schwarzes »Muster« einbrennt, die Haut oder die Außenseite also verkohlen könnte. Auf Zugabe von Fett kann fast ganz verzichtet werden. Für die Diätküche ist daher diese Art des Garens geradezu ideal.

Auch unliebsame Reinigungsarbeiten wie das Entfernen von eingebranntem Fett vom Rost bleiben einem erspart. Wer zusätzlich den Fisch auf Alufolie legt, geht ganz sicher, daß nichts verbrennt. Gleichzeitig wirkt die Folie wie ein Reflektor und kann dadurch den Garprozeß beschleunigen. Und noch ein Vorteil des Grillens unter Oberhitze im Ofen: Es verhindert eine starke Geruchsentwicklung.

Von der Energiequelle ist abhängig, wie die Strahlungshitze erzeugt wird. Beim Elektrogrill sind es Heizschlangen, so wie auf dem Bild oben sehr gut zu sehen. Anders beim Gasgrill. Da wird eine Stahlplatte durch Flammen erhitzt, bis diese genügend Strahlungshitze entwickelt.

Wichtig ist, daß der Grill, also die Heizschlangen beim Elektrogrill oder die Stahlplatte beim Gasgrill, voll erhitzt ist, bevor der Fisch darunter plaziert wird. Ist nämlich die Temperatur zu niedrig, der erste Hitzeschock also nicht groß genug, gerinnt das Eiweiß in den äußeren Schichten nicht sofort, es bildet sich keine schützende Kruste, der Fisch verliert Saft und wird trocken. Ähnliches geschieht allerdings auch, wenn der Fisch zu feucht ist. Die schützende Kruste kann sich nicht sofort bilden, und das Ergebnis wäre ein trockener, fade schmeckender Fisch, denn das Aroma würde ebenfalls auf der Strecke bleiben.

Eine ideale Grill-Kombination: Frischer Fisch und frische Kräuter. Wer ganze Fische grillen möchte, sollte sie unbedingt einmal mit aromatischen frischen Kräutern füllen. Geschützt in der Bauchhöhle, in Verbindung mit einem Stück Butter, entfalten sie ihr ganzes Aroma. Das Ergebnis: ein unvergleichlicher Hochgenuß!

Frisch geräuchert

Räuchern kann man heutzutage natürlich in hochmodernen, leicht zu bedienenden Elektrogeräten. Ein gleich gutes Ergebnis erzielt man aber auch mit ganz einfachen Geräten – wenn man es richtig macht. Statt des früher üblichen Holzfeuers bedient man sich heute der Energiequellen Gas, Öl und Strom. Es gibt aber auch mit Spiritus betriebene Geräte, die man überall, beispielsweise im Garten, betreiben kann.
Für den Privatbedarf genügen die in verschiedener Ausführung angebotenen Kleingeräte, die es in unterschiedlichen Größen für 2 bis 12 Portionsfische gibt. Sie funktionieren alle nach dem gleichen Prinzip: Im Sockel die Hitzequelle, darüber der Räuchertopf – meist mit Abtropfblech – für das Räuchermehl und darauf der Rost für das Räuchergut. Ein Deckel verschließt das Gerät.
Und so wird geräuchert: Das Räuchermehl, eventuell mit Gewürzen angereichert, in den Räuchertopf, die Fische auf den Rost geben und das Gerät mit dem Deckel verschließen. Die Heizquelle einschalten oder anzünden, nach Vorschrift des Herstellers regulieren. Durch die Hitze verkohlt das Räuchermehl. Durch die Wärmeeinwirkung und in dem sich entwickelnden Rauch gart der Fisch und erhält zugleich seine goldene Farbe und den unverwechselbaren Geschmack.
Nun kann man heiß oder kalt räuchern. Der Unterschied besteht in der Höhe der Hitzegrade und in der Dauer des Räuchervorgangs: Heißgeräuchert wird bei über 60 °C, kaltgeräuchert bei unter 30 °C. Kaltgeräucherte Fische sind, bedingt durch die längere Räucherdauer, länger haltbar.
Als Räuchermittel für Fisch eignet sich nur harzfreies Holz wie Buche, Eiche, Ahorn und ganz besonders Erle, aber auch das Holz von Obstbäumen. Besondere Würze vermitteln Wacholder- und Rebenholz. Jedes Holz verleiht dem Räucherfisch sein typisches Aroma. Im Handel und von Versendern gibt es fertige Räuchermehle aus einer oder aus mehreren Holzarten.
In der modernen Küche wird man stets das Heißräuchern bevorzugen, weil man in relativ kurzer Zeit über unvergleichlich wohlschmeckenden Fisch verfügen kann. Gut geeignete Portionsfische sind Renken, wie hier gezeigt, aber auch Forellen, Saiblinge, Loup de mer (kleine Exemplare), Makrelen und Aale. Letztere sind wegen ihres hohen Fettgehalts zum Räuchern geradezu prädestiniert. Das heißt aber nicht, daß fettärmere Fische nicht genauso schmackhaft geraten. Voraussetzung ist nur, daß sie vorher mit Butter oder Öl bestrichen werden.
Die selbstgeräucherten frischen Fische schmecken am besten, wenn sie noch leicht warm serviert werden. Puristen (und die haben sicherlich nicht Unrecht) werden den frisch geräucherten Fisch nur mit Weißbrot und frischer Butter genießen wollen. Vielleicht noch mit einer dezenten Meerrettichsahne, mit der Betonung auf Sahne. Doch harmonieren frisch geräucherte Fische auch mit einer ganzen Palette kalter Saucen, angefangen vom mageren Kräuterjoghurt bis zur kräftigen Mayonnaise mit mehr oder weniger würzenden und scharfen Zutaten.

Renken zum Räuchern vorbereiten. Die Fische mit Öl bestreichen, am besten mit einem Pinsel; sie müssen gleichmäßig mit Öl überzogen sein, sonst wird die Haut beim Räuchern fleckig. Die Renken außen und innen mit Salz und Pfeffer würzen. Mit ihrer Bauchöffnung nach oben versetzt in das Haltegitter (oder auf den Rost) legen. Mit Thymian und Petersilie füllen. Die Butter in die Bauchöffnungen verteilen. Die Wacholderbeeren in das Sägemehl streuen. Nach Anweisung des Geräteherstellers räuchern.

Ein frisch geräuchertes Saiblingsfilet gehört zum Besten unter den Räucherfisch-Delikatessen. Die Frische sollte sich aber ausnahmsweise in Grenzen halten, denn erst nach einer gewissen Lagerung lassen sich Saiblinge optimal räuchern. Die geschlachteten Fische also sofort ausnehmen, auswaschen und abtrocknen, ihnen dann aber mindestens 5 Stunden Ruhezeit geben. So behalten sie beim Räuchern ihre schöne Form. Und, was noch wichtiger ist, erst durch die Lagerung entwickeln sie ihren ausgezeichneten Geschmack.

GERÄUCHERTE RENKEN

4 Renken, 4 EL Öl
Salz, frisch gemahlener Pfeffer
4 Zweige Thymian
4 Stengel Petersilie
60 g Butter
1 TL Wacholderbeeren für den Rauch

Die Renken sorgfältig schuppen, ausnehmen und ausspülen. Innen und außen mit Küchenpapier trockentupfen. Zubereiten, wie in der Bildfolge links gezeigt. Da Renken zu den Magerfischen zählen, ist die Butter in der Bauchhöhle der Fische wichtig. Sie gibt den Filets nicht nur die nötige Feuchtigkeit, sondern auch ein besonders delikates Aroma.

GERÄUCHERTER HORNHECHT

2 Hornhechte von je etwa 500 g
Öl zum Bestreichen
Salz, frisch gemahlener Pfeffer
Für die Gemüsevinaigrette:
1 EL Möhrenwürfel
1 EL Teltower-Rübchen-Würfel
je 1 EL Schalotten- und Lauchwürfel
2 EL feiner Weißweinessig
Salz, frisch gemahlener Pfeffer
6 EL Öl
1 EL Schnittlauchröllchen
1 TL frisch geriebener Meerettich
Außerdem:
Blattsalat nach Saison
Meerrettichspäne

Die Hornhechte ausnehmen, außen und innen kalt abspülen und mit Küchenpapier trockentupfen. In 6 bis 7 cm lange Stücke schneiden und einölen. Mit Salz und Pfeffer würzen und nach Anweisung räuchern.
Für die Vinaigrette Möhren- und Rübchenwürfel in 100 ml Wasser etwa 5 Minuten kochen. Schalotten- und Lauchwürfel zufügen und noch 5 Minuten weiterkochen. Im Sieb mit kaltem Wasser abschrecken und auskühlen lassen.
Den Essig mit Salz und Pfeffer würzen. Das Öl unterrühren. Die Gemüsewürfel, Schnittlauchröllchen und den geriebenen Meerrettich untermischen. Abschmecken.
Den Salat putzen, waschen und trockenschleudern. Mit der Vinaigrette vermischen und auf 4 Teller verteilen. Die geräucherten, noch warmen Hornhechtstücke häuten. Auf dem Salat anrichten und mit Meerrettichspänen bestreuen.

Brachsen gehören zu den weniger beliebten Fischen – wohl der vielen Gräten wegen. Ihr Fleisch aber wird geräuchert zur Delikatesse. Die Fische dafür spalten, wie auf Seite 128 (Karpfen) beschrieben, salzen, pikant würzen und direkt vor dem Räuchern mit flüssiger Butter bepinseln.

Fisch regional

Eigentlich sind sie alle regionale Spezialitäten, die berühmten, traditionsreichen Fischgerichte. Zumindest die mit Meeresfischen, denn deren leichte Verderblichkeit setzte schon von vornherein Grenzen. Mal abgesehen von den Fischen, die getrocknet oder gesalzen über größere Entfernungen transportiert werden konnten, mußten früher die »Frischfische« an Ort und Stelle konsumiert werden, also an den Küsten. Und diese Landstriche, vor allem in den Mittelmeerländern, waren zugleich reich an ergänzenden landwirtschaftlichen Produkten wie Öl, Getreide, Gemüse und Wein. Deshalb ist es kein Wunder, daß sich unter solchen Bedingungen hier eine Fisch-Kochkunst entwickeln konnte, die immer noch Gültigkeit hat.

Heute allerdings kann sich jeder der frischen Produkte bedienen und damit der traditionellen Rezepte. Die Anhänger der reformierten Küche haben kräftig davon Gebrauch gemacht – zum Wohl der Fischliebhaber auch im tiefsten Binnenland. Ein so delikates Gericht wie die nebenstehend abgebildeten gefüllten Sardinen bleibt heute nicht mehr nur den Sizilianern vorbehalten. Man kann es überall dort zubereiten, wo es frische Sardinen gibt. Und die sind fast schon so weit verbreitet wie ihre berühmten Vettern in Öl aus der Dose.

Ein variabler Genuß kann dieser Hecht auf badische Art sein. Man kann ihn vor dem Garen noch mit Semmelbröseln oder geriebenem Parmesan bestreuen oder auch mit beidem.

HECHT AUF BADISCHE ART

Solche regionalen Spezialitäten überzeugen vor allem durch die einfache Art ihrer Zubereitung. Voraussetzung aber sind gute und frische Zutaten.

1 fangfrischer Hecht von etwa 1,3 kg
Salz, frisch gemahlener Pfeffer
Mehl zum Bestauben, 100 g Butter
4 Schalotten, fein gewürfelt
Saft von 1/2 Zitrone
100 ml trockener badischer Weißwein
400 ml Sahne
1 EL gehackte glatte Petersilie
eventuell etwas Fischfond oder Wasser

Den Hecht schuppen, ausnehmen und die Kiemen entfernen (siehe Seite 133). Innen und außen gründlich mit kaltem Wasser abspülen und mit Küchenpapier trockentupfen. Mit Salz und Pfeffer würzen. Mit Mehl bestauben, überschüssiges Mehl abklopfen.

Die Butter in einem Bräter aus Edelstahl oder Gußeisen aufschäumen lassen. Den Hecht darin wenden und auf den Bauch legen. Bei 180 °C im vorgeheizten Ofen etwa 10 Minuten vorgaren. Auf der Herdplatte weiterarbeiten. Die Schalottenwürfel in der nunmehr braunen Butter glasig braten, ohne Farbe zu geben. Mit Zitronensaft und Weißwein ablöschen. Gut durchköcheln lassen, die Sahne zugießen und umrühren. Wieder in den Ofen stellen und in etwa 20 bis 25 Minuten fertiggaren. Dabei mehrmals überschöpfen.

Den Hecht auf einer vorgewärmten Platte anrichten. Die Sauce abschmecken und die Petersilie unterrühren. Sollte die Sauce zu dick sein, kann man ihr mit Fischfond oder Wasser die gewünschte Konsistenz geben. Die Sauce über den Fisch gießen. Die klassische Beilage sind Nudeln.

FISKEBOLLER

SKANDINAVISCHE FISCHKLÖSSCHEN

In Skandinavien werden die Fischklößchen oder -bällchen auf zweierlei Art angerichtet: mal als Suppeneinlage, mal als Tellergericht mit einer Sauce. Und was die Sauce angeht, so sind die Skandinavier variabel. Oft bevorzugen sie eine Meerrettichsauce auf der Basis einer samtigen Velouté. Das schließt aber nicht aus, daß Fischklößchen hier und da auch mit Tomaten-, Paprika-, Petersilien- oder Dillsauce serviert werden. Dazu gibt es meistens Salzkartoffeln. Eine weitere Variante: gebratene Fiskeboller mit Tomatensauce oder brauner Butter.

375 ml Weißweinsauce (Rezept Seite 142)
500 g Fischfilet (Kabeljau oder Schellfisch)
Salz, frisch gemahlener Pfeffer
2 EL Butter, 2 EL Speisestärke
1 Ei, 1/4 l gekühlte Sahne
Zitronensaft, Weißwein
Kapernlake, 1 EL Kapern

Die Weißweinsauce zubereiten. Das Fischfilet sauber parieren, in Streifen schneiden, leicht salzen und pfeffern. Abgedeckt für 30 Minuten in den Kühlschrank stellen. Die Butter schaumig rühren und die Speisestärke untermischen.

Die Fischstreifen durch den Wolf (mittlere Scheibe) treiben und dabei nach und nach die Buttermischung in Flöckchen zufügen. Durchkühlen und noch einmal durch den Wolf treiben. Die Masse in eine Rührschüssel füllen, Ei und Sahne unterziehen und mit Salz und Pfeffer abschmecken. Einen Probekloß in Salzwasser garziehen lassen. Eventuell noch eine Spur Speisestärke unter die Kloßmasse ziehen, falls sie zu weich ist. Jetzt kann man sie auch noch, wenn nötig, nachwürzen.

Die Hände mit kaltem Wasser benetzen und Klößchen von 4 bis 5 cm Durchmesser formen. In siedendes Salzwasser gleiten und in 8 bis 12 Minuten bei verminderter Hitze garziehen lassen.

Die Weißweinsauce aufkochen. Mit Zitronensaft, Weißwein und Kapernlake abschmecken. Vom Herd nehmen. Mit dem Mixstab aufmixen und die Kapern darin erwärmen. Die Klößchen mit dem Schaumlöffel aus dem Sud heben und abtropfen lassen. Auf vorgewärmte Teller anrichten und mit der Sauce überziehen. Als Beilage Salzkartoffeln dazu reichen.

Eine skandinavische Spezialität sind die Fischklößchen oder Fiskeboller. Ihr Ursprung wird zwar in der dänischen Küche vermutet, jedoch gehören sie seit langem auch zu den Leibgerichten der Schweden und Norweger. Wir servieren sie mit Weißweinsauce, die mit Kapern angereichert wurde. Eine wohlschmeckende Kombination.

KARPFENPÖRKÖLT

Mit Karpfen verstehen die Ungarn umzugehen. Mit seinem fettreichen und kräftig schmeckenden Fleisch kommt er der deftigen Küche dieses Landes entgegen. Bei dem klassischen Schmorgericht, dem Pörkölt, darf natürlich Paprika nicht fehlen.

Für 4 bis 6 Portionen

1 Spiegelkarpfen von 2,4 kg

Für den Fond:

1 Knoblauchzehe

1 Tomate

1/2 Fenchelknolle mit Grün

1/2 Stange Lauch (nur das Weiße)

1 mittelgroße Zwiebel

1 Zweig Thymian, 1 Stengel Petersilie

1 Lorbeerblatt, 1/2 TL Kümmel

Außerdem:

100 g Zwiebeln, fein gewürfelt

30 g Butter

1 gehäufter EL edelsüßes Paprikapulver

4 reife, feste Flaschentomaten

1 rote Paprikaschote

Salz, frisch gemahlener Pfeffer

Zitronensaft

Die wenigen Schuppen vom Spiegelkarpfen entfernen und den Karpfen ausnehmen. Die Kiemen herausschneiden (siehe Seite 133), den Karpfen innen und außen kalt abspülen. Die Filets von den Gräten lösen. Die Abgänge – ausgenommen die Innereien und die Kiemen – in einen Topf füllen und mit kaltem Wasser bedecken.
Die Knoblauchzehe andrücken. Tomate, Fenchelknolle, Lauch und die geschälte Zwiebel klein schneiden. Alles in den Topf geben, dazu Thymian, Petersilie, Lorbeerblatt und Kümmel. Aufkochen, abschäumen und 30 Minuten köcheln lassen. Den Fond durch ein Sieb in einen Topf ablaufen lassen, wieder aufkochen und auf die Hälfte reduzieren.
Die Zwiebelwürfel in der heißen Butter goldgelb anziehen lassen. Das Paprikapulver unterrühren, 1 bis 2 Minuten dünsten, dann den Fischfond zugießen. Nochmals um 1/4 auf etwa 1/2 Liter reduzieren.
Inzwischen die Flaschentomaten häuten, vierteln und Samen und Stielansatz entfernen. Die Paprikaschote vierteln, Samen und Scheidewände entfernen und das Fruchtfleisch 2 Minuten in kochendem Wasser blanchieren. Jetzt lassen sie sich mühelos häuten. Tomaten und Paprikaschote in Streifen schneiden. In dem reduzierten Fond 5 Minuten köcheln lassen, so daß eine leichte Bindung entsteht.
Die Karpfenfilets in größere Stücke schneiden. Salzen, pfeffern und in den kochenden Fond einlegen. Umrühren. Halb zugedeckt in 4 bis 5 Minuten garziehen lassen. Mit Salz, Pfeffer und einigen Tropfen Zitronensaft abschmecken und servieren. Dazu schmeckt am besten kräftiges Landbrot.

Das Pörkölt zubereiten: Jeweils von links nach rechts: Die Zutaten für den Fond 30 Minuten köcheln lassen, durch ein Sieb passieren und den Fond auf die Hälfte reduzieren. Die Zwiebelwürfel in der Butter anschwitzen, Paprikapulver unterrühren • Den Fischfond angießen und auf etwa 1/2 Liter reduzieren. Die Tomaten- und Paprikastreifen darin bis zur Bindung kochen, die Karpfenfiletstücke einlegen und garziehen lassen. Das Pörkölt kräftig abschmecken.

ROUGETS AUF KORSISCHE ART

Wie überall in den Küchen der Mittelmeerländer werden auch auf Korsika – neben den anderen Produkten des Landes – reichlich Knoblauch, mit Vorliebe Sardellenfilets und fast immer Olivenöl verwendet. Diese Zutaten ergeben die spezifische Würze, auf die Einheimische nicht verzichten mögen und die von Urlaubern mit der Zunge für Originalität so hoch geschätzt sind. Der Fischküche kommt in diesen Regionen eine besondere Bedeutung zu. Auf Korsika ist das überhaupt kein Wunder, denn die Insel liegt sozusagen mitten in den Fischfanggründen, die für die Frische und Vielfalt der Fische garantieren. Hier ein typisches Rezept.

4 Rougets (Rotbarben), je 250 bis 300 g
4 feste, reife Tomaten
2 Sardellenfilets
2 EL Olivenöl
2 Knoblauchzehen
1 EL feingeschnittene glatte Petersilie
Salz, frisch gemahlener Pfeffer
4 EL frisch geriebene Weißbrotbrösel
20 g Butter

Von den Rougets nur die Kiemen und die Flossen entfernen, Ausnehmen ist nicht notwendig. Die auch »Schnepfen des Meeres« genannten Rougets haben nämlich keine Galle; deshalb können – genau wie bei der Schnepfe – die Innereien mitgegessen werden.

Die Tomaten häuten, halbieren, Stielansatz und Samen entfernen und das Fruchtfleisch würfeln. Die Sardellenfilets fein schneiden. Das Olivenöl in einer flachen, großen, ofenfesten Form erhitzen. Die Sardellen und die angedrückten Knoblauchzehen darin kurz angehen lassen. Die Tomatenwürfel und die Petersilie untermischen, salzen und pfeffern.

Die Rougets mit Salz und Pfeffer würzen und in die Form legen. Mit den Weißbrotbröseln bestreuen, die Butter in Flöckchen darauf verteilen. Bei 220 °C im vorgeheizten Ofen in 12 bis 15 Minuten garen.

BURGUNDERKARPFEN

Am Wein sollte man bei diesem Gericht zuletzt sparen – nur ein Burgunder bester Qualität garantiert auch ein gutes Ergebnis, etwa ein Chambertin oder Pommard.

1 ausgenommener Karpfen von 1,2 kg
Für die Marinade:
1/2 TL Salz, frisch gemahlener Pfeffer
1/2 Lorbeerblatt
1/2 TL getrockneter Thymian
Saft von 1/2 Zitrone
375 ml Burgunder Rotwein
Außerdem:
50 g Schalotten, fein gehackt
3 EL feines Pflanzenöl
250 g Zucchini, in dünnen Scheiben
Salz, frisch gemahlener Pfeffer
50 g Semmelbrösel, 50 g Butter

Den Karpfen in 4 Stücke teilen und in eine große Schüssel legen. Die Zutaten für die Marinade mischen, über die Karpfenstücke verteilen und 2 bis 3 Stunden abgedeckt durchziehen lassen.
Die gehackten Schalotten in dem heißen Öl in einer großen Auflaufform hell anlaufen lassen. Die Zucchinischeiben zufügen, mit wenig Salz und Pfeffer würzen und so lange erhitzen, bis das Fett brodelt. Die Karpfenstücke in der ursprünglichen Fischform in die Form legen und mit der Marinade übergießen. Die Semmelbrösel darüberstreuen. Bei 220 °C in den vorgeheizten Ofen auf die untere Schiene stellen. Die Butter zerlassen und den Fisch nach 10 Minuten damit bestreichen. Weitere 10 Minuten garen. Mit der restlichen Butter bestreichen und in etwa 10 Minuten fertiggaren.

MEERÄSCHE MIT FENCHEL

Dieses Gericht gehört zu den typischen Speisen der griechischen Küstenregionen. Der Fisch aus dem Mittelmeer wird auf gelungene Weise mit den Erzeugnissen des Landes kombiniert, ohne die eine griechische Küche nicht denkbar ist.

6 Meeräschenkoteletts, je 125 g
2 EL Zitronensaft
2 Fenchelknollen (250 g), Salz
1 Knoblauchzehe, 4 mittelgroße Tomaten
4 EL Öl, frisch gemahlener Pfeffer
1/4 l trockener Weißwein
40 g Butter, 2 EL gehackte Kräuter

Die Fischkoteletts unter kaltem Wasser abspülen und mit Küchenpapier trockentupfen. Mit Zitronensaft beträufeln. Abgedeckt in einer Schüssel in den Kühlschrank stellen.
Die Fenchelknollen putzen, waschen und vierteln. In kochendem Salzwasser in etwa 10 Minuten garen und in einem Sieb ablaufen lassen. Die Knoblauchzehe schälen und fein hacken. Die Tomaten häuten, Stielansatz und Samen entfernen und das Fruchtfleisch vierteln.
Das Öl in einer großen Pfanne erhitzen. Den Fenchel, Knoblauch und die Tomaten darin bei großer Hitze anbraten. Salzen und pfeffern und mit dem Weißwein ablöschen.
Die Fischstücke salzen. Eine Ofenpfanne mit etwas Butter einfetten, den Fisch und das Gemüse darin verteilen und mit den Kräutern (Petersilie, Rosmarin und Zitronenmelisse) bestreuen. Die restliche Butter in Flöckchen darauf verteilen. Die Ofenpfanne bei 200 °C in den vorgeheizten Ofen auf die mittlere Schiene stellen und den Fisch in 15 bis 20 Minuten garen.

BRETONISCHE DORADEN

Man kann für dieses Gericht auch 4 große Doraden verwenden, aber die Bretonen wissen, warum sie kleine Exemplare nehmen. Nur die schmecken richtig gut. Vorausgesetzt natürlich, sie werden einfallsreich gewürzt und nur kurz gegart.

8 küchenfertige Doraden, je 100 g
Salz, frisch gemahlener Pfeffer
1 Bund Petersilie
2 EL feines Olivenöl
3 EL gehackte Schalotten
3 EL Semmelbrösel
1 Knoblauchzehe
4 Sardellenfilets, 1/2 EL Kapern
2 EL Tomatenmark
2 EL gehackte Kräuter
30 g Butter

Die kalt abgespülten, trockengetupften Doraden innen und außen leicht salzen, pfeffern und in jeden Fisch einen Petersilienstengel legen.
Das Olivenöl in einer flachen Auflaufform erhitzen und die gehackten Schalotten darin hell anlaufen lassen. Die Hälfte herausnehmen, mit den Semmelbröseln mischen und beiseite stellen. Die zerdrückte Knoblauchzehe, die gehackten Sardellenfilets und Kapern, das Tomatenmark und die Kräuter (Petersilie, Thymian, Basilikum, Salbei und etwas Rosmarin) in die Form geben. Leicht salzen, unter Rühren etwa 2 Minuten erhitzen. Die Doraden nebeneinander in die Form legen und mit der Semmelbrösel-Schalotten-Mischung bestreuen. Die Butter in Flöckchen darauf verteilen. Bei 220 °C im vorgeheizten Ofen in 12 bis 15 Minuten garen.

Sardinen-Pizza aus südlichen Küchen. Zwar ist Süditalien die Urheimat der Pizza, genauer gesagt die Provinz Kampanien mit ihrer Hauptstadt Neapel. Doch die berühmte Spezialität eroberte von dort aus sozusagen die ganze Welt. Die Sardinen-Pizza nimmt allerdings eine Sonderstellung ein. So werden die Fische auch in Spanien und Portugal auf Teig gebacken.

SARDINEN-PIZZA

Pizza mit Tomatensauce und einigen Sardinen in Stücken darauf und mit Oregano gewürzt, so kennt man sie im Süden Italiens. Das folgende Rezept aber sind Sardinen pur.

Für den Pizzateig:
300 g Mehl, 20 g Hefe
1/8 l lauwarme Milch
30 g zerlassene Butter
1 Ei, 1/2 TL Salz
Mehl zum Ausrollen
Butter für das Blech

Für den Belag:
1,5 kg frische Sardinen
50 g Zwiebelwürfel
2 Knoblauchzehen, 3 bis 4 EL Olivenöl
250 g Paprikaschoten, rot, grün und gelb
250 g Tomaten
2 EL gehacktes Basilikum
1/2 TL Salz
2 bis 3 frische Peperoni, fein gewürfelt
Zucchinischeiben zum Garnieren
Olivenöl zum Beträufeln

Das Mehl in eine Schüssel sieben und in die Mitte eine Mulde drücken. Die Hefe hineinbröckeln, die lauwarme Milch zugießen und die Hefe darin unter Rühren auflösen. Mit etwas Mehl bestauben und 15 Minuten zugedeckt gehen lassen. Die zerlassene Butter, Ei und Salz zufügen und einen glatten Hefeteig schlagen. Nochmals zugedeckt 15 Minuten gehen lassen. Auf wenig Mehl zwei Teigplatten von 35 cm Durchmesser ausrollen. Ein Backblech mit Butter einfetten, die beiden Teigplatten darauflegen und jeweils einen Rand formen.
Die Sardinen ausnehmen. Köpfe und Flossen abschneiden und die Rückengräten herausziehen. Die Zwiebelwürfel mit den geschälten, zerdrückten Knoblauchzehen in dem heißen Öl in der Pfanne kurz anlaufen lassen. Die geputzten Paprikaschoten fein würfeln. Die Tomaten häuten, Stielansatz und Samen entfernen und das Fruchtfleisch würfeln. Zusammen mit dem Basilikum, dem Salz und den Peperoniwürfeln zu den Zwiebeln geben und noch 3 bis 4 Minuten dünsten. Etwas abkühlen lassen und auf dem Hefeteig verteilen.
Die Sardinen kreisförmig und jeweils mit den Schwanzenden nach innen auflegen, mit den Zucchinischeiben garnieren und mit etwas Olivenöl beträufeln. Bei 220 °C im vorgeheizten Ofen in 15 bis 20 Minuten hellbraun backen.

SARDE A BECCAFICO

GEFÜLLTE SARDINEN

Diese herzhafte sizilianische Spezialität ist eine besondere Empfehlung. Zwar macht es ein bißchen Mühe, die kleinen Sardinen vorzubereiten. Aber diese Arbeit lohnt sich, denn die würzig gefüllten Sardinen schmecken ganz vorzüglich.

So werden die Sardinen gefüllt: Die Füllung auf das breite Ende der entgräteten, auseinandergeklappten Fischchen verteilen und diese zum Schwanzende hin vorsichtig aufrollen. Darauf achten, daß die Füllung nicht an den Seiten herausquillt.

1 kg frische Sardinen, Salz
Für die Füllung:
1 Knoblauchzehe, 3 EL Olivenöl
1 EL Zwiebelwürfel
2 EL gehackte Petersilie
150 g Semmelbrösel
Salz, frisch gemahlener Pfeffer
50 g Pinienkerne
100 g frisch geriebener Pecorino
Außerdem:
2 EL Olivenöl für die Form

Die Sardinen mit einer kleinen Schere am Bauch aufschneiden, ausnehmen, kurz abspülen und mit Küchenpapier trockentupfen. Köpfe und Flossen, außer den Schwanzflossen, abschneiden. An den Schnittstellen die Rückengräten mit Daumen und Zeigefinger anfassen, mit der anderen Hand die Sardinen festhalten und die Rückengräten langsam herausziehen. Die Sardinen auf der Arbeitsfläche mit der Haut nach unten ausbreiten und ganz leicht salzen.

Die Knoblauchzehe schälen und zerdrücken. Das Olivenöl in einer Pfanne erhitzen und die Zwiebelwürfel sowie die zerdrückte Knoblauchzehe darin anlaufen lassen. Von 2 ausgenommenen Sardinen die Schwanzflosse abschneiden, diese beiden Fischchen in die Pfanne legen und mit einer Gabel zerdrücken. Petersilie und Semmelbrösel zufügen, mit Salz und Pfeffer abschmecken und 3 bis 4 Minuten weiterrühren. Vom Herd nehmen. Die Pinienkerne grob hacken und mit dem Käse unter die Semmelbröselmasse mischen. Die Füllung auf die ausgebreiteten Sardinen verteilen und die Sardinen aufrollen, wie links gezeigt. Das Olivenöl in einer Auflaufform erhitzen und die Sardinenrollen einlegen. Bei 200 °C im vorgeheizten Ofen in 12 bis 15 Minuten garen.

So entsteht der Klippfisch-Auflauf: Jeweils von links nach rechts: Den gut gewässerten Klippfisch mit einem scharfen Messer der Länge nach teilen. Die beiden Hälften in kleinere Stücke schneiden. Diese in einen Topf mit ungesalzenem, kochendem Wasser einlegen und 10 bis 15 Minuten köcheln lassen. Herausnehmen und abkühlen lassen • Von den Fischstücken Haut und Gräten entfernen und das Fischfleisch grob zerpflücken. In eine gefettete Auflaufform zuerst die Kartoffelscheiben, dann die Fischstücke und zum Schluß die mit dem Knoblauch in Öl angebratenen Zwiebelstücke einschichten. Bei 200 °C hellbraun überbacken. Den fertigen Auflauf mit Eischeiben, entsteinten Oliven und Petersilie garnieren.

BACALHAU À GOMES DE SÀ

KLIPPFISCH MIT KARTOFFELN

Sowohl in der portugiesischen als auch in der spanischen Küche ist der Bacalhau, der getrocknete Kabeljau, beliebt. Das ist erstaunlich, weil ja an den Küsten reichlich Frischfisch angelandet wird. Trotzdem hat auch in diesen Regionen der getrocknete Fisch seinen festen Platz auf den häuslichen Speisezetteln. Vor allem in Portugal, wo die »Bolinhos de Bacalhau« – in Olivenöl gebratene Klöße oder Frikadellen aus getrocknetem Fisch und vielen Eiern – so beliebt sind, daß sie mindestens einmal pro Woche serviert werden. Allerdings sind sich die Experten nicht einig, ob es denn der ungesalzen getrocknete Stockfisch oder der gesalzene, getrocknete Klippfisch sein soll. Wir haben uns in diesem Rezept für Klippfisch entschieden und bereiten daraus den Auflauf zu.

500 g Klippfisch, 300 g Zwiebeln
8 EL Olivenöl, 1/2 Knoblauchzehe
750 g in der Schale gekochte Kartoffeln
Salz, frisch gemahlener Pfeffer
3 hartgekochte Eier
10 schwarze Oliven
1 EL gehackte Petersilie

Den 24 bis 30 Stunden lang gewässerten Klippfisch (das Wasser häufig wechseln) mit einem scharfen Messer längs durchteilen und in kleinere Stücke schneiden. In einem Topf mit kochendem Wasser ohne Salz (Klippfisch ist ja gesalzen) 10 bis 15 Minuten bei geringer Hitze köcheln lassen. Die Fischstücke aus dem Topf nehmen, etwas abkühlen lassen. Haut und Gräten entfernen und dabei das Fischfleisch mit den Fingern grob zerpflücken. Die geschälten Zwiebeln in Stücke schneiden. In einer schweren Pfanne in 6 Eßlöffel Olivenöl bei geringer Hitze garen, ohne sie zu bräunen. Die feingeschnittene halbe Knoblauchzehe mitgaren. Eine Auflaufform mit dem restlichen Öl einfetten. Die kalten, abgezogenen und in Scheiben geschnittenen Kartoffeln, leicht gesalzen und gepfeffert, die Fischstücke und die Zwiebelstücke lagenweise einschichten. Letzte Schicht: Zwiebeln. Bei 180 bis 200 °C im vorgeheizten Ofen in 20 Minuten hellbraun überbacken.

Das Gericht mit den geschälten, in Scheiben geschnittenen Eiern und mit den entsteinten Oliven garnieren. Die Petersilie darüberstreuen, in der Form servieren. Zum Nachwürzen Essig- und Ölfläschchen und eine Pfeffermühle mit auftischen.

PESCE SPADA ALLA PALERMITANA

SCHWERTFISCH AUF SIZILIANISCHE ART

Auf Sizilien sollte man sich mit einem der köstlichen Schwertfischgerichte verwöhnen lassen, die in den Restaurants der Küstenstädte in vielen Variationen angeboten werden. Kein Wunder, denn die Fischer bringen meist reichliche Beute aus dem Mittelmeer auf die morgendlichen Märkte. Schwertfischfleisch ist besonders fest und aromatisch. Der Raubfisch ernährt sich schließlich fast nur von solchen Leckerbissen wie Makrele, Hering und Hornhecht.

1/8 l feinstes Olivenöl
1/8 l Weißwein, wenn möglich Regaleali
4 Scheiben Schwertfisch, je 200 g
2 Zwiebeln, in Scheiben geschnitten
2 Lorbeerblätter, 1 TL Salz
1 TL zerdrückte Pfefferkörner
1 bis 2 EL Oregano, Zitronenscheiben

Olivenöl und Wein verrühren. Die mit Küchenpapier abgetupften Schwertfischscheiben in eine Schüssel schichten und mit der Öl-Wein-Mischung übergießen. Darüber die Zwiebelscheiben, die zerpflückten Lorbeerblätter, Salz und Pfefferkörner streuen. Einmal wenden, damit sich die Gewürze verteilen. Mit Klarsichtfolie abgedeckt 2 bis 3 Stunden durchziehen lassen. Zwiebeln und Gewürze von den Schwertfischscheiben abstreifen, rundherum mit Oregano bestreuen. Auf dem Grill oder in der Pfanne auf beiden Seiten in etwa 5 Minuten schön braun braten.

Schwertfisch, der feinste und teuerste aller Mittelmeerfische, schmeckt so schlicht gebraten, noch besser gegrillt, am feinsten. Die Garzeit sollte aber so kurz wie möglich gehalten werden. Gerade noch ein Hauch von Rosa im zarten Fleisch ist in jedem Fall besser als zu trockener Schwertfisch.

PAGELLO AL CARTOCCIO

MEERBRASSEN MIT RÄUCHERSPECK

An Italiens Adriaküste, besonders in der Provinz Marken, hat die Fischküche einen exzellenten Ruf. Neben vorzüglichen Suppen brachte sie so leckere Gerichte wie dieses hervor. Statt der Achselfleckbrassen kann auch der verwandte Graubarsch verwendet werden.

- *2 mittelgroße Achselfleckbrassen, je 400 g*
- *2 EL feingeschnittene Kräuter*
- *grobes Meersalz*
- *grobgeschroteter schwarzer Pfeffer*
- *8 bis 10 Scheiben Frühstücksspeck*
- *3 EL Olivenöl*
- *2 Lorbeerblätter*
- *1 Zweig getrockneter Thymian*

Die Fische schuppen, ausnehmen und kurz, aber gründlich innen und außen abspülen. Mit Küchenpapier trockentupfen. Mit den Kräutern (Petersilie, Dill oder Basilikum oder eine Mischung daraus) füllen und mit Meersalz und geschrotetem Pfeffer würzen. Von den dünnen Speckscheiben – es sollte ein milder Speck verwendet werden – die Schwarte abschneiden und die gewürzten Fische mit dem Speck umwickeln.
Ein großes Stück Pergamentpapier mit dem Olivenöl bestreichen und die Fische darauflegen. Lorbeerblätter und Thymian grob zerkleinern und um den Fisch verteilen. In das Papier einwickeln, sorgfältig verschließen und auf ein Backblech legen. Bei 200 °C im vorgeheizten Ofen in etwa 20 bis 25 Minuten garen.

Alle Meerbrassen, egal welche, können in Speck gewickelt zubereitet werden. Sie sollten allerdings nicht mehr als 500 Gramm wiegen. Man füllt sie mit gemischten Kräutern oder nur mit Dill, Petersilie oder Basilikum und würzt zusätzlich mit grobem Salz und grobgeschrotetem Pfeffer. Ergibt ein delikat-deftiges Gericht.

PESCE LUPO AL FORNO

MEERWOLF MIT SALBEI

Sie können den Meerwolf (Loup de mer) auch Wolfsbarsch nennen. Gemeint ist derselbe Fisch. Wie in Südfrankreich wird er auch in Italien mit Vorliebe im Ofen zubereitet. Unser Pesce lupo stammt natürlich aus Italien. Seine Würze bezieht er vom aromatischen Salbei. Statt eines großen können auch zwei kleinere Fische von je ungefähr 800 Gramm zubereitet werden

- *1 großer Meerwolf von 1,5 kg*
- *Salz, frisch gemahlener Pfeffer*
- *40 g geklärte Butter, 4 Zweige Salbei*
- *3 EL frische Weißbrotbrösel, 20 g Butter*

Den Meerwolf schuppen und ausnehmen, die Flossen aber daranlassen. Die Nierenreste entlang der Rückengräte herausschaben, die Kiemen entfernen (siehe Seite 133). Den Fisch kurz, aber gründlich kalt abspülen und mit einem Küchentuch trockentupfen. Innen und außen salzen und pfeffern. Die Schwanzflosse in Salz drücken, so daß sie richtig »paniert« ist. Das sieht nicht nur hübsch aus, es schützt die Flosse auch davor, dunkel zu werden oder gar zu verbrennen.
Die geklärte Butter am besten in einer ovalen Bratpfanne aus Eisen erhitzen. Den Fisch hineinlegen und einmal wenden, damit er schön mit Butter überzogen ist. Bei 220 °C im vorgeheizten Ofen 10 Minuten braten, dann den Salbei dazulegen. Den Fisch mit den Weißbrotbröseln bestreuen und die Butter in Flöckchen darauf verteilen. In weiteren 10 bis 15 Minuten im Ofen garen. Sofort servieren, am besten in der Pfanne, solange er noch brutzelt.
Der Meerwolf schmeckt auch vorzüglich, wenn er auf Rosmarin oder Thymianzweigen gegart wird. Auf Fenchelstroh gebraten, ist er ein Klassiker und besonders in Südfrankreich ein Hit auf den Speisekarten der Restaurants und in den häuslichen Küchen.

Kalte Fischküche

Sie ist so delikat wie vielfältig, die kalte Fischküche mit ihren feinen, kleinen Köstlichkeiten. Man denke nur an den Kaviar, dieses Symbol für Luxus und Lebensart, und die vielen elitären Rezepte für diese feinen Körner. Viel mehr noch sind es aber die vielen Fische, die sich in der kalten Küche erst von ihrer besten Seite zeigen, wie beispielsweise Räucherlachs und »Gravlaks«, die skandinavische Lachs-Delikatesse, oder die feinen geräucherten Sprotten. Aber auch so preiswerte Fische wie der Hering, der fast ausschließlich als kalter Fisch Karriere machte, gehören dazu. Die beliebten Matjes haben heute in der feinen Küche ebenso ihren Platz wie auf Hollands Straßen, wo sie als beliebter Imbiß verkauft und an Ort und Stelle verspeist werden.

Selten liegen das Elitäre und das Volkstümliche so nahe beieinander wie bei der kalten Fischküche. Ihre Spannweite – vom marinierten Hering bis zur Terrine aus feinster Fischfarce – bietet dem kreativen Koch unzählige Möglichkeiten, mit den Basisrezepten Neues zu entwickeln.

SALAT VON GEDÄMPFTEN FISCHFILETS MIT GRÜNEM SPARGEL

250 g zarter grüner Spargel, Salzwasser
1/2 Cantaloupe-Melone, 1 große Tomate
2 Stiele Stangensellerie
400 g feine Fischfilets
Für die Vinaigrette:
2 EL feiner Weinessig
Salz und frisch gemahlener Pfeffer
2 Schalotten, fein gehackt
3 EL Sonnenblumenöl
Schnittlauch und Pimpinelle

Den geputzten Spargel in Salzwasser nicht zu weich kochen und im Sud abkühlen lassen. Aus dem Melonenfleisch Kugeln ausstechen. Die Tomate überbrühen, häuten, Stielansatz und Samen entfernen und das Fruchtfleisch in Würfel, den Sellerie in schmale Streifen schneiden. Die vorbereiteten Fischfilets (Seehecht, Merlan und Hornhecht) dämpfen, abkühlen lassen und mit dem Gemüse auf Teller anrichten. Aus den angegebenen Zutaten eine Kräuter-Vinaigrette rühren und darüberträufeln.

HEILBUTTSALAT MIT FRISCHEM GRÜN

350 g Filet vom Schwarzen Heilbutt
Salz
80 g Möhren
60 g Löwenzahn
60 g Sauerampfer
1/2 Kopf Radicchio
60 g Frühlingszwiebeln
Für die Sauce:
1 EL Aceto Balsamico
2 EL Weißwein
1/2 TL abgeriebene Zitronenschale
1/2 TL Salz
4 EL feines Olivenöl
2 EL gehackte Kräuter

Die vorbereiteten Filets in Salzwasser garziehen und abkühlen lassen. Die Möhren putzen, in feine Streifen schneiden und kurz blanchieren. Das zerpflückte Fischfilet mit den Möhrenstreifen, den Löwenzahn-, Sauerampfer- und Radicchioblättern sowie den in Ringe geschnittenen Frühlingszwiebeln vermischen.
Aus den Saucenzutaten eine Salatsauce rühren und über den Salat träufeln. Den Salat bis zum Servieren gut durchkühlen lassen.

SALAT VON SEETEUFEL MIT PAPRIKA

etwa 500 g Seeteufelfilet
2 bis 3 EL feines Pflanzenöl
etwas frisch gemahlener Pfeffer
1 Messerspitze Ingwerpulver
1 TL Zitronensaft
je 1/2 rote, grüne und gelbe Paprikaschote
1/2 Kopf Eichblattsalat, Salz

Gedämpfter Fisch oder auch gebratener läßt sich hervorragend mit Gemüse oder Blattsalaten kombinieren. Diese Fischsalate sind delikate Sommergerichte, wenngleich der Fisch, im Kontrast zu den grünen Zutaten, lauwarm angerichtet wird. In kleinen Portionen sind die Salate ideale leichte Vorspeisen.

Für die Sauce:
2 EL feiner Weinessig
1/2 TL scharfer Senf
1/4 TL Salz
2 EL feines Pflanzenöl

Das Seeteufelfilet in etwa 1 cm dicke Scheiben schneiden und auf eine Platte legen. Mit dem Öl begießen, mit Pfeffer und Ingwerpulver bestreuen und mit dem Zitronensaft beträufeln. Mit Folie abdecken und etwa 1 Stunde durchziehen lassen.
Die Paprikaschoten von Samen und Scheidewänden befreien und in feine Streifen schneiden. Die Streifen in einem Sieb etwa 1 Minute in kochendes Wasser halten, in Eiswasser abkühlen und abtropfen lassen. In einer Schüssel mit dem zerpflückten Eichblattsalat vermischen (oder beides separat lassen). Die Zutaten für die Sauce gut verrühren und die Sauce über den Salat träufeln. Auf Teller anrichten.
Eine Pfanne erhitzen und die marinierten Seeteufelscheiben von beiden Seiten kurz (je Seite 1 Minute) bei starker Hitze braten. Dann erst salzen. Lauwarm auf dem Salat anrichten und servieren.

FISCHSALAT MIT CHAMPIGNONS

2 Seezungen
150 g Lachsforellenfilet
Salz, frisch gemahlener Pfeffer
50 g Möhrenstifte
120 g frische Champignons
80 g Feldsalat
Für die Sauce:
2 EL feiner Weinessig
1 TL Zitronensaft
1/2 TL scharfer Senf
1/2 TL Salz, frisch gemahlener Pfeffer
5 EL feines Sonnenblumenöl

Die Seezungen filetieren und das Forellenfilet in Scheiben schneiden. Leicht salzen und pfeffern und im Dampftopf garen. Abkühlen lassen. Die Möhrenstifte kurz blanchieren. Die Champignons putzen, in dünne Scheiben schneiden und zusammen mit dem vorbereiteten Feldsalat auf Teller anrichten. Die Fischstücke darauf verteilen. Für die Salatsauce den Essig, den Zitronensaft, Senf, Salz und Pfeffer verrühren. Das Öl darunterschlagen und die Sauce über den Salat träufeln.

Roher Fisch in hauchdünnen Scheiben

Ganz dünn geschnitten, lassen sich viele Fische nach Art der japanischen Küche roh genießen. Der bekannteste – weil gefährliche – Fisch, den die Japaner auf diese Weise genießen, ist der Fugu; wegen seiner zum Teil hochgiftigen Innereien (Eierstöcke und Leber) ist bei der Zubereitung besondere Sorgfalt geboten.
Frischer Fisch kann so, nur leicht gesalzen und gewürzt, höchst delikat schmecken. Man kann die hauchdünnen Fischscheiben auch marinieren – mit Öl, zusätzlich mit dem Saft von Zitronen oder Limetten, aber auch mit Wein oder Essig. Allerdings sind sie nach einer solchen Behandlung eigentlich nicht mehr roh zu nennen.
Am besten eignen sich Fische mit möglichst festem Fleisch, wie zum Beispiel fast alle Felsenbarsche. Um das relativ weiche Fischfleisch in so hauchdünne Scheiben schneiden zu können, sollte man die Filets so weit anfrieren, daß sie sich zwar noch schneiden lassen, auf Druck aber nicht mehr nachgeben, also die Form behalten. Dann läßt sich das Fischfleisch mit einem langen, scharfen Messer, besser noch mit der Aufschnittmaschine gut schneiden. Die feinen Scheiben sollten sofort, solange sie noch leicht gefroren sind, auf Teller angerichtet werden. Nur dann lassen sie sich so servieren, wie rechts zu sehen.

Dünne Scheiben lassen sich auch gut mit der Hand schneiden. Der Fisch sollte aber vorher zumindest angefroren werden. Das Messer muß möglichst dünn und lang, natürlich auch scharf sein, damit man jede Scheibe in einem Zug abschneiden kann. Lachsmesser oder Messer mit leichtem Wellenschliff eignen sich gut, am besten aber ist ein japanisches Sashimi-Messer.

CARPACCIO VON LACHS MIT FENCHEL

400 g frisches Lachsfilet (Mittelstück)
6 EL feinstes Olivenöl
Salz
Saft von 1 Limette
1 kleine Fenchelknolle mit Grün
etwas frisch gemahlener Pfeffer
Dillspitzen zum Garnieren

Das Lachsfilet sauber parieren, in Alufolie wickeln und anfrieren lassen. 4 gekühlte Teller mit 2 Eßlöffel Olivenöl bestreichen, salzen und mit wenig Limettensaft beträufeln. Die sauber geputzte Fenchelknolle mit etwas Grün in hauchdünne Scheiben schneiden und mit dem restlichen Öl und Limettensaft marinieren. Den vorgefrorenen Lachs mit dem Messer oder mit der Aufschnittmaschine in dünne Scheiben schneiden und sofort auf den vorbereiteten Tellern anrichten. Die marinierten Fenchelscheiben mit der Flüssigkeit und dem Grün darüber verteilen und mit Salz und Pfeffer würzen. Mit Dillspitzen garnieren.

CARPACCIO VON LACHS MIT SESAM

400 g frisches Lachsfilet (Mittelstück)
3 EL Sesamöl
4 EL Sonnenblumenöl
Salz
Saft von 1/2 Zitrone
1 kleiner Zucchino
etwas frisch gemahlener Pfeffer
1 EL Sesamsamen

Das Lachsfilet sauber parieren, in Alufolie wickeln und anfrieren lassen. Das Sesam- und Sonnenblumenöl mischen. Die Hälfte davon auf 4 gekühlte Teller streichen, mit Salz bestreuen und mit dem Zitronensaft beträufeln.
Die Aufschnittmaschine auf 2 mm Stärke einstellen und das vorgefrorene Lachsfilet in dünne Scheiben schneiden. Sofort auf den vorbereiteten Tellern anrichten.
Den Zucchino sorgfältig putzen, in feine Streifen (Julienne) schneiden und in der restlichen Ölmischung 1/2 Stunde marinieren. Über die Lachsscheiben verteilen und mit Salz und Pfeffer pikant würzen. Die Sesamsamen in der trockenen Pfanne hell anrösten und abgekühlt darüberstreuen.

ROULADEN VON ST. PIERRE UND LACHSFORELLE

je 200 g Filet von St. Pierre und Forelle
2 EL feines Olivenöl
Salz, frisch gemahlener Pfeffer
Saft von 1/2 Zitrone
etwas Salat der Saison
1 EL Weinessig, 3 EL Sonnenblumenöl
Meerbohnen, blanchiert, zum Garnieren

Lachs und Forelle gehören zu den idealen Fischen in der kalten Küche. Vor allem, wenn es darum geht, Fisch roh oder nur leicht mariniert zu verwenden. Auch Steinbutt oder St. Pierre sind dafür bestens geeignet.

LACHSTATAR MIT KAVIAR UND KLEINEM SALAT

320 g Filet von fangfrischem Lachs
Salz, frisch gemahlener Pfeffer
Saft von 1/2 Zitrone
2 kleine Frühlingszwiebeln
1 kleines Bund junger Schnittlauch
4 EL feinstes Pflanzenöl
Für den Salat:
1 Tomate, 50 g Zuckerschoten
Salz, 50 g Meerbohnen
einige Blätter Frisée und Radicchio
1 EL feiner Weinessig
3 EL feinstes Pflanzenöl
5 Tropfen Haselnußöl
frisch gemahlener Pfeffer
Außerdem:
30 g frischer Kaviar, Dillspitzen

Das Lachsfilet sauber parieren, dunkle Stellen wegschneiden. Mit einem scharfen Messer fein hacken, auf keinen Fall quetschen. Mit Salz, Pfeffer und Zitronensaft würzen. Die Frühlingszwiebeln putzen und fein würfeln, den Schnittlauch in Röllchen schneiden. Beides mit dem Öl unter das Lachstatar mischen. Zugedeckt im Kühlschrank 10 Minuten durchziehen lassen.
Die Tomate häuten, vierteln, Stielansatz und Samen entfernen, das Fruchtfleisch fein würfeln. Die Zuckerschoten in Salzwasser blanchieren, in Eiswasser abschrecken, auseinanderziehen und in feine Streifen schneiden. Die Meerbohnen putzen, in ungesalzenem Wasser aufkochen, abschrecken und abtropfen lassen. Die geputzten Frisée- und Radicchioblätter waschen und trockenschleudern. Die restlichen Zutaten vermischen, die Salatzutaten darin wenden.
Das Tatar abschmecken, auf Teller verteilen und den Kaviar darauf anrichten. Mit Salat umlegen und mit Dillspitzen garnieren.

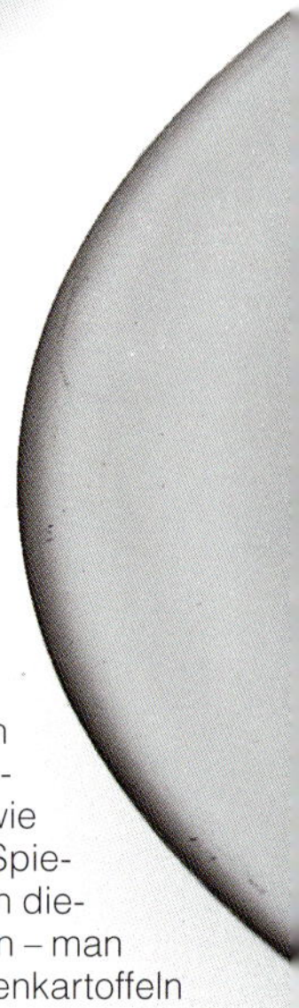

Kalter Räucherlachs, natürlich auch anderer geräucherter Fisch, läßt sich ganz hervorragend mit warmen Zutaten kombinieren wie hier mit Blinis und Wachtel-Spiegelei. Auch Kaviar paßt sich diesem Kalt-Warm-Spiel gut an – man denke nur an die heißen Ofenkartoffeln mit eiskalter Crème fraîche und Kaviar. Russische Kaviar-Kenner lassen übrigens die Crème fraîche oder saure Sahne weg und genießen den Kaviar mit der Kartoffel pur.

Die Filets sauber parieren, noch vorhandene Gräten mit der Pinzette entfernen, mit einem schmalen, sehr scharfen Messer waagerecht in dünne Scheiben schneiden. Die Scheiben vom St. Pierre zwischen Klarsichtfolie etwas plattieren und auf ein anderes Stück Klarsichtfolie legen. Die Forellenfiletscheiben nur ganz vorsichtig plattieren, weil das Fleisch wegen seiner zarten Struktur leicht reißt, und auf die Scheiben vom St. Pierre legen. Wie beim Strudel durch Anheben der Folie aufrollen. Die Rouladen in Folie einschlagen und im Gefriergerät mindestens 3 Stunden anfrieren.
Gekühlte Teller mit dem Olivenöl bestreichen, salzen, pfeffern und mit dem Zitronensaft beträufeln. Die angefrorenen Rouladen mit der Aufschnittmaschine oder mit einem scharfen Messer in feine Scheiben schneiden und diese vorsichtig – sie fallen leicht auseinander – auf den Tellern anrichten. Leicht würzen.
Den Salat (Frisée, Feldsalat, Radicchio) putzen, waschen und trockenschleudern. Den Essig mit etwas Salz und Pfeffer vermischen, das Sonnenblumenöl unterschlagen und den Salat darin wenden. Auf die Rouladenscheiben verteilen und mit den Meerbohnen garnieren.

RÄUCHERLACHS AUF BLINIS MIT WACHTEL-SPIEGELEI

Warm und kalt – dieser Kontrast macht oft erst die Raffinesse eines Gerichts aus. Geräucherter Fisch eignet sich für eine solche Kombination besonders gut. Er verträgt sich zum Beispiel gut mit warm zubereiteten Eiern oder Kartoffeln – man denke nur an eine der bekanntesten und zugleich einfachsten Kombinationen: Rührei mit geräuchertem Hering oder Räucheraal.

Für 8 Portionen
Für die Blinis:
50 g Weizenmehl
50 g Buchweizenmehl, fein gemahlen
15 g Hefe, 1 Messerspitze Zucker
60 ml Milch, 1 Ei, 1/4 TL Salz
geklärte Butter zum Ausbacken
Außerdem:
600 g Räucherlachs
Butter zum Braten, 8 Wachteleier, Salz
frischer Schnittlauch und Dill

Das Weizenmehl zusammen mit dem Buchweizenmehl in eine Schüssel geben und in die Mitte eine Vertiefung drücken. Die Hefe hineinbröckeln, den Zucker darüberstreuen, die lauwarme Milch in die Mulde gießen, die Hefe darin auflösen und mit etwas Mehl bestreuen. Die Schüssel mit einem Tuch zudecken und den Vorteig an einem warmen Ort 20 bis 30 Minuten gehen lassen, bis die Mehloberfläche deutliche Risse zeigt. Das Ei und das Salz zum Vorteig geben und alles zusammen zu einem glatten Hefeteig schlagen. Nochmals 15 bis 20 Minuten gehen lassen.
Jeweils etwas geklärte Butter in der Pfanne erhitzen und aus dem Teig 8 kleine Pfannkuchen von 6 bis 8 cm Durchmesser backen. Vor dem Anrichten auf Küchenpapier abtropfen lassen.
Den Räucherlachs in dünne Scheiben schneiden und auf den Blinis anrichten. In der Pfanne etwas Butter erhitzen. Die Wachteleier vorsichtig mit einem spitzen Messer anritzen, damit das Eigelb nicht beschädigt wird, in die Pfanne gleiten lassen und braten. Salzen. Für jede Portion ein Spiegelei auf dem Räucherlachs anrichten und das Ganze mit Schnittlauch und Dill garnieren.

GEBEIZTE LACHSFORELLE

So wie auf skandinavische Art der Lachs (»Gravlaks«) können auch andere Fische gebeizt werden. Sie sollten nur möglichst groß, fett und selbstverständlich topfrisch sein. Geeignete Fische sind zum Beispiel Lachsforellen ab 1 kg Gewicht und große Makrelen.
Das folgende Rezept kann natürlich auch für Lachs verwendet werden. Will man aber einen echten skandinavischen »Gravlaks« zubereiten, müssen der Zuckeranteil verdoppelt und die Zutaten je nach Gewicht des Fisches vervielfacht werden.

1 Lachsforelle von etwa 1,5 kg
40 g grobes Salz, 30 g Zucker
1 TL grob zerstoßene Pfefferkörner
1 Bund frischer Dill
6 cl Cognac

Die Forelle filetieren, aber nicht enthäuten, und die Seitengräten sehr sorgfältig herausziehen. Die beiden Filets sauber parieren. Ein Filet mit der Hautseite nach unten in eine entsprechend große Form oder auf eine Platte mit Rand legen. Das Salz mit dem Zucker und dem Pfeffer mischen und mit der Hälfte davon das Filet bestreuen. Den Dill mit den Stengeln grob hacken und darüberstreuen. Mit dem Cognac beträufeln. Das zweite, auf die gleiche Weise gewürzte Filet mit der Hautseite nach oben so darüberlegen, daß das Schwanzende und das Kopfteil jeweils aufeinanderliegen. Mit einem Brettchen abdecken und leicht beschweren. Das Ganze mit Alufolie zudecken und mindestens 48 Stunden im Kühlschrank marinieren. Während dieser Zeit die Filets zweimal wenden.
Die Norweger schwören auf Senfsauce und Kartoffeln als Beilage zum Gravlaks, und die passen natürlich auch zu der Forelle.

Die Seitengräten beim frischen Lachs entfernen. Beim Filetieren bleiben sie im Lachsfilet (wie auch im Filet der Lachsforelle) hängen. Sie müssen mit einer Pinzette einzeln herausgezogen werden. Zum Auffinden der Gräten vorsichtig mit dem Finger über das Filet streichen.

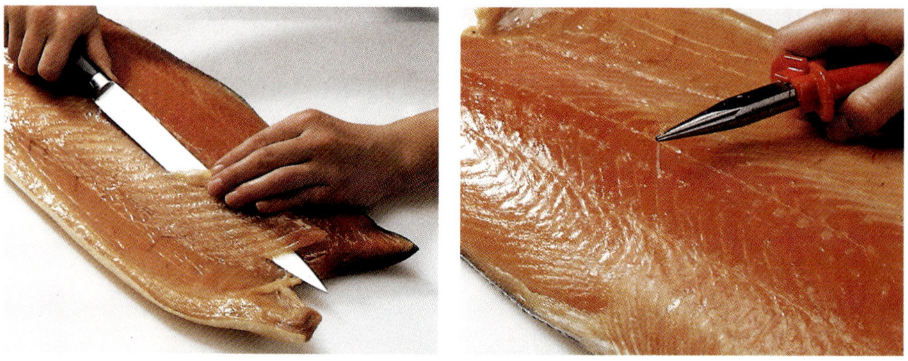

Eine Räucherlachsseite zum Aufschneiden vorbereiten. Die Lachsseite mit der Haut nach unten auf ein Brett legen. Auf der nun oben liegenden Innenseite die etwas feste Räucherhaut mit den darunterliegenden Gräten abheben und entlang der Mittellinie entfernen. Die Seitengräten machen beim geräucherten Lachs schon etwas Mühe, deshalb dazu eine feste Zange verwenden. Ob die vorbereitete Lachsseite dann von der Schwanz- oder von der Kopfseite her aufgeschnitten wird, darüber gibt es selbst bei Fachleuten kein Einvernehmen.

Fischsülzen

Fischsülzen können echte kulinarische Sommerüberraschungen sein, denn sie sind nicht nur recht erfrischend, sondern auch schön leicht. Dabei müssen es nicht unbedingt Edelfische sein wie im nachfolgenden Rezept. Ähnlich wie bei den bekannten Tellersülzen mit Fleisch lassen sich auch mit Fisch pikante Zusammenstellungen erreichen, zum Beispiel pochierter Steinbeißer in einer Weißweinsülze mit Paprika-Gurken-Gemüse oder Heilbuttwürfel mit Artischockenböden in Sherrygelee.

SÜLZE VON EDELFISCHEN UND KREBSEN

6 Blatt weiße Gelatine
50 ml trockener Weißwein
2 cl Noilly Prat
1/2 l Fischconsommé (Rezept Seite 188)
30 g Möhrenwürfel
je 20 g Lauch- und Schalottenwürfel
150 ml Wasser
20 ml Weinessig
1 Zweig Estragon
100 g Lachsfilet
100 g Steinbuttfilet
3 Seezungenfilets
Salz, frisch gemahlener Pfeffer
16 gekochte Krebse
Für den Salat:
1 kleiner Kopf Frisée
1 kleiner Kopf Eichblattsalat
2 EL Weißwein- oder Estragonessig
Salz, frisch gemahlener Pfeffer
5 EL Sonnenblumenöl
1 kleine Schalotte, fein gewürfelt
1 kleines Bund Schnittlauch

Die Gelatine in kaltem Wasser einweichen. Weißwein und Noilly Prat in einer kleinen Kasserolle aufkochen und 2 bis 3 Minuten kochen lassen, damit der Alkohol verdampft. Vom Herd nehmen. Die ausgedrückte Gelatine darin auflösen, die Fischconsommé zugießen, durchrühren und durch ein feines Sieb gießen.

Die Gemüsewürfel mit dem Wasser, dem Essig und dem Estragon in einem kleinen Topf aufkochen. Bei mäßiger Hitze die Flüssigkeit völlig einkochen lassen; die Gemüsewürfel müssen ganz weich sein. Den Estragon entfernen.

Die Form chemisieren nennt man das Auskleiden mit einer dünnen Geleeschicht, damit der Inhalt, zum Beispiel die Fischstücke, nicht ungeschützt an die Formwand gedrückt wird. Die gut gekühlte Form wird dazu mit Gelee, das kurz vor dem Erstarren ist, ausgegossen. Die Form bis zur gewünschten Höhe in Eiswasser stellen und, sobald sich an der Formwand eine feste Geleeschicht von etwa 3 mm Dicke gebildet hat, den noch flüssigen Rest wieder ausgießen. Zurück bleibt ein gleichmäßig starker Geleemantel.

Die verschiedenen Fischfilets in Würfel mit 2 cm Kantenlänge schneiden und diese in siedendem Salzwasser oder Fischfond in etwa 2 Minuten garen. Auf einem Tuch oder Küchenpapier abtropfen lassen, mit Salz und Pfeffer würzen.

Die Krebsschwänze ausbrechen und die schwarzen Därme entfernen. Die Fischwürfel und die Krebsschwänze zugedeckt kühl stellen.

Eine Terrinenform von 3/4 Liter Inhalt chemisieren, wie in der Bildfolge beschrieben, und in den Kühlschrank stellen. Die Gemüsewürfel in den flüssigen Aspik mischen, mit Salz und Pfeffer abschmecken. Die Form aus dem Kühlschrank nehmen, mit den Fischwürfeln und Krebsschwänzen auslegen, dazwischen immer wieder mit Gemüseaspik auffüllen und im Kühlschrank anziehen lassen. Die gefüllte Form in den Kühlschrank stellen und die Sülze in etwa 8 Stunden fest werden lassen.

Zum Anrichten den Salat putzen, waschen und trockenschleudern. Für die Vinaigrette den Essig mit Salz und Pfeffer verrühren, das Sonnenblumenöl unterschlagen. Die Schalottenwürfel und den in feine Röllchen geschnittenen Schnittlauch zufügen. Nur die Herzblätter der beiden Salate verwenden, in mundgerechte Stücke zupfen und in der Vinaigrette wenden. Die Sülze portionsweise mit dem Salat anrichten.

Schön gleichmäßig sind die Stücke der einzelnen Fischsorten und die Krebsschwänze in der Sülze verteilt. Zu einem solch schönen Ergebnis gelangt man aber nur, wenn sie in Schichten eingefüllt werden.

RÄUCHERLACHSMOUSSE

Geräucherter Fisch eignet sich ganz besonders gut für eine Mousse. Im Französischen bedeutet das einfach »Schaum«, und damit ist die Leichtigkeit dieser Delikatesse treffend beschrieben. Man kann die Mousse auch in mit Fischgelee chemisierte Förmchen (siehe Seite 247) füllen und dann stürzen. Der Geleemantel schützt den zarten Inhalt und kann ihn auch geschmacklich noch unterstützen.

Für 4 bis 6 Portionen
220 g bester Räucherlachs
120 ml Sauce au vin blanc (Rezept Seite 142)
Salz, frisch gemahlener Pfeffer
2 Blatt weiße Gelatine
2 EL süßer Sauternes
150 g geschlagene Sahne
60 g Crème fraîche, 30 g frischer Kaviar

Den Räucherlachs von eventuell noch vorhandenen Gräten befreien, in Stücke schneiden und mit der Weißweinsauce (sie soll gerade noch flüssig sein) in den Mixer füllen. Damit die Masse schön locker wird, kann dies in 2 oder 3 Portionen nacheinander geschehen. Die glatte, schaumige Masse mit Salz und Pfeffer pikant würzen. Die in kaltem Wasser eingeweichte Gelatine ausdrücken und in dem erhitzten Weißwein auflösen. Etwas abkühlen lassen und unter die Masse rühren, anschließend durch ein Sieb streichen. Etwa 1/3 der geschlagenen Sahne unterziehen, kühlen und dann erst die restliche Schlagsahne unterheben. Mit einem Löffel oder mit dem Spritzbeutel in Gläser füllen, vollständig erstarren lassen. Mit Crème fraîche und Kaviar garniert servieren.

Welcher Wein zu welchem Fisch?

Am besten Champagner, sollte die Antwort lauten. Denn er wäre die wohl richtigste Empfehlung als begleitendes Getränk zu Fisch, wie immer auch dieser zubereitet wurde. Während man beim Wein wohl abwägen muß, welcher zu welchem Fisch paßt, hat man es beim Champagner leicht. Er harmoniert tatsächlich mit fast allen Fischarten – vom Hering einmal abgesehen, zu dem ein »kühles Helles« wirklich besser paßt. Das Frische, Prickelnde des Champagners ist aber auch die ideale Ergänzung zu Krustentieren, in jeder Art der Zubereitung. Nicht zu vergessen den Kaviar, zu dem er wie kein anderes Getränk paßt, und dies nicht nur, weil sich beide preislich so nahe kommen. Nur die Russen sind da anderer Meinung: Sie trinken vorzugsweise Wodka zu den teuren Perlen.
Nun wäre es sicher vermessen, einen Katalog von passenden »Fisch-Weinen« aufstellen zu wollen, aber man kann Empfehlungen geben. So subjektiv diese auch sein mögen – sie sind die Summe aus Tradition

Den in Stücke geschnittenen Räucherlachs mit der Weißweinsauce im Mixgerät zu einer glatten Masse verarbeiten. Um eventuell verbliebene Grätenstücke oder Klümpchen zu entfernen, wird die Masse durch ein Haarsieb gestrichen. Dann wird zunächst 1/3 der geschlagenen Sahne untergezogen, bevor die Masse im Kühlschrank weiter abkühlt. Kurz bevor sie zu erstarren beginnt, wird die restliche Sahne vorsichtig untergehoben.

und Erfahrung vieler Wein- und Fischliebhaber und daher allemal wert, zumindest von Weinunkundigen, wenn auch nicht allzu ernst, so doch beachtet zu werden.
Im übrigen – und da sind die »Fortgeschrittenen« gemeint – sollte man bei der Zusammenstellung eines Essens mehr seinem Gefühl folgen und der momentanen Situation Rechnung tragen, als unbedingt nach dem vorgeschriebenen Wein zu suchen. Regeln werden ohnehin außer Kraft gesetzt, wenn man seinen Fisch fern vom heimischen Herd und abseits von kulinarischen Zentren genießt. Da sind es, wenn überhaupt, ganz andere Weine, die zur Auswahl stehen, und so manch unbekannter Landwein, weiß oder rot, wurde schon als idealer Fisch-Wein entdeckt.
Zu pochiertem, gedämpftem und gedünstetem Fisch können generell leichte, trockene Weißweine gereicht werden. Regionale Empfehlungen sind schon fast »Geschmackssache«, doch liegt man sicher nicht verkehrt, wenn man auf die bekannten weißen Burgunder verweist oder die Rieslinge vom Rhein und aus dem Elsaß oder die Weißweine von der Loire. In Italien sind es die klaren Weißen aus Friaul und Venetien, von den Schweizer Weinen die guten Lagen am Genfer See: Aigle, Yvorne oder Dézaley. In den USA empfehlen sich die trockenen Weißen aus Idaho und Washington State.
Wenn delikate, mit Wein zubereitete Saucen den Fisch begleiten, sollte möglichst der Wein, der für die Saucen verwendet wurde, auch serviert werden. Das trifft sowohl für Weißwein- wie für die Rotweinsaucen zu. Faustregel: Je kräftiger und schärfer die Sauce, desto gehaltvoller darf der Wein sein.
Fische aus der Pfanne oder vom Grill verlangen in der Regel ebenfalls nach spritzigen, leichten Weißweinen. Wenn sie aber kräftig mit Kräutern gewürzt sind, können sich durchaus trockene Rosé- oder leichte Rotweine als ideale Begleiter erweisen.
Zu geschmorten Fischgerichten oder der in Italien üblichen »Pasta mit Fischen oder Meeresfrüchten« können, entsprechend der geschmacklichen Tendenz des Gerichts, ganz unterschiedliche Weine getrunken werden. So vertragen sich alle Fischgerichte mit Tomaten und Knoblauch gut mit leichten Rotweinen oder gehaltvollen Weißweinen, wie sie aus Mittelitalien und der Provence kommen. Und zu einem kräftigen Fischgulasch oder geschmortem Aal ist man am besten mit einem leichten Rotwein bedient, zum Beispiel einem Blaufränkischen aus dem Burgenland oder einem Beaujolais.

Was zum Fisch am besten paßt, entscheidet heutzutage weitgehend der eigene Geschmack. Die Wahl des begleitenden Weins wird liberaler gehandhabt, selbst wenn es ein Roter ist: Hauptsache, sie passen gut zusammen, der Fisch und der Wein!

1

2

3

4

5

6

7

8

Das Zerlegen und Vorlegen von gegartem Fisch

Gleichgültig, ob man die Fische bereits in der Küche zerlegt oder das Ganze vor den Gästen »zelebriert«, wichtig ist, die Filets so auszulösen, daß sie möglichst unbeschädigt und schnell auf den Teller kommen. Ein sorgfältig ausgelöstes ganzes Filet sieht sicher appetitlicher aus, als wenn es Stück für Stück von den Gräten abgehoben wird. Der Zeitaufwand sollte dafür allerdings in einer vernünftigen Relation stehen. Abgekühlter Fisch, und wurde er noch so korrekt vorgelegt, verspricht keinen Genuß. Bei Portionsfischen wird man zunächst die erste Hälfte vorlegen, dann die Gräten entfernen und den Rest warm halten. Man kann aber, und diese Methode hat durchaus Vorteile, auch den ganzen Fisch auf dem Teller servieren.
Blaugekochte Portionsfische werden oft im Fischkessel zu Tisch und, frischer geht es nicht, ohne Umwege auf den Teller gebracht. Gegrillte Portionsfische legt man dem Gast meist ganz vor, weil die knusprige Haut gern mitgegessen wird – wie auch bei korrekt geschuppten größeren Fischen, die dazu mit der Haut filetiert werden.

Einen Rundfisch zerlegen – am Beispiel einer Lachsforelle (800 g) für zwei Personen:
1 Der Fisch wird vom Kesseleinsatz vorsichtig auf die Platte oder das Tranchierbrett gehoben.
2 Die Rückenflosse einschließlich der Flossenträger mit Fischmesser und Gabel herausziehen.
3 Die Haut zunächst entlang dem Rücken, dann an Kopf und Schwanz durchtrennen und
4 durch Aufrollen mit dem Messer abziehen.
5 Das obere Filet hinter dem Kopf lösen und
6 vorsichtig von der Mittelgräte abheben.
7 Auf eine vorgewärmte Platte legen.
8 Mit dem Fischmesser das untere Filet vom Schwanz trennen.
9 Das ganze Skelett abheben und das Filet hinter dem Kopf abtrennen.
10 Mit der Hautseite nach oben auf die Platte legen und die Haut abziehen.
11 Um an die feinen Bäckchen zu kommen, die Kiemendeckel von hinten anheben und die Bäckchen herauslösen.

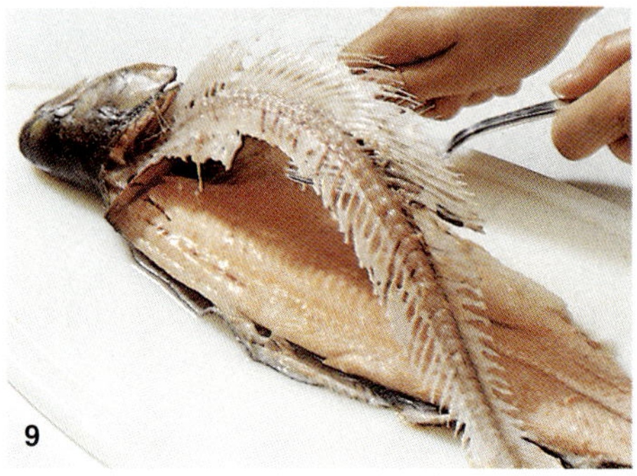
9

10

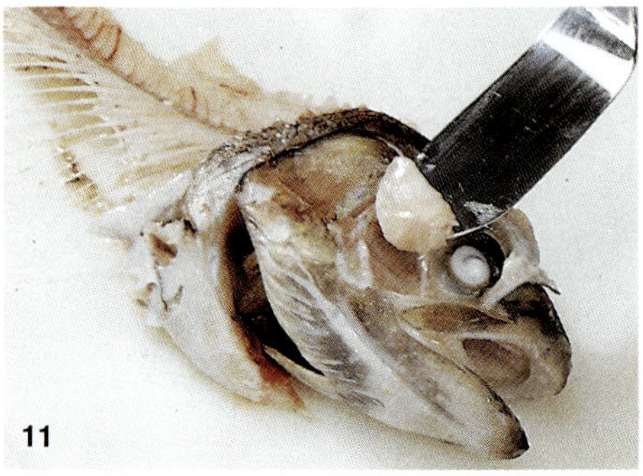
11

Einen Plattfisch vorlegen – am Beispiel eines Babysteinbutts. Demonstriert von Maître Ernst Kraak vom Restaurant »Vier Jahreszeiten« im Vienna Inter-Continental. Seine Technik wird in der nebenstehenden Bildfolge beschrieben.

1 Die Haut wird am Flossensaum und entlang der Mittelgräte gelöst. **2** Die erste Hälfte der Haut wird mit dem Fischmesser abgehoben, **3** dann die zweite Hälfte. **4** Das erste Filet nun am Flossensaum lösen, **5** das Fischmesser von der Mittelgräte aus zwischen Filet und Gräten führen und **6** mit Hilfe der Gabel das Filet abheben. **7** Auf den vorgewärmten Teller legen. Auf die gleiche Weise das zweite Filet lösen und abheben. **8** Den Flossensaum mit dem Fischmesser abtrennen. **9** Die Mittelgräte von Schwanz und Kopf trennen und im ganzen abheben. Die beiden unten liegenden Filets zuerst mit dem Messer von der Haut lösen, dann abheben. Beim Babysteinbutt kann man übrigens die untere weiße Haut ohne weiteres mitessen. Natürlich sollte man die feinen Steinbuttbäckchen dem Gast nicht vorenthalten. Sie werden wie beim Rundfisch (siehe links) ausgelöst.

Beim Zerlegen von Räucherfisch geht man genauso vor wie bei einem warmen Fisch. Ist es ein Rundfisch, werden zuerst die Rückenflossen, dann die übrigen Flossen entfernt. Nach dem Abziehen der Haut werden die Filets gelöst. Nur geräucherter Aal mit seiner ledrigen Haut wird zunächst in entsprechende Stücke geschnitten, und anschließend wird die Haut abgezogen. Die Stücke werden vom Rücken her geteilt und die Mittelgräte entfernt.

Fisch und Zitrone

Obwohl inzwischen bekannt ist, daß frischer Fisch nicht der Säure einer Zitrone bedarf (wenngleich sie oft ein feines Würzmittel ist), so ist sie immer noch eine zwar überflüssige, aber beliebte Garnitur bei Fischgerichten. Da diese in der Regel einen geschmacklichen Bezug zur Speise haben sollte, empfiehlt es sich, nur dort mit Zitronenscheiben, -achteln oder gar halben Zitronen zu. garnieren, wo sie auch geschmacklich zu rechtfertigen sind.

Ein Fisch-Vorlegebesteck kann beim Zerlegen größerer Fische gute Dienste tun, denn mit der großen »Schaufel« des Messers und der ebenfalls großen Gabel lassen sich auch große Filets lösen und transportieren. Das Fisch-Eßbesteck ist für Portionsfische ausreichend. Für die neue Fischküche mit ihren feinen Saucen sollte neben dem Fischbesteck noch ein Saucenlöffel gedeckt werden. Mit ihm kann auch der letzte Saucenrest vom Teller genommen werden.

Geräte und Hilfsmittel

Bis auf wenige Ausnahmen kommt die gute Fischküche ohne Spezialgeräte aus. In einer gut eingerichteten Küche sind die meisten Probleme bei der Fischzubereitung mit dem Vorhandenen zu lösen, denn wer hohe Ansprüche an die Qualität der Speisen stellt, wird die wichtigsten Helfer ohnehin parat haben. Dazu gehören zum Beispiel ein Fischkessel beziehungsweise eine Fischkasserolle und ein stabiles, aber flexibles (teures) Messer zum Filetieren. Auch ein Fischschupper ist eine unschätzbare Hilfe beim Vorbereiten von frischem Fisch.

Für große Fische braucht man entsprechend robustes Handwerkszeug. Bei Exemplaren so ab 3 bis 4 kg Gewicht genügt die Allzweckschere nicht mehr. Da müssen die Gräten schon mit einer Spezialschere durchgetrennt werden. Auch zum Spalten braucht man ein großes und schweres Messer oder gar das Küchenbeil. Die Anforderungen an das Spezial-Lachsmesser sind bekannt: Scharf, lang, dünn und flexibel muß es sein, damit man von der geräucherten Lachsseite gleichmäßige, dünne Scheiben schneiden kann. Selbstverständlich ist wohl, daß auch die verschiedenen Messer, die man zum Vorbereiten von Fisch braucht, optimal scharf sein sollten.

Die Form der Fische diktiert die Form der Gefäße, in denen sie gegart werden. Ein spezieller Fischkessel mit gelochtem Einsatz (zum problemlosen Herausheben des gegarten Fischs) sollte für Rundfische zur Küchen-Standardausrüstung gehören. In einem Kessel von 50 cm Länge kann man beispielsweise einen Hecht mit einem Gewicht von 1 kg, einen Loup de mer von 1,4 kg oder eine Dorade von mindestens 2 kg garen. Wird der Siebeinsatz angehoben, können Fische darin auch gedämpft werden. Für große Plattfische, vor allem für den Steinbutt, hat man Spezialgefäße in Rautenform entwickelt. Doch fast ebensogut eignen sich flache, rechteckige Bratpfannen (wie auf Seite 153). Für kleine Platt- und Rundfische können flache Kochtöpfe unterschiedlicher Größen verwendet werden.

Beim Braten in der Pfanne spricht die Fischform für die ovalen Pfannen, die in verschiedenen Größen auf dem Markt sind. Für kleine Fische, zumal wenn mehrere auf einmal gebraten werden, taugen natürlich auch die üblichen runden Pfannen. Zum Garen im Ofen greift man ohnehin auf die ovalen oder rechteckigen Backformen (aus Gußeisen oder Emaille) zurück.

Kochen mit Dampf ist eine in China lange praktizierte Garmethode und inzwischen auch bei uns äußerst beliebt, ganz besonders bei Fisch. Dazu kann man die preiswerten chinesischen Dämpfkörbe verwenden, die man einfach auf einen passenden Topf (besser noch auf einen chinesischen Wok) mit Wasser setzt. Man kann sogar mehrere Körbe übereinandersetzen. Vor allem für den professionellen Bereich sind die Dämpftöpfe aus Edelstahl gedacht.

Wie geschaffen für die Mikrowellen ist Fisch – darüber sind sich alle Köche mit Mikrowellen-Erfahrung einig. Dank der kurzen Garzeiten werden die wertvollen Nährstoffe und das Aroma weitestgehend geschont, und selbst die magersten Fische bleiben bei richtiger Handhabung des Gerätes saftig. Optimale Ergebnisse erzielt man bei Fischtranchen oder -filets von gleichmäßiger Stärke; unterschiedlich dicke Fischstücke sollten so gelegt werden, daß die dünnen Teile sich überlappen und dann dieselbe Stärke haben wie die hohen Teile. Genaue Informationen für das Garen im Mikrowellengerät sind der Gebrauchsanleitung des Gerätes zu entnehmen.

Filetiermesser müssen besonders flexibel sein, vor allem bei kleinen und mittelgroßen Fischen. Wer in seinem Messer-Kontigent nicht das richtige findet, dem sei ein »Finnmesser« wie im Bild oben empfohlen. Es ist extrem scharf und flexibel, zudem ideal für angelnde Fischköche, weil man es in einer passenden Lederscheide auch mitnehmen kann.

Für Saucen und Farcen sollte man sich bei der Zubereitung der modernen Technik bedienen. Die Küchenmaschine (»Cutter«) mit dem extrem schnellaufenden, scharfen Messer hilft bei der Zubereitung von Farcen. Ein Mixstab gehört heutzutage ohnehin in jede Küche. Er ist fast unerläßlich beim Aufmixen von Saucen.

1 Fischschere
2 Allzweckschere
3 Ausstecher mit Fischmotiv
4 Wetzstahl und Gabel
5 Großes Messer und Küchenbeil
6 Lachsmesser
7 Messer von groß bis klein
8 Filetiermesser
9 Fischkessel (Kasserolle)
10 Rechteckige Bratpfanne
11 Spitzsieb und Mulltuch
12 Rundsiebe
13 Großer Kochtopf
14 Ovale und runde Pfanne
15 Ovale Backformen
16 Metallspachtel
17 Plastik-Teigschaber
18 Fischschupper, groß und klein
19 Schaumlöffel
20 Pfannenwender
21 Pfannenspaten
22 Saucenlöffel

Fachausdrücke

Abschäumen – Fonds, Saucen oder Brühen mit Hilfe des Schaumlöffels von geronnenem Eiweiß und Unreinheiten befreien, die sich auf der Oberfläche abgesetzt haben.
Abschrecken – einer heißen Speise kaltes Wasser zusetzen, um ihre Temperatur schnell zu senken.
Anlaufen lassen – siehe Anschwitzen.
Anschwitzen – in Fett leicht angehen lassen, ohne daß die Speise Farbe annimmt.
à part – gesondert servieren, etwa eine Sauce.
à point – zur rechten Zeit, gerade richtig, »auf den Punkt« (garen, braten).
Aromaten – Sammelbegriff für würzende Zutaten (Gewürze, Kräuter, kleingeschnittenes Wurzelgemüse).
Ausbacken – in reichlich heißem Fett schwimmend goldbraun backen.
Aspik – Bezeichnung für ein Gericht aus Gelee mit Fisch, Meeresfrüchten oder Fleisch.
Bain-marie (Wasserbad) – ein zum Teil mit heißem Wasser gefüllter Behälter, in dem empfindliche Speisen wie Saucen warm gehalten oder vorsichtig erwärmt werden. Die Gefäße mit den Speisen stehen auf einem Einsatz, damit sie den Boden nicht berühren. Das Wasser darf nicht sieden.
Bardieren – mit Speck umwickeln oder belegen.
Binden – andicken mit Hilfe eines Bindemittels (wie Mehl, Speisestärke).
Blanchieren – Gemüse oder Pilze in siedendem Salzwasser kurz kochen, um sie von unangenehmen Geschmacksstoffen oder Verunreinigungen zu befreien oder um Häute und Schalen besser entfernen zu können.
Blondieren – leicht in Butter bräunen, zum Beispiel Zwiebelscheiben.
Bouquet garni – Würzsträußchen aus verschiedenen Kräutern, Gemüse und Gewürzen zur Verfeinerung von Brühen und Saucen.
Braisieren – siehe Schmoren.
Brunoise – feingewürfeltes Gemüse.
Chemisieren – eine Form gleichmäßig dünn mit Gelee ausgießen oder mit einer feinen Masse ausstreichen, bevor die Füllung hineingegeben wird.
Collé – mit Gelatine versetzte Masse.
Consommé – besonders kräftige, klare Brühe (Fond) von Krustentieren, Fisch, Geflügel oder Fleisch.
Court-bouillon – gut gewürzte Brühe, meist aus Wasser, Essig, Weißwein, Gemüse und Gewürzen, zum Kochen von Meeresfrüchten und Fischen.
Croûtons – geröstete Weißbrotscheiben, zum Beispiel als Unterlage für kleine Fleischstücke oder, gewürfelt, als Suppeneinlage.
Dämpfen – in Wasserdampf garen, ohne daß die Speise mit der Flüssigkeit in Berührung kommt.
Darne – dicke Scheibe aus dem Mittelstück von Fischen (hinter dem Kopf bis zum Ende der Bauchhöhle).
Demoulieren – eine Speise aus der Form stürzen, in der sie stockte oder gegart wurde.
Dessechieren – abtropfen lassen oder trockentupfen.
Dressieren – einer Speise eine bestimmte Form geben (zum Beispiel mit Hilfe eines Spritzbeutels), auch geschmackvoll anrichten.
Dünsten – in wenig Flüssigkeit, Fett und im eigenen Saft garen.
Duxelles – braune Füllsauce mit gehackten Pilzen, Schalotten und Kräutern zum Überkrusten von Speisen und als Füllung für Pasteten.
Einkochen – siehe Reduzieren.
Essenz – stark eingekochte Brühe, konzentrierter Fond.
Etamine – Leintuch zum Passieren von Suppen und Saucen.
Farce – Füllung für Pasteten, Terrinen, Fische, Krustentiere, Fleischteile oder Gemüse, bestehend aus sehr fein gehacktem oder gemahlenem Fleisch, Fisch, Gemüse usw., pikant gewürzt und gebunden.
Farcieren – mit einer gut abgeschmeckten Masse (Farce) füllen.
Faschieren – fein hacken, durch den Wolf drehen.
Filet – bei Fischen das von den Gräten gelöste Fleisch der Seiten.
Fines herbes – feine, gehackte Kräuter in verschiedener Zusammensetzung für Saucen und Suppen, teilweise auch mit gehackten Schalotten.
Flambieren – eine Speise mit Alkohol übergießen und abflämmen, um ihren Geschmack zu verfeinern.
Fond – Extrakt, der beim Garen von Schal- und Krustentieren, Fisch, Fleisch oder Gemüse gewonnen wird. Er dient als Grundlage für Saucen und Suppen.
Frappieren – eine Speise oder ein Getränk zwischen Eisstücken oder im Kühlschrank stark abkühlen.
Fritüre – Fettbad zum Backen von Fisch-, Fleisch- oder Geflügelstücken und Gemüse, auch von Meeresfrüchten wie Muscheln, Garnelen und Tintenfischen. In einem Drahtkorb wird das Fritiergut in das siedend heiße Fett getaucht. Fritüre wird auch das Backfett genannt.
Fumet (frz. Duft) – Auszug, siehe Essenz.
Garnieren – eine Speise verzieren.
Garnitur – Umlage oder Beilage eines Gerichts oder auch Einlage bei Saucen und Suppen. Die Garnitur bestimmt auch oft den Namen des Gerichts mit.
Gelatine – reiner, geschmackloser Knochenleim in Pulver- oder Blattform zum Festigen von Flüssigkeiten und leichten Speisen.
Gelee – verschiedene geklärte und erstarrte Flüssigkeiten.
Glace – stark eingekochte, ungesalzene Brühe von Fisch, Meeresfrüchten, Kalb-, Hühner- oder Wildfleisch, zur Verbesserung von Saucen oder zum Überglänzen von Speisen. Erkaltet ist die Glace so fest, daß sie aufgeschnitten werden kann.
Glacieren – Speisen mit Glace überziehen.
Gratinieren – ein Gericht bei Oberhitze überbacken, so daß es eine braune Kruste bekommt.
Julienne – feine Streifen von Gemüse oder Trüffeln, als Einlage oder Beilage.
Jus – reiner Fleisch- oder Bratensaft, brauner Fond.
Karkasse – das Gerippe von Fisch, Krustentieren und Geflügel.
Klären – bei Kraftbrühen und Gelees alle trübenden Bestandteile entfernen. Mit Hilfe von Eiweiß und feingehacktem Fleisch oder Fisch werden diese Bestandteile gebunden und entfernt.
Klarkochen – Saucen und Suppen langsam kochen und dabei ständig Schaum und Fett abschöpfen, bis sie vollkommen klar sind.
Kotelett – bei Fischen allgemein übliche Bezeichnung für Tranche.
Legieren – eine Speise mit einem Bindemittel sämig machen.
Liaison – das zum Legieren verwendete Bindemittel (zum Beispiel Eigelb, Sahne).
Marinade – mit Kräutern und Gewürzen versehene Flüssigkeit (Wein, Zitronensaft, Essig, Sauer- oder Buttermilch) zum Haltbarmachen, Würzen oder Mürbewerden von Fleisch und Fisch. Auch Salatsaucen bezeichnet man als Marinade.
Marinieren – Einlegen in Marinade.
Medaillons – kleine, runde oder ovale Fischscheiben (zum Beispiel von Lotte oder Waller).
Mirepoix – Röstgemüse zum Würzen von Saucen. Kleingeschnittenes Wurzelwerk, Zwiebeln, eventuell mageren durchwachsenen Speck mit Kräutern und Lorbeer leicht anrösten.
Montieren – eine Sauce oder Suppe mit kalter Butter aufschlagen.
Mousse – feine Schaumspeise aus farciertem Krebsfleisch, Fisch, Fleisch oder Geflügel, auch Fruchtmark und Sahne.
Nappieren – eine Speise mit Sauce oder Gelee überziehen.
Panade – Binde- oder Lockerungsmittel für Farcen.
Panieren – erst in Mehl, danach in Ei und Semmelbröseln wenden.
Parieren – Meeresfrüchte, Fische und Fleisch von nicht eßbaren Teilen befreien und gleichmäßig zurechtschneiden.
Parüren – Abfälle, die beim Parieren entstehen.
Passieren – eine Flüssigkeit durch ein feines Sieb (Haar- oder Spitzsieb) oder durch ein Tuch gießen, streichen oder drücken.
Pochieren – langsam bei Siedehitze garziehen lassen, ohne Kochen.
Quenelles – kleine Klößchen aus Fisch- oder Fleischfarcen.
Ragout – Gericht aus Fisch-, Fleisch- oder Gemüsestückchen, aus Muscheln und anderen Meeresfrüchten, gebunden mit einer gut gewürzten Sauce. Wird auch als Fülle verwendet.
Reduzieren – Flüssigkeiten wie Fonds, Suppen oder Saucen auf die gewünschte Konzentration einkochen, auch sämig kochen. Verringert die Flüssigkeit und verstärkt den Geschmack.
Refraichieren – gekochtes Fleisch oder Gemüse mit kaltem Wasser abkühlen.
Rissolieren – braun und knusprig braten.
Roux – Mehlschwitze, Einbrenne. Grundlage für gebundene Suppen und Saucen.
Royale – Eierstich.
Sautieren – kleine Fleisch-, Fisch- oder Geflügelstücke rasch anbraten.
Schmoren – Garvorgang zwischen Braten und Kochen.
Soufflieren – mit Soufflémasse füllen und dann dünsten oder überbacken.
Suprême – ein Gericht aus den besten Stücken eines Tieres, auf besonders feine Art zubereitet.
Tournieren – das Formen durch Zuschneiden, zum Beispiel von Gemüse, Kartoffeln, Knoblauchzehen und Oliven, aber auch das Einkerben von Champignonköpfen.
Tranche – dicke Scheibe oder Schnitte mit Gräten, vertikal zur Mittelgräte (Wirbelsäule) geschnitten (siehe auch Kotelett).
Tranchieren – zum Anrichten in Scheiben schneiden, zerlegen.
Velouté – weiße Grundsauce.
Wasserbad – siehe Bain-marie.
Ziselieren – dicke Fische quer zur Mittelgräte auf beiden Seiten schräg nach innen einschneiden, damit sie gleichmäßig garen.

Fisch-Lexikon, Fischprodukte, Nahrungsmittel Fisch

Dieses Register enthält alle umgangssprachlichen Namen der Länder, in denen die Fische überwiegend vorkommen, sowie *(kursiv)* ihre wissenschaftlichen Bezeichnungen.

A

B

C

N

O

P

T

Küchenpraxis und Rezepte

TEUBNER EDITION

Kochkunst mit internationalem Anspruch

Das große Buch der Schokolade
Bestell-Nr. 410, DM 128,-

Das große Buch der Teigwaren
Bestell-Nr. 400, DM 128,-

Das große Buch vom Geflügel
Bestell-Nr. 200, DM 128,-

Das große Buch vom Wild
Bestell-Nr. 190, DM 128,-

Das große Buch der Gemüse
Bestell-Nr. 180, DM 128,-

Das große Buch der Exoten
Bestell-Nr. 150, DM 128,-

Das große Buch vom Fisch
Bestell-Nr. 140, DM 128,-

Das große Buch der Meeresfrüchte
Bestell-Nr. 130, DM 128,-

Das große Buch vom Käse
Bestell-Nr. 170, DM 128,-